Erfolgsfaktoren für das marktorientierte Management patentgeschützter Arzneimittel

Eine Analyse der Produktwahrnehmung niedergelassener Vertragsärzte unter der Berücksichtigung unsicherer Therapieergebnisse

Erfolgsfaktoren für das marktorientierte Management patentgeschützter Arzneimittel

Eine Analyse der Produktwahrnehmung niedergelassener Vertragsärzte unter der Berücksichtigung unsicherer Therapieergebnisse

Florian Sauer

Sauer, Florian

Universität Erlangen-Nürnberg
Lehrstuhl für Gesundheitsmanagement
Lange Gasse 20
90403 Nürnberg, Deutschland

Erfolgsfaktoren für das marktorientierte Management patentgeschützter Arzneimittel - Eine Analyse der Produktwahrnehmung niedergelassener Vertragsärzte unter der Berücksichtigung unsicherer Therapieergebnisse
Schriften zur Gesundheitsökonomie 13, HERZ, Burgdorf, 2007
Zugl. Erlangen, Nürnberg, Univ., Diss., 2007
Erstreferent: Prof. Dr. Oliver Schöffski, MPH; Zweitreferent: Prof. Dr. Harald Hungenberg;
Promotionstermin: 17. Juli 2007
ISBN 978-3-936863-12-3

Herstellung: Books on Demand GmbH, Norderstedt

Inhaltsverzeichnis

Abbildungsverzeichnis

Tabellenverzeichnis

Abkürzungsverzeichnis

ABDA	Bundesvereinigung Deutscher Apothekerverbände
ACA	Adaptive Conjoint Analysis
ACR	American College of Rheumatology
AEV	Arbeiter-Ersatz-Verband
AkdÄ	Arzneimittelkommission der deutschen Ärzteschaft
AMG	Arzneimittelgesetz
AOK	Allgemeine Ortskrankenkassen
ApoG	Apothekengesetz
AVWG	Gesetz zur Verbesserung der Wirtschaftlichkeit in der Arzneimittelversorgung
AWMF	Arbeitsgemeinschaft der Wissenschaftlichen Medizinischen Fachgesellschaften
ÄZQ	Ärztliches Zentrum für Qualität in der Medizin
BÄK	Bundesärztekammer
BfArM	Bundesinstitut für Arzneimittel und Medizinprodukte
BGBl.	Bundesgesetzblatt
BKK	Betriebskrankenkassen
BPflV	Bundespflegesatzverordnung
CME	Continuing medical education
c. p.	ceteris paribus
DDD	„Defined daily dose" (definierte Tagesdosis)
DEV	Durchschnittlich Erfasste Varianz
DGAKI	Deutsche Gesellschaft für Allergologie und klinische Immunologie
DIMDI	Deutsches Institut für Medizinische Dokumentation und Information
DKG	Deutsche Krankenhausgesellschaft
EBM	Einheitlicher Bewertungsmaßstab, auch Evidenzbasierte Medizin
EMEA	European Medicines Agency
EU	Expected Utility

G-BA	Gemeinsamer Bundesausschuss
GKV	Gesetzliche Krankenversicherung
GoÄ	Gebührenordnung der Ärzte
HWG	Heilmittelwerbegesetz
IK	Interne Konsistenz
IKK	Innungskrankenkassen
IQWiG	Institut für Qualität und Wirtschaftlichkeit im Gesundheitswesen
KBV	Kassenärztliche Bundesvereinigung
KI	Konditionenindex
OTC	„Over the counter" Arzneimittel (nicht-verschreibungspflichtige Arzneimittel)
PEI	Paul-Ehrlich-Institut
PKV	(Verband der) privaten Krankenversicherung
PLS	Partial Least Squares
SGB	Sozialgesetzbuch
UAW	Unerwünschte Arzneimittelwirkungen
VdAK	Verband der Angestellten-Krankenkassen
VIF	Variance Inflation Factor

1. Einführung

Forschende pharmazeutische Unternehmen finden in Deutschland für die Vermarktung ihrer Produkte ein zunehmend schwieriges Marktumfeld vor: Einschränkungen in der Erstattungsfähigkeit[1] von Therapien, der starke Wettbewerbsdruck in vielen Indikationsgebieten, eine zurückhaltendere Adaption[2] von medizinischen Innovationen durch Ärzte sowie die zunehmende Komplexität und Veränderungsgeschwindigkeit[3] der gesetzlichen Regelungen erschweren die Positionierung und den Verkauf von neuen Produkten. Zwar genießen Innovatoren von neu entwickelten Arzneimittelwirkstoffen typischerweise einen Exklusivitätsschutz von 20 Jahren für eine patentierte Substanz, häufig wird aber dieser scheinbar komfortable Alleinvermarktungszeitraum unterminiert durch eine verzögerte Marktzulassung und die Einführung von Analog- bzw. Konkurrenzpräparaten.[4]
Im Lichte der hohen Entwicklungskosten[5] für neue Arzneimittel erwächst somit die betriebswirtschaftliche Herausforderung, in einem relativ kurzen Zeitraum ein neues Produkt optimal am Markt zu positionieren, für eine breite Marktdurchdringung zu sorgen und eine entsprechende Profitabilität sicherzustellen.

In der allgemeinen öffentlichen Wahrnehmung und in der gesundheitspolitischen Diskussion werden diese Herausforderungen für innovative pharmazeutische Unternehmen allerdings kaum als drängende Probleme gewertet. Stattdessen werden häufig die mit Arzneimitteltherapien involvierten Kostenaspekte in den Vordergrund gestellt. Der durch Arzneimittel gestiftete gesundheitliche Nutzen tritt dabei, wohl auch bedingt durch die schlechtere Kommunizierbarkeit und Quantifi-

---

[1] Beispiele sind die Festbetragsregelung (§ 35 SGB V), der Kostenerstattungsausschluss von vielen nicht-verschreibungspflichtigen Arzneimitteln (§ 34 Abs. 1 Satz 1 SGB V) sowie die Arzneimittelrichtlinien des Gemeinsamen Bundesausschusses (§ 92 SGB V).
[2] Ursachen dafür sind z. B. die Arzneimittelrichtgrößen für Vertragsärzte (§ 84 SGB V) und die mögliche Zurückhaltung bei der Verordnung von neuen Wirkstoffen aufgrund von Sicherheitsbedenken (Beispiel: Verordnung von Cox-2-Inhibitoren nach der Marktrücknahme von Vioxx (Valdecoxib)).
[3] Nur 3 Monate nach dem in Kraft treten des Arzneimittelversorgungs-Wirtschaftlichkeitsgesetz (AVWG) legte die Bundesregierung im Juli 2006 das Eckpunkte-Papier zu einer neuen Gesundheitsreform vor (vgl. Bundesregierung (2006)).
[4] Vgl. Guminski, W., Rauland, M. (2002), S. 231.
[5] Vgl. Neukirchen, H. (2005), S. 125. Die Schätzungen für die durchschnittlichen Entwicklungskosten für ein neu zugelassenes Arzneimittel bewegen sich zwischen ca. 400 bis 800 Mio. US-Dollar.

zierbarkeit, stärker in den Hintergrund. Dabei ist gerade bei pharmazeutischen Innovationen die Darstellung eines gesundheitlichen (Zusatz-)Nutzens, der über den therapeutischen Behandlungsstandard in einer Indikation hinausgeht, von großer Wichtigkeit, da dieser für einen verordnenden Arzt meist den wichtigsten Grund darstellt, ein neues (und oft teureres) Produkt einem günstigeren Arzneimittel vorzuziehen. Welche Einflussfaktoren dabei wie stark auf die Nutzen-Wahrnehmung bzw. die Einstellungsbildung von Ärzten gegenüber Arzneimitteln wirken, ist bislang weitestgehend unerforscht.

Die vorliegende Arbeit zielt darauf ab, Erfolgsfaktoren für die Vermarktung von patentgeschützten Arzneimitteln zu identifizieren und bedeutsame Einflussfaktoren auf die Einstellungsbildung und Verordnungsintensität von niedergelassenen Vertragsärzten zu ermitteln. Wie im Rahmen dieser Arbeit gezeigt werden wird, ist für die Beeinflussung einer günstigen Produktwahrnehmung ein umfassendes marktorientiertes Management seitens der pharmazeutischen Hersteller notwendig, das über die klassischen Marketing- und Vertriebsaktivitäten hinausreicht.[6]

Im Rahmen dieser Arbeit werden zunächst auf Basis theoretischer Überlegungen Hypothesen über verschiedene Wirkungszusammenhänge abgeleitet, die dann empirisch mit Hilfe eines Strukturgleichungsmodells überprüft werden. Durch den indikationsübergreifenden und multifaktoriellen Ansatz dieser Arbeit können dabei - in Erweiterung zu den bisherigen wissenschaftlichen Erkenntnissen - umfassende Handlungsempfehlungen für eine verbesserte betriebswirtschaftliche Ressourcenallokation abgeleitet werden. Abbildung 1 stellt die Gliederung der vorliegenden Arbeit grafisch dar.

---

[6] Ein Beispiel dafür ist das Beziehungsmanagement zu medizinischen Meinungsführern, Fachgesellschaften, dem Gemeinsamen Bundesausschuss, Journalisten, Patientenorganisationen, etc.

```
┌─────────────────────────────────────────────────────────────────────────┐
│  ┌───────────────────────────────────────────────────────────────────┐  │
│  │         Grundlagen der Arzneimittelversorgung in Deutschland        │  │
│  │                            (Kapitel 2)                              │  │
│  └───────────────────────────────────────────────────────────────────┘  │
│              │                      │                      │              │
│              ▼                      ▼                      ▼              │
│  ┌────────────────────┐ ┌────────────────────┐ ┌────────────────────┐  │
│  │    Theorie der     │ │   Entscheidungen   │ │   Arzneimittel-    │  │
│  │    Produktwahl     │ │  unter Unsicherheit│ │     Marketing      │  │
│  │    (Kapitel 3)     │ │    (Kapitel 4)     │ │    (Kapitel 5)     │  │
│  │                    │ │                    │ │                    │  │
│  │ Entscheidungsträger│ │ Übertragung der    │ │ Der Einfluss von   │  │
│  │ bei der Arznei-    │ │ prä- und           │ │ Marketing-         │  │
│  │ mittelwahl und     │ │ deskriptiven       │ │ instrumenten auf   │  │
│  │ Produktwahlmodelle │ │ Entscheidungs-     │ │ die ärztliche      │  │
│  │                    │ │ theorie auf        │ │ Produktwahl        │  │
│  │                    │ │ ärztliches         │ │                    │  │
│  │                    │ │ Produktwahlverhalten│ │                   │  │
│  │ Entwicklung von    │ │ Entwicklung von    │ │ Entwicklung von    │  │
│  │ Hypothesen         │ │ Hypothesen         │ │ Hypothesen         │  │
│  └────────────────────┘ └────────────────────┘ └────────────────────┘  │
│              │                      │                      │              │
│              ▼                      ▼                      ▼              │
│  ┌───────────────────────────────────────────────────────────────────┐  │
│  │          Empirische Überprüfung des Hypothesenmodells               │  │
│  │                            (Kapitel 6)                              │  │
│  └───────────────────────────────────────────────────────────────────┘  │
│                                    │                                      │
│                                    ▼                                      │
│  ┌───────────────────────────────────────────────────────────────────┐  │
│  │          Zusammenfassende Diskussion der Ergebnisse                 │  │
│  │                            (Kapitel 7)                              │  │
│  └───────────────────────────────────────────────────────────────────┘  │
└─────────────────────────────────────────────────────────────────────────┘
```

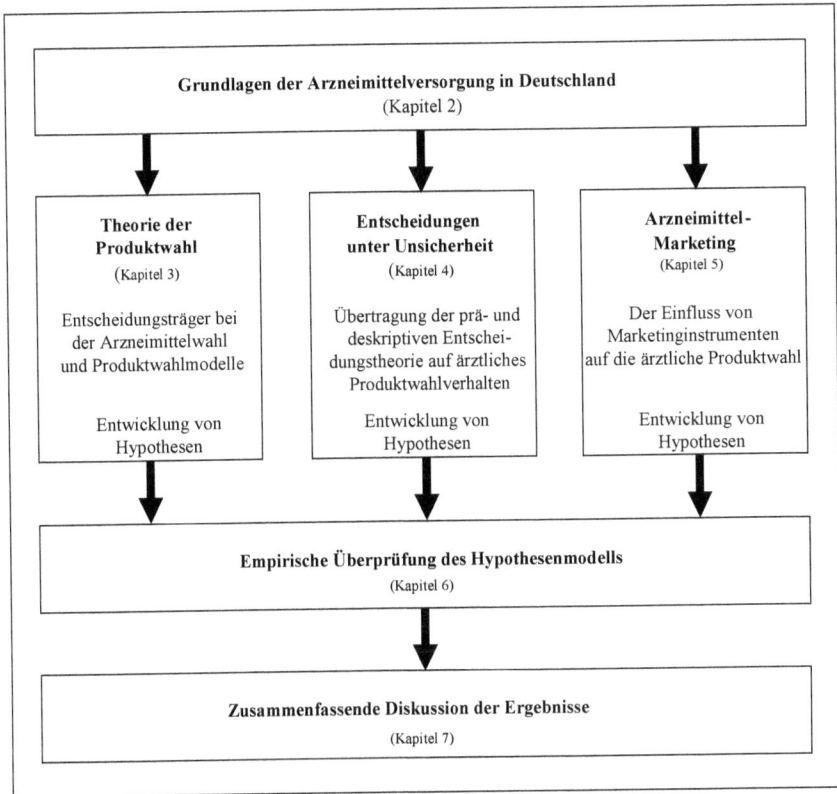

Abb. 1: Grafische Gliederung der vorliegenden Arbeit

In Kapitel 2 werden zunächst die grundlegenden Zusammenhänge und Begriffe der Arzneimittelversorgung in Deutschland erläutert. Dabei liegt der Fokus auf der Beschreibung der aktuellen gesetzlichen Rahmenbedingungen, innerhalb derer niedergelassene Vertragsärzte ihre Verordnungsentscheidungen treffen müssen. Basierend auf diesen Erkenntnissen werden dann in den 3 theoretischen Blöcken („Theorie der Produktwahl", „Entscheidungen unter Unsicherheit" und „Arznei-mittel-Marketing") verschiedene Erklärungsansätze für das Produktwahlverhalten und für die Einstellungsbildung gegenüber Produkten diskutiert und auf die Situation von niedergelassenen Vertragsärzten übertragen. Innerhalb dieser Kapitel werden dann Hypothesen über Wirkungszusammenhänge aufgestellt, die dann in Kapitel 6 mit Hilfe eines Datensatzes empirisch überprüft werden.

Ein besonderes Augenmerk wird dem Aspekt der „Unsicherheit von Therapieergebnissen" in Kapitel 4 dieser Arbeit zuteil.[7] Aufgrund der patientenindividuellen Ergebnisvarianz bei Arzneimitteltherapien ist hier von Interesse, wie eine solche Unsicherheit durch Ärzte wahrgenommen wird, welche Strategien sie im Umgang mit Risiken entwickeln und wie Hersteller die ärztliche Risikowahrnehmung durch kommunikative Maßnahmen beeinflussen können.

---

[7] Für die Unsicherheit bei Therapieentscheidungen vgl. West, A., West, R. (2002), S. 319, und Chalmers, I. (2004), S. 475.

2. Grundlagen der Arzneimittelversorgung in Deutschland

2.1 Akteure und Institutionen

2.1.1 Der ambulante Bereich

2.1.1.1 Einführung und Übersicht über das Beziehungsgefüge

Die ambulante Arzneimittelversorgung in Deutschland umfasst die durch niedergelassene Ärzte und durch ambulante[8] Krankenhausbehandlungen veranlassten
Arzneimittelverordnungen sowie den Bereich der (nicht-verordneten) Selbstmedikation.[9] Im Jahre 2005 betrug der durch das System der gesetzlichen Krankenkassen (GKV) zu tragende Arzneimittelumsatz im ambulanten Bereich 23,6 Mrd.
Euro[10]; hinzu kommen noch die Ausgaben der GKV-Versicherten für Selbstmedikation sowie die im Zuge von ambulanten Krankenhausbehandlungen durch
Krankenhausapotheken bereitgestellten Arzneimittel.[11]

Es ist anzunehmen, dass der mengen- und umsatzmäßig weitaus größte Teil der in
Deutschland vertriebenen Arzneimittel im ambulanten statt im (teil-)stationären
Bereich eingesetzt wird. Ein präziser Vergleich zwischen den beiden Sektoren gestaltet sich aufgrund von Abgrenzungsproblemen zwischen dem ambulanten und
stationären Bereich in Krankenhäusern als schwierig. So ist bekannt, dass die

---

[8]   Zu den ambulanten Behandlungsarten im Krankenhaus zählen das ambulante Operieren, die Er-
      mächtigung von Krankenhausärzten zur ambulanten vertragsärztlichen Versorgung, die vor- und
      nachstationäre Behandlung, die ambulante Behandlung in Polikliniken sowie der ambulante Not-
      dienst (vgl. Robbers, J., Stapf-Finé, H. (2002), S. 44).

[9]   Von der ambulanten Arzneimittelversorgung abzugrenzen ist die Abgabe von Arzneimittel in
      stationären und teilstationären Bereichen von Krankenhäusern, Vorsorge- und Rehabilitations-
      einrichtungen und Pflegeeinrichtungen (vgl. Robbers, J., Stapf-Finé, H. (2002), S. 43 und S. 44).

[10] Vgl. Nink, K., Schröder, H. (2006a), S. 987. Diese Summe bezieht sich auf den Apothekenver-
      kaufspreis und enthält den Mehrwertsteueranteil sowie die durch die Versicherten in den Apothe-
      ken direkt zu leistenden Arzneimittelzuzahlungen in Höhe von 2,3 Mrd. Euro. Es werden bei
      diesem Betrag nur die zu Lasten der GKV (und in öffentlichen Apotheken) eingelösten Verord-
      nungen berücksichtigt.

[11] Präzise Umsatzdaten für die Selbstmedikation von GKV-Versicherten liegen nicht vor. Die gesetz-
      lichen Regelungen in § 129a SGB V und § 14 Abs. 7 ApoG ermöglichten die Bereitstellung von
      Arzneimitteln durch Krankenhausapotheken für die ambulante Krankenhausbehandlung und sind
      somit (in unbekannter Höhe) dem ambulanten Versorgungsbereich zuzurechnen.

Ausgaben der deutschen Krankenhäuser für Arzneimittel im Jahr 2004 ca. 2,48 Mrd. Euro betrugen.[12]

Dieser Betrag beinhaltet allerdings die Kosten für sowohl stationär als auch ambulant im Krankenhaus verwendete Arzneimittel. Dennoch lässt sich bereits aus einem groben Vergleich dieser Zahl mit dem GKV-Arzneimittelumsatz im ambulanten Bereich schließen, dass der weitaus größte Teil der vertriebenen Arzneimittel im ambulanten (statt im (teil-)stationären) Bereich eingesetzt wird.[13] Aus diesem Grunde konzentriert sich die weitere Beschreibung der Arzneimittelversorgung schwerpunktmäßig auf den ambulanten Bereich.

In Abbildung 2 sind die an dem ambulanten Arzneimittelversorgungsprozess beteiligten Parteien dargestellt. Die Akteure übernehmen dabei unterschiedliche Funktionen (z. B. Prozessauslösung, physische Distribution, Kostenübernahme, etc.).

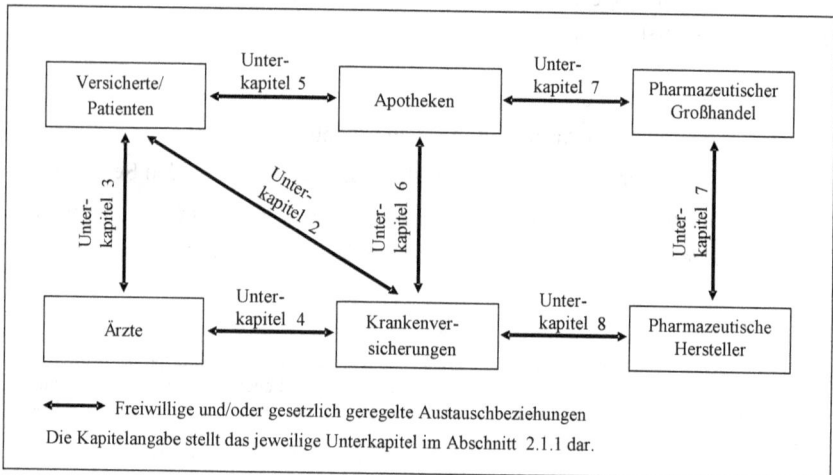

Abb. 2:   Beteiligte Akteure bei der ambulanten Arzneimittelversorgung

In den folgenden Unterkapiteln werden die Beziehungen der verschiedenen Akteure untereinander im Hinblick auf die ambulante Arzneimittelversorgung in

---

[12]   Vgl. Statistisches Bundesamt (2006), S. 1.2.
[13]   Bei einem solchen, nur begrenzt validen Vergleich sind weiterhin die Bestimmungen der Arzneimittelpreisverordnung bzw. Handelsaufschläge für ambulant abgegebene Arzneimittel zu beachten.

Deutschland beschrieben. Das Ziel dabei ist, eine kurze Hinführung zum Forschungskern dieser Arbeit zu geben und das ärztliche Verordnungsverhalten in das gesundheitspolitische Umfeld der Arzneimittelversorgung einzubetten. Die grundsätzliche Darstellung orientiert sich dabei an dem häufigsten Fall einer ärztlichen Arzneimittelverordnung zu Lasten der GKV. Im Rahmen der Selbstmedikation und bei privat Krankenversicherten können dabei die dargestellten Zusammenhangsbeziehungen stark abweichen.

2.1.1.2 Versicherte und Krankenversicherungen

Die Art des Krankenversicherungsschutzes für Personen in Deutschland wird maßgeblich durch die Regelungen in § 5 bis § 7 SGB V bestimmt. Dort wird festgelegt, für welche Personen eine Versicherungspflicht bzw. Versicherungsfreiheit im Rahmen der gesetzlichen Krankenversicherung vorliegt. Allerdings können sich auch viele von der GKV-Versicherung befreite Personen freiwillig gesetzlich versichern.[14] Prinzipiell steht auch jeder im Rahmen der GKV versicherungspflichtigen Person der zusätzliche Abschluss einer privaten Krankenversicherung (PKV) offen.[15] Aufgrund einer Doppelbelastung sowohl durch Beiträge (an die GKV) als auch durch Prämien (an die PKV) für eine ähnliche Leistung macht aber eine private Krankenvollversicherung für versicherungspflichtige Personen nur wenig Sinn. Daher ist anzunehmen, dass die meisten privaten Krankenvollversicherungsnehmer dem in § 6 Abs. 1 SGB V spezifizierten, versicherungsfreien Personenkreis angehören (z. B. Arbeitnehmer mit hohem Einkommen, Beamte, Lehrer).

Die Finanzierung der privaten und der gesetzlichen Krankenversicherung folgt unterschiedlichen Prinzipien[16] (Äquivalenzprinzip bzw. Umlageverfahren) und die in privaten Krankenvollversicherungsverträgen vereinbarten Leistungen können substanziell von den Leistungen der gesetzlich Krankenversicherung abweichen bzw. diese übersteigen. Zwischen privaten Krankenversicherungen sowie Ärzten und Apotheken besteht - anders als bei der GKV - typischerweise kein direktes Austauschverhältnis. Die Kosten für privatärztlich erbrachte Leistungen

---

[14] Vgl. § 9 SGB V.
[15] Vgl. Schöffski, O. (2002), S. 18.
[16] Vgl. Schöffski, O. (2002), S. 19.

sowie für Arzneimittel sind typischerweise zunächst durch den privaten Versiche-rungsnehmer selbst zu tragen, ehe dieser dann eine Kostenerstattung durch seine private Krankenversicherung verlangen kann.

Im Jahre 2005 waren in Deutschland ca. 70,6 Mio. Personen bei 262 gesetzlichen Krankenkassen versichert, 8,4 Mio. Personen bei den privaten Krankenvollver-sicherungen, 3,3 Mio. Personen bei besonderen Kostenträgern[17] und 0,2 Mio. Per-sonen waren ganz ohne Krankenversicherungsschutz.[18] Die hohe Anzahl gesetz-lich Versicherter resultiert nicht zuletzt aus der Möglichkeit zur kostenlosen Mit-versicherung von Familienangehörigen.[19] Mit der Mitgliedschaft in der gesetz-lichen Krankenversicherung erwerben die Versicherten u. a. den Anspruch auf Krankenbehandlung, der die grundsätzliche Versorgung mit Arznei-, Verband-, Heil- und Hilfsmitteln vorsieht.[20] Allerdings existieren bei der Arzneimittelversor-gung eine Reihe von Einschränkungen und Leistungsausschlüssen. So sind nicht-verschreibungspflichtige Arzneimittel von der Versorgung durch die gesetzlichen Krankenkassen - mit Einschränkungen[21] - ausgeschlossen.[22]

Ebenso sind auch einige verschreibungspflichtige Arzneimittelgruppen nicht zu Lasten der GKV verordnungsfähig. Dazu gehören z. B. Arzneimittel zur Behand-lung von Erkältungs- und Reisekrankheiten, aber auch die sogenannten „Life Style" Präparate (u. a. Arzneimittel zur Behandlung der erektilen Dysfunktion und

---

[17] Das umfasst z. B. Sozialhilfeträger, Bundesgrenzschutz, Bundeswehr sowie die Krankenversor-gung der Bahn- und Postbeamten.
[18] Vgl. Kassenärztliche Bundesvereinigung - Grunddaten - GKV (2006), S. 79. Die letzten Daten des Statistischen Bundesamtes zur Versichertenstruktur in Deutschland liegen nur für das Jahr 2003 vor (Statistisches Taschenbuch - Gesundheit 2005, Abschnitt 9.1, „Mikrozensus 2003"). Die aktuellere Statistik der Kassenärztlichen Bundesvereinigung für das Jahr 2005 greift dabei auf verschiedene Quellen zurück (KBV-interne Statistiken, Bundesministerium für Gesundheit, Verband der priva-ten Krankenversicherungen, Statistisches Bundesamt) und liefert ähnliche Ergebnisse wie die letzte offizielle Statistik des Statistischen Bundesamtes.
[19] Vgl. § 10 SGB V.
[20] Vgl. § 27 Abs. 1 Satz 2 Nr. 3 SGB V und § 31 Abs. 1 SGB V.
[21] Dieser Ausschluss gilt nicht, wenn a) die Arzneimittel zum Therapiestandard bei der Behandlung einer schwerwiegenden Behandlung gehören, b) die Arzneimittel für Versicherte bestimmt sind, die jünger als 12 Jahre sind oder c) die Versicherten jünger als 18 Jahre sind und an Entwicklungs-störungen leiden (vgl. § 34 Abs. 1 SGB V).
[22] Vgl. § 34 Abs. 1 SGB V.

zur Raucherentwöhnung).[23] Weitere Leistungseinschränkungen ergeben sich z. B. auch bei der Empfängnisverhütung[24] und bei der künstlichen Befruchtung[25].

Eine weitere bedeutsame Eigenbelastung kann sich auch aus der Arzneimittel-Festbetragsregelung ergeben.[26] Danach übernimmt die gesetzliche Krankenkasse bei der Verordnung eines festbetragsgeregelten Arzneimittels nur die Kosten bis zur Höhe des für seine Arzneimittelgruppe bestimmten Festbetrags. Übersteigt der Apothekenabgabepreis eines Arzneimittels den korrespondierenden Festbetrag, so muss der Versicherte die Kostendifferenz selber tragen.[27] Welche Arzneimittel der Festbetragsregelung unterliegen bzw. für welche Arzneimittel Festbetrags-gruppen gebildet werden, legt der Gemeinsame Bundesausschuss im Zuge seiner Arzneimittelrichtlinien-Kompetenz fest.[28] Grundsätzlich lassen sich dabei 3 verschiedene Festbetragsgruppentypen unterscheiden, innerhalb derer dann für Gruppen von Arzneimitteln mit Hilfe eines Berechnungsmechanismus Festbeträge gebildet werden. Die Art der Gruppenbildung und die Bestimmung der Festbeträge war dabei in der Vergangenheit Gegenstand einer kontrovers geführten Diskussion zwischen Herstellern, Krankenkassen und dem Gesetzgeber. Mit Einführung des am 1. Mai 2006 in Kraft getretenen „Gesetzes zur Verbesserung der Wirtschaftlichkeit in der Arzneimittelversorgung" regelt der Gesetzgeber in deutlicherer Weise, unter welchen Umständen Arzneimittel mit einer therapeutischen Verbesserung von der - für den Hersteller typischerweise nachteiligen - Festbetragsregelung ausgeschlossen werden können. Ob gesetzlich Versicherten mittels der Festbetragsregelung der Zugang zu medizinisch notwendigen Arzneimitteln tatsächlich erschwert bzw. verteuert wird, hängt von der Preispolitik des Herstellers und von dem durch Ärzte wahrgenommenen therapeutischen Stellenwert eines festbetragsgeregelten Arzneimittels ab.

---

[23]   Vgl. § 34 Abs. 1 Satz 6 und Satz 7 SGB V.
[24]   Vgl. § 24a Abs. 2 SGB V. Ab dem 20. Lebensjahr kommt die GKV für die Kosten von empfängnisverhütenden Arzneimitteln nicht mehr auf. Für die Beratungsleistung zur Empfängnisverhütung durch den Arzt gilt diese Altersgrenze jedoch nicht.
[25]   Vgl. § 27a Abs. 3 Satz 3 SGB V. Die GKV übernimmt nur 50% der Arzneimittelkosten.
[26]   Vgl. § 35 SGB V.
[27]   Vgl. § 34 Abs. 2 SGB V.
[28]   Vgl. § 34 Abs. 1 SGB und § 92 Abs. 1 Satz 2 Nr. 6 SGB V. Die Ermittlung der Festbetragshöhe erfolgt dann allerdings durch die Spitzenverbände der Krankenkassen.

10

2.1.1.3 Versicherte und Ärzte

Gesetzlich Krankenversicherte können innerhalb der zur vertragsärztlichen Versorgung zugelassenen Ärzte (Vertragsärzte) ihren behandelnden Arzt frei wählen.[29] Volljährige GKV-Versicherte, die Leistungen eines Vertragsarztes in Anspruch nehmen, haben dabei einmalig pro Quartal eine Praxisgebühr in Höhe von 10 Euro an den Arzt zu entrichten.[30] Der gemäß § 76 Abs. 3 Satz 2 SGB V durch den Versicherten gewählte Hausarzt soll dabei eine langfristig koordinierende Funktion bei der Betreuung eines Patienten übernehmen.[31] Diese Maßnahme soll die Qualität in der medizinischen Versorgung erhöhen und auch der Gefahr von kostenintensiven Mehrfachuntersuchungen durch die Inanspruchnahme der Leistungen verschiedener Fachärzte entgegenwirken.

Im Zuge der Heilbehandlung haben Ärzte ihre Patienten prinzipiell über den Krankheitsbefund, den Verlauf einer Krankheit mit bzw. ohne eine geplante Therapie (inklusive der Erfolgs- und Misserfolgschancen) und über die mit einer Behandlung verbundenen Risiken aufzuklären.[32] Zieht ein Arzt für die Behandlung seines Patienten ein verschreibungspflichtiges Arzneimittel in Betracht, so muss dieser den Patienten mittels einer Verschreibung zum Bezug dieses Arzneimittels autorisieren.[33] Andernfalls dürfen in Apotheken verschreibungspflichtige Arzneimittel nicht an Patienten abgegeben werden. Hiervon zu trennen ist der Begriff der ärztlichen Verordnung, der auf die Erstattungsfähigkeit von Arzneimitteln durch die Krankenversicherung abhebt. Somit können z. B. einige Arzneimittel nicht-verschreibungspflichtig, aber verordnungsfähig sein (z. B. nicht-verschreibungspflichtige Arzneimittel, die zum Therapiestandard bei der Behandlung einer schwerwiegenden Behandlung gehören); aber auch der umgekehrte Fall ist dabei möglich (z. B. sind viele „Life Style" Arzneimittel verschreibungspflichtig, aber nicht verordnungsfähig).[34] Verordnet der Arzt ein festbetragsgeregeltes Arznei-

---

[29]   Vgl. § 76 Abs. 1 SGB V.
[30]   Vgl. § 28 Abs. 4 SGB V in Verbindung mit § 61 Satz 2 SGB V. Bei der Wahl der hausarztzentrierten Versorgung nach § 73b SGB V (Selbstverpflichtung der Inanspruchnahme fachärztlicher Leistungen nur nach Überweisung durch den Hausarzt) erlassen einige Krankenkassen ihren Versicherten die Praxisgebühr.
[31]   Vgl. § 73 Abs. 1 SGB V.
[32]   Vgl. AOK-Bundesverband (2006), Stichwort: Ärztliche Aufklärungspflicht.
[33]   Vgl. § 48 Abs. 1 AMG.
[34]   Vgl. § 34 Abs. 1 SGB V.

mittel, dessen Apothekenverkaufspreis den korrespondieren Festbetrag übersteigt, so muss der Arzt den Versicherten auf die sich für ihn ergebende Kostenübernahme des Differenzbetrags hinweisen.[35]

Betrachtet man die Vielzahl von leistungsbeschränkenden Regelungen (Arzneimittel-Verordnungsausschlüsse, Praxisgebühr, ggf. Übernahme der Mehrkosten bei festbetragsgeregelten Arzneimitteln, Zuzahlungen in der Apotheke), so wird deutlich, dass den Vertragsärzten die zunehmend herausfordernde Aufgabe zukommt, diese Mechanismen den Patienten auf eine nachvollziehbare Weise zu erklären. Bei der Arzneimittelauswahl hat der Vertragsarzt weiterhin auch die Regelungen zu den Arzneimittelrichtlinien und -richtgrößen zu beachten.

2.1.1.4 Ärzte und Krankenversicherungen

Um als niedergelassener Arzt abrechnungsfähige Leistungen und Arzneimittelverordnungen[36] zu Lasten der gesetzlichen Krankenversicherung erbringen zu dürfen, ist eine Zulassung zur vertragsärztlichen Versorgung erforderlich.[37] Diese wird nach Prüfung der Antragsstellung durch die Zulassungsausschüsse[38] auf Bezirksebene der Kassenärztlichen Vereinigungen (KV) erteilt.[39] Auch einzelne Ärzte und Fachabteilungen in Krankenhäusern können für die ambulante Leistungserbringung zu Lasten der gesetzlichen Krankenversicherung durch die Zulassungsausschüsse ermächtigt bzw. zugelassen werden.[40]

In letztgenanntem Fall ähnelt die ambulante Behandlung eines GKV-Versicherten in einem Krankenhaus abrechnungstechnisch einer Behandlung durch einen nie-

---

[35] Vgl. § 73 Abs. 5 Satz 3 SGB V.
[36] Vgl. § 73 Abs. 2 Satz 1 Nr. 7 SGB V.
[37] Vgl. § 95 SGB V, § 95a SGB V und § 98 SGB V.
[38] Vgl. § 96 Abs. 2 Satz 1 SGB V. Die Zulassungsausschüsse sind dabei paritätisch mit Vertretern der Ärzte (bzw. der Kassenärztlichen Vereinigungen) und Vertretern der gesetzlichen Krankenversicherungen besetzt.
[39] Vgl. § 96 Abs. 1 SGB V. In Kassenärztlichen Vereinigungen (KV) sind Vertragsärzte auf Bezirksbzw. Landesebene zusammengeschlossen. Sie nehmen die im SGB V spezifizierten Aufgaben wahr. Bei den KV handelt es sich um Körperschaften des öffentlichen Rechts, deren Aufsicht den für die Sozialversicherung obersten Verwaltungsbehörden der Länder obliegt (vgl. § 77 Abs. 1 und Abs. 5 SGB V und § 78 Abs. 1 SGB V).
[40] Vgl. §§ 116, 116a, 116b und 117 SGB V. Ambulante Behandlungen im Krankenhaus umfassen vor allem hochspezialisierte Leistungen und die Behandlung seltener Krankheiten (z. B. die Behandlung von Krebs oder AIDS).

dergelassenen Vertragsarzt.[41] Die in diesem Bereich verordneten Arzneimittel können dann entweder durch den Versicherten in einer öffentlichen Apotheke bezogen werden oder direkt durch die Krankenhausapotheke (bzw. durch die krankenhausversorgende Apotheke) bereitgestellt werden.[42] Die Kosten für die ambulant eingesetzten Arzneimittel, die durch die Krankenhausapotheke geliefert werden, werden dann direkt der gesetzlichen Krankenversicherung in Rechnung gestellt.[43] Werden in einem solchen Fall die Arzneimitteleinkaufskosten für die Erstattung durch die Krankenkassen zugrunde gelegt, so verhalten sich ambulant verabreichte Arzneimittel für den Krankenhausbetreiber kostenneutral. Anderes verhält es sich beim stationären bzw. teilstationären Einsatz von Arzneimitteln: Hier müssen die Ausgaben für Arzneimittel in der einzelnen DRG-bezogenen Vergütung „untergebracht" werden; die Kosten für den Einsatz von teuren Arzneimitteln schmälern also direkt den Gewinn des Krankenhausbetreibers.

Die Struktur der Ärzte in Deutschland nach Tätigkeitsbereichen wird in Abbildung 3 dargestellt. Zu den ca. 137.000 an der vertragsärztlichen Versorgung teilnehmenden Ärzten (d. h. Ärzte, die Leistungen zu Lasten der GKV abrechnen können) gehören Vertragsärzte, Partnerärzte[44], angestellte Ärzte und ermächtigte Ärzte.

---

[41] Vgl. § 120 Abs. 1 SGB V.
[42] Vgl. § 14 Abs. 7 ApoG. Beispielsweise werden bei der ambulanten Krebsbehandlung in Krankenhäusern Chemotherapien oft direkt durch die Krankenhausapotheke bereitgestellt.
[43] Vgl. § 129a Abs. 1 SGB V. Voraussetzung hierfür ist allerdings eine Vereinbarung zwischen dem Krankenhausträger und den Krankenkassen.
[44] Vgl. § 101 Abs. 4 SGB V. Bei einer zu hohen Arztdichte können sich die Ärzte als Partner einer Gemeinschaftspraxis zu einer freiwilligen Leistungsbeschränkung verpflichten.

```
┌─────────────────────────────────────────────────────────────────────────────┐
│            ┌─────────────────────────────────────────────────┐               │
│            │     Gesamtzahl der Ärzte (Zahlen in Tausend)     │               │
│            │                    394,4                          │               │
│            └─────────────────────────────────────────────────┘               │
│                                                                               │
│      ┌──────────────────────────────┐        ┌─────────────────────┐         │
│      │     Berufstätige Ärzte        │        │  Ohne ärztliche     │         │
│      │          306,4                │        │  Tätigkeit 88,0     │         │
│      └──────────────────────────────┘        └─────────────────────┘         │
└───────────────────────────────────────────────────────────────────────────────┘
```

| Ambulant tätig 133,4 | Stationär tätig 146,3 | In Behörden, Körperschaften und sonstigen Bereichen tätig 26,7 |

| Privat-ärzte 7,2 | Vertrags-ärzte[1] 118,1 | Angestellte Ärzte[2] 8,1 | Leitende Ärzte 14,7 | Nicht-leitende Ärzte 131,6 |

darunter:

| Hausärzte 59,1 | Fachärzte 59,0 | Ermächtigte Ärzte 11,0 |

1) Einschließlich Partnerärzte   2) Angestellte, Ärzte und Praxisassistenten

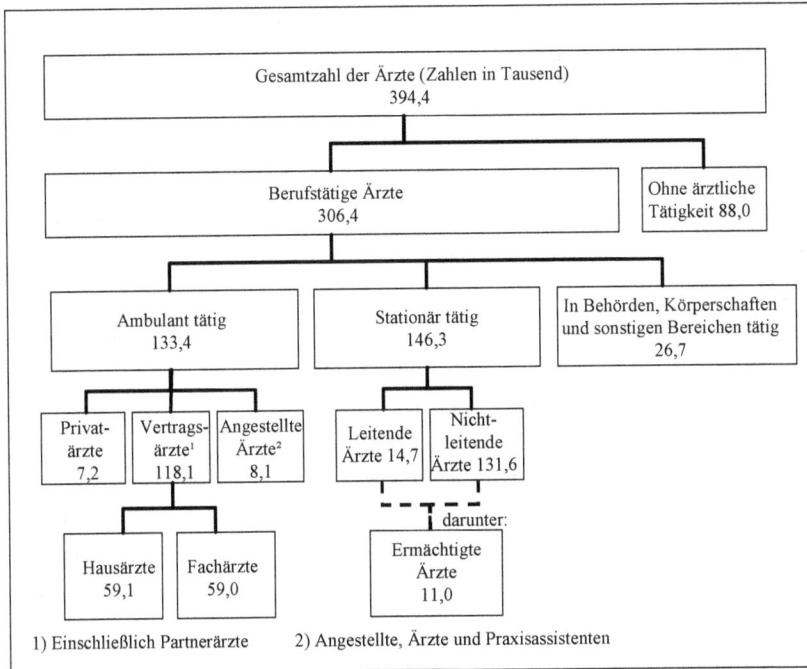

Abb. 3:   Anzahl der Ärzte in Deutschland nach Tätigkeitsbereichen (31.12.2004)[45]

Mit der Zulassung zur vertragsärztlichen Versorgung erwächst für die Ärzte die Verpflichtung, an der Sicherstellung der medizinischen Versorgung für die Versicherten mitzuwirken.[46] Im Gegenzug können die erbrachten, abrechnungsfähigen Leistungen eines Vertragsarztes durch Verwendung des Einheitlichen Bewertungsmaßstabs (EBM) vergütet werden.[47] Der EBM stellt die Honorarordnung für Vertragsärzte dar und weist den verschiedenen ärztlichen Leistungen eine Anzahl von Punkten zu. Die Vergütung bemisst sich dann aus der Summe der gesammelten Punkte multipliziert mit einem (in Euro ausgedrückten) Punktwert. Zusätzlich fließen in die Bestimmung der Gesamtvergütungshöhe eines Vertragsarztes noch

---

[45]   Quelle: Kassenärztliche Bundesvereinigung - Grunddaten - Ärzte (2006), S. 11.
[46]   Vgl. § 72 Abs. 1 SGB V.
[47]   Vgl. § 87 SGB V. Der Einheitliche Bewertungsmaßstab ist Bestandteil des Bundesmantelvertrages und wird in Bewertungsausschüssen durch Vertreter der Kassenärztlichen Bundesvereinigung und der Spitzenverbände der Krankenkassen vereinbart.

die Regelungen des Honorarverteilungsmaßstabs mit ein, der zwischen den Kassenärztlichen Vereinigungen und den Krankenkassen auf Landesebene vereinbart wird.[48] Für dieses Vergütungssystem sind in der Zukunft allerdings einige Modifiationen geplant: So treten zunächst ab dem 01.01.2007 die Bestimmungen zu den Regelleistungsvolumina nach § 85a SGB V und § 85b SGB V in Kraft. Für jeden einzelnen Arzt wird dann ein fester Einzelpunktwert sowie ein Regelleistungsvolumen festgelegt.[49] Weitere bedeutsame Veränderungen sind in dem Eckpunkte-Papier der Bundesregierung zur Gesundheitsreform 2006 vorgesehen: So soll das Punktesystem des EBM langfristig in eine Gebührenordnung mit festen Preisen, Pauschalvergütungen und einigen wenigen abrechnungsfähigen Einzelleistungsvergütungen überführt werden.[50]

Werden privat Krankenversicherte behandelt oder Leistungen für GKV-Krankenversicherte erbracht, die über den Leistungsumfang der gesetzlichen Krankenversicherung hinausgehen, so findet für die Abrechnung der Leistungen die Gebührenordnung der Ärzte (GoÄ) - und nicht der EBM - Anwendung.[51] Diese wird als Rechtsverordnung mit Zustimmung des Bundesrates durch das Bundesministerium für Gesundheit erlassen und obliegt somit auch staatlicher Aufsicht. Auch der GoÄ steht nach dem Willen der Bundesregierung im Zuge der Gesundheitsreform 2006 eine Novellierung bevor.[52]

Im Jahre 2004 haben die zur vertragsärztlichen Versorgung zugelassenen Ärzte im Durchschnitt Verordnungen im Wert von 165.000 Euro pro Arzt zu Lasten der GKV ausgestellt.[53] Bei der Arzneimittelverordnung (und auch bei der eigenen Leistungserbringung) sind Vertragsärzte angehalten, den Grundsatz der Qualität, Humanität und Wirtschaftlichkeit bei der Versorgung zu befolgen.[54] Dieser

[48] Vgl. § 85 SGB V.
[49] Vgl. AOK-Bundesverband (2006), Stichwort: Regelleistungsvolumina. Mit Hilfe dieser Anpassung geht das finanzielle Risiko einer morbiditätsorientierten Mengenausweitung von ärztlichen Leistungen auf die Krankenkassen über.
[50] Vgl. Bundesregierung (2006), S. 4.
[51] Vgl. AOK-Bundesverband (2006), Stichwort: Gebührenordnung.
[52] Vgl. Bundesregierung (2006), S. 7.
[53] Vgl. Kassenärztliche Bundesvereinigung - Grunddaten - Arzneimittel (2006), S. 62.
[54] Vgl. § 70 Abs. 1 Satz 2 SGB V: „Die Versorgung der Versicherten muss ausreichend und zweckmäßig sein, darf das Maß des Notwendigen nicht überschreiten und muss in der fachlich gebotenen Qualität sowie wirtschaftlich erbracht werden".

Grundsatz wird hinsichtlich einer wirtschaftlichen Verordnungsweise von Arzneimitteln durch verschiedene Maßnahmen konkretisiert.

So können in den durch den Gemeinsamen Bundesausschuss[55] beschlossenen
Arzeimittelrichtlinien verbindlich die Verordnungen von Arzneimitteln eingeschränkt oder ausgeschlossen werden, bei denen der therapeutische Nutzen, die
medizinische Notwendigkeit oder die Wirtschaftlichkeit nicht nachgewiesen
sind.[56] Diese Richtlinienkompetenz wurde zuletzt durch das neue „Gesetz zur
Verbesserung der Wirtschaftlichkeit in der Arzneimittelversorgung" (AVWG)
wieter gestärkt.[57] In Ausnahmefällen kann ein Vertragsarzt aber auch Verordnungen von Arzneimittel vornehmen, die gemäß der Arzneimittelrichtlinien von der
Verorgung durch die GKV ausgeschlossen sind.[58] In diesen Fällen muss ein Arzt
dann aber sein Vorgehen medizinisch begründen und sich auf einen Überprüfung
seines Verordnungsverhaltens in ökonomisch bedeutsamen Fällen einstellen.

Ein weiteres Instrument zur Förderung einer wirtschaftlichen Verordnungsweise
stellen Arzneimittelrichtgrößen dar.[59] Dabei vereinbaren zunächst die Kassenärztlichen Vereinigungen und Krankenkassen auf Landesebene, welches Ausgabenvolumen im Rahmen der Gesamtvergütung[60] den Vertragsärzten für die Verordnung von Arznei- und Verbandmitteln zur Verfügung gestellt wird. Für dieses
Ausgabenvolumen werden dann durchschnittliche, arztgruppenspezifische Richtgrößen berechnet, die das Volumen an verordnungsfähigen Leistungen je Vertragsarzt festlegen. Diese Richtgrößen sollen dem Vertragsarzt eine Orientierung
für eine wirtschaftliche Verordnungsweise geben und können bei Überschreiten
der Richtgrößen eine Wirtschaftlichkeitsprüfung nach sich ziehen.[61] Auch hier hat
der Gesetzgeber im Zuge des AVWG mit dem neu geschaffenen § 84 Abs. 7a
SGB V das Spektrum des Richtgrößeninstruments erweitert: So können für Grup-

---

[55]   Vgl. § 91 SGB V.
[56]   Vgl. § 92 Abs. 1 SGB V.
[57]   Vgl. Nr. 5a AVWG und § 92 Abs. 1 SGB V in der neuen Fassung.
[58]   Vgl. § 34 Abs. 1 Satz 4 SGB V.
[59]   Vgl. § 84 SGB V.
[60]   Vgl. § 85 SGB V. Eine Krankenkasse stellt mit der Gesamtvergütung einen Betrag für die gesamte
       vertragsärztliche Versorgung ihrer Versicherten innerhalb des Bezirks einer Kassenärztlichen Ver-
       einigung zur Verfügung.
[61]   Vgl. § 106 SGB V. Wirtschaftlichkeitsprüfungen obliegen der Kassenärztlichen Vereinigung und
       den Krankenkassen.

pen von Arzneimitteln in verordnungsstarken Anwendungsgebieten Durchschnittskosten je definierter Dosiereinheit bei wirtschaftlicher Verordnungsweise
gebildet werden, die dann mit den Durchschnittskosten der durch einen Arzt veranlassten Arzneiverordnungen in dieser Gruppe verglichen werden. Je nach Ergebnis erhält der einzelne Vertragsarzt dann einen Bonus oder Malus für sein Verordnungsverhalten. Insgesamt ist anzunehmen, dass das Arzneimittelrichtgrößen-
Instrument insbesondere in wettbewerbsintensiven Indikationen (mit einer Vielzahl von relativ leistungsäquivalenten Arzneimitteln) zu einer erhöhten Preissensitivität seitens der Ärzte führt. Dies dürfte in solchen Fällen die Verordnung von
preisgünstigen (bzw. generischen) Arzneimitteln begünstigen (zu Lasten der
teureren bzw. patentgeschützten Arzneimittel).

Zur Erhaltung der Qualität, Humanität und Wirtschaftlichkeit bei der Arzneimittelauswahl beabsichtigt der Gesetzgeber im Zuge der Gesundheitsreform 2006
weiterhin ein 4-Augenprinzip bei Ärzten einzuführen.[62] So soll in Zukunft die
Verordnung von kostenintensiven Arzneimitteln, Diagnostika und Hilfsmitteln
durch den behandelnden Arzt nur noch in Abstimmung mit fachlich besonders
ausgewiesenen Ärzten erfolgen können. Im Rahmen der vertragsärztlichen Tätigkeit sind Ärzte weiterhin zur fachlichen Fortbildung im Rahmen von geeigneten
Fortbildungsveranstaltungen gesetzlich verpflichtet.[63] Der Nachweis der Fortbil-
dungsaktivitäten ist alle 5 Jahre gegenüber den Kassenärztlichen Vereinigungen
zu erbringen. Kommt ein Arzt dieser Verpflichtung nicht nach, so kann zunächst
seine Honorarzahlungen gekürzt werden oder ihm sogar in letzter Konsequenz die
kassenärztliche Zulassung entzogen werden.

2.1.1.5 Versicherte und Apotheken

Für den Bezug von verordneten Arzneimitteln können gesetzlich Krankenversicherte frei unter allen öffentlichen Apotheken auswählen, für die der Rahmen-
vertrag zwischen den Spitzenverbänden der Krankenkassen und der Apotheker
Geltung besitzt.[64] Für die Aushändigung eines verschreibungspflichtigen Arznei-

---

[62] Vgl. Bundesregierung (2006), S. 9-10.
[63] Vgl. § 95d SGB V.
[64] Vgl. § 31 Abs. 1 Satz 5 SGB V und § 129 Abs. 2 SGB V. Weiterhin ist für den Betrieb einer Apotheke ist die Erlaubnis durch das zuständige Regierungspräsidium notwendig. Der Antragstellende
muss dabei u. a. die Approbation als Apotheker besitzen (vgl. §§ 1 und 2 ApoG). Dafür besitzen

mittels durch den Apotheker ist dabei die Vorlage einer ärztlichen Verschreibung notwendig.[65] Sollen die Kosten für ein verordnungsfähiges Arzneimittel durch die GKV getragen werden, so ist die Vorlage einer ärztlichen Verordnung notwendig; dies gilt insbesondere für nicht-verschreibungspflichtige (aber verordnungsfähige) Arzneimittel. Kann eine solche Verordnung nicht vorgelegt werden, so sind die Kosten für ein Arzneimittel in voller Höhe durch den Patienten selbst zu tragen. Im Durchschnitt wurden dabei im Jahre 2004 pro GKV-Versicherten 14,4 Arznei- mittelpackungen verordnet (durchschnittlich 8,4 Verordnungen und 1,7 Arznei- mittel pro Verordnung).[66]

Für den Bezug eines zu Lasten der GKV verordneten Arzneimittels müssen voll- jährige Versicherte in der Apotheke eine Zuzahlung leisten.[67] Diese beträgt 10 % des Arzneimittelabgabepreises, mindestens jedoch 5 Euro und höchstens 10 Euro (und nicht mehr als die Gesamtkosten des Arzneimittels, sofern der Apothekenab- gabepreis unterhalb von 5 Euro liegt). Dabei gelten für die Versicherten Belas- tungsobergrenzen für die Summe aller Zuzahlungen pro Kalenderjahr. Ab einer Zuzahlungssumme von über 2 % der jährlichen Bruttoeinnahmen können GKV- Versicherte von allen weiteren Zuzahlung bis zum Ende des Kalenderjahres be- freit werden (bei chronisch Kranken gilt die Grenze von 1 %).[68] Festbetragsge- gelte Arzneimittel, deren Apothekeneinkaufspreis (inkl. MwSt.) um mindestens 30 % unter dem jeweiligen Festbetrag liegt, können zudem seit dem 1. Mai 2006 durch die Spitzenverbände der Krankenkassen von der Zuzahlung durch die Ver- sicherten befreit werden.[69]

Bei der Sortimentsgestaltung, bei der Beratung von Kunden und bei der Ausgabe von Arzneimitteln haben Apotheker eine Reihe von gesetzlichen Regelungen zu beachten. So dürfen sie sich nicht verpflichten, bestimmte Arzneimittel aus- schließlich oder bevorzugt anzubieten/abzugeben oder anderweitig die Auswahl

---

Apotheken für verschreibungspflichtige und apothekenpflichtige Arzneimittel ein Abgabemonopol (vgl. Dambacher, E., Schöffski, O. (2002), S. 246).
[65] Vgl. § 48 Abs. 1 AMG.
[66] Vgl. Bundesvereinigung Deutscher Apothekerverbände (2005), S. 49.
[67] Vgl. § 31 Abs. 3 SGB V und § 61 SGB V.
[68] Vgl. § 62 Abs. 1 SGB V.
[69] Vgl. Nr. 1b AVWG und § 31 Abs. 3 SGB V in der neuen Fassung.

auf das Angebot bestimmter Hersteller oder Händler zu beschränken.[70] Die Abgabe von Arzneimitteln hat dabei in wirtschaftlichen Einzelmengen zu erfolgen und bei nicht-verschreibungspflichtigen bzw. nicht verordneten Arzneimitteln hat der Apotheker die Kunden über die sachgerechte Anwendung der Produkte zu unterrichten.[71] Diese Beratung der Kunden darf jedoch nicht soweit gehen, dass die Therapie des behandelnden Arztes bzw. dessen Anweisungen durch den Apotheker beeinträchtigt werden.[72] Weder verschreibungs- noch apothekenpflichtige Arzneimittel dürfen im Selbstbedienungsbereich einer Apotheke angeboten werden.[73] Erhält eine ärztliche Verschreibung oder Verordnung einen erkennbaren Irrtum, ist unleserlich geschrieben oder ergeben sich sonstige Bedenken, so darf das betreffende Arzneimittel nicht ausgegeben werden; selbiges gilt auch für einen begründeten Verdacht auf Arzneimittelmissbrauch.[74] Des Weitern dürfen Apotheken und Ärzte keine Vereinbarungen treffen, die eine bevorzugte Lieferung bestimmter Arzneimittel, die Zuführung von Patienten oder die Zuweisung von Verschreibungen zum Gegenstand haben.[75]

2.1.1.6 Apotheken und Krankenversicherungen

Apotheken übernehmen neben der Arzneimittelabgabe- und Beratungsfunktion auch die Rolle als abrechnungstechnischer Mittler zwischen den gesetzlichen Krankenkassen und ihren Versicherten. Prinzipiell trägt die GKV bei den für ihre Versicherten verordneten Arzneimitteln die vollen Kosten[76] abzüglich der von den Versicherten zu leistenden Zuzahlungen und den in §§ 130 und 130a SGB V geregelten Apotheken- und Herstellerrabatten.[77] Mit der Ausgabe eines zu Lasten der GKV verordneten Arzneimittels tritt die Apotheke allerdings zunächst in Vorleistung. Die Art und der Ablauf der Kostenerstattung durch die Krankenkassen wird in der Arzneimittelabrechnungsvereinbarung zwischen den Spitzenverbänden der Apotheken und der Krankenkassen geregelt; dabei sind auch insbesondere die Re-

---

[70]   Vgl. § 10 ApoG.
[71]   Vgl. § 129 Abs. 1 Satz 1 Nr. 3 und § 20 Abs. 1 ApBertO.
[72]   Vgl. § 20 Abs. 1 ApBertO.
[73]   Vgl. § 17 Abs. 3 ApBertO.
[74]   Vgl. § 17 Abs. 5 ApBetrO und Vgl. § 17 Abs. 8 ApBetrO.
[75]   Vgl. § 11 Abs. 1 ApoG.
[76]   Existiert für ein Arzneimittel ein Festbetrag, so trägt die Krankenkasse die Kosten bis zur Höhe dieses Betrags.
[77]   Vgl. § 31 Abs. 2 SGB V.

gelungen des § 300 SGB V bezüglich der Verwendung von Arzneimittel-Kennzeichen und elektronischen Verordnungsdatensätzen zu beachten. Im Zuge der Kostenerstattung ist weiterhin der gesetzlich geregelte Apothekenrabatt an die Krankenkassen zu berücksichtigen, bei dem pro verschreibungspflichtigem Arzneimittel ein Abschlag in Höhe von 2 Euro je Packung und für sonstige verordnete Arzneimittel ein Abschlag von 5 % des maßgeblichen Arzneimittelabgabepreises anfallen.[78] Dieser Rabatt betrug im Jahre 2005 insgesamt ca. 1,1 Mrd. Euro.[79]

Bei zu Lasten der GKV verordneten Arzneimitteln sind Apotheker zudem zur Abgabe von preisgünstigen Arzneimitteln verpflichtet, wenn der Arzt nur eine Verordnung unter der Wirkstoffbezeichnung vorgenommen hat (und nicht den Markennamen eines Arzneimittels verordnet hat) oder er im Falle der Verordnung eines Markenarzneimittels dessen Ersetzung durch ein wirkstoffgleiches Arzneimittel nicht ausgeschlossen hat.[80]

Im Falle einer solchen Substitution haben dann die Apotheker unter Berücksichtigung von Wirkstärke, Packungsgröße, Darreichungsform und zugelassener Indikation ein entsprechend günstiges Arzneimittel zu wählen. Bei festbetragsgeregelten Arzneimitteln bestimmt sich die „Preisgünstigkeit" durch die jeweiligen Festbeträge (Substitution von Arzneimitteln bis zur Festbetragsgrenze).[81] Des Weitern sind Apotheker verpflichtet, insbesondere bei verordneten Markenarzneimitteln eine Substitution durch preisgünstige importierte Arzneimittel vorzunehmen, wenn der maßgebliche Arzneimittelabgabepreis des importierten Produkts mindestens 15 % oder mindestens 15 Euro niedriger ist als der Preis des inländischen Bezugsarzneimittels.[82] Mittels dieser Substitutionsverpflichtungen für Apotheker

---

[78] Vgl. § 130 SGB V. Bei festbetragsgeregelten Arzneimitteln bemisst sich der Abschlag maximal nach dem Festbetrag oder nach dem darunter liegenden Abgabepreis des Arzneimittels. Der Apothekenrabatt muss nur gewährt werden, wenn die Rechnung des Apothekers innerhalb von 10 Tagen nach Eingang bei der Krankenkasse beglichen wird (vgl. §130 Abs. 3 SGB V).

[79] Bundesvereinigung deutscher Apothekerverbände - GKV-Anteil am Apothekenumsatz (2006).

[80] Vgl. § 129 Abs. 1 Satz 1 Nr. 1 SGB V.

[81] Vgl. § 129 Abs. 1 Satz 2 SGB V und AOK-Bundesverband (2006), Stichwort: Aut-idem-Regelung.

[82] Vgl. § 129 Abs. 1 Satz 1 Nr. 2 SGB V.

im Rahmen der GKV sollen weitere Einsparpotenziale für Arzneimittel realisiert werden.

2.1.1.7 Apotheken, Großhandel und Hersteller

Im Regelfall beziehen öffentliche Apotheken ihre Arzneimittel von pharmazeutichen Großhändlern, die diese wiederum bei Arzneimittelherstellern einkaufen. Dabei belieferten in Deutschaland im Jahre 2005 16 vollsortierte Großhandelsunternehmen ca. 21.500 öffentliche Apotheken.[83] Die Leistung des Großhandels ergibt sich dabei aus den typischen Handelsfunktionen[84], wie sie auch in anderen Wirtschaftzweigen bekannt sind (z. B. die Sortiments- oder Zeitüberbrückungsfunktion). Im Falle von sehr teuren Arzneimitteln (z. B. in der Onkologie) kommt es aber auch vereinzelt zu direkten Lieferbeziehungen zwischen Herstellern und Apotheken unter Umgehung des Großhandels, da in solchen Fällen die durch den Hersteller abzuschöpfende Großhandelsspanne attraktiv genug erscheint, den zusätzlichen Aufwand für eine direkte Belieferung der Apotheken in Kauf zu nehmen.[85]

Während der Herstellerabgabepreis für ein Arzneimittel in Deutschland durch den Hersteller frei bestimmt werden kann, ist die Preisspannenbildung auf den verschiedenen nachgelagerten Handelsstufen für verschreibungspflichtige Arzneimittel per Rechtsverordnung (Arzneimittelpreisverordnung) gesetzlich geregelt.[86] Somit ergeben sich - mit Ausnahmen[87] - für verschreibungspflichtige Arzneimittel in öffentlichen Apotheken bundesweit einheitliche Preise. Apothekenpflichtige und freiverkäufliche Arzneimittel sind von der Arzneimittelpreisverordnung ausgenommen; für sie gilt - auch hier mit Ausnahmen[88] - die freie Preisbildung.[89]

---

[83] Vgl. Bundesverband des pharmazeutischen Großhandels (2006) und Bundesvereinigung deutscher Apothekerverbände - Apothekendichte (2006).

[84] Vgl. Oberparleiter, K. (1955).

[85] Vgl. Dambacher, E., Schöffski, O. (2002), S. 245.

[86] Vgl. § 78 AMG.

[87] Vgl. § 1 Abs. 3 der Arzneimittelpreisverordnung, gültig ab 1. Januar 2004.

[88] Für die Abgabe und die Abrechnung von (zu Lasten der GKV) verordnungsfähigen, nicht-verschreibungspflichtigen Arzneimittel gilt gemäß § 129 Abs. 5a SGB V die alte Arzneimittelpreisverordnung in der alten Fassung vom 31.12.2003.

[89] Vgl. § 78 Abs. 2 Satz 3 AMG.

Bei verschreibungspflichtigen Arzneimitteln ergibt sich dann der Apothekenabgabepreis aus der Summe von Herstellerabgabepreis, Großhandelshöchstzuschlag, Apothekenzuschlag und Umsatzsteuer. Der Großhandelshöchstzuschlag ermittelt sich - je nach Höhe des Herstellerabgabepreises - durch einen absoluten oder prozentualen Aufschlag auf den Herstellerabgabepreis; der Apothekenzuschlag resultiert aus einem 3 %igen Aufschlag auf den Apothekeneinkaufspreis plus einem Festzuschlag in Höhe von 8,10 Euro.[90] Dabei ist zu beachten, dass der sich durch die Arzneimittelpreisverordnung ergebende Großhandelsabgabepreis (= Apothekeneinkaufspreis) lediglich den höchstmöglichen Einkaufspreis für Apotheken darstellt.[91] Aufgrund der relativ geringen Marktmacht der Großhändler werden in der Praxis umfangreiche Rabatte auf die Apothekeneinkäufe gewährt; die tatsächliche Spanne der Apotheken bei verschreibungspflichtigen Arzneimitteln liegt daher vermutlich deutlich über dem gesetzlich vorgeschriebenem Apothekenzuschlag. Aus diesem Grunde beabsichtigt der Gesetzgeber im Zuge der Gesundheitsreform 2006 die GKV stärker an der realen Handelsspanne der Apotheken zu beteiligen: So sollen in der Arzneimittelpreisverordnung offiziell nur noch (Apothekeneinkaufs-) Höchstpreise verankert werden.[92] Die Preisvorteile der Apotheken bei der Arzneimittelbeschaffung sind somit in angemessener Höhe an die Versicherten bzw. Krankenkassen weiterzugeben. Sofern diese Einsparvorteile im Jahre 2007 nicht mindestens 500 Mio. Euro betragen, wird der Apothekenrabatt entsprechend erhöht.

2.1.1.8 Krankenkassen und pharmazeutische Hersteller

Seit dem 1.1.2003[93] sind Apotheken verpflichtet, bei GKV-Verordnungen von nicht-festbetragsgeregelten Arzneimitteln einen zusätzlichen Rabatt (neben den Apothekenrabatt) in Höhe von 6 % auf den Herstellerabgabepreis (ohne MwSt.) bei der Abrechnung mit den Krankenkassen zu gewähren.[94] Da pharmazeutische Hersteller verpflichtet sind, den Apotheken diesen Abschlag zu erstatten, handelt es sich ökonomisch gesehen um einen Herstellerrabatt für nicht-festbetragsgere-

---

[90] Vgl. §§ 2 und 3 der Arzneimittelpreisverordnung, gültig ab 1. Januar 2004.
[91] Vgl. Dambacher, E., Schöffski, O. (2002), S. 250.
[92] Vgl. Bundesregierung (2006), S. 9.
[93] Im Jahre 2004 betrug dieser Rabatt einmalig 16% (vgl. § 130a Abs. 3a SGB V).
[94] Vgl. §130a Abs. 1 Satz 1 SGB V und Vgl. §130a Abs. 3 SGB V.

gelte Arzneimittel an die gesetzlichen Krankenkassen.[95] Mit dem neu geschaffenen § 130a Abs. 3a SGB V im Zuge des AVWG stellt der Gesetzgeber zudem sicher, dass eine etwaige Erhöhung der Herstellerabgabepreise (verglichen zum Stand am 1.11.2005) als Rabatte an die GKV bis zum 31.3.2008 weitergegeben werden müssen. Dies gleicht faktisch einer Einfrierung der Preise aller zu Lasten der GKV verordneten Arzneimittel auf Basis der Herstellerabgabepreise für den genannten Zeitraum. Eine Erhöhung der Apothekenabgabepreise für die Verbraucher (z. B. durch eine Mehrwertsteuererhöhung) bleibt davon unberührt.

Speziell für Generika wurde zudem im Zuge des AVWG für GKV-Verordnungen ein 10 %iger Herstellerrabatt auf Basis des Herstellerabgabepreises bestimmt.[96] Auch hier müssen etwaige Preisanpassungen durch die Hersteller über den Herstellerrabatt an die Krankenkassen „durchgereicht" werden. Generika, deren Apothekeneinkaufspreise (inkl. MwSt.) mindestens 30 % unterhalb des jeweiligen Festbetrags liegen, werden sogar komplett von diesem Herstellerrabatt ausgenommen. Neben diesen gesetzlich regelten „Zwangsrabatten" eröffnet der Gesetzgeber für Krankenkassen und pharmazeutische Hersteller die Möglichkeit, freiwillige Rabattvereinbarungen zu treffen.[97] Im Zuge des durch das AVWG ergänzten § 31 Abs. 2 SGB V besteht sogar bei solchen Vereinbarungen die Möglichkeit, dass die GKV bei festbetragsgeregelten Arzneimitteln - anders als in der Festbetragsregelung[98] bestimmt - den vollen Apothekenabgabepreis (abzüglich Versichertenzuzahlungen, Hersteller- und Apothekenrabatten) trägt, wenn durch die Vereinbarung insgesamt eine Einsparung erzielt werden kann.

2.1.2 Der stationäre Bereich

2.1.2.1 Versorgungsbereiche

Die stationäre Versorgung wird in Deutschland durch Krankenhäuser, Vorsorge- und Rehabilitationseinrichtungen und Pflegeeinrichtungen erbracht.[99] Da für die Darstellung der Arzneimittelverwendung der Krankenhaussektor die größte Rele-

---

[95] Vgl. §130a Abs. 1 Satz 1 SGB V.
[96] Vgl. Nr. 7 AVWG und § 130a Abs. 3b SGB V in der neuen Fassung.
[97] Vgl. § 130a Abs. 8 SGB V.
[98] Vgl. § 35 SGB V und § 31 Abs. 2 SGB V.
[99] Vgl. Robbers, J., Stapf-Finé, H. (2002), S. 43.

vanz besitzt, beschränken sich die weiteren Ausführungen auf diesen Bereich. Im Jahre 2004 versorgten in Deutschland insgesamt 2166 Krankenhäuser die Bevölkerung; dabei entfielen 52,8 % aller Krankenhausbetten auf Krankenhäuser in öffentlicher Trägerschaft, 35,7 % auf Krankenhäuser in freigemeinnütziger Trägerschaft (z. B. kirchliche Träger) und 11,5 % auf Krankenhäuser in privater Trägerschaft.[100] Es dürfen nur Hochschulkliniken, Landesplankrankenhäuser sowie andere Krankenhäuser, mit denen ein Versorgungsvertrag mit den Krankenkassen bzw. Ersatzkassen auf Landesebene besteht, Leistungen zu Lasten der GKV erbringen.[101] Auch darf eine stationäre Krankenhausbehandlung für GKV-Versicherte nur dann verordnet werden, wenn eine ambulante Versorgung zur Erzielung des Heil- oder Linderungserfolg nicht ausreicht.[102]

Die Krankenhausbehandlung gliedert sich dabei grundsätzlich in die vollstationäre, teilstationäre und ambulante Versorgung (Letztere umfasst dabei das ambulante Operieren, die ambulante vertragsärztliche Versorgung durch ermächtigte Krankenhausärzte, die vor- und nachstationäre Behandlung, die ambulante Behandlung in Polikliniken sowie den ambulanten Notdienst).[103] Die voll- und teilstationäre Versorgung unterscheidet sich dabei aus ökonomischer Sicht (auch im Hinblick auf die Arzneimittelkosten) für Krankenhausbetreiber ganz wesentlich von den übrigen ambulanten Versorgungsformen. So tritt an die Stelle der bisherigen Verfahren[104] der Krankenhausvergütung bis Ende 2008[105] für alle Krankenhäuser in Deutschland bei der voll- und teilstationären Krankenhausvergütung ein leistungsorientiertes und pauschalierendes Vergütungssystem („DRG-System"). Dieses Konzept sieht für die Honorierung der Krankenhausleistungen feste, von der Diagnose der einzelnen Patienten abhängige Vergütungssätze vor.[106] Das DRG-System gilt bei der voll- und teilstationären Behandlung sowohl für GKV- als auch für privat Krankenversicherte bei allgemeinen Krankenhausleistungen (alle medizinisch notwendigen bzw. zweckmäßigen Leistungen).

---

[100] Vgl. Statistisches Bundesamt (2005), Punkt 2.1.1.
[101] Vgl. §§ 108 und 109 SGB V.
[102] Vgl. § 73 Abs. 4 Satz 1 SGB V.
[103] Vgl. § 39 Abs. 1 SGB V und Robbers, J., Stapf-Finé, H. (2002), S. 44.
[104] Dazu zählen tagesgleiche Pflegesätzen, Fallpauschalen, Sonderentgelte und Krankenhausbudgets.
[105] Vgl. Bundesregierung (2006), S. 7.

Zu den durch die DRG-bezogenen Vergütungen abgegoltenen Krankenhausleistungen im voll- und teilstationären Bereich gehören nach § 2 Abs. 1 der Bundespflegesatzverordnung auch die Arzneimittelkosten. Daher werden Krankenhausärzte und -management bei dem voll- und teilstationären Arzneimitteleinsatz eine besondere Aufmerksamkeit auf die Kosten-Effektivität der eingesetzten Mittel legen. Bei der ambulanten Leistungserbringung besteht hingegen für Krankenhäuser ein geringerer Anreiz sich von Kostenaspekten bei der Arzneimittelauswahl leiten zu lassen, da hier in vielen Fällen die Kostenerstattung für die Arzneimittel direkt durch die Krankenkassen erfolgen kann.[107] Dieses Verhalten ist besonders deutlich bei dem Einsatz von neuen und teuren Chemotherapien im onkologischen Bereich zu sehen: Diese werden in Krankenhäusern mit ermächtigten Ärzten/Fachabteilungen bzw. Institutsambulanzen fast ausschließlich nur noch im Rahmen der ambulanten Versorgung verabreicht.

2.1.2.2 Beschaffung und Verwendung von Arzneimitteln

Prinzipiell können alle in einem Krankenhaus verwendeten Arzneimittel entweder durch die eigene Krankenhausapotheke, durch eine mitversorgende Krankenhausapotheke eines anderen Krankenhauses oder durch eine öffentliche Apotheke bereitgestellt werden.[108] Die folgende Abbildung zeigt die Distributionspfade der in Krankenhäusern verwendeten Arzneimittel ausgehend von den pharmazeutischen Herstellern. Dabei ist der Großhandel hier nur zu einem geringen Ausmaß in dem Distributionsprozess involviert.

---

[106] Vgl. § 17b KHG; AOK-Bundesverband (2006), Stichwort: Diagnosis-related-groups; DRG-Institut (2006), Systemgrundlagen.
[107] Vgl. § 129a SGB V.
[108] Vgl. §§ 14 Abs. 1, 3 und 4 ApoG. Im Falle einer kooperativen Lösung müssen die Krankenhausträger miteinander bzw. mit dem Inhaber der öffentlichen Apotheke einen Versorgungsvertrag abschließen.

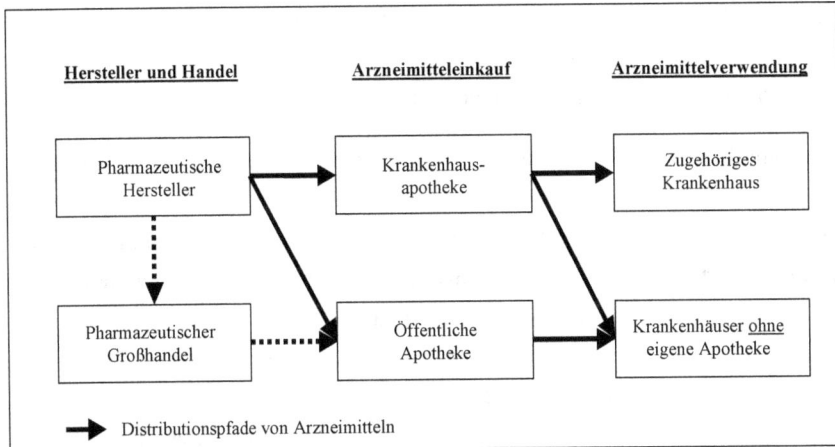

Abb. 4:   Distributionspfade für die Arzneimittelversorgung in
              Krankenhäusern

Die so für Krankenhäuser bereitgestellten Arzneimittel können in allen Versor-
gungsbereichen innerhalb des Krankenhauses (voll- und teilstationär, ambulant)
verwendet werden - nicht aber außerhalb des Krankenhauses.[109] Ende 2004 gab es
in Deutschland insgesamt 502 Krankenhausapotheken (20 weniger als im Vor-
jahr), die z. T. andere Krankenhäuser ohne eigene Krankenhausapotheke mitver-
sorgten.[110]

Arzneimittel, die in Krankenhäusern verwendet werden, unterliegen nicht der
Arzneimittelpreisverordnung. Die Preise für die Arzneimittel können somit frei
zwischen den Herstellern und den krankenhausversorgenden Apotheken ver-
handelt werden.[111] Nicht zuletzt aus diesem Grund konnten in dem Abnehmer-
Lieferantenverhältnis zwischen Krankenhausapotheken und Hersteller jene typischen Marktentwicklungen beobachtet werden, die auch aus anderen Wirtschaftsbereichen bekannt sind: So haben sich z. B. einige Krankenhäuser zwecks Durch-
setzung besserer Einkaufskonditionen zu Einkaufsgemeinschaften zusammenge-

---

[109]   Vgl. § 14 Abs. 7 ApoG und § 129a SGB V. Als Ausnahmen dürfen Arzneimittel an Patienten nach
        einer Krankenhausbehandlung zur Initialversorgung und an Mitarbeiter des Krankenhauses zum
        Eigenbedarf abgegeben werden.
[110]   Vgl. Bundesvereinigung Deutscher Apothekerverbände (2005), S. 44.
[111]   Vgl. § 1 Abs. 3 Nr. 1 und 2 der Arzneimittelpreisverordnung, gültig ab 1. Januar 2004.

schlossen. Hersteller wiederum reagierten mit einer Professionalisierung des Geschäftskundenmanagements („Key Account Management"), das z. B. Instrumente wie Rabattsysteme und Kundenbindungsmaßnahmen umfasst.[112]

Insgesamt dürften die Arzneimitteleinkaufspreise für Krankenhäuser, insbesondere wegen des Wegfalls der Handelsspannen und der Umsatzsteuer, deutlich unter dem Niveau jener Preise in öffentlichen Apotheken bei der Abgabe an Patienten liegen. Weiterhin können Hersteller dazu geneigt sein, Krankenhäusern aufgrund von Multiplikatoreneffekten vorteilhafte Einkaufskonditionen anzubieten.[113] So sammeln z. B. Krankenhausärzte in der Ausbildung Erfahrungen mit einem Produkt und verordnen es dann ggf. später im niedergelassenen Bereich jahrelang weiter. Oder aber Patienten werden im Zuge der Krankenhausbehandlung auf ein bestimmtes Arzneimittel eingestellt und niedergelassene Ärzte setzen die Verordnung nach der Entlassung aus dem Krankenhaus kontinuierlich fort.

Die Steuerung der Arzneimittelverwendung in Krankenhäusern erfolgt typischerweise mittels einer Positivliste, der so genannten Arzneimittelliste.[114] Auf ihr ist verzeichnet, auf welche Arzneimittel die Ärzte bei ihren regelmäßigen Therapieentscheidungen im Krankenhaus zurückgreifen dürfen. In der Literatur wird dabei dem Instrument der Arzneimittelliste ein positiver Einfluss auf die Qualität der Arzneimittelversorgung und die Steuerung der Arzneimittelausgaben in Krankenhäusern bescheinigt.[115] Die Arzneimittelliste wird durch die Arzneimittelkommission des Krankenhauses beschlossen, die typischerweise aus leitenden Ärzten, Krankenhausapothekern und ggf. Vertretern der Krankenhausverwaltung besteht. Auf einen gesonderten und begründeten Antrag hin können aber auch u. U. Arzneimittel verwendet werden, die nicht auf der Arzneimittelliste verzeichnet sind. Dieser Aufwand wird jedoch typischerweise nur selten durch die Ärzte in Kauf genommen. In Anlehnung an das B2B-Marketing weist die Arzneimittelkommission eines Krankenhauses in vielen Punkten die Merkmale eines klassischen

---

[112] Vgl. Robbers, J., Stapf-Finé, H. (2002), S. 61.
[113] Vgl. Dambacher, E., Schöffski, O. (2002), S. 253. Die gängige Praxis des „Antherapierens" im stationären Bereich mit teueren Arzneimitteln dürfte sich aber im Zuge der Einführung des AVWG erschweren (vgl. Nr. 6a AVWG und § 115c Abs. 2 SGB V in der neuen Fassung).
[114] Ein Beispiel für die gesetzlichen Bestimmungen auf Landesebene bzgl. Arzneimittellisten und Arzneimittelkommissionen ergibt sich aus dem Krankenhausgesetz für NRW (vgl. § 9 KHG NRW).

Buying-Centers auf.[116] Auch lassen sich viele andere Ansätze, die das organi-
sationale Beschaffungsverhalten zu erklären versuchen, prinzipiell auf die Arzneimittelkommission und auf die Arzneimittel-Einkaufsprozesse im Krankenhaus
übertragen.[117] Darauf wird jedoch an dieser Stelle nicht näher eingegangen.

An mehreren Stellen wird in gesetzlichen Regelungen die Beratungsfunktion des
Krankenhausapothekers für die Ärzteschaft im Krankenhaus betont.[118] So soll der
Leiter der Krankenhausapotheke oder dessen Stellvertreter auf eine zweckmäßige
und wirtschaftliche Arzneimitteltherapie hinweisen und als Mitglied in der Arzneimittelkommission des Krankenhauses fungieren. In der Praxis ist diese beratende Funktion des Krankenhausapothekers umso wichtiger, je etablierter und
„austauschbarer" die diskutierten Arzneimittel sind (z. B. Generika, Analogpräpa-
rate) sind und je eher die Erschießung von Wirtschaftlichkeitspotenzialen im Vordergrund steht. Bei hoch innovativen Arzneimitteln und behandlungstechnisch
komplexen Indikationen ist dagegen der beratende Einfluss des Krankenhausapothekers auf den Arzneimitteleinsatz im Krankenhaus eher gering; hier verfügen
die Ärzte in der Regel über das relevante Expertenwissen und bestimmen maßgeblich die Verwendung von kostenintensiven Arzneimitteln im Krankenhaus.

2.1.3 Übersicht über Institutionen und deren Funktionen

In Deutschland üben zahlreiche Institutionen einen direkten oder indirekten Einfluss auf die Verwendung von Arzneimitteln aus. In den vorherigen Kapiteln
wurden bereits einige dieser Institutionen und Ihre Funktionen angesprochen. Die
nachstehende Tabelle skizziert kurz die Aufgaben der wichtigsten Organisationen.
Deren Hauptfunktionen lassen sich dabei in die folgenden Bereiche unterteilen:
Zulassung und Pharmakovigilanz (BfArM, PEI, EMEA), Gemeinsame Selbstverwaltung (G-BA, Krankenkassen, KBV, DKG (teilweise auch PKV)), Bewertung

---

[115]   Vgl. Fijn, R., De Vries, C., Brouwers, J., De Jong-Van den Berg, L. (2000), S. 133.
[116]   Vgl. Webster, F., Wind, Y. (1972), S. 12-19.
[117]   Modelle für die Erklärung des organisationalen Beschaffungsverhaltens finden sich bei Robinson,
        P., Faris, C., Wind, Y. (1967), S. 13-18 (Buygrid Model), bei Sheth, J. (1973), S. 50-56, sowie bei
        der IMP Group (1999), S. 214-237.
[118]   Vgl. §§ 14 Abs. 1 und Abs. 5 Nr. 4 ApoG sowie § 20 Abs. 2 ApBetrO.

von Therapien (IQWiG, AWMF, AkdÄ), Interessenvertretung (BÄK, ABDA) und Informationsbereitstellung (ÄZQ, DIMDI).

Abkür-zung	Name	Funktion und Aufgaben (Auszug)	Quelle im Internet
BfArM	Bundesinstitut für Arzneimittel und Medizin-produkte	• Zulassung und Registrierung von Arzneimitteln und Medizinprodukten in Deutschland und Einbindung in die EU-Zulassungsverfahren • Sammlung und Bewertung von Berichten zu unerwünschten Arzneimittelwirkungen (UAW), ggf. Einleitung von Maßnahmen zur Risikominimierung (z. B. Arzneimittel-Warnhinweise, Zurücknahme der Zulassung) • Austausch mit anderen Behörden der Europäischen Union und der Weltgesundheitsorganisation (WHO)	www.bfarm.de
PEI	Paul-Ehrlich-Institut	• Zulassung biomedizinischer Arzneimittel wie z. B. Sera, Impfstoffe, Testallergene, Testsera, Testantigene und Blutzubereitungen • Erfassung und Bewertung von unerwünschten Wirkungen der zugelassenen Arzneimittel (Pharmakovigilanz) • Einrichtung im Geschäftsbereich des Bundesministeriums für Gesundheit	www.pei.de
EMEA	European Medicines Agency	• Institution der Europäischen Union • Bewertung, Zulassung und Überwachung von Arzneimitteln auf europäischer Ebene • Koordination und Kommunikation mit den einzelnen nationalen Zulassungsbehörden	www.emea.eu.int
G-BA	Gemeinsamer Bundesaus-schuss	• Gremium der gemeinsamen Selbstverwaltung von Ärzten, Krankenkassen und Krankenhäusern • Bestimmung des Leistungskatalogs der Gesetzlichen Krankenversicherung (Konkretisierung von ausreichenden, zweckmäßigen und wirtschaftlichen medizinischen Leistungen im ambulanten und stationären Bereich) • Beschlüsse von Arzneimittel-Richtlinien (insbesondere Festbetragsgruppenbildung, Verordnungsausschlüsse und Therapiehinweise) • Die vom G-BA beschlossenen Richtlinien haben den Charakter untergesetzlicher Normen.	www.g-ba.de

Abkür-zung	Name	Funktion und Aufgaben (Auszug)	Quelle im Internet
GKV	Gesetzliche Krankenver-sicherungen: • AOK = Allgemeine Ortskrank-enkassen • BKK = Betriebskran-kenkassen • IKK = Innungskran-kenkassen • Bundes-knappschaft • See-Krank-enkasse • Landwirt-schaftliche Kranken-kassen • VdAK = Verband der Angestellten-Kranken-kassen • AEV = Arbeiter-Ersatz-Verband	• Die gesetzlichen Krankenversicherungen stellen den Krankenversicherungsschutz für ca. 70,6 Mio. Menschen sicher (mehr als 85 % der Bevölkerung). • Die Dachverbände vertreten die Interessen der jeweiligen Mitgliedskassen auf Bundes- und Landesebene. • Aufgaben der Verbände: Verhandlungen und Abschlüsse von Verträgen mit Leistungserbringern, Mitwirkung in den Ausschüssen der gemeinsamen Selbstverwaltung der GKV, Vertretung der gemeinsamen (Kassen-) Interessen im politischen Raum, Beratung und Betreuung der Mitgliedskassen bei der Durchführung ihrer Aufgaben • Im Versorgungsbereich Arzneimittel ist die BKK (innerhalb aller GKVs) für Fragen des Leistungsrechts schwerpunktmäßig zuständig.	www.aok.de www.bkk.de www.ikk.de www.bundes knappschaft.de www.seekasse. de www.lsv.de www.vdak.de
KBV	Kassenärztliche Bundes-vereinigung	• Spitzenorganisation der ärztliche Selbstverwaltung in der GKV, Dachorganisation für die Kassenärztlichen Vereinigungen auf Landesebene • Zusammenschluss aller an der vertragsärztlichen Versorgung teilnehmenden Ärzte • Vereinbarung von Bundesmantelverträgen zwischen der KBV und den Spitzenverbänden der Krankenkassen, Bestimmung eines einheitlichen Bewertungsmaßstabs (EBM) • Vereinbarung von Gesamtverträgen sowie Arzneimittelvereinbarungen (Richtgrößen) zwischen Kassenärztlichen Vereinigungen auf Landesebene und den Landesverbänden der Krankenkassen und Ersatzkassen	www.kbv.de

Abkür-zung	Name	Funktion und Aufgaben (Auszug)	Quelle im Internet
DKG	Deutsche Krankenhaus-gesellschaft	• Zusammenschluss der Spitzen- und Landesverbände der Krankenhausträger, Teil der Selbstverwaltung im Gesundheitswesen mit gesetzlich übertragenen Aufgaben • Organ zur Interessenvertretung des deutschen Krankenhauswesens • Maßgebliche Mitwirkung der DKG bei der Gestaltung des Vergütungssystems im Krankenhauswesen (DRG-System), bei der Entwicklung von Leitlinien sowie bei weiteren Maßnahmen zur Sicherung der Qualität im stationären Bereich	www.dkgev.de
PKV	Verband der privaten Kran-kenversicherung	• Interessenvertretung der privaten Krankenversicherungen in Deutschland • Einbringung von PKV-Positionen durch fachliche Stellungnahmen und Teilnahme an Anhörungen im nationalen und europäischen Gesetzgebungsverfahren • Beratung von Mitgliedsunternehmen in Grundsatzfragen der Tarifgestaltung	www.pkv.de
IQWiG	Institut für Qualität und Wirtschaftlich-keit im Gesund-heitswesen	• Unabhängiges, wissenschaftliches Institut, das im Auftrag des Gemeinsamen Bundesausschusses (G-BA) oder des Bundesgesundheitsministeriums tätig wird • Untersuchung des Nutzens, der Qualität und der Wirtschaftlichkeit von medizinischen Leistungen • Bewertung von Operations- und Diagnoseverfahren, Arzneimitteln und Behandlungsleitlinien	www.iqwig.de
AWMF	Arbeitsgemein-schaft der Wissenschaft-lichen Medi-zinischen Fachge-sellschaften	• Zusammenschluss von über 150 wissenschaftlichen Fachgesellschaften aus verschiedenen Bereichen der Medizin • Erarbeitung von (Therapie-)Empfehlungen, Leitlinien und Resolutionen; Vertretung dieser gegenüber politischer Gremien und Institutionen • Verwaltung einer öffentlich zugänglichen Datenbank für Therapieempfehlungen/Leitlinien der angeschlossenen Fachgesellschaften	www.awmf-online.de
AkdÄ	Arzneimittel-kommission der deutschen Ärzteschaft	• Kommission der Bundesärztekammer • Übermittlung von („rationalen") Therapieempfehlungen und Informationen zur Arzneimittelsicherheit an die Ärzteschaft • Mit dem Bundesinstitut für Arzneimittel und Medizinprodukte (BfArM) unterhält die AkdÄ den „Ärzteausschuss Arzneimittelsicherheit" und eine Datenbank zur Spontanerfassung unerwünschter Arzneimittelwirkungen.	www.akdae.de

Abkür-zung	Name	Funktion und Aufgaben (Auszug)	Quelle im Internet
BÄK	Bundesärzte-kammer	• Spitzenorganisation der ärztlichen Selbstverwaltung, Dachorganisation der Landesärztekammern • Interessenvertretung der Ärzte in Deutschland (Pflichtmitgliedschaft für Ärzte über die Landesärztekammern) • Direkte Wahrnehmung von gesetzlichen Aufgaben, u. a. im Rahmen der Qualitätssicherung und bei der Transplantationsgesetzgebung	www.baek.de
ABDA	Bundesvereini-gung Deutscher Apothekerver-bände	• Organ zur Interessenvertretung der deutschen Apotheker • Spitzenorganisation von 17 Apothekerkammern und 17 Apothekervereinen/-verbänden	www.abda.de
ÄZQ	Ärztliches Zentrum für Qualität in der Medizin	• Gemeinsame Gesellschaft der Bundesärztekammer und Kassenärztlichen Bundesvereinigung • Unterstützung der (Vertrags-)ärzte im Bereich der medizinischen Qualitätssicherung • Bereitstellung von Informationen über Behandlungsleitlinien	www.aezq.de
DIMDI	Deutsches Ins-titut für Medi-zinische Doku-mentation und Information	• Behörde des Bundesministeriums für Gesundheit • Einrichtung und Betrieb von datenbankgestützten Informationssystemen für Arzneimittel und Medizinprodukte • Veröffentlichung amtlicher Klassifikationen im Rahmen gesetzlicher Aufgaben • Bereitstellung eines datenbankgestützten Informationssystems für gesundheitsökonomische Evaluationen von medizinischen Verfahren und Technologien	www.dimdi.de

Tab. 1: Gesundheitspolitische Institutionen in Deutschland

Den Zulassungsbehörden obliegt die Erteilung der Autorisation zum Inverkehrbringen der Arzneimittel. Auch nach erteilter Zulassung werden Informationen über eventuelle Sicherheitsprobleme systematisch gesammelt (Pharmakovigilanz) und im Falle von Verdachtsmomenten oder konkreten Gefahren Maßnahmen zum Schutz der Bevölkerung getroffen. Im Rahmen der Gemeinsamen Selbstverwaltung (durch den Gemeinsamen Bundesausschuss und seine Mitglieder) können Einschränkungen hinsichtlich der Arzneimittelversorgung für GKV-Versicherte beschlossen werden (z. B. Therapie-Hinweise, Festbetragsgruppenbildung, etc.). Diese wurde bereits in den vorherigen Kapiteln diskutiert. Die PKV kooperiert dabei in Einzelaspekten, wie z. B. bei der Entwicklung des DRG-Systems, mit der gemeinsamen Selbstverwaltung.

Das IQWiG bewertet u. a. Arzneimitteltherapien im Auftrag des G-BA bezüglich ihres Nutzens, der Qualität und der Wirtschaftlichkeit. Diese Ergebnisse können dann dem G-BA als Entscheidungsgrundlage dienen, die Erstattung bestimmter Therapien einzuschränken (z. B. aufgrund eines ungünstigen Kosten-Nutzen-Verhältnisses) oder von der Erstattung durch die GKV gänzlich auszuschließen (Beispiel: kurzwirksame Insulinanaloga).[119] Ein starker Einfluss auf die alltägliche Arzneimittelauswahl der Ärzte wird auch den Empfehlungen der einzelnen medizinischen Fachgesellschaften zugeschrieben. Diese sind in Deutschland unter dem Dach der AWMF zusammengeschlossen, die viele der Therapieempfehlungen bzw. Leitlinien systematisiert zur Verfügung stellt. Therapieempfehlungen werden auch durch die Arzneimittelkommission der deutschen Ärzteschaft (AkdÄ) ausgesprochen. Dieser Institution kommt darüber hinaus noch im Fall von Sicherheitsproblemen mit Arzneimitteln die Aufgabe einer schnellen Informationsverbreitung innerhalb der Ärzteschaft zu.

Auch die Organe zur Interessenvertretung von Ärzten und Apothekern können durch ihr politisches Wirken die Arzneimittelverwendung in Deutschland indirekt beeinflussen. So ist es z. B. typischerweise im Interesse der Ärzte, dass das Spektrum an „problemlos" verordnungsfähigen Arzneimitteln nicht zu stark eingeschränkt wird. Des Weiteren können Informationszentren wie das ÄZQ oder das DIMDI durch die Bereitstellung von Informationen über Arzneimittel, Leitlinien und gesundheitsökonomische Evaluationen den Ärzten und Entscheidungsträgern im Gesundheitswesen eine bessere Basis für die Bewertung und den Einsatz von Therapien liefern.

2.2   Arzneimittel

2.2.1   Eigenschaften

2.2.1.1   Merkmale und Merkmalsausprägungen

In den vorherigen Kapiteln wurden bereits verschiedene Merkmale von Arzneimitteln (z. B. die Verordnungsfähigkeit oder die Verschreibungspflicht) disku-

---

[119]   Vgl. Gemeinsamer Bundesausschuss (2006), S. 2.

tiert. Darüber hinaus lassen sich viele weitere Merkmale von Arzneimitteln identifizieren, die bei der Therapiewahl von Ärzten und bei der Vermarktung eine wichtige Rolle spielen können. In der folgenden Tabelle sind die wichtigsten Merkmale mit den verschiedenen Ausprägungen übersichtsartig zusammengefasst. Die Merkmale lassen sich dabei in produkt-, preis, kommunikations- und distributionsbezogene Merkmale untergliedern.

Arzneimittel-merkmale	Ausprägungen	Erläuterung	Produktbeispiele
Produktbezogene Merkmale			
Innovations-status	"First-in-class" Präparat	Ein Hersteller vermarktet als Erster ein Produkt aus einer neuen Wirkstoffklasse.	Zocor (Simvastatin) von MSD, zur Cholesterinsenkung
	Me-Too/ Analogpräparat	Hersteller vermarkten Produkte mit Wirkstoffen aus einer Wirkstoffklasse, für die es bereits Produkte auf dem Markt gibt.	Locol (Fluvastatin) von Novartis, zur Cholesterinsenkung
Anzahl der Wirkstoffe im Arzneimittel	Kombinations-präparat	Das Arzneimittel enthält mehrere Wirkstoffe.	Inegy (Ezetimib und Simvastatin) von MSD, zur Cholesterinsenkung
	Monopräparat	Das Arzneimittel enthält einen Wirkstoff.	Keppra (Levetiracetam) von UCB, bei Epilepsie
Indikations-spektrum	Eine Indikation	Das Arzneimittel verfügt über die Zulassung zur Verwendung in nur einer Indikation.	Carmen (Lercanidipin) von Berlin-Chemie, nur für die Behandlung von Hypertonie zugelassen
	Mehrere Indikationen	Das Arzneimittel verfügt über die Zulassung zur Verwendung in mehreren Indikationen	Agopton (Lansoprazol) von Takeda, bei Refluxösophagitis und Ulcera duodeni
Nachahmer-schutz	Generisch	Nach Patentablauf dürfen auch andere Hersteller den Wirkstoff herstellen und vertreiben.	Diclofenac (generisch, z. B. von Ratiopharm) bei rheumatoider Arthritis
	Patentgeschützt	Nur der Patentinhaber darf den Wirkstoff herstellen und vertreiben.	Celebrex (Celecoxib) von Pfizer, bei rheumatoider Arthritis (wird seit Juni 2000 vertrieben)
„De facto Exklusivität" eines Wirkstoffs	Einziges Angebot	Unabhängig vom Patentschutz bietet nur ein Hersteller den Wirkstoff an.	Atrovent (Ipratropiumbromid) von Boehringer Ingelheim (wird seit 1977 vertrieben). Der Wirkstoff wird nur in Produkten von Boehringer Ingelheim angeboten
	Mehrere Angebote	Nach abgelaufenem Patentschutz wird ein Wirkstoff von mehreren Herstellern angeboten.	Beloc (Metoprolol) von AstraZeneca, bei tachykarden Arrhythmien (> 20 generische Konkurrenzprodukte)

34

Arzneimittel-merkmale	Ausprägungen	Erläuterung	Produktbeispiele
Preis- und Kostenerstattungsbezogene Merkmale			
Kostener-stattung durch die GKV	Voll verordnungs-fähig	Die Kosten für das Arzneimittel werden durch die GKV übernommen (vgl. § 34 Abs. 1 Satz 1 SGB V).[120]	Xeloda (Capecitabin) von Roche, bei Darmkrebs
	Bedingt verordnungs-fähig	Die Kosten für das Arzneimittel werden durch die GKV nur für einen bestimmten Personenkreis oder nur bei der Verwendung in bestimmten Indikationen übernommen (vgl. z. B. §§ 24a und 34 Abs. 1 SGB V).	Yasmin (Ethinylestradiol/ Drospirenon) von Schering, zur oralen Empfängnisverhütung (nur verordnungsfähig bei Patientinnen bis 20 Jahren)
	Nicht verordnungs-fähig	Keine Kostenübernahme durch die GKV (vgl. z. B. §§ 34 Abs. 1 Satz 1, 6 und 7 SGB V)	Propecia (Finasterid) von MSD, bei Haarausfall
Maßgeblich-keit der Arz-neimittel-preisver-ordnung	Handelsspannen sind gesetzlich fixiert	Dies gilt insbesondere für verschreibungspflichtige Arzneimittel, die in öffentlichen Apotheken abgegeben werden (§ 78 AMG).	Lorzaar (Losartan) von MSD, bei Hypertonie
	Handelsspannen sind frei verhandelbar	Dies gilt für viele nicht-verschrei-bungspflichtige Arzneimittel, bei der Abgabe an Krankenhäuser und in weiteren besonderen Fällen (§§ 1 Abs. 3 und 4 der Arzneimittelpreisverordnung vom 1.1.2004).	Paracetamol-Hexal, bei Schmerzen
Festbetrags-regelung	Festbetragsgere-gelt	Die Kosten für das Arzneimittel werden durch die GKV nur maximal bis zum jeweiligen Festbetrag übernommen (abzüglich Zuzahlungen, Apotheken- und Herstellerrabatte, vgl. § 31 Abs. 2 SGB V). Den Differenzbetrag zwischen Festbetrag und Apothekenabgabepreis muss der Patient tragen.	Aranesp (Darbepoetin alfa) von Amgen, bei chronischer Niereninsuffizienz
	Nicht festbetragsgere-gelt	Die Kosten für das Arzneimittel werden durch die GKV in voller Höhe übernommen (abzüglich Zuzahlungen, Apotheken- und Herstellerrabatte, vgl. § 31 Abs. 2 SGB V).	Alphagan (Brimonidin) von Pharm-Allergan, bei erhöhtem Augeninnen-druck

---

[120] Allerdings erfolgt nur die Übernahme der Kosten nach Abzug der Patientenzuzahlung, der Apo-theken- und Herstellerrabatte und auch nur - sofern vorhanden - bis zur Höhe des Festbetrags (vgl. § 31 Abs. 2 SGB V).

Arzneimittel-merkmale	Ausprägungen	Erläuterung	Produktbeispiele
Bei festbe-tragsgeregel-ten Arznei-mitteln: Preise der Packungs-größen	Die Preise aller Packungsgrößen liegen auf oder unter dem Festbetrag	Der Patient muss neben der gesetzlichen Zuzahlung keine weitere Zahlung zum Erhalt des Arzneimittels leisten.	Pantozol (Pantoprazol) von Altana, bei Refluxösophagitis
	Die Preise der einzelnen Packungsgrößen liegen uneinheitlich über, auf oder unter dem Festbetrag	Typischerweise liegen in solchen Fällen die Preise für die größten und mittleren Packungen über dem Festbetrag, während bei der kleinsten Packungsgröße der Preis auf oder unter dem Festbetragsniveau liegt. Dadurch wird ein Anreiz zur Verschreibung kleiner Packungsgrößen gegeben. Die kleinsten Packungsgrößen weisen dabei oft den höchsten Preis pro Wirkstoffeinheit auf.	Cordanum (Talinolol) von AWD Pharma, bei Hypertonie
	Die Preise aller Packungsgrößen liegen über dem Festbetrag	Unabhängig von der Wahl der Packungsgröße muss der Patient in jedem Fall eine zusätzliche Zahlung (Differenzbetrag zwischen Festbetrag und Apothekenabgabepreis) leisten.	Sortis (Atorvastatin) von Pfizer, zur Cholesterinsenkung
Preis pro Messeinheit eines Wirk-stoffs in ver-schiedenen Arzneimit-telpackungen	Identischer Preis pro Messeinheit	Der Preis pro Messeinheit (z. B. pro mg) ist in allen Dosierungsstärken und Packungsgrößen identisch.	Sutent (Sunitinib) von Pfizer, zur Behandlung von Nierenkrebs. Identischer mg-Preis von € 3,52 in allen Dosierungsstärken (auf Basis des zurückgerechneten Herstellerabgabepreises; jeweils 30 Kapseln pro Packung). Stand: 11/2006
	Variierender Preis pro Messeinheit	Der Preis pro Messeinheit (z. B. pro mg) ist in den verschiedenen Dosierungsstärken und Packungsgrößen eines Arzneimittels unterschiedlich (typischerweise geringere „pro mg"-Preise in größeren Packungen oder höheren Dosierungsstärken).	Tarceva (Erlotinib) von Roche, zur Behandlung von Lungenkrebs. Je nach Dosierungsstärke (zwischen 25mg und 150mg) schwankt der mg-Preis zwischen € 0,63/mg und € 0,46/mg (auf Basis des zurückgerechneten Herstellerabgabepreises; jeweils 30 Tabletten pro Packung). Stand: 11/2006

Arzneimittel-merkmale	Ausprägungen	Erläuterung	Produktbeispiele
Kommunikationsbezogene Merkmale			
Vermark-tungskoope-ration	Keine Kooperation	Ein Wirkstoff wird nur von einem einzigen Hersteller in Form von einem Markenarzneimittel vermarktet.	Differin (Adapalen) von Galderma, bei Akne
	Co-Promotion	Ein Wirkstoff wird von dem Hersteller und mindestens einem weiteren Unternehmen in Form von einem Markenarzneimittel vermarktet.	Spiriva (Tiotropiumbromid) von Boehringer Ingelheim, wird zumsammen mit Pfizer vermarktet (bei COPD) (vgl. Neukirchen, H. (2005), S. 23)
	Co-Marketing	Ein Wirkstoff wird in Form von mehreren Markenarzneimitteln durch jeweils mehrere Hersteller/Unternehmen vermarktet (vgl. Volk, W. (2002), S. 340).	Clopidogrel zur Prävention atherothrombotischer Ereignisse: Plavix (von Sanofi-Aventis) und Iscover (von Bristol-Myers Squibb)
Distributionsbezogene Merkmale			
Abgabebe-stimmung	Verschreibungs-pflichtig	Abgabe nur in Apotheken mit ärztlicher Verschreibung (vgl. § 48 Abs. 1 AMG)	Lantus (Insulin glargin) von Sanofi-Aventis, bei Diabetes mellitus
	Apotheken-pflichtig	Abgabe nur in Apotheken (vgl. § 43 Abs. 1 AMG)	Aspirin (Acetylsalicylsäure) von Bayer, zur Reinfarkt-prophylaxe
	Freiverkäuflich	Abgabe in Apotheken und im Einzelhandel (vgl. § 44 AMG)	Florabio (Johanniskraut-Presssaft) von Schoenenberger, bei Erschöpfungszuständen
De facto Verfügbar-keit von EU-Importen	Importe sind verfügbar	Großhändler/Importeure bieten europäische Importe von dem Markenarzneimittel an.	Rebif (Interferon beta-1a) von Serono, bei Multipler Sklerose (7 Importeure)
	Importe sind nicht verfügbar	Großhändler/Importeure bieten keine europäischen Importe von dem Markenarzneimittel an.	Erypo (Epoetin alfa) von Janssen-Cilag, bei Anämie
Verwen-dungsort	Nur stationärer Einsatz („hospital-only drugs")	Das Arzneimittel wird nur im stationären Bereich von Krankenhäusern eingesetzt.	Xigris (Drotrecogin alfa) von Lilly, bei schwerer Sepsis mit multiplem Organversagen
	Ambulanter und stationärer Einsatz	Das Arzneimittel wird sowohl im stationären als auch im ambulanten Bereich (auch außerhalb von Krankenhäusern) eingesetzt.	Clexane (Enoxaparin) von Sanofi-Aventis, bei der Primärprophylaxe tiefer Venenthrombosen

Tab. 2:   Arzneimittelmerkmale, Ausprägungen und Produktbeispiele[121]

[121] Quelle für die Produktbeispiele: DIMDI, Stand: Oktober 2005 (sofern nicht anders angezeigt).

Eine wichtige Unterscheidung ergibt sich insbesondere bei den Merkmalen des „Nachahmerschutzes" und der „De facto Exklusivität eines Wirkstoffes": Typischerweise bedeutet der Verlust des Patentschutzes die Nachahmung eines Wirkstoffs durch einen oder mehrere generische Wettbewerber. Allerdings gibt es auch einige Beispiele von Arzneimitteln (mit nicht unbeträchtlichen Umsatzzahlen), deren erstmaliges Ausbietungsdatum bereits Jahrzehnte zurückliegt und die noch heute mit ihrem Wirkstoff (bzw. ihrer Wirkstoffkombination) ein exklusives Marktangebot darstellen.

Marke	Wirk-stoff(e)	Hersteller	Indikation	Erst-maliges Ausbietungsdatum	GKV Umsatz in 2004	Kommentar
Dehydro Sanol Tri	Bemetizid / Triamteren	Sanol	Venös bedingte Gewebswasser-Stauungsbeschwerden in den Beinen	Mai 1964	5,2 Mio. Euro	Bemetizid wird nur in „Dehydro Sanol Tri" und in „Diucomb" (von Schwarz Pharma, Co-Marketing Abkommen) angeboten
Fucidine	Fusidin-säure	Leo Pharma	Infektiöse Hauterkrankungen	Dezember 1964	15,1 Mio. Euro	
Kaban/ Kabani-mat	Clocortolon	Asche Chiesi	Ekzeme	Januar 1968	2,5 Mio. Euro	
Gynodian Depot	Prasteron-enantat/ Estradiol-valerat	Schering	Hormonsubsti-tutionstherapie	April 1975	7,6 Mio. Euro	Prasteronenantat wird nur in „Gynodian Depot" angeboten
Atrovent	Ipratropium bromid	Boehringer Ingelheim	Chronisch obstruktive Bronchitis	Dezember 1977	22,1 Mio. Euro	Ipratropiumbromid wird nur in Produkten von Boehringer Ingelheim angeboten
Ebrantil	Urapidil	Altana	Hypertonie	Oktober 1981	14,6 Mio. Euro	Urapidil in Tablettenform zur Behandlung der „normalen" Hypertonie wird nur von Altana angeboten (als intravenöse Form für hypertensive Notfälle aber auch von einem Generika-Anbieter)

Tab. 3: Beispiele für generische, aber exklusiv verfügbare Wirkstoffe[122]

Insgesamt lassen sich eine Reihe von Gründen für eine langjährige Marktexklusivität trotz Patentablaufs für den Wirkstoff finden. So kann z. B. der Innovator verschiedene Patente für den Herstellungsprozess, die Herstellung von Vorprodukten oder für spezielle Darreichungsformen halten. Auch kann u. U. der Zugang zu den Rohstoffen bzw. zu den Vorprodukten für die Herstellung des Arzneimittels durch den Innovator erschwert bzw. kontrolliert werden. Generische Hersteller werden auch umso eher von der Nachahmung eines Arzneimittels absehen, je fraglicher der ökonomische Erfolg für ein solches Projekt erscheint. Aufwendige Produktionsprozesse, ein niedriges Preisniveau sowie der Rückgang des therapeutischen Stellenwertes eines Wirkstoffs können Gründe sein, warum generische Hersteller ein Arzneimittel nicht nachahmen.

Ein weiteres, aus Vermarktungssicht interessantes Merkmal stellt bei festbetragsgeregelten Arzneimitteln die packungsgrößenbezogene Preispolitik dar. Da in vielen Fällen der Preis pro Einheit eines Wirkstoffes in kleineren Packungsgrößen höher ist, ist für Hersteller prinzipiell der Absatz von kleineren Packungsgrößen vorteilhafter. Einige Unternehmen steuern mit Hilfe der Festbetragsregelung den Absatz in Richtung des Verkaufs von eher kleineren Packungsgrößen, in dem sie die Preise für mittlere und große Packungen über die jeweiligen Festbeträge legen, während für die kleine Packung der Preis auf oder unter dem Festbetrag liegt. Um den Patienten die Kostenübernahme des Differenzbetrags zwischen Apothekenabgabepreis und Festebetrag zu ersparen, könnten viele Ärzte - auch auf Druck der Patienten hin - geneigt sein, eher öfters kleinere Packungsgrößen (statt seltener größere Packungsgrößen) zu verordnen. Gegen diese Vorgehensweise wirkt allerdings eine höhere Zuzahlungsbelastung für Patienten (berechnet pro abgegebener Packung). Insgesamt ist daher die Anreizwirkung bzw. Vorteilhaftigkeit einer solchen Preispolitik nur für den konkreten Einzelfall zu beantworten.

In zunehmendem Maße kooperieren pharmazeutische Hersteller untereinander bei der Vermarktung von neuen Arzneimitteln. Die geringere Anzahl von Neuprodukteinführungen[123] in den letzten Jahren, der hohe Entwicklungsaufwand sowie

---

[123] Vgl. Fricke, U., Schwabe, U. (2005), S. 38.

eine verkürzte effektive Patentschutzdauer[124] sind Gründe, warum die Vertriebs-
ressourcen von mehreren Unternehmen zur Vermarktung eines Wirkstoffs kooperativ genutzt werden. Dabei lassen sich die beiden Formen „Co-Promotion" und
„Co-Marketing" unterscheiden.[125] Im erstgenannten Fall vertreibt neben dem Hersteller ein weiteres Unternehmen das identische Produkt. Im zweiten Fall vertrei-
ben zwei Unternehmen den gleichen Wirkstoff unter eigenen Markennamen.
Beide Unternehmen treten als pharmazeutischer Anbieter des jeweiligen Produktes auf und müssen sich auch um eine eigene Zulassung für ihr Arzneimittel be-
mühen. Neben dem Wirkstoff (bzw. der Wirkstoffkombination) sind Indikation,
Dosierung, Darreichungsform, Packungsgrößen und Preise bei den beiden
Schwesterprodukten typischerweise vollkommen identisch.[126] Im Zuge des Koop-
erationsabkommens können die beiden Unternehmen vereinbaren, dass die beiden
Marken in unterschiedlichen Marktsegmenten positioniert werden (z. B. bei unterschiedlichen Fachärzten oder geographisch getrennt).

Bedingt durch den gemeinsamen europäischen Binnenmarkt können auch aus
dem europäischen Ausland importierte Arzneimittel (Parallel- oder Re-Importe)
in deutschen Apotheken abgegeben werden. Aufgrund der verschiedenen Preissetzungsverfahren für Arzneimittel in Europa können z. T. stark unterschiedliche
Preise für ein identisches Produkt in verschiedenen Ländern auftreten. Arzneimit-
telgroßhändler nutzen diese Preisgefälle zur Erzielung von Arbitragegewinnen,
indem sie Arzneimittel zu einem günstigen Preis - typischerweise in südeuropä-
ischen Ländern - aufkaufen und diese dann in Ländern, in denen die betreffenden
Arzneimittel zu einem höheren Preis gehandelt werden, wieder verkaufen. Für die
pharmazeutischen Hersteller bedeutet dies c. p. eine Verlagerung des Absatzes
zwischen ihren lokalen Vertriebseinheiten (weniger Absatz in den hochpreisigen
Ländern und mehr Absatz in den niedrigpreisigen Ländern) bei einem insgesamt
niedrigeren Umsatz. Diese Vorgehensweise der Großhändler lohnt sich natürlich
besonders bei hochpreisigen und patentgeschützten Arzneimitteln. Per Gesetz

---

124 Die Zulassung zur Vermarktung eines Arzneimittels wird typischerweise erst Jahre nach der
Patentanmeldung erteilt. Die regelmäßige Patentlaufzeit beträgt 20 Jahre.
125 Vgl. Volk, W. (2002), S. 340.
126 Weitere Produktbeispiele für solche Co-Marketing Abkommen sind Valsartan (verfügbar als
Diovan von Novartis und Provas von Schwarz Pharma) und Candesartan (verfügbar als Atacand
von AstraZeneca und Blopress von Takeda).

werden die Apotheken in Deutschland bei der Existenz eines deutlich günstigeren Import-Arzneimittels zur Abgabe des importierten Produkts verpflichtet.[127] Allerdings sind nicht für alle Arzneimittel preisgünstigere Importe erhältlich.

2.2.1.2 Besonderheiten bei der Entwicklung

Um Fertigarzneimittel in Deutschland in den Verkehr bringen zu dürfen, ist eine Zulassung auf nationaler Ebene (durch das BfArM) oder auf europäischer Ebene (zentral durch die EMEA oder im Zuge des gegenseitigen Anerkennungsverfahren) notwendig.[128] Die Zulassung kann u. a. verweigert werden, wenn das Arzneimittel über keine ausreichende therapeutische Wirksamkeit verfügt oder das Risiko-Nutzen-Verhältnis als ungünstig eingestuft wird.[129] Die Nachweise über die bio-chemischen Eigenschaften, die Wirksamkeit und die Sicherheit von Arzneimitteln werden dabei durch präklinische und klinische Prüfungen geführt.

Innerhalb der klinischen Entwicklung wird dabei in Prüfungen der Phasen 1 bis 3 unterschieden. Wesentliche Ziele dieser Prüfungen sind Erkenntnisse über die pharmakodynamischen und -kinetischen Eigenschaften, über die Sicherheit und Wirksamkeit sowie über den optimalen Dosierungsbereich eines Arzneimittels.[130] Für jede klinische Prüfung wird dabei im Zuge eines Studienprotokolls u. a. festgelegt, wie die Studie aufgebaut ist (z. B. die Studienarme mit Patienten, die entweder die Prüfsubstanz, Placebo oder eine Standardtherapie erhalten), welche Art von Patienten in die Studie aufgenommen werden können und wie die Verabreichung des Arzneimittels zu erfolgen hat. Generell gelten dabei strenge Regeln zum Schutz der Probanden und jede klinische Prüfung muss zuvor durch eine Ethikkommission genehmigt werden.[131]

Pro klinischer Prüfungsphase steigt die Anzahl der in den Studien eingeschlossenen Probanden. Eine höhere Anzahl von Studienteilnehmern erlaubt einen valideren Vergleich zwischen den in den verschiedenen Studienarmen gemessenen Wirksamkeits- und Sicherheitsparametern. Die Prüfung zur Zulassung eines Arz-

---

[127]   Vgl. § 129 Abs. 1 Satz 1 Nr. 2 SGB V.
[128]   Vgl. § 21 Abs. 1 AMG. Es gelten Ausnahmen z. B. bei lebensbedrohlichen Krankheiten (compassionate use); vgl. § 21 Abs. 2 AMG.
[129]   Vgl. § 25 Abs. 2 Nr. 4 und 5 AMG.
[130]   Vgl. Gorbauch, T., De la Haye, R. (2002), S. 170.

neimittels findet typischerweise auf Basis der Ergebnisse von Phase-III-Studien statt; aber auch die Ergebnisse aus früheren Studien fließen mit in die Beurteilung ein. Ebenso können nach erteilter Zulassung weitere klinische Prüfungen erfolgen (Phase-IV-Studien). Dazu gehören auch die sogenannten Anwendungsbeobachtungen, bei denen Hersteller ohne die Vorgabe eines strikten Studienprotokolls die Verwendung ihrer Arzneimittel in der klinischen Praxis durch Ärzte beobachten lassen.

Aufgrund der Vielzahl von Wirkstoffen und Studien in einigen Indikationsgebieten gestaltet sich für den einzelnen Arzt die Bewertung und Einordnung von Studienergebnissen als zunehmend schwierig. Da neben den in den Studien gemessenen Wirksamkeits- und Sicherheitsergebnissen auch das zugrunde liegende Studiendesign und andere Einflussfaktoren einen starken Einfluss auf die Resultate und deren Bedeutung ausüben können, müssten die einzelnen Ärzte bei einer gewissenhaften Vorgehensweise relativ viel Zeit für die Analyse von Studien bzw. Studienpublikationen aufbringen. Es ist anzunehmen, dass Ärzte Heuristiken für eine schnelle Bewertung und Einordnung von klinischen Daten entwickeln (siehe dazu auch Kapitel 4.1.3.2).

Die Entwicklung eines Arzneimittels nimmt typischerweise einen sehr langen Zeitraum von etwa 8 bis 12 Jahren in Anspruch (von der Entdeckung bis zur Zulassung).[132] Dabei wird alleine die durchschnittliche Dauer des Zulassungsprozesses im Zuge des zentralisierten EU-Verfahrens auf 1 bis 1,5 Jahre geschätzt. Da der Patentschutz für einen neuen Wirkstoff meist Jahre vor der Zulassung durch den Hersteller erworben wird, können im Zuge der 20-jährigen Patentlaufzeit effektiv meist nur wenige Jahre zum Erwirtschaften von patentgeschützten Monopolgewinnen genutzt werden. Aus diesem Grunde kann in einigen Fällen eine Patentverlängerung (Supplementary Protection Certificates = SPC) von maximal 5 Jahren gewährt werden.[133]

---

[131]   Vgl. §§ 40, 41, 42 AMG.
[132]   Vgl. Bundesverband der Pharmazeutischen Industrie (2005), S. 17.
[133]   Die Dauer eines SPCs (maximal 5 Jahre) errechnet sich aus dem Zeitraum von der Beantragung des Patentschutzes bis zur Erteilung der Marktzulassung minus 5 Jahre.

Nach Angaben des Bundesverbands der Pharmazeutischen Industrie erreichen von ursprünglich 6.000 untersuchten Substanzen im Durchschnitt nur eine die Marktzulassung.[134] Über die durchschnittlichen Kosten für die Entwicklung eines marktreifen Arzneimittels herrscht eine Kontroverse: Die von pharmazeutischen Industrieverbänden und Herstellern oft kommunizierte Summe der durchschnittlichen Entwicklungskosten in Höhe ca. 800 Mio. US-Dollar wird von verschiedenen Seiten kritisiert, da sie einen hohen Anteil von Zinsopportunitätskosten enthält (unter Verwendung eines relativ hohen Zinssatz von 11 %) sowie von einer hohen Rate von Entwicklungsfehlschlägen ausgeht.[135] Die direkten Kosten für die Entwicklung eines marktreifen Arzneimittels werden auf ca. 400 Mio. Dollar geschätzt.

2.2.1.3 Besonderheiten bei der Vermarktung

Für die Vermarktung und das Bewerben von Arzneimitteln gelten in Deutschland strenge Regeln. So verbietet das Heilmittelwerbegesetz (HWG) beispielsweise die Werbung für Arzneimittel in nicht zugelassenen Anwendungsbereichen und erlaubt das Bewerben von verschreibungspflichtigen Arzneimitteln auch nur für medizinische Fachkreise.[136] Wird für nicht-verschreibungspflichtige Arzneimittel öffentlich geworben, so sind zahlreiche Einschränkungen zu beachten: So darf die Werbung z. B. keine ärztlichen Empfehlungen zur Verwendung eines Arzneimittels enthalten und auch nicht mit vergleichenden „Vorher-Nachher-Darstellungen" des Körperzustandes aufgrund einer Arzneimittelanwendung werben.[137] Öffentliche Werbung ist für Mittel, die für Schlaflosigkeit oder psychische Störungen indiziert sind, gänzlich untersagt.[138] Insbesondere bei dem Bewerben von verschreibungspflichtigen Arzneimitteln bei medizinischen Fachkreisen kann irreführende Werbung mit Geld- oder sogar Freiheitsstrafen geahndet werden.[139] Irreführende Werbung liegt u. a. dann vor, wenn einem Arzneimittel eine Wirkung beigemessen wird, die es nicht hat, oder der fälschliche Eindruck eines

---

[134] Vgl. Bundesverband der Pharmazeutischen Industrie (2005), S. 17.
[135] Vgl. Neukirchen (2005), S. 125.
[136] Vgl. §§ 3a und 10 Abs. 1 HWG.
[137] Vgl. §§ 11 Nr. 2 und 5 HWG.
[138] Vgl. § 10 Abs. 2 HWG.
[139] Vgl. § 14 HWG.

sicheren Therapieerfolgs (bzw. keiner schädlichen Wirkungen) erweckt wird.[140] Weiterhin gelten auch präzise Vorschriften, wie in der Arzneimittelwerbung die Darstellung und Bezugnahme auf wissenschaftliche Veröffentlichungen zu erfolgen hat.[141]

In Ergänzung zu den gesetzlichen Vorschriften hat die pharmazeutische Industrie im Jahre 2004 auf politischen Druck hin einen Verhaltenskodex entwickelt, in dem zulässige Werbung und die Gestaltung der direkten Zusammenarbeit mit Ärzten präzisiert wird.[142] Letztere umfasst dabei u. a. die vertragliche Zusammenarbeit mit Ärzten (z. B. bei Vortragstätigkeiten, Beratung und Anwendungsbeobachtungen), die Einladung zu wissenschaftlichen Fortbildungsveranstaltungen und die Möglichkeiten zur Abgabe von Werbegeschenken. Während per Gesetz der Abgabe von Werbegeschenken und Zuwendungen enge Grenzen gesetzt sind (zulässig sind meist nur geringwertige Leistungen), so ist die Förderung von wissenschaftlichen Fortbildungsveranstaltungen für Ärzte weiterhin zulässig.[143] Allerdings muss sich die Unterstützung für Bewirtung und Unterbringung in einem angemessenen Rahmen bewegen.[144] Da Vertragsärzte gesetzlich zur fachlichen Fortbildung verpflichtet sind, unterstützen somit Marketingmaßnahmen der Hersteller den gesetzlichen Auftrag zur ärztlichen Fortbildung.[145]

Für die Verordnung oder die Anwendung von Arzneimitteln dürfen Hersteller keine Entgelte oder sonstigen geldwerten Vorteile anbieten und auch Ärzte diese nicht annehmen.[146] Zulässig sind jedoch Entgeltzahlungen an Ärzte, wenn diese dafür klar definierte und zulässige Gegenleistungen erbringen.[147] Dazu gehören auch Entgelte für Anwendungsbeobachtungen (Ärzte berichten über die Ergebnisse bei der praktischen Anwendung von bereits zugelassenen Arzneimitteln). Da solche Verträge zu Anwendungsbeobachtungen in der Vergangenheit starker Kritik ausgesetzt waren (hinsichtlich einer starken Beeinflussung des Verordnungs-

---

[140]   Vgl. § 3 HWG.
[141]   Vgl. § 6 HWG.
[142]   Vgl. Freiwillige Selbstkontrolle für die Arzneimittelindustrie e.V. (2005).
[143]   Vgl. § 7 HWG.
[144]   Vgl. § 20 FS-Arzneimittelindustrie-Kodex.
[145]   Vgl. § 95d SGB V.
[146]   Vgl. § 17 FS-Arzneimittelindustrie-Kodex.
[147]   Vgl. § 18 Abs. 1 FS-Arzneimittelindustrie-Kodex.

verhaltens), beabsichtigt der Gesetzgeber die Voraussetzungen für die Durchführung von herstellerfinanzierten Anwendungsbeobachtungen im Zuge der Gesundheitsreform 2006 weiter zu verschärfen.[148]

Eines der bedeutendsten Instrumente für die Vermarktung von Arzneimitteln stellt der Einsatz von Pharmaberatern dar. Im Hinblick auf die hohe Komplexität von Produktinformationen (z. B. der Vergleich von klinischen Studien zwischen dem eigenen und Konkurrenzprodukten) sowie den gesetzlichen Einschränkungen bei der Werbung können mit Hilfe eines gut vorbereiteten persönlichen Gespräches viele Defizite anderer Kommunikationskanäle überwunden werden. Weiterhin können in einem persönlichen Gespräch mit dem Arzt die Vorteile der direkten Kundenansprache genutzt werden (z. B. umgehende Einwandbehandlung, situationsspezifische Informationsbereitstellung, unmittelbare Gewinnung von Arzt- und Praxisinformationen). Der massive Einsatz von Pharmaberatern verursacht jedoch auch hohe Kosten und wird in seiner momentanen Intensität auch seitens der Hersteller zunehmend kritischer betrachtet.[149] Pro Jahr werden in Deutschland durch die pharmazeutischen Hersteller ca. 1,6 Mrd. Euro für Pharmaberater ausgegeben; das entspricht etwa 72 Euro pro Vertreterbesuch.[150] Im Schnitt dauert ein Gespräch dabei 7 Minuten.[151]

Der Gesetzgeber hat auch für die Tätigkeit des Pharmaberaters Regelungen getroffen: So muss eine solche Person für ihre Tätigkeit die erforderliche Sachkenntnis nachweisen (z. B. die Ausbildung zum Pharmareferenten oder zum medizinisch-technischen Assistenten bzw. ein entsprechendes Hochschulstudium), bei dem Besuch von Ärzten die Fachinformation[152] für das betreffende Arzneimittel aushändigen und Informationen der Ärzte aus praktischen Anwendungen (aufgetretene Nebenwirkungen oder sonstige Beobachtungen) an den Hersteller weiterleiten.[153]

---

[148] Vgl. Bundesregierung (2006), S. 10.
[149] Vgl. Manager Magazin (2006), S. 118.
[150] Vgl. Neukirchen (2005), S. 16.
[151] Vgl. Neukirchen (2005), S. 23.
[152] Vgl. § 11a AMG.
[153] Vgl. §§ 75 und 76 AMG.

Pharmaberater dürfen auch kostenlose Arzneimittelmuster an Ärzte aushändigen.[154] Mit Hilfe von Mustern können sich Ärzte einen Eindruck von der physischen Beschaffenheit eines Arzneimittels machen und diese Packungen dem praxiseigenen Arzneimittelsortiment zuführen. Das Ziel ist dabei (insbesondere bei Neueinführungen) das Produkt für den verordnenden Arzt „gegenständlich" zu machen und einen entsprechenden Aufmerksamkeits- und Erinnerungseffekt für die Marke zu erzeugen. Da die Aushändigung von Mustern an Patienten im niedergelassenen Vertragsarztbereich nicht die arztindividuelle Arzneimittel-Richtgröße tangiert (vgl. Kapitel 2.1.1.4), stellen Muster oft ein „beliebtes Mitbringsel" der Pharmaberater für Ärzte dar. Eine besondere Rolle übernehmen Muster auch bei der Abgabe in Krankenhäusern. Dort senkt der Einsatz von Arzneimittelmustern im (teil-)stationären Bereich direkt die durch den Krankenhausbetreiber zu tragenden Behandlungskosten. Da nach dem „stationären Antherapieren" im Krankenhaus oftmals eine unveränderte Weiterverordnung des gleichen Arzneimittels im ambulanten Bereich erfolgt, haben Hersteller ein Interesse daran, dass Patienten schon frühzeitig im stationären Bereich auf ihr Markenarzneimittel eingestellt werden. Mit der Abgabe von Mustern an Krankenhäuser unterstützen sie effektiv diese Strategie.

Allerdings schreibt der Gesetzgeber vor, dass pro Jahr nur maximal 2 Muster der kleinsten Packungsgröße eines Arzneimittels an einen Arzt abgegeben werden dürfen; entsprechende Nachweise sind dafür zu führen.[155] Auch schränken die neuen Bestimmungen des AVWG die Auswahl der Arzneimitteltherapie im Krankenhaus weiter ein. Falls die Fortsetzung einer stationär begonnen Arzneimitteltherapie im ambulanten Bereich notwendig ist, müssen schon bei der Entlassung aus dem Krankenhaus jene Arzneimittel eingesetzt werden, die auch bei der vertragsärztlichen Versorgung zweckmäßig und wirtschaftlich sind.[156]

---

[154] Vgl. § 76 Abs. 2 AMG.
[155] Vgl. §§ 47 Abs. 3 und 4 AMG.
[156] Vgl. Nr. 6a AVWG und § 115a Abs. 2 SGB V in der neuen Fassung.

2.2.2 Der Arzneimittelmarkt in Deutschland

2.2.2.1 Die Umsatzstruktur der öffentlichen Apotheken

Im Jahre 2005 wurden in Deutschland durch den pharmazeutischen Großhandel und öffentliche Apotheken (mittels Direktbezug von Herstellern) Human-Arzneimittel im Wert von 19,6 Mrd. Euro von den pharmazeutischen Herstellern eingekauft.[157] Die öffentlichen Apotheken erzielten in dem gleichen Jahr einen Umsatz von insgesamt 35 Mrd. Euro (ohne MwSt.), von dem ca. 73 % auf die Abgabe von verschreibungspflichtigen und rund 17 % auf die Abgabe von apothekenpflichtigen Arzneimittel entfielen.[158] Die folgende Abbildung stellt die Umsatzstruktur der öffentlichen Apotheken dar.

---

[157] Vgl. Bundesverband der Pharmazeutischen Industrie (2006). Die Bewertung erfolgt zu Herstellerabgabepreisen ohne Mehrwertsteuer; Naturalrabatte und Retouren sind bereits abgezogen.
[158] Vgl. Bundesvereinigung deutscher Apothekerverbände (2006) - Umsatzstruktur der Apotheken.

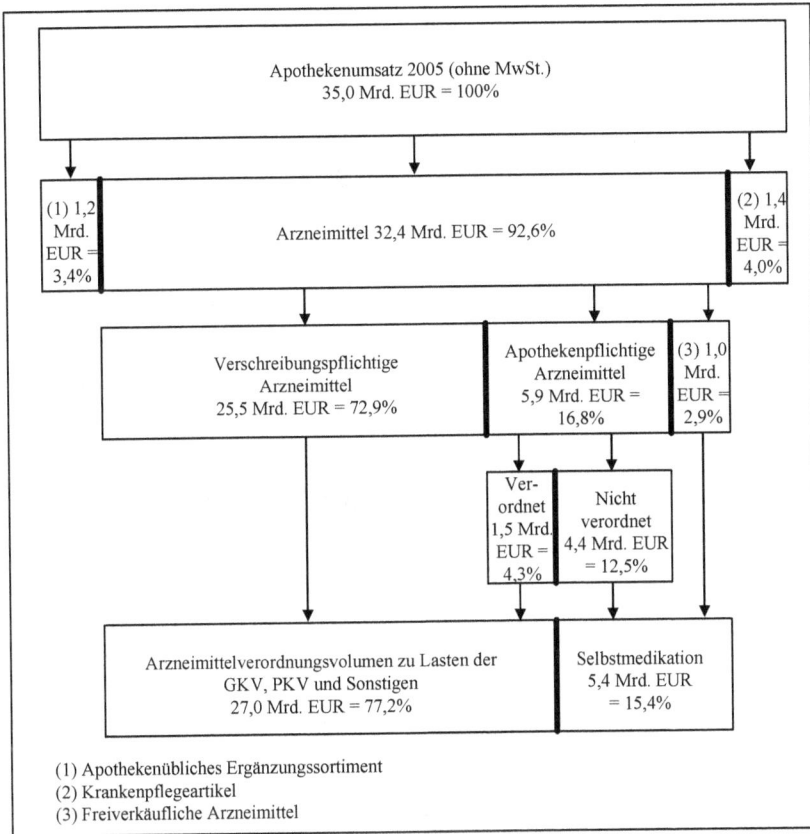

Abb. 5:   Umsatzstruktur der öffentlichen Apotheken in Deutschland 2005[159]

Im Bereich der Selbstmedikation (freiverkäufliche und apothekenpflichtige (aber nicht-verordnete) Arzneimittel) wurden Produkte im Wert von 5,4 Mrd. Euro durch die Apotheken abgegeben. Die große Diskrepanz zwischen dem Hersteller-umsatz (19,6 Mrd. Euro) und dem Apothekenumsatz mit Arzneimitteln (32,4 Mrd. Euro) kann z. T. durch Parallelimporte von Arzneimitteln erklärt werden. So wird für das Jahr 2002 ein Umsatzanteil der Parallelimporte von 7,1 % am Arzneimittelumsatz der Apotheken angenommen.[160] Dies entspräche bei einer groben Schätzung für das Jahr 2005 einem Umsatz von ca. 2,3 Mrd.

---

[159]   Quelle: Bundesvereinigung deutscher Apothekerverbände (2006).
[160]   Vgl. EAEPC (2006) - Parallel Trade.

48

Euro mit parallel importierten Arzneimitteln. Somit würden allerdings immer noch über 10 Mrd. Euro Differenz zwischen dem Hersteller- bzw. Parallelimport-Umsatz und dem Apothekenumsatz verbleiben, die den verschiedenen Distributionsstufen zuzurechnen sind. Allerdings ist eine solche grobe Schätzung nur unter Vorbehalt zu interpretieren, da diese Zahlen aus unterschiedlichen Quellen stammen und ggf. auf unterschiedlichen Kalkulationsannahmen beruhen bzw. Sonderposten enthalten (dazu sind keine weiteren Informationen verfügbar). Allerdings bestätigen auch andere Quellen die große Handelspanne bei der Distribution von Arzneimitteln in Deutschland. So wird geschätzt, dass von 1 Euro Umsatz auf Apothekenabgabepreis-Niveau (inkl. MwSt.) nur 59 Cent direkt dem Arzneimittelhersteller zukommen; der Rest verbleibt dabei für Handelsspannen und die Mehrwertsteuer.[161] Wird aus dieser Betrachtung noch die Mehrwertsteuer ausgeblendet, so wird die vorherige Schätzung relativ gut bestätigt (d. h., dass ca. 1/3 des Arzneimittelumsatzes in Apotheken (exkl. MwSt.) aus Handelsmargen besteht).

Bei der Interpretation der Umsatzzahlen der Apotheken ist weiterhin zu beachten, dass auch einige öffentliche Apotheken Krankenhäuser beliefern. Die dorthin gelieferten Arzneimittel können sowohl im (krankenhausinternen) ambulanten als auch im (teil-) stationären Bereich eingesetzt werden. Umgekehrt können auch die von Krankenhausapotheken bezogenen Arzneimittel (deren Umsatzzahlen sind nicht in der obigen Abbildung berücksichtigt) ebenfalls im (krankenhausinternen) ambulanten oder im stationären Bereich eingesetzt werden. Eine präzise Aufschlüsselung der landesweiten Arzneimittelverwendung hinsichtlich des ambulanten und (teil-)stationären Einsatzes ist somit mit dem öffentlich verfügbaren Datenmaterial nicht möglich.

2.2.2.2 Der GKV-Arzneimittelmarkt

Eine gute Näherung für eine Beschreibung der Struktur der ambulanten Arzneimittelversorgung in Deutschland bietet eine Analyse der GKV-Arzneimittelverordnungen, die in dem jährlich erscheinenden „Arzneiverordnungs-Report" umfassend dargestellt werden. In diesem Zahlenwerk werden alle zu Lasten der GKV

---

[161] Vgl. Schwabe, U. (2006), S. 38.

verordneten Fertigarzneimittel berücksichtigt, die über öffentliche Apotheken abgerechnet werden. So liegt eine umfassende Beschreibung über die ambulante Arzneimittelversorgung von über 85 % der Bevölkerung vor. Keine Berücksichtigung in diesen Zahlen findet jedoch der Bereich der (ambulanten) Selbstmedikation der Versicherten und die im Zuge der ambulanten Krankenhausbehandlung durch Krankenhausapotheken bereitgestellten Arzneimittel (sowie die komplette voll- und teilstationäre Versorgung). Dennoch wird sich die weitere Darstellung der Arzneimittelverwendung auf die im „Arzneiverordnungs-Report" vorgelegten Daten stützen.

Insgesamt betrug im Jahre 2005 der durch GKV-Verordnungen generierte Fertigarzneimittelumsatz 23,6 Mrd. Euro (Apothekenabgabepreis inklusive MwSt.).[162] In dieser Summe sind allerdings die gesetzlichen Hersteller- und Apothekenrabatte in Höhe von insgesamt 1,6 Mrd. Euro sowie die Zuzahlungsleistungen der Versicherten in Höhe von 2,3 Mrd. Euro enthalten.[163] Unter der Berücksichtigung von weiteren Sonderposten[164] beliefen sich die Ausgaben für die ambulante Arzneimittelversorgung im Jahre 2005 auf insgesamt 16,5 % aller durch die gesetzlichen Krankenkassen getätigten Ausgaben. Damit stellen die ambulanten Arzneimittelausgaben den zweitgrößten Ausgabenblock innerhalb der GKV dar (hinter den Ausgaben für die Krankenhausbehandlung (49,0 Mrd. Euro) und vor den Ausgaben für ambulante ärztliche Leistungen (21,6 Mrd. Euro)).[165] Weitere Eckpunkte der ambulanten GKV-Arzneimittelversorgung sind in der folgenden Tabelle dargestellt.

---

[162] Vgl. Nink, K., Schröder, H. (2006a), S. 987.
[163] Vgl. Nink, K., Schröder, H. (2006a), S. 987.
[164] Für verordnete Nicht-Fertigarzneimittel und für den Arzneimittelverbrauch in Arztpraxen fielen zusätzliche Kosten für die GKV in Höhe von 3,1 Mrd. Euro bzw. 1,0 Mrd. Euro an (vgl. Nink, K., Schröder, H. (2006a), S. 987).
[165] Vgl. Schwabe, U. (2006), S. 3.

Eckdaten der Arzneimittelverordnungen zu Lasten der GKV (2005)	
Fertigarzneimittelumsatz (inkl. Patientenzuzahlungen und ohne Abzug der Hersteller- und Apothekenrabatte)	23,6 Mrd. EUR
Gesamtzahl der verordneten Arzneimittelpackungen	591 Mio.
Umsatzanteil der Generikapräparate	34,6%
Verordnungsanteil der Generikapräparate	57,3%
Durchschnittlicher Wert je verordneter Arzneimittelpackung	39,86 EUR
Durchschnittlicher Wert je verordneter Packung für Generikapräparate	24,07 EUR
Durchschnittlicher Preisabschlag von Original- auf Generikapräparate im generikafähigen Markt	31,2%

Tab. 4:   Eckdaten der GKV-Verordnungen im Jahre 2005[166]

Die Daten zeigen, dass heute in über der Hälfte aller Fälle (57,3 %) Generika durch die Vertragsärzte verordnet werden. Wertmäßig stellen Generika aber nur ein gutes Drittel der zu Lasten der GKV verordneten Arzneimittel dar. Folgerichtig liegt auch der durchschnittliche Wert je verordneter Generika-Packung deutlich unter dem Wert aller verordneten Arzneimittelpackungen.

Die nachstehende Abbildung zeigt, wie sich der GKV-Arzneimittelumsatz von 23,6 Mrd. Euro im Jahre 2005 auf die verschiedenen Indikationsgruppen aufteilt. Dabei wird das Klassifikationsschema der Roten Liste verwendet.[167] Im Detail werden die Top-25 Indikationsgruppen nach GKV-Umsatz dargestellt. Die kumulierten Umsätze der übrigen 63 Indikationsgruppen (insgesamt gibt es 88 Indikationsgruppen) werden in der Sammelposition „Sonstige" zusammengefasst.

---

[166]   Quelle: Schwabe, U. (2006), S. 3, 17; und Nink, K., Schröder, H. (2006b), S. 202-210.
[167]   Die Rote Liste wird jährlich in Buchform von der Rote Liste Service GmbH publiziert und stellt im deutschsprachigen Raum eines der bedeutsamsten Verzeichnisse und Nachschlagewerke für Arzneimittel dar. Die Ausgabe 2006 beinhaltet die Einträge von 8.829 Präparaten.

Indikationsgruppe	Mio. Euro Umsatz
Analgetika/Antirheumatika	2.024
Antihypertonika	1.742
Psychopharmaka	1.691
Beta-, Ca-blocker, Hemmst. RA-Sys.[1]	1.604
Magen-Darm-Mittel	1.481
Antidiabetika	1.433
Antibiotika/Antiinfektiva	1.358
Immunmodulatoren	1.324
Bronchospasmolytika/Antiasthmatika	1.245
Zytostatika	847
Lipidsenker	792
Osteoporosemittel/Ca-/Stoffw.reg.[2]	459
Urologika	426
Thrombozytenaggregationshemmer	422
Antianämika	415
Diuretika	414
Dermatika	411
Antiepileptika	409
Ophthalmika	401
Parkinsonmittel	377
Sexualhormone	332
Hypophysen/Hypothalamushormone	320
Antikoagulantia	320
Antiallergika	289
Schilddrüsentherapeutika	268
Sonstige	2.797

1) Betarezeptoren-, Calciumkanalblocker und Hemmstoffe des Renin-Angiotensin-Systems
2) Osteoporosemittel/Calcium-/Knochenstoffwechselregulatoren

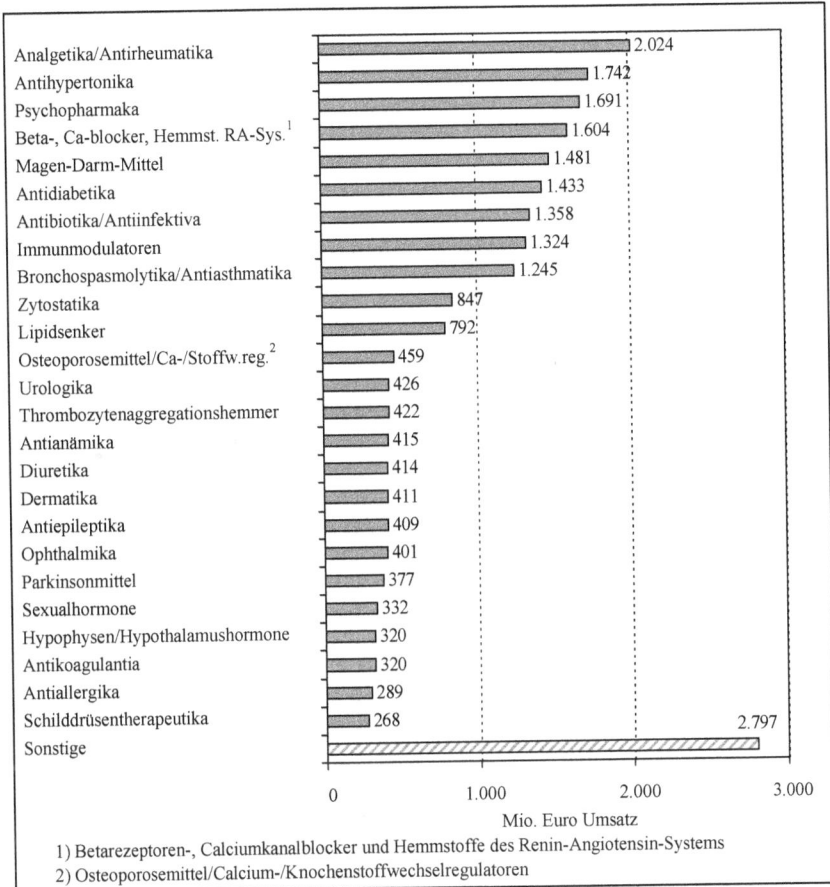

Abb. 6:   GKV-Arzneimittelumsatz gegliedert nach Indikationsgruppen (2005)[168]

Es zeigt sich, dass mit den Arzneimitteln in den Top-10 Indikationsgruppen über 60% des GKV-Umsatzes generiert wird. Der restliche Umsatz verteilt sich dabei auf eine Vielzahl von Indikationsgruppen. Innerhalb der Indikationsgruppen gliedern sich Wirkstofftypen und Anwendungsgebiete der Arzneimittel weiter auf. So werden z. B. in der Gruppe der Psychopharmaka die meisten Arzneimittel 3 Subgruppen zugeordnet: Die Gruppe der Tranquilantien (zur Dämpfung von Span-

[168]   Quelle: Nink, K., Schröder, H. (2006a), S. 991-996.

nungs- und Angstzuständen), die Gruppe der Neuroleptika (zur Behandlung von manischen oder schizophrenen Psychosen) und die Gruppe der Antidepressiva.

In vielen Indikationsgruppen gibt es (meist generische) Standardwirkstoffe, die regelmäßig zur Behandlung in einem bestimmten Indikationsgebiet eingesetzt werden. Dem gegenüber positionieren sich die meist teureren und patentgeschützten Markenarzneimittel, die häufig therapeutische Vorteile gegenüber den Standardwirkstoffen aufweisen. Diese Vorteile können in einer verbesserten Wirksamkeit, Verträglichkeit oder Anwendungsfreundlichkeit liegen. Oftmals ist die Zulassung für diese neueren Arzneimittel aber auch zunächst auf die Verwendung nach dem erfolglosen (bzw. unverträglichen) Einsatz einer Standardtherapie bei einem Patienten beschränkt. Ebenso kann auch der zugelassene Einsatz für ein solches Arzneimittel nur auf einen Patientenkreis mit bestimmten Merkmalen beschränkt sein. Die folgende Tabelle zeigt für 3 Indikationsgruppen Beispiele für Standardtherapien und neuere, patentgeschützte Markenarzneimittel mit der Anzahl der verordneten Tagesdosen (DDD = defined daily doses)[169] im Jahre 2004 (Verordnungen zu Lasten der GKV).

---

[169] Die DDD basiert auf der Menge eines Wirkstoffs, die typischerweise in der Hauptindikation bei Erwachsenen pro Tag angewendet wird. Die Verwendung dieses Maßes erlaubt eine weitgehende Vergleichbarkeit von verordneten Arzneimittelmengen und klammert andere beeinflussende Faktoren (wie z. B. Veränderungen von Packungsgrößen und Dosisstärken) aus.

Indikations-gruppe	Indikation	Beispiele für Standard-therapien in der Indikation		Beispiele für neuere Markenarzneimittel in der Indikation	
		Bezeichnung	Anzahl der verordneten Tagesdosen (DDD) in Mio. (2004, GKV)	Bezeichnung	Anzahl der verordneten Tagesdosen (DDD) in Mio. (2004, GKV)
Analgetika/ Antiheuma-tika	Rheumatoide Arthritis	Diclofenac (generisch)	430,7	Celebrex (Celecoxib) von Pfizer	30,6
		Ibuprofen (generisch)	178,6	Arava (Leflunomid) von Sanofi-Aventis	7,0
		Methotrexat (generisch)	37,8	Remicade (Infliximab) von Essex Pharma, nach Versagen von Basistherapeutika	2,2
Antidiabetika	Diabetes mellitus	Humaninsulin (generisch)	447,9	Lantus (Insulin glargin) von Sanofi-Aventis	57,8
		Glibenclamid (generisch)	180,3	NovoNorm (Repaglinid) von Novo Nordisk	26,1
		Metformin (generisch)	334,3	Actos (Pioglitazon) von Takeda, z. B. wenn Metformin nicht vertragen wird und insbesondere bei übergewichtigen Patienten	17,9
Bronchospas-molytika und Antiasthma-tika	Asthma bronchiale	Salbutamol (generisch), zur Akutbehandlung	135,6	Berotec (Fenoterol) von Boehringer Ingelheim, zur Akutbehandlung	41,0
		Budesonid (generisch)	95,0	Flutide (Fluticason) von Glaxo-SmithKline	15,2

Tab. 5:   Beispiele für Standardtherapien und neuere Markenarzneimittel[170]

Nicht in allen Indikationen gibt es aber derart klare „Verteidiger und Angreifer"-Strukturen. Dies gilt insbesondere für die Indikationsgruppen der Immunmodula-toren und Zytostatika. In diesem Indikationsgruppen wurden erst in der jüngeren Vergangenheit für bestimmte Erkrankungen Arzneimittel entwickelt, für die es zuvor keine oder nur unbefriedigende Behandlungsmöglichkeiten gab (z. B. die Interferon-beta-Therapie bei Multipler Sklerose oder Imatinib bei chronisch-myeloischer Leukämie). Bei niedrigen Verordnungszahlen resultieren die relativ hohen Gesamtumsätze bei Immunmodulatoren und Zytostatika aus den z. T. sehr hohen Produktpreisen. Eine wiederum andere Situation liegt z. B. bei Diuretika und Schilddrüsentherapeutika vor: In diesen Gruppen werden die Umsätze fast ausschließlich durch (relative günstige) generische Arzneimittel getragen. Patent-geschützte Innovationen, die ein nennenswertes Verordnungsvolumen aufweisen, gibt es hier kaum.

Daraus wird ersichtlich, dass auch ganze Indikationsgruppen einem „Innovations-lebenszyklus" unterliegen: Sind die technologischen Grenzen für die Entwicklung von neuen Arzneimitteln mit noch besseren Eigenschaften in bereits hart um-kämpften Marktsegmenten erreicht, so lenken die forschenden Pharmahersteller ihre Ressourcen in andere Bereiche um, in denen für Arzneimittel, die einen ho-hen therapeutischen Bedarf befriedigen, ein attraktives Preispremium gefordert werden kann. Dieser durchaus sinnvolle Mechanismus führt dazu, dass heute z. B. in der Krebstherapie, bei der HIV-Behandlung und im Bereich der Immunthera-peutika hochpotente Arzneimitteltherapien zur Behandlung dieser schweren Er-krankungen zur Verfügung stehen.

2.3 Abschließende Betrachtung

In Kapitel 2 wurde die grundlegende Struktur der Arzneimittelversorgung in Deutschland dargestellt. Dabei wurde deutlich, dass die umfassende gesetzliche Regulierung und die Komplexität der Produkte zwei wesentliche Merkmale dieses Marktes darstellen. Therapieentscheidungen der Ärzte und Vermarktungsaktivitä-ten der Hersteller werden in hohem Maße durch diese beiden Charakteristika be-einflusst. Es konnte auch gezeigt werden, dass Herstellern von innovativen Arz-neimitteln häufig nur ein kurzes Zeitfenster von wenigen Jahren für die exklusive Vermarktung ihres Arzneimittels verbleibt, in dem sich das Investitionsprojekt (die Entwicklung eines Arzneimittels) auszahlen muss. In dem daraufhin häufig

[170] Quelle: Böger, R., Schmidt, G. (2005), S. 460-480; Joost, H., Mengel, K. (2005), S. 369-387; Lemmer, B. (2005), S. 515-533.

folgenden generischen Wettbewerb mit de facto austauschbaren Produkten verbleibt dann oftmals nur noch die Marke als einziges Differenzierungsmerkmal.

Umso wichtiger ist es daher, dass ein Arzneimittel innerhalb seines exklusiven
Vermarktungszeitraums erfolgreich gegenüber alternativen Behandlungsmöglichkeiten in der Indikation positioniert wird und dessen wettbewerbliche Vorzüge
(z. B. im Vergleich zum Behandlungsstandard in der Indikation) aufgezeigt
werden. Diese Forderung nach einer „nutzenorientierten Produktdifferenzierung"
gewinnt insbesondere vor dem Hintergrund der Arzneimittelrichtgrößen-Regelung
an Bedeutung. Vor allem in wettbewerbsintensiven Indikationen ist anzunehmen,
dass dieses Instrument zu einer erhöhten Preissensitivität seitens der Ärzte bei der
Verordnungsentscheidung führt. In diesem Zusammenhang stellt sich die Frage,
welche Faktoren die ärztliche Wahrnehmung und Bewertung von Arzneimitteln
maßgeblich beeinflussen und wie die Herstellerkommunikation bzw. das marktorientierte Management dieser Produkte zielgerichtet gestaltet werden kann.
Genau dieser Fragestellung widmet sich der Kern dieser Forschungsarbeit.

Die weitere Analyse wird sich auf patentgeschützte (bzw. exklusiv verfügbare)
4Arzneimittel und deren Wahrnehmung durch niedergelassene Vertragsärzte fokussieren. Die Betrachtung niedergelassener Vertragsärzte empfiehlt sich dabei
zum einen aus der umsatz- und mengenmäßig großen Bedeutung dieses Sektors
für die Arzneimittelversorgung in Deutschland. Zum anderen wird die Einstellungsbildung von niedergelassenen Ärzten gegenüber Arzneimitteln weniger
durch interpersonelle Effekte (wie z. B. in Krankenhäusern) verzerrt. Auch unterliegt im niedergelassenen Bereich die Verordnungsentscheidung durch Ärzte typischerweise nicht dem Einfluss von Arzneimittellisten oder sonstigen organisationalen Effekten. Der Verordnungsentscheidungsprozess von niedergelassenen
Ärzten wird im folgenden Kapitel ausführlich diskutiert.

3.   Die Theorie der Produktwahl im Arzneimittelbereich

3.1   Entscheidungsträger der Arzneimittelwahl

3.1.1   Die theoretische Perspektive

3.1.1.1 Einleitende Überlegungen

Nach der Darstellung der strukturellen Arzneimittelversorgung in Deutschland wird zunächst die Frage erörtert, wer nun genau - der Arzt oder der Patient - die Therapieentscheidung trifft und somit die Nachfrage nach Arzneimitteln bestimmt. Im Bereich der Selbstmedikation, in dem Patienten ohne ärztliche Verordnung Arzneimittel in Apotheken beziehen können, ist anzunehmen, dass Patienten überwiegend selbst über die Nachfrage von Arzneimitteln bestimmen.[171] Im Bereich der verschreibungspflichtigen Arzneimittel kann ein Patient ohne Autorisation eines Arztes ein solches Arzneimittel nicht beziehen. Dem Arzt wächst also in diesem wichtigen Arzneimittelsegment eine zentrale Rolle bei der Produktauswahl zu. Allerdings käme auch ohne die Initiative des Patienten für einen Arztbesuch keine Verschreibung bzw. Verordnung eines Arzneimittels zustande. Folglich sind in diesem Arzneimittelsegment grundsätzlich beide Parteien bei der Bestimmung der Arzneimittelnachfrage involviert. Je nach Sichtweise kommt dabei entweder dem Arzt oder dem Patienten eine wichtigere Rolle in der Entscheidungsfindung zu.

Im Kapitel 3.1.1 werden die wichtigsten theoretischen Ansätze zur Bestimmung der Nachfrage nach Gesundheitsleistungen (und somit auch nach Arzneimitteln) kurz skizziert. In dem zuerst beschriebenen Modell von Grossman werden dabei die Konsumenten/Patienten als alleinige Entscheider über die Nachfrage nach Gesundheitsleistungen betrachtet. In dem darauffolgenden Kapitel wird jedoch die

---

[171]   Es ist jedoch anzunehmen, dass die konkrete Produktwahl auch in diesem Bereich bedeutend durch Empfehlungen von Ärzten beeinflusst wird. So wurden im Jahr 2005 insgesamt 34,3 Mio. Arzneimittelpackungen im Bereich der Selbstmedikation unter Vorlage eines „grünen Rezeptes" (eine nicht-verordnungsfähige, ärztliche Arzneimittelempfehlung) in Apotheken abgegeben (vgl. Ärztezeitung -Online (2006)).

Annahme der ausschließlichen Konsumentensouveränität aufgrund der Besonderheiten in den Märkten für Gesundheitsleistungen kritisch beleuchtet. Diese Überlegungen münden in dem „Principal-Agent"-Ansatz, bei dem der Arzt als ein mehr oder weniger guter Sachverwalter des Patienten fungiert. In Kapitel 3.1.1.5 werden schließlich die verschiedenen Überlegungen in einer Modellübersicht zusammengeführt.

3.1.1.2 Das Modell von Grossman

Die Modellkonzeption dieses neoklassischen Ansatzes geht davon aus, dass Individuen über einen Gesundheitskapitalstock verfügen, der Abschreibungen in Folge von Alterung und Lebensweise unterliegt und somit ohne weitere Eingriffe im Zeitablauf zu Krankheit und Tod führt.[172] Allerdings kann das Individuum durch Investitionen in medizinische Leistungen (z. B. ärztliche Behandlungen oder Arzneimittel) und durch die Bereitstellung von Lebenszeit für präventive Gesundheitsmaßnahmen der Abnutzung des Gesundheitskapitalstocks entgegenwirken und diesen wieder erhöhen. Gesund verbrachte Zeit wirkt dabei direkt nutzensteigernd für das Individuum und kann für die Generierung von Einkommen verwendet werden. Das erzielte Einkommen kann dann wiederum für die Nachfrage von medizinischen Leistungen oder sonstigen Konsumgütern verwendet werden. Somit wird ein rational handelndes Individuum in diesem intertemporalen Modell versuchen, den Bestand des Gesundheitskapitalstocks und die Nachfrage nach sonstigen Konsumgütern so zu steuern, dass sein Nutzen über die verschiedenen Zeitperioden hinweg optimal wird. In Ergänzung zu dieser Grundstruktur werden in dem Modell außerdem noch demographische, sozioökonomische und prädisponierende Variablen berücksichtigt, die auf den Gesundheitskapitalstock wirken.[173]

Im Modell von Grossman entscheidet der Konsument/Patient alleine über die Nachfrage nach medizinischen Leistungen. Der Arzt ist in diesem Kontext nur als ausführendes Organ für die souveräne Nachfrageentscheidung des Konsumenten zu interpretieren. Neben der ohnehin kritisch zu beurteilenden Modellkonzeption

[172] Vgl. Breyer, F., Zweifel, P., Kifmann, M. (2003), S. 75-84 und Ulrich, V. (2002), S. 70-72.
[173] Beispiele für prädisponierende Variablen sind Rauch-, Trink- und Ernährungsgewohnheiten. Die Nachfrage nach medizinischen Leistungen (nicht der Gesundheitskapitalstock) wird im Modell außerdem noch beeinflusst durch weitere externe Variablen wie z. B. die Struktur des Krankenversicherungsschutzes.

(z. B. der Gesundheitskapitalstock, der durch „Investitionen" erhöht werden kann) konnten auch verschiedene wichtige Wirkungszusammenhänge des Modells im Zuge von empirischen Studien nicht bestätigt werden.[174]

3.1.1.3 Nachfragebesonderheiten bei Gesundheitsleistungen

Die in dem Modell von Grossman unterstellte Annahme der vollkommenen Konsumentensouveränität bei der Nachfrage nach medizinischen Leistungen wird in der modernen Gesundheitsökonomie kritisch beurteilt.[175] Konsumenten sind demnach häufig nicht in der Lage, rationale (d. h. nutzenmaximierende) Nachfrageentscheidungen nach medizinischen Leistungen zu treffen. Die folgenden Gründe werden dafür angeführt:[176]

- **Krankheit als menschliche Ausnahmesituation**

  In Situationen, bei denen im Extremfall sogar das Leben auf dem Spiel stehen kann, sind Individuen prinzipiell bereit, jeden beliebigen Geldbetrag für die Wiederherstellung der Gesundheit zu zahlen. Anders als bei „normalen" Konsumentscheidungen, bei denen Individuen typischerweise zunächst einen Suchprozess nach Informationen einleiten, verschiedene Alternativen abwägen und dann unter Berücksichtigung der Kosten eine nutzenmaximierende Entscheidung treffen (ggf. auch der Verzicht auf Konsum bei einem zu hohen Preis), ist in krankheitsbedingten (Not-)Situationen nicht davon auszugehen, dass sich Individuen entsprechend rational verhalten und souveräne Nachfrageentscheidungen treffen. Hinzu kommt noch, dass in bestimmten Fällen das Treffen und die Artikulation von Entscheidungen (z. B. bei Bewusstlosigkeit oder bei Geisteskrankheit) nicht möglich ist.

---

[174] Beispielsweise geht das Modell davon aus, dass der Gesundheitszustand von Individuen und die Nachfrage nach medizinischen Leistungen positiv korreliert sind. Verschiedene Autoren konnten jedoch in empirischen Untersuchungen zeigen, dass diese Variablen in der Praxis negativ korrelieren (vgl. Breyer, F., Zweifel, P., Kifmann, M. (2003), S. 82).

[175] Die Aspekte der fehlenden Konsumentensouveränität und der unvollkommenen Information auf Gesundheitsmärkten werden in der wissenschaftlichen Diskussion oft dazu herangezogen, um das Versagen dieser Märkte zu erklären und den Sinn von staatlichen Eingriffen zu diskutieren.

[176] Vgl. Breyer, F., Zweifel, P., Kifmann, M. (2003), S. 172-174.

- **Minderschätzung zukünftiger Bedürfnisse**
  Typischerweise wird Krankheit als ein stochastisches Ereignis betrachtet,
  dessen Häufigkeit und Schwere im Alter zunehmen. Ein rational handelndes, risikoaverses Individuum würde demnach bei seiner Lebensplanung
  die hohen Behandlungskosten im Alter antizipieren und eine entsprechende
  Vorsorge (z. B. durch Sparen) treffen. Allerdings ist davon auszugehen,
  dass die meisten Menschen den heutigen Konsum höher als zukünftigen
  Konsum wertschätzen und eine ausreichende Vorsorge für die Ausgaben in
  der Zukunft unterlassen. Blendet man die Möglichkeit einer Krankenversicherung aus, so stehen also systematisch zu wenige Mittel für die Nachfrage von medizinischen Leistungen im Alter zur Verfügung.

Durch den Abschluss eines Krankenversicherungsvertrags lassen sich allerdings
die für ein Individuum ökonomisch nachteiligen Konsequenzen, die sich aus den
beiden oben genannten Punkten ergeben, überwinden. Dennoch zeigt sich, dass
medizinische Leistungen aufgrund ihrer großen Bedeutung für Individuen und der
stochastischen Inanspruchnahme besondere Güter darstellen, bei denen die normalen Marktmechanismen gestört sind bzw. das Entscheidungsverhalten der Konsumenten systematisch verzerrt wird.

Eine weitere Schwierigkeit bei der Nachfragebestimmung nach medizinischen
Leistungen ergibt sich für Konsumenten aus der unvollkommenen Information
auf Gesundheitsmärkten. Ähnlich wie z. B. auch bei Dienstleistungen fallen bei
medizinischen Leistungen der Konsum und die Kenntnis über die Produktqualität
zeitlich auseinander. Zum Zeitpunkt des Konsums bzw. der Nachfrageentscheidung (z. B. die Einnahme eines Arzneimittels) liegen bei medizinischen Leistungen meist nur unvollkommene Informationen über die Produktqualität vor, die
sich erst im späteren Zeitablauf dem Patienten offenbaren (z. B. die auftretende
Wirksamkeit und die Nebenwirkungen). Im Gegensatz zum Dienstleistungsgüter-
bereich, bei dem bestimmte Strategien für eine frühe Qualitätsbeurteilung existieren, gestaltet sich die Beurteilung der Produktqualität von medizinischen Leistungen aufgrund verschiedener Besonderheiten als schwierig:

- **Eingeschränkte Übertragbarkeit externer Urteile**

  In vielen Fällen werden medizinische Leistungen nur sehr unregelmäßig in Anspruch genommen. Individuen fehlen also typischerweise eigene Erfahrungen für eine Bewertung von Alternativen. In vergleichbaren Fällen kann bei Dienstleistungen im Konsumbereich oft auf die Urteile von anderen Personen oder sonstigen externen Ratgebern (z. B. Test-Institute) zurückgegriffen werden. Bei medizinischen Leistungen ist dies nur im Ausnahmefall möglich, da der Erfolg einer therapeutischen Maßnahme in sehr hohem Maße von den individuellen Eigenschaften des Patienten abhängig ist (z. B. das Ausmaß der Wirksamkeit eines Arzneimittels). Externe Urteile bezüglich der Produktqualität von medizinischen Leistungen, die auf den Erkenntnissen bei anderen Patienten basieren (z. B. ärztliche Erfahrungen, Studienergebnisse), sind also typischerweise nur beschränkt übertragbar auf eine konkrete Behandlungssituation. Hinzu kommt, dass Patienten meist das Fachwissen fehlt, diese externen Meinungen zu interpretieren und inhaltlich einzuordnen (siehe dazu auch den Punkt „Begrenzte Informationsverarbeitungsfähigkeit" weiter unten).

- **Unklare Kausalität**

  Auch im Falle einer wiederholten oder regelmäßigen Inanspruchnahme von medizinischen Leistungen kann sich die ex post-Beurteilung der Produktqualität als schwierig erweisen. So ist z. B. häufig bei einem (nach Einnahme eines Arzneimittels) auftretenden Therapieerfolg nicht sicher, ob der Erfolg kausal auf die Einnahme des Arzneimittels oder auf anderen Faktoren (Selbstheilungskräfte des Körpers, Ernährung, etc.) zurückzuführen ist. Denkbar ist auch, dass diese anderen Faktoren zu einer mangelnden Wirksamkeit eines Arzneimittels führen oder für das Auftreten von Nebenwirkungen mitverantwortlich sind. In diesem Punkt unterscheidet sich die Arzneimitteltherapie deutlich von fast allen anderen Gütertypen, da formal gesehen bei der Betrachtung eines einzigen Individuums das Therapieergebnis niemals kausal eindeutig der Einnahme eines Arzneimittels zurückgeführt werden kann. Ärzten fällt hingegen die Beurteilung der Arzneimittelqualität leichter: Die Behandlung von mehreren Patienten mit einem Arzneimittel und die personenübergreifende Beobachtung der Therapieergebnisse erlaubt ihnen präzisere Rückschlüsse auf die Eigenschaften und die Qualität eines Arzneimittels.

- **Begrenzte Informationsverarbeitungsfähigkeit**
  Für eine umfassende Qualitätsbeurteilung von medizinischen Leistungen (insbesondere im Bereich der Arzneimitteltherapie) sind umfassende medizinische und pharmakologische Expertenkenntnisse notwendig. Selbst für Experten ist heutzutage die Menge und die Komplexität an Informationen (z. B. Studiendaten über verschiedene Wirkstoffe) nur schwer zu verarbeiten und zu interpretieren. Für Laien ist daher eine umfassende Qualitätsbeurteilung von medizinischen Leistungen in vielen Fällen faktisch unmöglich. Auch scheint es nicht im Interesse des Gesetzgebers zu sein, Konsumenten bzw. Laien überhaupt den Zugang zu bestimmten Informationen zur Beurteilung von medizinischen Leistungen zu ermöglichen (z. B. aufgrund des Werbeverbots von verschreibungspflichtigen Arzneimitteln außerhalb von Fachkreisen).[177] In der Praxis führt somit das fehlende Expertenwissen, die zu verarbeitende Informationsmenge sowie der beschränkte Zugang zu Informationen zu einer massiven Markt-Intransparenz, die eine souveräne Nachfragebestimmung des Konsumenten nach medizinischen Leistungen behindert.

Die theoretischen Ausführungen zur eingeschränkten Konsumentensouveränität und zur unvollkommenen Information auf Gesundheitsmärkten legen nahe, dass Individuen in vielen Fällen keine rationalen Nachfrageentscheidungen treffen können und zudem die Hilfestellung von medizinischen Experten für eine Qualitätsbeurteilung benötigen. Diese Rolle übernimmt in der Praxis typischerweise der behandelnde Arzt.

3.1.1.4 Das Principal-Agent-Modell

Die Ausführungen und Implikationen des vorherigen Kapitels münden direkt in der Übertragung des von *Holmström* entwickelten Principal-Agent-Modells auf

---

[177] Vgl. § 10 Abs. 1 HWG.

den Gesundheitsbereich bzw. auf die Patienten-Arzt-Beziehung.[178] In dieser Modellkonzeption wählt der Patient (Prinzipal) einen Arzt (Agent) aufgrund dessen Spezialwissen und Erfahrung als seinen Sachverwalter aus. Der Patient überträgt dabei Teile seiner Entscheidungskompetenz auf den Arzt, die dieser im Interesse des Patienten wahrnehmen soll. Allerdings ergeben sich durch diese Kompetenzübertragung und aufgrund der asymmetrischen Informationsverteilung zwischen den beiden Parteien diskretionäre Handlungsspielräume für den Agenten, die dieser zur Verfolgung seiner eigenen Ziele (z. B. Einkommensziele) nutzen kann.

Ein Arzt übernimmt somit eine Doppelrolle: Einerseits ist er der Sachverwalter seines Patienten und ist auch aus berufsethischen Gründen zum Handeln in dessen Interesse verpflichtet. Andererseits ist er auch Anbieter von medizinischen Leistungen und kann die Nachfrage nach seinen eigenen Leistungen (innerhalb der sich ergebenden Handlungsspielräume) beeinflussen bzw. selbst steuern. Im Falle von Einzelleistungsvergütungen erhöht eine solche „angebotsinduzierte Nachfrage" dann direkt das Einkommen des Arztes.[179] Aus theoretischer Sicht dürften dabei eine Krankenvollversicherung von Patienten, umfassende Möglichkeiten in der Diagnosetechnik und das hohe gesundheitsbezogene Sicherheitsbedürfnis von Patienten begünstigende Gründe dafür sein, dass Ärzte auf einfache Weise eine künstliche Nachfrage nach ihren diagnostischen und therapeutischen Leistungen generieren können. Die Ergebnisse einer solchen angebotsinduzierten Nachfrage, bei der ein Arzt nicht als perfekter Sachverwalter des Patienten agiert, wären überflüssige oder ggf. sogar schädliche Behandlungen von Patienten sowie eine höhere finanzielle Belastung des Gesundheitssystems, die zu steigenden Krankenkassenbeiträgen für den Patienten führen kann. In der Praxis kann durch den Vergütungsausschluss von bestimmten Leistungen, durch Wirtschaftlichkeitsprüfungen und durch Zulassungsbeschränkungen von Ärzten dem Problem der angebotsinduzierten Nachfrage entgegengewirkt werden.

Insgesamt wird in dem Principal-Agent-Modell die Rolle des Arztes als maßgebliche Einflussgröße für die Konkretisierung der Nachfrage von medizinischen Leistungen betont. Die aus seinem Spezialwissen resultierenden Vorteile für den

---

[178] Vgl. Holmström, B. (1979), S. 74-91.

Patienten eröffnen dabei auch Möglichkeiten für opportunistisches Verhalten, die Nachteile für den Patienten mit sich bringen können.

3.1.1.5 Modelle der Arzt-Patienten-Interaktion

In der medizinischen Fachliteratur werden zur Beschreibung des Arzt-Patienten-Verhältnisses - in Analogie zu den in den vorherigen Kapiteln geschilderten Überlegungen - 4 verschiedene Modelltypen unterschieden. Die folgende Tabelle stellt diese Modelle dar.

	1. Modell "Paternalistic model"	2. Modell "Professional as agent model"	3. Modell "Shared decision making model (SDM)"	4. Modell "Informed decision making model"
		=> zunehmende Patientenautonomie =>		
Ziele/ Werte des Patienten	Objektiv und allgemeingültig, für Arzt und Patient identisch	Definiert, festegelegt und nur dem Patienten bekannt	Definiert, festgelegt und nur dem Patienten bekannt	Definiert, festgelegt und nur dem Patienten bekannt
Aufgaben des Arztes	Förderung des Patientenwohles unabhängig von den aktuellen Präferenzen des Patienten	Erfassung der wichtigsten Werte des Patienten und Implementierung der Therapie stellvertretend	Erfassung der wichtigsten Werte des Patienten und Implementierung der Therapie in Zusammenarbeit mit dem Patienten	Versorgung mit relevanten Informationen und Implementierung der vom Patienten gewünschten Intervention
Konzept der Patienten-autonomie	Patient stimmt den objektiven Werten zu	Versorgung des Arztes mit Darstellung der eigenen Werte und Präferenzen. Zustimmung zu der vom Arzt gewählten Therapie	Mitentscheidung des Patienten bei der Therapiewahl. Voraussetzung: Geteilte Information	Patient wählt und kontrolliert die medizinische Behandlung
Konzept der Arztrolle	Wächter, Hüter, Schutzengel („guardian")	Agent, Stellvertreter des Patienten	Partner	Kompetenter technischer Experte („information provider")
Kontrolle über Information	Arzt	Arzt und Patient	Arzt und Patient	Arzt und Patient
Kontrolle über Entscheidung	Arzt	Arzt	Arzt und Patient	Patient

Tab. 6:   Modelle der Arzt-Patienten-Interaktion[180]

---

[179] Vgl. Breyer, F., Zweifel, P., Kifmann, M. (2003), S. 308.
[180] Quelle: Scheibler, F., Janßen, C., Pfaff, H. (2003), S. 13.

Je nach Modelltyp unterscheiden sich dabei u. a. die Aufgaben des Arztes, das Ausmaß der Patientenautonomie sowie die Kontrolle über Informationen und Entscheidungen. Von Modell 1 zu Modell 4 nimmt dabei die Patientenautonomie sukzessive zu, während der Einfluss des Arztes auf die Behandlungsentscheidung abnimmt. In den beiden Extremfällen entscheidet entweder der Arzt (Modell 1) oder der Patient (Modell 4) alleine über die Therapiewahl. Bei den Modellen auf den Zwischenstufen ist der wesentliche Unterschied darin zu sehen, dass der Arzt in Modell Nr. 2 nur die Präferenzen des Patienten erfragt und dann die Therapie weitestgehend selbst wählt, während bei dem Modell des „Shared decision making" (Modell 3) Arzt und Patient alle therapierelevanten Informationen teilen und am Ende gemeinschaftlich über die Therapiewahl entscheiden.

Der Schwerpunkt der medizinischen Forschungsliteratur im Bereich der Arzt-Patienten-Interaktion beschäftigt sich dabei mit dem Konzept des „Shared decision making". In einer Übersichtsarbeit über die aktuelle Forschungsliteratur gehen *Scheibler/Janssen/Pfaff* davon aus, dass die Partizipation von Patienten an Behandlungsentscheidungen im Sinne des „Shared decision making" in einem empirisch gesicherten positiven Zusammenhang mit der Patientenzufriedenheit und verbesserten Behandlungsergebnissen steht.[181] Weiterhin ziehen die Autoren u. a. die folgenden Schlüsse aus ihrer Untersuchung[182]:

- „Shared decision making" als Art der Kooperation und Entscheidungsfindung eignet sich besonders bei Erkrankungen mit hoher Unsicherheit und/ oder differierenden Patientenpräferenzen bezüglich der Therapieergebnisse. Dies trifft insbesondere bei der Behandlung von Krebs und in der Palliativmedizin zu.

- In etwa die Hälfte aller Patienten in den untersuchten Studien würde gerne bei der Therapiewahl partizipieren. Das tatsächliche Ausmaß der Einbeziehung der Patienten durch die Ärzte ist jedoch weitaus geringer.

---

[181] Vgl. Scheibler, F., Janßen, C., Pfaff, H. (2003), S. 11-23.
[182] Diese Analyse umfasst die Durchsicht von insgesamt 193 theoretischen und 108 empirischen Arbeiten zur Arzt-Patienten-Interaktion.

66

- Positive Einflussfaktoren für eine Kooperation im Sinne des „Shared decision making" sind gute kommunikative Fähigkeiten des Arztes sowie die entsprechende Erwartung von Patienten, an dem Entscheidungsprozess beteiligt zu werden.

- Hindernisse für eine umfangreichere Partizipation der Patienten an der Therapieentscheidung sind Zeitmangel bei den Ärzten, feste Meinungen der Ärzte über die Erwartungen der Patienten sowie widersprüchliche Präferenzen der beiden Parteien.

Auffällig ist dabei, dass sich die große Mehrheit von Veröffentlichungen zur Arzt-Patienten-Interaktion mit den Behandlungsbereichen Krebs und Palliativmedizin beschäftigt und darüber hinaus nur sehr wenige deutschsprachige Publikationen das Thema der Patientenpartizipation behandeln.[183]

3.1.2 Diskussion und Implikationen für die Arzneimittelwahl

In Kapitel 3.1.1 wurde dargestellt, dass weder aus ökonomischer noch aus medizinischer Sicht von einem souveränen Konsumenten/Patienten auszugehen ist, der eigenständig und rational über die Nachfrage von medizinischen Leistungen entscheidet. Im Gegenteil: Eine Vielzahl von medizinischen Publikationen zur Arzt-Patienten-Interaktion lässt darauf schließen, dass in der Praxis der Arzt in vielen Fällen eine primär paternalistische Rolle übernimmt und Patienten zu einem geringeren Grad an der Behandlungsentscheidung partizipieren, als diese dies eigentlich wünschen. Für die Erklärung dieses Befundes können auch egoistische Macht-Motive des Arztes (Ablehnung des Einflusses von Patienten in seinem „Machtgebiet") und sozio-kulturelle Einflüsse (im Sinne eines Obrigkeitsdenkens der Patienten) herangezogen werden. Die bedeutende Rolle des Arztes bei Behandlungsentscheidungen wird auch klar von *Homburg/Dietz* im Rahmen einer empirischen Untersuchung zur „Patientenmündigkeit" bestätigt, bei der knapp

---

[183] Vgl. Scheibler, F., Janßen, C., Pfaff, H. (2003), S. 11, 14.

1.700 chronisch kranke Patienten zu ihrem Informationsverhalten und Mitbestim-
mungsgrad befragt wurden.[184]

Zusammenfassend und in Ergänzung zu den in Kapitel 3.1.1.5 dargestellten For-
schungsergebnissen lässt sich die Vermutungen aufstellen, dass Patienten umso
stärker an Behandlungs- und Arzneimittelverordnungsentscheidungen beteiligt
sind,

- je schwerwiegender die Erkrankung ist (z. B. Krebs),

- je jünger die Patienten sind,

- je eher wiederholte Arztbesuche und Verordnungen notwendig sind (insbesondere bei chronische Erkrankungen),

- je wahrnehmbarer der therapeutische Nutzen ist (z. B. Krampflösung bei
  asthmatischen Erkrankungen statt eine abstrakte Blutbild-Verbesserung),

- je wahrnehmbarer und schwerwiegender die Nebenwirkungen der Therapien sind,

- je seltener eine Krankheit auftritt (z. B. hat ein Arzt bei häufig auftretenden
  Erkrankungen ein festes Therapieschema, das er als Standard bei allen relevanten Patienten - ohne den Wunsch einer intensiven Diskussion – anwen-
  det),

- je einfacher Therapieinformationen für Patienten verfügbar sind (z. B. spezielle Portale oder Foren im Internet, Broschüren, etc.),

- je umfassender und professioneller Betroffene in Patientenorganisation zusammengeschlossen sind,

- je einfacher und überschaubarer die therapeutischen Optionen zur Behandlung einer Erkrankung sind,

---

[184]   Vgl. Homburg, C., Dietz, B. (2005), S. 150-153.

- je eher Ärzte die Patienten in die Entscheidungsfindung miteinbeziehen (aufgrund von Interesse an der Patientenzufriedenheit, guter kommunikativer Fähigkeiten, ausreichender Behandlungszeit, etc.),

- je eher ein Arzt im Wettbewerb mit anderen Ärzten steht (z. B. hohe lokale Arztdichte, „Kampf" um Privatpatienten, Neueröffnung einer Praxis, etc.).

Dennoch liegt insbesondere bei verschreibungspflichtigen Arzneimitteln letztlich die konkrete Produktwahl aufgrund gesetzlicher Regelungen in den Händen des Arztes. Durch sein Spezialwissen und seine Erfahrung wird er auch die Patienten, die stark auf die Verordnung eines bestimmten (aber aus seiner Sicht ungeeigneten) Arzneimittels drängen, im Regelfall von seiner Entscheidung überzeugen können. Aus diesen Gründen wird in der weiteren Arbeit davon ausgegangen, dass die Produktwahl bzw. die Verordnungsentscheidung von verschreibungspflichtigen Arzneimitteln maßgeblich durch den Arzt getroffen wird. Dabei wird von Interesse sein, mit welchen Mechanismen Ärzte die verschiedenen Arzneimittel beurteilen und welche Faktoren diesen Prozess beeinflussen. Der Wunsch von Patienten für die Verordnung eines bestimmten Arzneimittels wird dabei als externe Umweltvariable verstanden, die auf das tatsächliche Verordnungsverhalten von Ärzten einwirkt.

3.2   Produktwahlmodelle aus dem Konsumgüterbereich

3.2.1   Modelltypen und Übertragbarkeit auf ärztliche Verordnungen

Zur theoretischen Erklärung des Verordnungsverhaltens von Ärzten bietet sich ein Blick zu den Modellen des Konsumentenverhaltens an. Sowohl in Arztpraxen als auch in vielen Bereichen des täglichen Lebens werden häufig individuelle Produktwahlentscheidungen getroffen. Hingegen liegen multipersonale Produktwahlentscheidungen im Konsumentenbereich eher bei Käufen von größerer finanzieller oder persönlicher Tragweite vor (z. B. bei der Reiseplanung oder beim Autokauf) und ergeben sich im medizinischen Bereich beispielsweise bei der Entwicklung von Arzneimittellisten in Krankenhäusern. Es ist anzunehmen, dass von der

Grundstruktur her die Arzneimittelbewertungs- und Auswahlprozesse von niedergelassenen Ärzten stark den Produktwahlprozessen von Konsumenten ähneln und
auch den gleichen psychologischen Abläufen unterliegen.

Allerdings gibt es auch einige Unterschiede: So trägt der Arzt bei einer Arzneimittelverordnung nicht die Kosten für das Produkt und sein Entscheidungsfrei-
raum wird durch die Therapie-Richtlinien des G-BA sowie durch die Arzneimittel-Richtgrößen begrenzt. Ebenso ist er auch nicht der direkte Produktverwender
und er erfährt u. U. nur auf indirektem Wege, ob seine Verordnungsentscheidung
den gewünschten Effekt erzielt hat (je nach dem, ob der Patient erneut die Arztpraxis aufsucht). Trotz dieser Unterschiede können die Modelle des Konsumentenverhaltens einen wertvollen Beitrag für die Erklärung des Produktwahlverhaltens von Ärzten liefern. Die folgende Abbildung zeigt die verschiedenen Modelltypen mit Beispielen.

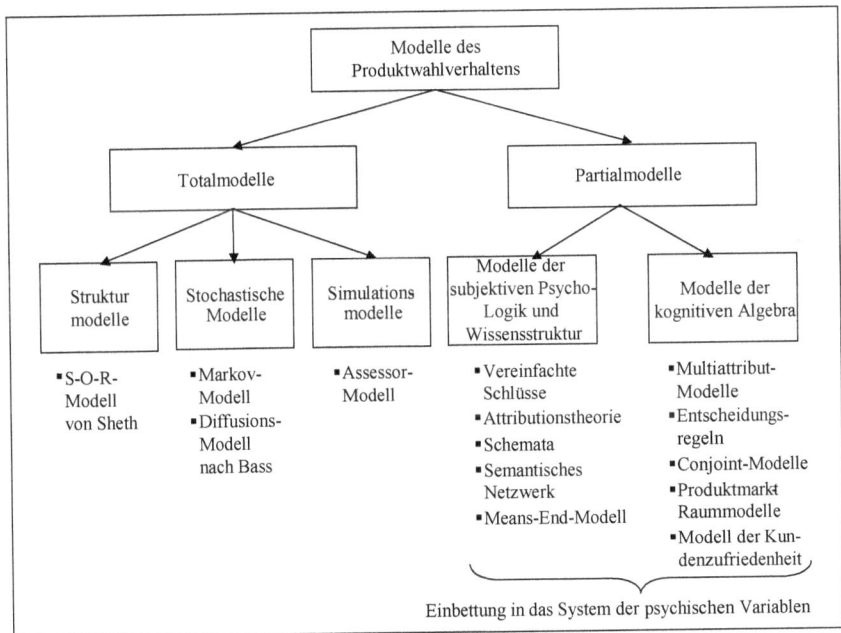

Abb. 7:   Modelle des Produktwahlverhaltens[185]

185   Quelle: In Anlehnung an Kroeber-Riel, W., Weinberg, P. (2003), S. 373-374.

Totalmodelle versuchen das menschliche Verhalten als Ganzes abzubilden und zielen darauf ab, umfassende Erklärungsansätze für individuelle Kaufentscheidungen (*Howard/Sheth*-Modell) oder für die Marktdiffusion von Produkten (*Markov*-, *Bass*-, und das Assessor-Modell) zu liefern. Im Gegensatz dazu erklären Partialmodelle jeweils nur einzelne Aspekte im Rahmen der mit dem Produktwahlprozess verbundenen psychischen Vorgänge. Sie untergliedern sich dabei in die Modelle der subjektiven Psycho-Logik bzw. Wissensstruktur sowie in die Modelle der kognitiven Algebra. Die Partialmodelle können dabei verschiedenen Abläufen innerhalb des Systems der psychischen Variablen zugeordnet werden. Sie liefern somit einen wichtigen Beitrag zum Verständnis der intrapersonalen Einstellungsbildungs- und Produktwahlprozesse und werden daher im Folgenden schwerpunktmäßig behandelt. Der folgende Abschnitt diskutiert jedoch zunächst die Totalmodelle und ihren möglichen Nutzen im Rahmen des Arzneimittel-Marketings.

3.2.2 Totalmodelle

3.2.2.1 Das Howard/Sheth-Modell

Das Modell von *Howard/Sheth* zielt darauf ab, einen umfassenden Erklärungsansatz für das individuelle Kaufverhalten mittels Erklärung der intrapersonalen Informationsverarbeitung zu liefern.[186] Dabei folgt die Modellsystematik dem S-O-R Ansatz („Stimulism-Organism-Response") und unterscheidet 3 Klassen von Variablen:

1. „Stimulism": Beobachtbare und messbare Inputvariablen (z. B. Produkt- und Umweltinformationen)

2. „Organism": Hypothetische und nicht direkt beobachtbare Konstrukte, die die intrapersonalen Vorgänge repräsentieren. Diese untergliedern sich weiter in Wahrnehmungs- und Lernkonstrukte.

3. „Response": Beobachtbare und messbare Outputvariablen (z. B. Kaufverhalten und geäußerte Einstellung)

---

[186] Vgl. Howard, J., Sheth, J. (1969), S. 351.

Dabei sind die Wahrnehmungs- und Lernkonstrukte (z. B. Aufmerksamkeit, Markenkenntnis, Kaufabsicht, etc.) innerhalb des Organismus auf komplexe Weise miteinander verknüpft. Durch diese Eigenschaft wird zwar ein Verständnis für die grundlegenden Zusammenhänge der intrapersonalen Informationsverarbeitung und Einstellungsbildung gefördert, allerdings erschwert sich dadurch auch die Messbarkeit und Operationalisierbarkeit des Modells.[187] Auch werden in diesem Modell u. a. keine situativen Faktoren berücksichtigt, die ebenfalls einen starken Einfluss auf das tatsächliche Produktwahlverhalten ausüben können. Aus diesen Gründen hat das Modell in praktischen Anwendungen keine weite Verbreitung erfahren und wird auch an dieser Stelle nicht weiter vertieft.

3.2.2.2 Das Markov-Modell

Bei dem *Markov-Modell* zur Bestimmung von zukünftigen Marktanteilen handelt es sich um ein stochastisches Modell, das keine verhaltenswissenschaftlichen Erklärungen für ein prognostiziertes Marktergebnis liefert.[188] Diese Methode geht davon aus, dass ein durch den Vergleich von 2 Zeitperioden[189] beobachtetes Wechselverhalten von mehreren Personen zwischen verschiedenen Produktalternativen in die Zukunft fortgeschrieben werden kann und am Ende zu stabilen Marktanteilsverteilungen konvergiert.

Die Ausgangsbasis bildet eine Fluktuationsmatrix, in der das Produktwahlverhalten von einer bestimmten Anzahl von Personen in den Zeitpunkten t und t+1 abgebildet wird. In den Zellen dieser Matrix wird dann z. B. angegeben, wie viele Personen in der Periode t das Produkt A und in der Periode t+1 das Produkt B gewählt haben. Mittels dieser Informationen wird dann eine Matrix mit Übergangswahrscheinlichkeiten errechnet. Aus deren Zellen geht hervor, mit welcher Wahrscheinlichkeit z. B. Käufer, die in Periode t das Produkt A gewählt haben, auch wieder erneut in der Periode t+1 das Produkt A kaufen würden. Zur Ermittlung der Marktanteile im Gleichgewicht (unendliche Fortschreibung des Markenwechselprozesses) werden die Informationen aus der Matrix mit den Übergangs-

---

[187] Vgl. Farley, J., Ring, L. (1970), S. 427-438.
[188] Vgl. Ehrenberg, A. (1965), S. 347-362.
[189] Bei einem Markov-Modell mit 2 Zeitperioden handelt es sich um ein Modell 1.Ordnung. In Modellvariationen ist die Berücksichtigung mehrerer Zeitperioden möglich.

wahrscheinlichkeiten in ein lineares Gleichungssystem überführt und dieses gelöst. Neben der fehlenden verhaltenswissenschaftlichen Erklärungen ist bei der Interpretation der resultierenden Marktanteile zu beachten, dass das Modell von einem stationären Marktvolumen ausgeht und auch Beeinflussungsmöglichkeiten durch Marketinginstrumente (oder andere Einflüsse) vollkommen ausgeklammert sind.

3.2.2.3 Das Diffusionsmodell nach Bass

Das Diffusionsmodell nach *Bass* erklärt unter Annahme einer innovatorischen und imitatorischen Komponente die Nachfrage nach einem Produkt im Zeitablauf.[190] Dabei liegt auch in diesem Fall eine stochastische Modellkonzeption vor. Man geht davon aus, dass in jeder Zeitperiode von den bisher noch nicht erreichten Käufern eines Produktes (bzw. von dem bisher unausgeschöpften Marktpotenzial des Produktes) ein gewisser Anteil das Produkt kauft bzw. adaptiert (innovative Komponente). Dies kann in der Praxis z. B. die Folge einer kontinuierlichen Bewerbung eines Produktes über Massenmedien sein. Gleichzeitig geht das Modell aber auch von einer weiteren imitatorischen Komponente aus: Individuen, die ein Produkt erworben haben, kommunizieren mit anderen Individuen und tragen somit ebenfalls dazu bei, dass weitere Individuen auf das Produkt aufmerksam werden und diese es erwerben. Die Diffusionswirkung der imitatorischen Komponente ist dabei umso größer, je höher der Produktverbreitungsgrad ist. Die Summe dieser beiden Komponenten bestimmt den Absatz eines Produktes pro Zeitperiode.

---

[190] Vgl. Homburg, C. (2000), S. 226-233.

Innovative Komponente: **Imitative Komponente:**

$$q_{1,t} = \alpha\left(P - Q_{t-1}\right) \qquad\qquad q_{2,t} = \beta\frac{Q_{t-1}}{P}\left(P - Q_{t-1}\right)$$

Modell:

$$q_t = q_{1,t} + q_{2,t} = \left(\alpha + \beta\frac{Q_{t-1}}{P}\right)\left(P - Q_{t-1}\right)$$

mit:

q_t	= Absatz in Periode t
P	= Marktpotential des Produktes
Q_t	= kumulierter Absatz bis zur Periode t mit $\quad Q_t = \sum_{\tau=1}^{t} q_\tau$
α	= Innovationsrate ($0 < \alpha < 1$)
β	= Imitationsrate ($0 < \beta < 1$)
$(P - Q_{t-1})$	= bislang noch unausgeschöpftes Marktpotential des Produktes
Q_{t-1} / P	= Produktverbreitungsgrad

Abb. 8:   Das Diffusionsmodell nach Bass[191]

Werden für die Parameter α, β und P Annahmen getroffen (z. B. aus den Diffu-
sionsverläufen ähnlicher Produkte) und der Absatz des Produktes in mindestens
einer Periode beobachtet, so lässt sich mit diesem Modell eine Prognose über den
Diffusionsverlauf eines Produktes treffen. Umgekehrt können mit der Beobachtung des Absatzes über viele Perioden hinweg und mit Hilfe einer regressionsanalytischen Modellierung die Parameter α, β und P für ein Produkt „ex post" geschätzt werden. Insgesamt liefert die Verwendung eines solchen Modells nütz-
liche Hinweise für einen möglichen Produktlebenszyklus-Verlauf und für die zeitliche Planung des Einsatzes von Marketinginstrumenten. Kritisch bleibt jedoch
anzumerken, dass weitere Einflussfaktoren (wie z. B. das Verhalten der Konkurrenz) ausgeblendet werden und dass das Modell meist nur bei Gebrauchsgütern
sinnvoll einsetzbar ist (die Ersatzkäufe bei Verbrauchsgütern können hier nicht
modelliert werden).

3.2.2.4 Das Assessor-Modell

Mit Hilfe von Simulationsmodellen wie „Assessor" können Marktanteile für neue
Produkte geschätzt werden.[192] Zu diesem Zweck werden geeignete Testpersonen

---

[191]   Quelle: Homburg, C. (2000), S. 229.
[192]   Vgl. Wind, Y. (1982), S. 425, und Homburg, C. (2000), S. 237-239.

zu einem Laborexperiment geladen. Typischerweise erfolgt in einem ersten Schritt eine Bewertung der bereits auf dem Markt existierenden Produkte (Wettbewerber des neuen Produktes) unter Offenlegung der Produktwahlpräferenzen. Im zweiten Schritt bekommen dann die Testpersonen das neue Produkt unter Verwendung des bereits entwickelten Kommunikationskonzeptes vorgestellt. Daraufhin werden die Testpersonen gebeten, erneut ihre Produktwahlpräferenzen - nun unter Berücksichtigung des neuen Produktes - anzugeben. Durch den Vergleich der so gewonnenen „ex ante-" und „ex post-" Marktanteile sowie unter der Annahme eines Prozentsatzes von Personen, die das neue Produkt auch langfristig in ihr „relevant set" aufnehmen würden, kann eine Marktanteilsprognose für das neue Produkt errechnet werden. Im Fall von Assessor wird die resultierende Marktanteilsprognose noch mit einem weiteren Verfahren, dem „Trial-Repeat-Modell", validiert.

Im Konsumgüterbereich werden Testmarktsimulationsmodelle in großem Umfang eingesetzt. Die im Vergleich zu realen Testmärkten niedrigeren Kosten sowie die Gewinnung von diagnostischen Informationen zur Produktpositionierung sind wichtige Vorteile eines solchen Simulationsmodells. Nachteilig ist, dass in der Laborsituation das neu präsentierte Produkt oftmals überbewertet wird (Kommunikation unter idealen Bedingungen und Übersensibilisierung der Testpersonen), etwaige Produktnachteile (die sich z. B. aus der langfristigen Verwendung eines Produktes ergeben) nicht erkannt werden und dass Konkurrenzreaktionen nicht abgebildet werden können.

3.2.2.5 Eignung der Totalmodelle für das Arzneimittel-Marketing
Im Hinblick auf einen zu prognostizierenden Marktanteil von Arzneimitteln können das *Markov*-Modell und Simulationsmodelle wie Assessor unter den genannten Bedingungen eine gute Orientierungshilfe für das Produktmanagement von Arzneimitteln liefern. Bei „Laborexperiment-Workshops" mit verordnenden Ärzten können zudem wertvolle Informationen über die Wahrnehmung und Bewertung der Eigenschaften eines neuen Arzneimittels gewonnen werden (z. B. im Zuge der Diskussion über klinische Studiendaten). Oftmals sind die so gewonnenen Informationen zur Produktpositionierung u. U. wertvoller als der am Ende prognostizierte Marktanteil. Die Anwendung des *Markov*-Modells macht insbeson-

dere dann Sinn, wenn ein Indikationssegment mit vielen vergleichbaren Wettbewerbern vorliegt und darüber hinaus z. B. auf bequeme Weise Paneldaten aus 2
Zeitperioden für die Analyse genutzt werden können.

Bei der Verwendung des *Bass*-Modells ist zu beachten, dass Arzneimittel aufgrund der meist wiederholten Anwendung eher Verbrauchsgütern entsprechen
und somit der Erstkauf- bzw. Gebrauchsgüter-Voraussetzung des *Bass*-Modells
zuwiderlaufen. Wenn man jedoch in dem *Bass*-Modell statt der Mengen- bzw.
Absatzdimension den „Share of Voice"[193] auf Arztbasis verwendet, so ermöglicht
das Modell zulässige Aussagen über die Diffusion eines Arzneimittels innerhalb
eines definierten Arztsegments. Statt der Absatzzahl eines Produktes wird somit
die Entwicklung der Ärzteanzahl, die pro Periode zu Verordnern des Arzneimittels werden, simuliert. Die Menge/der Absatz der verordneten Arzneimittel pro
Arzt wird dabei nicht betrachtet, jedoch können dann z. B. pro Arzt durchschnittliche Verordnungsmengen angenommen werden. Somit kann auch das Diffusionsmodell nach *Bass* eine Entscheidungsunterstützung für das Produktmanagement von Arzneimitteln liefern.

Hinsichtlich eines besseren Verständnisses der intrapersonalen Bewertungs- und
Entscheidungsabläufe bei der Produktwahl kann das Modell von *Howard/Sheth*
nur einen geringen Beitrag leisten. Ferner ist es aufgrund der komplexen Modell-
anforderungen für praktische Anwendungen ungeeignet. Stattdessen wird im Folgenden zur Erklärung der Einstellungsbildung und des Produktwahlverhaltens auf
das „System der psychischen Variablen" in der Darstellung von *Kroeber-Riel/
Weinberg* zurückgegriffen.[194] Innerhalb dieses Systems werden dann die verschiedenen Partialmodelle eingeordnet und deren möglicher Erklärungsbeitrag für das
Verordnungsverhalten von Ärzten und deren Einstellungsbildung gegenüber
Arzneimitteln diskutiert.

[193]   Es handelt sich bei der „Share of Voice"-Kennzahl um einen Reichweitenquotienten. Definition:
       Mittels einer Maßnahme erreichte Objekte / Gesamtzahl der Objekte * 100.
[194]   Vgl. Kroeber-Riel, W., Weinberg, P. (2003), S. 49-58, 225-243.

3.2.3 Partialmodelle

3.2.3.1 Das Grundgerüst: Das System der psychischen Variablen

Die Partialmodelle des Produktwahlverhaltens werden im Folgenden in das System der psychischen Variablen zur Beschreibung des Produktwahlverhaltens eingebettet. Aus diesem Grunde ist der Darstellung der Partialmodelle eine kurze Skizzierung des Systems der psychischen Variablen vorgeschaltet (in Anlehnung an *Kroeber-Riel/Weinberg*).[195]

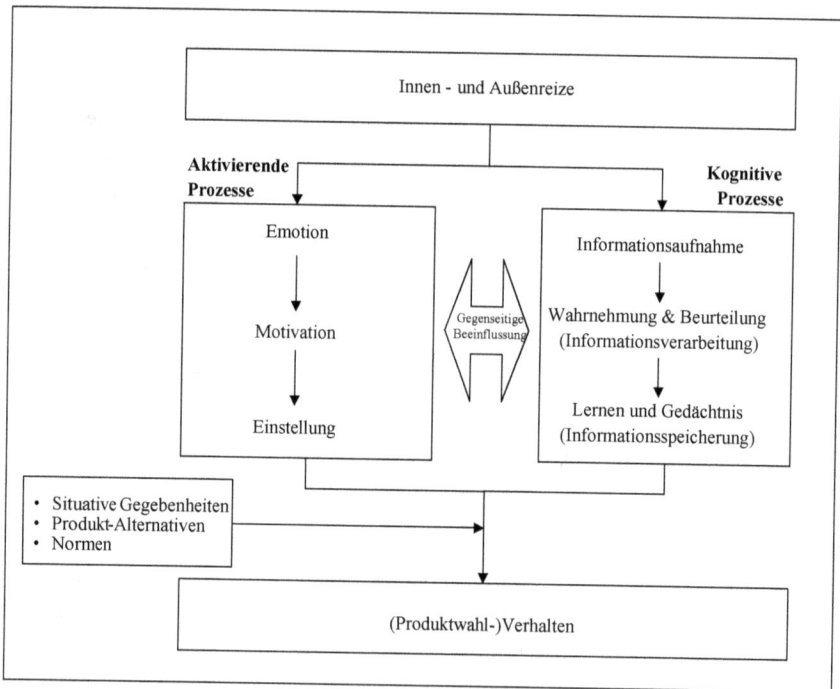

Abb. 9:   Das System der psychischen Variablen[196]

Wie in der obigen Abbildung skizziert, kann das individuelle Produktwahlverhalten von Konsumenten grundsätzlich durch die psychische Verarbeitung von Innenreizen (z. B. Hunger, Durst) bzw. Außenreizen (z. B. Bilder, Töne, Texte) sowie durch die Berücksichtigung weiterer äußerer Einflusse (z. B. situative Gege-

---

[195]   Vgl. Kroeber-Riel, W., Weinberg, P. (2003), S. 49-58, 225-243.
[196]   Quelle: In Anlehnung an Kroeber-Riel, W., Weinberg, P. (2003), S. 49-58, 225-243.

benheiten) erklärt werden.[197] Die psychischen Prozesse untergliedern sich dabei grundsätzlich in aktivierende und kognitive Prozesse. Während aktivierende Prozesse als Vorgänge bezeichnet werden, die mit inneren Erregungen und Spannungen verbunden sind und das Verhalten antreiben, umfassen die kognitive Vorgänge die Aufnahme, Verarbeitung und Speicherung von Informationen.[198] Es bestehen dabei starke wechselseitige Beziehungen zwischen den aktivierenden und kognitiven Komponenten: So gibt es z. B. keine Lernleistung, die nicht von der Motivation abhängt und auch keine Einstellungsbildung, die ohne eine kognitive Gegenstandsbeurteilung auskommt. Je nach vorherrschender Seite werden die komplexen psychischen Prozesse entweder als dominant aktivierend oder dominant kognitiv bezeichnet.[199] In der nachstehenden Tabelle werden die psychischen Teilprozesse kurz beschrieben und anhand von Beispielen für Konsumenten und Ärzte illustriert.

---

[197] Vgl. Kroeber-Riel, W., Weinberg, P. (2003), S. 70.
[198] Vgl. Kroeber-Riel, W., Weinberg, P. (2003), S. 49.
[199] Vgl. Kroeber-Riel, W., Weinberg, P. (2003), S. 49.

Teilpro-zesse	Definition und Beschreibung	Beispiele für Konsumenten	Beispiele für Ärzte
Aktivierende Prozesse			
Emotion	• Emotion = zentralnervöse Erregungsmuster + (kognitive) Interpretation • Synonyme: Gefühl, Affekt, Stimmung, Trieb • Emotionen sind innere Erregungen, die (un)angenehm empfunden werden und mehr oder weniger bewusst erlebt werden. • Emotionen sind nicht auf konkrete Handlungsziele ausgerichtet.	• Beispielhafte Aussage 1: *"Ich fühle mich unwohl (da hungrig)"*. • Emotionskatalog nach Izard, C. (1999), S. 66: Interesse, Freude, Überraschung, Schmerz, Wut, Abscheu, Verachtung, Furcht, Scham, Schuldgefühl. • Ebenso: Prestige, Anerkennung, Eifersucht, Sympathie, Mitleid, etc.	• Mitleid mit Patienten • Anerkennung als guter Arzt/ Sozialprestige • Wissenschaftliches Interesse bzw. Neugier • Furcht vor Mittellosigkeit/Armut und sozialem Abstieg • Pflichtbewusstsein zur prinzipiellen Hilfeleistung
Motivation	• Motivation = Emotion + (kognitive) Zielorientierung • Synonyme: Begehren, Bedürfnis • Eine Motivation ist das bewusste Anstreben von einem oder mehreren Zielen mit Handlungsorientierung. • Motivationen können die Antriebe bzw. die Ursachen für das Verhalten von Menschen erklären.	• Beispielhafte Aussage 2: *"Ich muss etwas essen (um nicht mehr hungrig zu sein)"*. • Motivationshierarchie nach *Maslow* mit entsprechender Zielorientierung (z. B. Bedürfnis nach Sicherheit, Liebe, sozialer Geltung, etc.).	• Behandlung eines Patienten (um ihm zu helfen) • Aktive Suche nach Informationen über neue Therapien zur Gewährleistung der optimalen Therapiewahl • Präsentation bei einer Fortbildungsveranstaltung (um als kompetenter Arzt angesehen zu werden) • Übernahme von Bereitschaftsdiensten (um Geld zu verdienen oder um für Patienten da zu sein)
Einstellung	• Einstellung = Motivation + (kognitive) Gegenstandsbeurteilung • Synonyme: Haltung, Prädisposition • Eine Einstellung ist die subjektiv wahrgenommene Eignung eines Gegenstands zur Befriedigung einer Motivation. • Die Einstellung gegenüber einem Produkt ist das gelernte bzw. verfestigte Ergebnis eines vorausgegangenen (kognitiven) Wahrnehmungsvorgangs mit Produktbeurteilung.	• Beispielhafte Aussage 3: *"Eine Pizza wäre jetzt genau das Richtige (um nicht mehr hungrig zu sein)"*. • Ein durch einen Hersteller als „sicher" beworbenes Auto wird von einem Konsumenten (nach Annahme dieser Werbebotschaft) als geeignet betrachtet, sich und seine Familie im Straßenverkehr zu schützen (Sicherheitsbedürfnis = Motivation; Angst vor Unfall = Emotion).	• Beurteilung, ob ein Arzneimittel X mit seinen Eigenschaften eine geeignete Option darstellt, einem Patienten helfen zu können • Beurteilung, ob die Präsentation bei einer bestimmten Fortbildungsveranstaltung aufgrund des Publikums wirklich dazu dienen kann, sich einen Namen als kompetenter Arzt zu verschaffen

Teilpro-zesse	Definition und Beschreibung	Beispiele für Konsumenten	Beispiele für Ärzte
Kognitive Prozesse			
Informations-aufnahme	•Die auf ein Individuum treffenden Reize werden von den Sinnesorganen aufgenommen und gelangen zuerst in einen sensorischen Informa-tionsspeicher, in dem eine erste Entschlüsselung und Informationsselektion vorgenommen wird. •Die Informationsaufnahme umfasst dabei nur jene Vorgänge, die zur Übernahme einer Information in das Kurzzeitgedächtnis führen. •Die Informationsaufnahme kann dabei grundsätzlich aktiv oder passiv erfolgen. Konsumenten unter-scheiden sich in ihrer Neigung/Prädisposition, Informationen aktiv zu suchen.	•Aktive Informationsaufnahme: impulsiv (z. B. die Suche nach neuen technischen Produkten aus Neugier), gewohnheitsmäßig (z. B. Suche in Kleinanzeigen in der Tageszeitung) oder bewusst (z. B. im Sinne einer umfassenden Produktbeurteilung bei einem Autokauf) •Passive Informationsaufnahme: Werbeanzeigen auf Plakaten oder in Zeitschriften, Gestaltung des Point-of-Sale. Insbesondere die Verwendung von Bildern mit aktivierenden Elementen ist vorteilhaft für die Informations-vermittlung.	•Aktive Informationsaufnahme: impulsiv (z. B. die Suche im Internet nach einem Arzneimittel mit einem neuen und für den Arzt interessanten Wirk-mechanismus) oder bewusst (z. B. wenn ein Arzt vor der Verordnung nochmals bestimmte Kontra-indikationen eines Arzneimittels überprüft) •Passive Informationsaufnahme: Werbeanzeigen für Arzneimittel in Fachzeitschriften, Übermittlung von (nicht aktiv gesuchten) Arzneimittelinformationen bei medizinischen Fortbildungsveranstaltungen und Kongressen

Teilpro-zesse	Definition und Beschreibung	Beispiele für Konsumenten	Beispiele für Ärzte
Wahrneh-mung und Beurteilung (Informa-tionsver-arbeitung)	• Im Rahmen der Wahrneh-mung erschließt sich für ein Individuum der Sinn (Informationsgehalt) von eintreffenden Infor-mationen. Dies umfasst die Anmutung (erster gefühls-mäßiger Eindruck) und die kognitive Interpretation eines Reizes. • Konsumenten nehmen vor allem solche Reize wahr, die den individuellen Bedürfnissen und Wünschen entsprechen (persönliche Relevanz). • Die Beurteilung (von einem Produkt) kommt durch Einordnen und Bewerten der zur Verfügung stehenden Informationen zustande. Dabei werden aktuell aufgenommene Informationen zu Produkt und Umwelt mit vorhandenem Wissen verknüpft. Die Nutzung kognitiver Programme führt dann zu einer Produktbeurteilung. • Eine gelernte und verfestigte Produkt-beurteilung entwickelt sich dauerhaft zu einer Einstellung.	• Beispiel Wahrnehmung: Die Entschlüsselung einer Werbeanzeige in einer Zeitschrift. Ein Individuum entwickelt einen ersten gefühlsmäßigen Eindruck und entschlüsselt den Sinn der wichtigsten Informa-tionen (kognitive Interpre-tation). Das weitere Informationsaufnahmeverh alten ist abhängig von der persönlichen Relevanz dieser ersten interpretierten Informationen. • Beispiel Beurteilung: Ein Individuum zieht zur Beurteilung eines Autos bei einem Händler die folgenden Informations-quellen heran: Aktuelle Produktinformationen (Zustand des Autos), aktuelle Umweltinforma-tionen (Seriosität des Händlers) und bereits vorhandenes Wissen (Erfahrungen mit anderen Autos von der gleichen Marke, etc.).	• Beispiel Wahrnehmung: Die Verarbeitung der Werbe-anzeige für ein Arzneimittel in einer Fachzeitschrift oder die selektive Wahrnehmung von Informationen bei medizinischen Kongressen (abhängig von der per-sönlichen Relevanz). • Beispiel Beurteilung: Ein Arzt zieht zur Beurteilung eines Arzneimittels bei einem medizinischen Kongress die folgenden Informationsquel-len heran: aktuelle Produkt-informationen (Studien-daten), aktuelle Umweltinfor-mationen (Stellungnahmen von medizinischen Mei-nungsführern, und Fach-gesellschaften) sowie vor-handenes Wissen (Erfah-rungen mit Arzneimitteln aus der gleichen Wirkstoffklasse oder Vorwissen über die Vor- und Nachteile eines Wirkmechanismus).

Teilpro-zesse	Definition und Beschreibung	Beispiele für Konsumenten	Beispiele für Ärzte
Lernen und Gedächtnis (Informations-speicher-ung)	•Im Gedächtnis (Langzeit-speicher) werden vorher verarbeitete und zu kogni-tiven Einheiten organi-sierten Informationen (=Wissen) langfristig gespeichert. •Je umfassender Informationen/Reize ko-gnitiv verarbeitet werden, desto mehr Assoziationen werden zwischen dem bereits vorhandenen Wissen und neuen Informationen geknüpft (=Wissensanpassung bzw. Lernen) und desto leichter fällt der spätere Abruf dieser Wissenseinheiten. •Lernen kann allgemein definiert werden als eine überdauernde Änderung einer Verhaltensmög-lichkeit aufgrund von Erfahrung und Beo-bachtung.	•Gedächtnis: Das gesamte Wissen eines Konsumenten über eine Getränkemarke (Geschmack, Farbe, Zuckergehalt, Emotionalität, Image, Qualität etc.) ist hier abgespeichert und wird situativ abgerufen. •Lernen: Die Wissens-struktur über eine Getränkemarke wird bei dem Eintreffen von neuen (und kognitiv verarbeiteten Informationen) angepasst: So wird z. B. in der Wissensstruktur vermerkt, dass das Getränk auch ohne Zucker (bzw. mit Süßstoff) erhältlich ist.	•Gedächtnis: Hier ist das gesamte Wissen eines Arztes über relevante Arzneimittel abgelegt (Markennamen, die wichtigsten Kennzahlen aus klinischen Studien, klinische Erfahrungen mit Arzei-mitteln, einzelne Patientenschicksale, Anwendungsprobleme, etc.). •Lernen: Es erfolgt eine An-passung der Wissensstruktur im Gedächtnis durch neue, kognitiv verarbeitete Informationen (z. B. wird ein Arzneimittel in die Behand-lungsempfehlungen von einer Fachgesellschaft aufge-nommen oder es zeigen sich bei einzelnen behandelten Patienten starke Nebenwirkungen).

Tab. 7:   Beschreibung und Beispiele für psychische Teilprozesse[200]

Aus der obigen Beschreibung wird ersichtlich, dass der gesamte aktivierende Pro-zess in seiner Abfolge (Emotion, Motivation und Einstellung) eine zunehmende kognitive Anreichung erfährt. Wichtig ist dabei, dass der Begriff der Motivation eine Ziel- und Handlungskomponente enthält und dass sich das Konstrukt der Einstellung stets auf einen konkreten Gegenstand (z. B. ein Produkt) bezieht. Die Einstellung ist dabei als ein im Gedächtnis gespeichertes Ergebnis eines Wahr-nehmungs- und Beurteilungsprozesses bezüglich eines konkreten Gegenstands zu verstehen.

Zwischen der Einstellung und dem beobachtbaren (Kauf-)Verhalten lässt sich noch das in der Praxis der Konsumentenforschung bedeutsame Konstrukt der „Kaufabsicht" positionieren, das neben der Einstellung zu einem Produkt auch noch die antizipierten Einflüsse in einer Kaufsituation (z. B. Produktalternativen)

---

[200]   Quelle: In Anlehnung an Kroeber-Riel, W., Weinberg, P. (2003), S. 49-367.

berücksichtigt. Da bei diesem Konstrukt allerdings Einstellungs-, Verhaltens- und Umweltaspekte vermischt werden, wird an dieser Stelle das Konzept der Kaufabsicht nicht weiter verfolgt. Weiterhin sind in der Literatur die Abgrenzungen insbesondere zwischen Emotion und Motivation einerseits sowie zwischen Informationsaufnahme und Wahrnehmung andererseits nicht immer trennscharf. Je nach Sichtweise und vorliegender Situation können z. B. Begriffe wie „Prestige" entweder dem emotionalen oder motivationalen Spektrum zugeordnet werden oder z. B. die Entschlüsselung eines Reizes noch der „Informationsaufnahme" oder schon der „Wahrnehmung" zugeordnet werden.

Insgesamt stellt das „System der psychischen Variablen" eine hilfreiche und flexible Blaupause zur Erklärung der psychischen Vorgänge bei der Bewertung und Einstellungsbildung gegenüber Produkten dar. Dabei können mit diesem System prinzipiell alle Kauftypen im Konsumgüterbereich (vom Impulskauf eines Schokoladenriegels bis zur Anschaffung eines Autos mit umfassender Informationsverarbeitung) abgebildet werden. Auch für die psychischen Vorgänge bei Ärzten (im Rahmen von Verordnungsentscheidungen bei Arzneimitteln) lassen sich leicht Beispiele finden und Analogien konstruieren. Die „situativen Gegebenheiten", die noch zwischen dem Einstellungskonstrukt und dem tatsächlichen Produktwahlverhalten liegen, umfassen dabei in der Situation des Arztes u. a. die spezifischen Charakteristika eines Patienten, für den eine Therapiewahl erfolgen soll.

Typischerweise ist bei der Arzneimittelbeurteilung durch Ärzte zu vermuten, dass es sich um einen stark kognitiv orientierten Prozess handelt, der in einer „relativ" rationalen Verordnungsentscheidung mündet. Mit Hilfe dieses Modells lassen sich aber auch aktivierende Komponenten identifizieren, die einen Einfluss auf die Einstellungsbildung und die Verordnungsentscheidung ausüben können. Beispielsweise können emotionale und motivationale Impulse (wie z. B. die wissenschaftliche Neugier oder das Streben nach Prestige als guter Arzt) durch die Produktcharakteristika von Arzneimitteln „bedient" werden (z. B. mittels eines neuartigen Wirkmechanismus oder mittels einer sehr guten Wirksamkeit). Auch der nicht unbeträchtliche Aufwand der pharmazeutischen Industrie für die Entwicklung von Markenkonzepten lässt vermuten, dass in der Praxis des Arzneimittel-Marketings der Erschaffung und Kommunikation von emotional ansprechenden Markenprofilen bereits eine wichtige Bedeutung zukommt.[201]

Dennoch werden bei ärztlichen Verordnungsentscheidungen - anderes als bei vielen Konsumgütern - vermutlich die kognitiven Prozesse der Informationsaufnahme, -verarbeitung und -speicherung deutlich im Vordergrund stehen. Dies dokumentiert auch ein Blick auf die Charakteristika der 4 typischen Arten von Kaufentscheidungen von Konsumenten, die hinsichtlich ihres „kognitiven und emotionalen Involvements" in der nachfolgenden Abbildung bewertet werden. Der Begriff des „Involvements", der vornehmlich in der angelsächsischen und „kognitivistisch" geprägten Tradition der Konsumentenforschung verwendet wird, entzieht sich dabei einer präzisen Einordnung in das System der psychischen Variablen, wie es in Anlehnung an *Kroeber-Riel/Weinberg* beschreiben wurde.[202] Involvement kann als ein von der persönlichen Relevanz gegenüber einem Objekt abhängiger innerer Zustand der Aktivierung verstanden werden. Sowohl kognitive als auch emotionale Vorgänge können in diesem Sinne entsprechend aktiviert werden.

---

[201] Vgl. Neukirchen, H. (2005), S. 57-72. Die Kosten für die Entwicklung eines Markennamens und eines Markenprofils werden auf ca. 100.000-700.000 Euro pro Arzneimittelwirkstoff geschätzt. Markenname, Farbe und Form des Arzneimittels unterlaufen dabei umfassende Wahrnehmungs- und Assoziationstests.
[202] Vgl. Kroeber-Riel, W., Weinberg, P. (2003), S. 370.

Art der Kauf-entscheidung	Beschreibung	Beispiele	Kognitives Involvement	Emotionales Involvement
Extensiv	• Sehr stark kognitiv gesteuerter Entscheidungsprozess • Oft bei komplexen und neuartigen Situationen • Hoher Informationsbedarf und lange Entscheidungsdauer	• Autokauf	Sehr stark	Stark
Limitiert	• Geplante und überlegte Entscheidungen, die vorwiegend auf vorhandenes Wissen und Erfahrungen zurückgreifen • Typischerweise erfolgt die Auswahl aus einem „Evoked Set" von Produkten • Sofern weitere externe Informationen notwendig sind, beschränkt sich die Suche auf Schlüsselinformationen der Produkte	• Auswahl eines Restaurants in der Mittagspause (eine Schlüsselinformation wäre hier z. B. das Tagesmenü)	Stark	Schwach
Habitualisiert	• Geringe kognitive Beanspruchung mit weitestgehend automatisch verlaufendem Kaufprozess • Große Bedeutung von vorhandenem Wissen und (positiven) Erfahrungen mit einem Produkt • Sehr kurze Entscheidungszeit • Typischerweise risikoarme Gewohnheits- und Wiederholungskäufe	• Wöchentlicher Getränkekauf, z. B. von einer Kiste Wasser	Schwach	Schwach
Impulsiv	• Durch den Einfluss äußerer Reize gesteuertes Entscheidungsverhalten • Kaufentscheidung ist meist von Emotionen begleitet • Z. T. unbewusstes, automatisches Handeln • Typischerweise ungeplante Käufe • Hohe Bedeutung der Warenpräsentation und Selbstbedienungsmöglichkeit	• Kauf von Süßwaren, z. B. im Kassenbereich eines Supermarktes	Schwach	Stark

Abb. 10:   Arten von Kaufentscheidungen[203]

Versucht man die ärztliche Verordnungsentscheidung von Arzneimitteln innerhalb dieser 4 Arten von Kaufentscheidungen einzuordnen, so wird deutlich, dass es sich bei den meisten Verordnungsvorgängen um extensive oder limitierte Ent-

---

[203]   Quelle: In Anlehnung an Kroeber-Riel, W., Weinberg, P. (2003), S. 370-373.

scheidungen mit stark kognitivem Einfluss handeln dürfte. Habitualisierte Entscheidungen dürften allenfalls bei sich sehr oft im gleichen Muster wiederholenden Behandlungen bzw. bei Bagatell-Erkrankungen auftreten. Geht man nun - wie geschildert - von einem stark kognitiv gesteuerten Verordnungsverhalten aus, so stellt sich die Frage, wie genau und nach welchen Regeln eine Produkt- bzw. Arzneimittelbeurteilung durch Ärzte abläuft. Dieser Frage widmet sich das folgende Kapitel, in dem die Partialmodelle bzw. kognitiven Programme des Produktwahlverhaltens behandelt werden.

3.2.3.2 Einordnung der Partialmodelle

Die verschiedenen Partialmodelle des Produktwahlverhaltens können den unterschiedlichen Prozessen in dem System der psychischen Variablen zugeordnet werden. Die meisten Partialmodelle gliedern sich dabei im Bereich der „Wahrnehmung und Beurteilung" (Informationsverarbeitung) ein. Die folgende Abbildung illustriert diese Zuordnung.

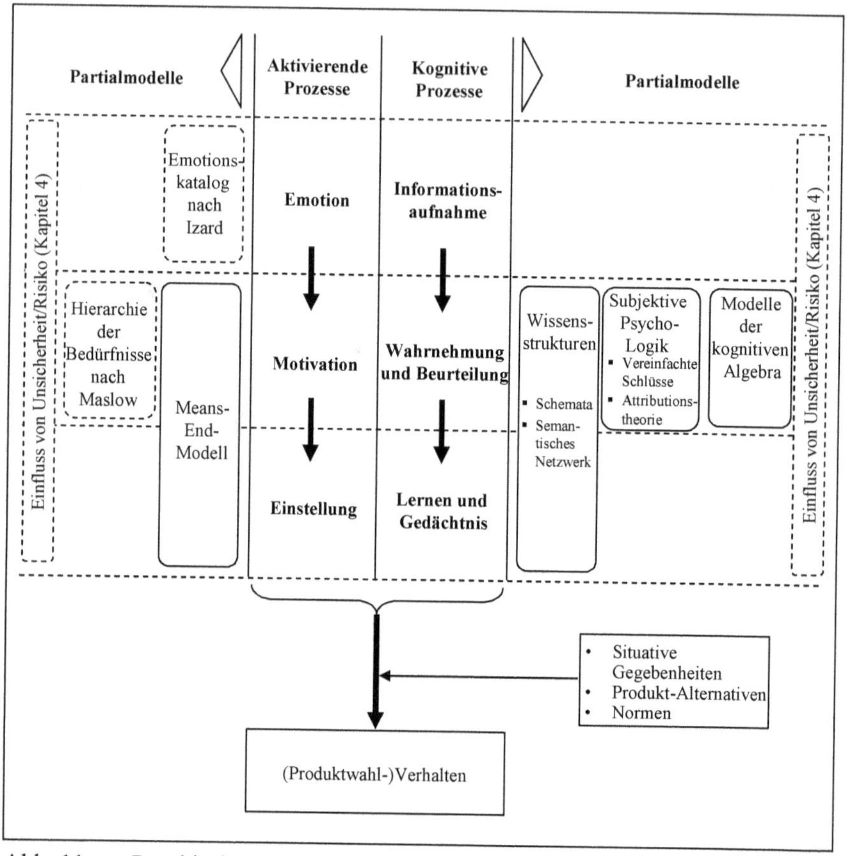

86

Abb. 11:   Psychische Variablen und Partialmodelle

Wie bereits erläutert, erfolgt im Bereich der „Wahrnehmung und Beurteilung" ein Produktbeurteilungsprozess, bei dem aktuell aufgenommene Informationen/Reize über Produkt und Umwelt sowie vorhandenes Wissen unter Anwendung kognitiver Programme zu einem „Gesamtresultat" verarbeitet werden. Das verfestigte Gesamtresultat einer Produktbeurteilung wird in eine „Einstellung" gegenüber einem Produkt überführt und steht im Gedächtnis zum Abruf bereit.

Unter kognitiven Programmen sind die Modelle der kognitiven Algebra, die subjektive Psycho-Logik sowie (bedingt) die Modelle über Wissensstrukturen zu verstehen. Wissensstrukturmodelle liefern u. a. Erklärungen dafür, wie Wissen im

Gedächtnis vorgehalten, verknüpft und abgespeichert wird. Das Means-End-Modell, das gelegentlich in der Literatur auch zu den Wissensstrukturmodellen gezählt wird, ist aber aufgrund der Verknüpfung von Produkteigenschaften und Motivationen in diesem Zusammenhang den aktivierenden Prozessen zuzuordnen. Der bereits skizzierte Emotionskatalog von *Izard* und die Bedürfnishierarchie nach *Maslow* stellen keine Modelle des Produktwahlverhaltens im engeren Sinne dar; sie liefern Informationen für das Konstruktverständnis der Emotion und Motivation. Der Vollständigkeit halber sind sie in der obigen Abbildung mit aufgeführt.

Ein weiterer Bereich umfasst die Beurteilung von Produkten und das Treffen von Entscheidungen unter Unsicherheit/Risiko. Diese Thematik wird in Kapitel 4 vertieft behandelt. In vielen Fällen müssen Konsumenten eine Produktbeurteilung bzw. Kaufentscheidung auf Basis unsicherer oder unvollständiger Informationen treffen. Dabei wenden Individuen abhängig von der Kaufsituation verschiedene Strategien an, um das wahrgenommene Kaufrisiko zu reduzieren (z. B. die verstärkte Suche nach weiteren Produktinformationen).[204] Gerade bei Arzneimitteln spielen Unsicherheit und Risiko bei der Beurteilung der Produktqualität eine große Rolle und es ist anzunehmen, dass sowohl die kognitiven als auch die aktivierenden Prozesse durch Unsicherheit/Risiko beeinflusst werden. Präziserweise ist sogar, in Erweiterung zu der obigen Abbildung, bei der Verordnungsentscheidung eines Arztes der Unsicherheitsbereich noch über das System der psychischen Variablen hinaus bis auf den zu behandelnden Patienten („situativer Faktor") zu erweitern, da auch hier Unsicherheiten und Risiken vorliegen können (z. B. die Ungewissheit, ob ein Patient das verordnete Arzneimittel auch tatsächlich einnimmt). Für eine weitergehende Analyse des Faktors „Unsicherheit" wird an dieser Stelle auf Kapitel 4 verwiesen. Die nachfolgenden Kapitel beschreiben nun im Detail die verschiedenen Partialmodelle und liefern somit Erklärungsansätze, wie Gesamt-Produktbeurteilungen durch Individuen zustande kommen.

---

[204] Vgl. Kroeber-Riel, W., Weinberg, P. (2003), S. 251.

3.2.3.3 Modelle der kognitiven Algebra

3.2.3.3.1 Vorbemerkungen

Die Modelle der kognitiven Algebra unterstellen, dass Individuen Produkte rational und systematisch beurteilen. Demnach werden alle relevanten Produkteigenschaften erfasst, bewertet und mittels einer mathematisch-logischen Verknüpfung ein Gesamturteil „errechnet". Die Übertragung von algebraischen Gesetzmäßigkeiten auf das menschliche Beurteilungsverhalten eröffnet vielfältige Modellierungsmöglichkeiten, erlaubt die Bestimmung des Beitrags einzelner Merkmale zur Gesamt-Produktbeurteilung und bietet ein logisches Grundmodell zur Nachvollziehbarkeit von tatsächlichen Beurteilungs- und Entscheidungsprozessen. In der Marktforschungspraxis haben diese Modelle aufgrund der guten Handhabbarkeit und Nachvollziehbarkeit der Ergebnisse eine weite Verbreitung gefunden. Allerdings sind die zugrunde liegenden Annahmen nicht unproblematisch. Die menschliche Informationsverarbeitung und die Beurteilungsprozesse folgen nicht generell einer objektiv-mathematischen Logik. Es handelt sich stattdessen in der Praxis stets um eine subjektive Psycho-Logik, die in manchen Fällen einer objektiv-mathematischen Logik entsprechen kann.[205] Insbesondere bei Entscheidungen und Beurteilungen unter Unsicherheit lassen sich in vielen Fällen Abweichung zwischen dem tatsächlichen und einem modelltheoretischen Verhalten (im Zuge der Erwartungsnutzentheorie) beobachten. Die verschiedenen Modelle der kognitiven Algebra werden im Folgenden kurz skizziert.

3.2.3.3.2 Multiattribut-Modelle

Die folgende Abbildung stellt das Grundmodell einer Multiattribut-Funktion dar. Die gebräuchlichste Variante davon ist das linear-additive Modell mit Gewichtungsparametern für die einzelnen Produkteigenschaften.

---

[205] Vgl. Kroeber-Riel, W., Weinberg, P. (2003), S. 297.

Allgemeines Multi-
attribut-Modell:

Linear-additives Modell mit
Gewichtung der Eigenschaften:

$$Q_{ij} = f(E_{ij1}, E_{ij2}, ..., E_{ijn})$$

$$Q_{ij} = \sum_{k=1}^{n} G_{ijk} E_{ijk}$$

Attraktionsmodell nach Luce:

$$P_{ij} = \frac{Q_{ij}}{\sum_{i=1}^{m} Q_{ij}}$$

mit:

Q_{ij}	=	Wahrgenommener Nutzen/Gesamtqualität von Produkt i für Individuum j
E_{ijk}	=	Die durch Individuum j bewertete Eigenschaft k bei Produkt i (k = 1, ..., n)
G_{ijk}	=	Wichtigkeit der Eigenschaft k für Individuum j (bei Produkt i)
P_{ij}	=	Wahrscheinlichkeit, mit der sich Individuum j für das Produkt i entscheidet (i = 1, ..., m)

Abb. 12:   Multiattribut-Modelle[206]

Im linear-additiven Modell kann dabei eine durch ein Individuum bewertete Eigenschaft (E) als ein sachlicher Eindruck (kognitive Komponente) und die dazu-
gehörige Wichtigkeit (G) als ein wertender Eindruck (motivationale Komponente)
verstanden werden. Die Messung von Produktleistungen hinsichtlich bestimmter
Eigenschaften (E) und die Messung der Wichtigkeit (G) von Produkteigenschaften kann dabei z. B. mittels Bewertung auf einer 5- oder 7-stufigen Skala erfolgen
(mit den Skalenpolen „sehr schlechte Leistung" bis „sehr gute Leistung" bzw.
„unwichtige Eigenschaft" bis „sehr wichtige Eigenschaft"). Sofern eine Bewertung für mehrere Produkte erfolgt, ist die Wichtigkeit G einer Eigenschaft typischerweise für alle Produkte gleich. Dennoch können prinzipiell, wie oben dargestellt, auch die Wichtigkeits-Gewichte für eine Eigenschaft von Produkt zu Produkt variieren.

Wird für mehrere Produkte mittels des linear-additiven Modells eine Präferenzrei-
henfolge bestimmt, so übt die Bestimmung der Wichtigkeits-Gewichte grundsätz-

lich einen bedeutsamen Einfluss auf das Ergebnis aus. Die Wichtigkeiten der einzelnen Eigenschaften werden dabei in der Marktforschungspraxis häufig direkt erfragt, was methodische Probleme mit sich bringen kann.[207] Mittels des Conjoint-Verfahrens können Wichtigkeits-Gewichte durch indirekte Befragung präziser ermittelt werden und diese Nachteile z. T. überwunden werden. Verschiedene Autoren weisen darauf hin, dass Eigenschafts-Gewichte immer nur in Bezug auf ihre definierten Ausprägungsintervalle interpretierbar sind.[208] Je nach dargestellter Bandbreite der Ausprägungen variiert demnach die Wichtigkeitsbewertung einer Eigenschaft. Diesem Umstand wird in der Marktforschungspraxis allerdings nicht immer Rechnung getragen.

Als eine Weiterentwicklung des linear-additiven Multiattribut-Modells erlaubt das Attraktionsmodell nach *Luce* weiterhin eine Aussage über die Kaufwahrscheinlichkeit eines Produktes. Danach wird der durch ein Produkt gestiftete Gesamtnutzen in Relation zu dem gestifteten Gesamtnutzen aller relevanten Produktalternativen gesetzt. Der einzelne Gesamtnutzen berechnet sich dabei, wie oben dargestellt, mittels einer linear-additiven Multiattribut-Funktion. Zwar werden in diesem teil-stochastischen Modell bei der Bestimmung der Kaufwahrscheinlichkeit situative Einflüsse ausgeblendet, dennoch erlaubt es auf einfache Weise die Verknüpfung zwischen wahrgenommenen Produktnutzen und Kaufwahrscheinlichkeit.

Abgesehen von der Bestimmung dieser Kaufwahrscheinlichkeit lassen die mittels einer Multiattribut-Funktion bestimmten Produktbeurteilungen formal gesehen keinen Schluss über das tatsächliche Produktwahlverhalten auf Ebene des einzelnen Individuums zu. Selbst wenn eine Vielzahl von Eigenschaften (inklusive des Attributs „Preis") in der Bewertung berücksichtigt wurde, so können zahlreiche externe situative Faktoren das tatsächliche Verhalten einer Person stark beeinflussen. Fasst man jedoch die Produktbeurteilungen von mehreren Personen zusammen, so ist davon auszugehen, dass sich die situativen Faktoren, die im Einzelfall

---

[206] Quelle: Homburg, C., Krohmer, H. (2003), S. 63, und Kroeber-Riel, W., Weinberg, P. (2003), S. 311-314.

[207] In bestimmten Fällen werden auch Wichtigkeits-Gewichte einfach durch die Forscher/Anwender vorgegeben, z. B. bei Tests durch die Stiftung Warentest.

[208] Vgl. von Nitzsch, R., Weber, M. (1991), S. 971-986, und Eisenführ, F., Weber, M. (2003), S. 142.

den Ausschlag für den Wahl des einen oder anderen Produkt geben können, insgesamt ausgleichen. Die aggregierten Produktbeurteilungen erlauben dann in einem solchen Fall sehr wohl den Rückschluss auf tatsächliches Verhalten (z. B. bei der Prognose von Marktanteilen).

Insgesamt zeichnet sich das Multiattribut-Modell durch eine einfache Handhabung und die gute Nachvollziehbarkeit der Ergebnisse aus. Methodische Schwächen ergeben sich dabei insbesondere durch kompensatorische Effekte bei dem linear-additiven Modell und durch die Auswahl der zu bewertenden Eigenschaften. So können z. B. wichtige, aber sehr schwache Produkteigenschaften, die eigentlich zu einer völligen Ablehnung des Produkts führen würden („K.O."-Kriterien), durch stärkere Produktleistungen in anderen Bereichen rechnerisch wieder ausgeglichen werden. Ferner können insbesondere in neuartigen Kaufsituationen die durch den Forscher vorab ausgewählten Eigenschaften gar nicht die eigentlich für einen Käufer entscheidenden Produkteigenschaften umfassen.

3.2.3.3.3 Entscheidungsregeln

Aufgrund einer begrenzten Fähigkeit und/oder einem mangelnden Willen zu einer umfassenden Informationsverarbeitung können Individuen u. U. auf vereinfachte Entscheidungsregeln bei der Auswahl zwischen verschiedenen Alternativen zurückgreifen. Mittels einer sequentiellen Eliminierung nach bestimmten Regeln wird die Alternativenmenge so lange eingeschränkt, bis nur noch eine einzige Alternative übrig bleibt.

Entscheidungsregeln		Prinzip
Alternativen-orientierte Vorgehensweise	**Konjunktive Regel**	• Für jedes Attribut werden jeweils kritische Werte (z. B. Minimal- oder Maximalwerte) definiert. • Alle Alternativen, die nicht in <u>jedem Attribut</u> den jeweiligen kritischen Wert erfüllen oder übertreffen, werden eliminiert. • Durch sukzessives Anheben der kritischen Werte kann die Alternativenanzahl nach und nach reduziert werden, bis nur noch eine Alternative übrig bleibt.
	Disjunktive Regel	• Für jedes Attribut werden jeweils kritische Werte definiert. • Alle Alternativen, die <u>nicht mindestens hinsichtlich eines Attributs</u> den jeweiligen kritischen Wert erfüllen oder übertreffen, werden eliminiert. • Durch sukzessives Anheben der kritischen Werte kann die Alternativenanzahl nach und nach reduziert werden, bis nur noch eine Alternative übrig bleibt.
Attribut-orientierte Vorgehensweise	**Lexiko-grafische Regel**	• Es erfolgt eine Bestimmung des wichtigsten Attributs. • Es wird jene Alternative gewählt, die bei dem wichtigsten Attribut die beste wahrgenommene Leistung zeigt. Die Leistungen bei anderen Attributen bleiben unberücksichtigt. • Sofern mehrere Alternativen bei dem wichtigsten Attribut eine identische Leistung zeigen, wird das gleiche Verfahren für die verbleibenden Alternativen bei dem zweitwichtigsten Attribut angewendet.
	Attributsweise Elimination	• Für das wichtigste Attribut wird ein kritischer Wert definiert. • Alle Alternativen, die bei dem wichtigsten Attribut diesen kritischen Wert nicht erreichen, werden eliminiert. • Sofern noch mehrere Alternativen übrig bleiben, wird für das zweitwichtigste Attribut ein kritischer Wert definiert. • Alle Alternativen, die bei dem zweitwichtigsten Attribut den kritischen Wert nicht erreichen, werden eliminiert usw.

Tab. 8:   Entscheidungsregeln[209]

Die Regeln folgen einem rational-logischen Prinzip und sind somit ebenfalls den Modellen der kognitiven Algebra zuzuordnen. Dabei lassen sich leicht Analogien zu den Verordnungsentscheidungen von Ärzten konstruieren. Als Attribute/Eigenschaften von Arzneimitteln können z. B. die in Studien gemessenen Wirksamkeitsparameter, die Darreichungsform oder die Empfehlungen von Fachgesellschaften dienen.

3.2.3.3.4 Conjoint-Modelle

Mit Hilfe des Conjoint-Modells bzw. einer Conjoint-Befragung können Teilnutzenwerte für die Ausprägungen von Produktattributen gewonnen werden, die mittels additiver Verknüpfung den Gesamtnutzen eines Produktes für ein Individuum anzeigen.[210] Bei einer Befragung von mehreren Personen lassen sich mittels dieser Gesamtnutzenwerte Marktanteilsszenarien abhängig von der Ausprägung der Produktmerkmale (z. B. bei einem variierenden Preis) simulieren. Das Conjoint-Modell stellt bei Pricing-Studien (z. B. bei der Preisbestimmung für neue Arzneimittel) z. Zt. die Referenzmethode dar, da es durch den indirekten Befragungsansatz eine Übersensibilisierung auf das Attribut „Preis" vermeidet und somit die Herleitung einer validen Preis-Absatz-Funktion für ein Produkt erlaubt.

Im Unterschied zu der in Kapitel 3.2.3.3.2 geschilderten direkten Bewertung von Produkteigenschaften im Rahmen des linear-additiven Multiattribut-Modells werden bei dem Conjoint-Modell Globalpräferenzen für Gesamtprodukte erfragt. Diese ordinalen Präferenzurteile werden mittels eines dekompositionellen Verfahrens in intervallskalierte Teilnutzenwerte für die einzelnen Attributsausprägungen umgewandelt. Die Bestimmung des Nutzenbeitrags von einzelnen Produkt-Merkmalsausprägungen erfolgt somit auf indirektem Wege. Für eine Conjoint-Befragung existieren mittlerweile zahlreiche Varianten (z. B. die „Adaptive Conjoint Analyse" (ACA) oder das „Discrete Choice Modelling" (DCM)), die alle verschiedene Vor- und Nachteile im Verfahren aufweisen, aber im Kern die Umwandlung von globalen Produkt-Präferenzurteilen in Teilnutzenwerte gemeinsam haben. Bei der Interpretation der Ergebnisse einer Conjoint-Analyse gilt dabei analog zu der Aussage bei dem linear-additiven Modell, dass auf aggregierter Ebene (d. h. die Befragung von mehreren Personen zwecks Bestimmung des Marktanteils für ein Produkt) prinzipiell der Schluss auf das tatsächliche Kaufverhalten zulässig ist. Auf Individualebene bedeutet der höchste Nutzenwert für ein Produkt nicht notwendigerweise, dass dieses Produkt dann auch tatsächlich von einer Person ausgewählt wird.

3.2.3.3.5 Produktmarkt-Raummodelle

Auf Basis bewerteter Produkt-Eigenschaftsausprägungen (ähnlich wie in dem oben beschriebenen linear-additiven Multiattribut-Modell) kann eine Positions-

---

[209]   Quelle: In Anlehnung an Kroeber-Riel, W., Weinberg, P. (2003), S. 311.
[210]   Vgl. Backhaus, K., Erichson, B., Plinke, W., Weiber, R. (2006), S. 562-583.

bestimmung von bewerteten Produkten in einem 2-dimensionalen Produktmarkt-Raum erfolgen. Wählt der Forscher gezielt 2 Produkteigenschaften aus, so spannen diese eine Ebene auf, in der sich die Koordinaten der Produkte z. B. als Mittelwerte der bewerteten Produkt-Eigenschaftsausprägungen (über alle Befragten hinweg) ergeben. Eine solche grafische Darstellung erlaubt Rückschlüsse über die durch die Befragten wahrgenommene relative Position von Produkten zueinander hinsichtlich der 2 gewählten Produkteigenschaften. Die Schwäche dieses Ansatzes liegt allerdings in seiner starken Vereinfachung (nur 2 betrachtete Eigenschaften) und in der durch den Forscher getroffenen Auswahl der Produkteigenschaften, die u. U. für die tatsächliche Gesamtbeurteilung der Produkte nur von untergeordneter Relevanz sind.

Diese Probleme können mit dem Verfahren der Multidimensionalen Skalierung überwunden werden. Mittels Faktorenanalyse erfolgt unter Einbeziehung aller betrachteten Produkt-Attribute eine Reduktion auf wenige wichtige Dimensionen, innerhalb derer die Produkte dargestellt werden können.[211] Diese Dimensionen repräsentieren in aggregierter Weise die in der Wahrnehmung der Befragten bedeutendsten Produktmerkmale. Die Interpretation der so ermittelten Dimensionen kann sich dabei in Einzelfällen als schwierig erweisen. In einer grafischen Umsetzung können die Dimensionen dann einen 2- oder 3-dimensionalen Raum aufspannen, innerhalb dessen die einzelnen Produkte platziert werden können. Die so gewonnene Darstellung erlaubt nun Rückschlüsse darüber, wie ähnlich (bzw. wie unähnlich) Produkte hinsichtlich der betrachteten Dimensionen durch die Befragten wahrgenommen werden. Zur Abbildung der Präferenzen der Befragten kann außerdem ein Vektor (bzw. ein Idealpunkt) berechnet und grafisch in den Produktraum gelegt werden.[212] In Verlaufsrichtung eines Vektors nimmt dabei die Präferenz der Befragten zu. Die Präferenzrangfolge der Produkte leitet sich dann geometrisch aus der Bildung von Orthogonalen durch die Produktpunkte ab.

---

[211] Vgl. Backhaus, K., Erichson, B., Plinke, W., Weiber, R. (2006), S. 620-684.

[212] Anders als bei Präferenz-Vektoren („je mehr, desto besser") können bei bestimmten Produkteigenschaften Idealpunkt-Effekte auftreten (z. B. die Menge an Zucker im Kaffee). Das Vektoren- und Idealpunkt-Modell sind insofern miteinander verbunden, als dass das Vektoren-Modell formal einen Spezialfall des Idealpunkt-Modells darstellt: Graphisch gesehen „zielt" der Vektor auf einen in der Unendlichkeit liegenden Idealpunkt (vgl. Backhaus, K., Erichson, B., Plinke, W., Weiber, R. (2006), S. 657).

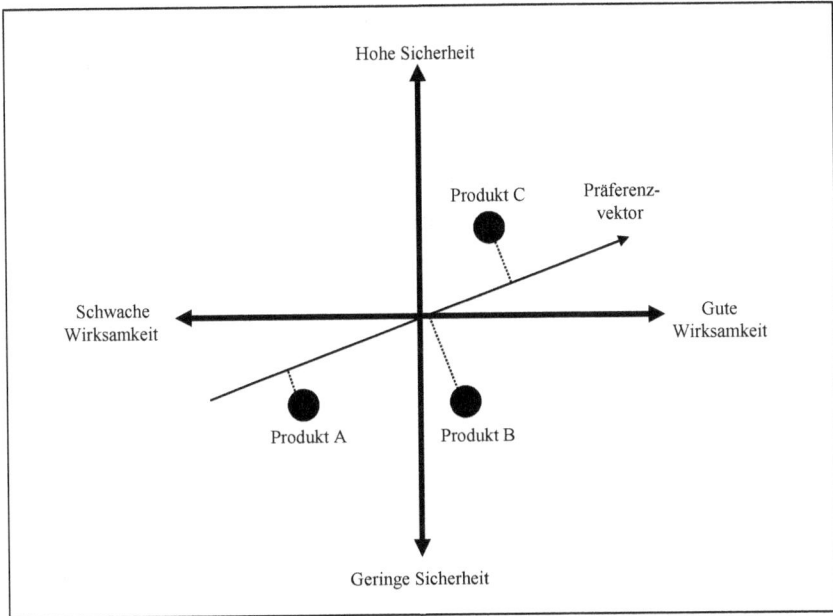

Abb. 13: Beispiel für eine Multidimensionale Skalierung

Die obige Abbildung zeigt ein Beispiel für eine Multidimensionale Skalierung im Arzneimittelbereich für eine bestimmte Indikation mit 3 relevanten Wettbewerbern (Produkte A, B und C). In praktischen Anwendungen ergeben sich dabei häufig Wirksamkeit- und Sicherheitsaspekte als die relevanten Dimensionen. In einigen Indikationen können jedoch auch andere Aspekte maßgeblich den Wahrnehmungsraum von Ärzten oder Patienten bestimmen (z. B. die Anwendungsfreundlichkeit von Arzneimitteln bei asthmatischen Erkrankungen). Die Lage des Vektors lässt erkennen, dass in dem obigen Beispiel eine verbesserte Wirksamkeit durch die Befragten stärker wertgeschätzt wird als eine Verbesserung der Sicherheit. Das Produkt C stellt das am stärksten präferierte Arzneimittel dar, gefolgt von B und A.

Insgesamt stellen Produktmarkt-Raummodelle ein wichtiges Instrument für die Abbildung der Marktwahrnehmung und für produktpolitische Positionierungsentscheidungen dar. Zwar können mittels Vektoren (bzw. Idealpunkten) Produktpräferenzen abgebildet werden, jedoch steht eine Prognose des tatsächlichen Produktwahlverhaltens bei diesem Instrument nicht im Vordergrund. Da sowohl die Multidimensionale Skalierung als auch das linear-additive Multiattribut-Modell prinzipiell auf die gleiche Datenbasis[213] zurückgreifen, stellt Letztere einen einfacheren Weg dar, Produktpräferenzen abzubilden und eine Prognose über das tatsächliche Produktwahlverhalten abzuleiten. Gemeinsam ist jedoch beiden Modellen, dass sie nur wenige Informationen über die Bedeutung von einzelnen wahrgenommenen Produkteigenschaften relativ zum Wettbewerbsumfeld liefern. Gerade diese Informationen sind jedoch für die Entwicklung einer Positionierungsstrategie bei Arzneimitteln von großer Wichtigkeit. Mit Hilfe der im folgenden Kapitel beschriebenen „Wettbewerbsvorteils-Matrix" können diese Nachteile überwunden werden.

3.2.3.3.6 Die Wettbewerbsvorteils-Matrix

Für die Entwicklung einer Wettbewerbsvorteils-Matrix im Arzneimittelbereich wird - wie auch bei dem linear-additiven Multiattribut-Modell und bei der Multidimensionalen Skalierung - auf die durch Ärzte bewerteten Produkteigenschaften und auf die Wichtigkeitsbewertung dieser Eigenschaften zurückgegriffen. Betrachtet wird dabei typischerweise ein bestimmtes Indikationssegment, in das z. B. ein neues Arzneimittel eingeführt werden soll. Im Zuge der Entwicklung eines Befragungsdesigns muss nun zunächst bestimmt werden, welche Wettbewerber in dem spezifizierten Indikationssegment als „relevant" betrachtet werden (z. B. aufgrund ihrer Marktanteile) und welche Arzneimitteleigenschaften mit in die Analyse aufgenommen werden sollen. Mittels einer Befragung von Ärzten, die in dem spezifizierten Indikationssegment Therapien verschreiben, wird dann eine Leitungsbewertung aller betrachteten Produkte (einschließlich des neu einzuführenden Produktes, das z. B. mittels eines Produktprofils vorgestellt wird) hinsichtlich aller betrachteten Arzneimitteleigenschaften vorgenommen. Diese Bewertung erfolgt typischerweise auf mehrstufigen Skalen (z. B. mit den Skalenpolen „sehr schlechte Leistung" bis „sehr gute Leistung" für eine Arzneimitteleigenschaft X). Zusätzlich wird bei einer solchen Befragung die Wichtigkeit der betrachteten Arzneimitteleigenschaften bei der Behandlung von Patienten in der be-

---

[213] Als Datenbasis reichen bei beiden Instrumenten prinzipiell die bewerteten Produkt-Eigenschafts-ausprägungen sowie die Wichtigkeits-Gewichtung der Eigenschaften.

treffenden Indikation ermittelt. Diese Wichtigkeitsbewertung kann sich z. B. als die „relative Wichtigkeit" im Rahmen einer indirekten Befragungsmethode (z. B. bei ACA oder DCM, siehe Kapitel 3.2.3.3.4) ergeben oder ebenfalls durch eine direkte Skalenbewertung ermittelt werden. Die Wahrnehmungsdimensionen „Leistung" und „Wichtigkeit" spannen dann die Wettbewerbsvorteils-Matrix auf, in der die einzelnen betrachteten Arzneimitteleigenschaften mittels Durchschnittbetrachtungen (über alle Befragten hinweg) abgebildet werden können. Die folgende Abbildung stellt das Konzept der Wettbewerbsvorteils-Matrix und ein Beispiel aus dem Onkologie-Bereich dar. Zu beachten ist, dass sich die Dimension „Relative Leistung" stets auf ein ausgewähltes Produkt (i. d. R. die neu auf einem Markt einzuführende Produktinnovation) im Vergleich zu den übrigen Produkten bezieht.

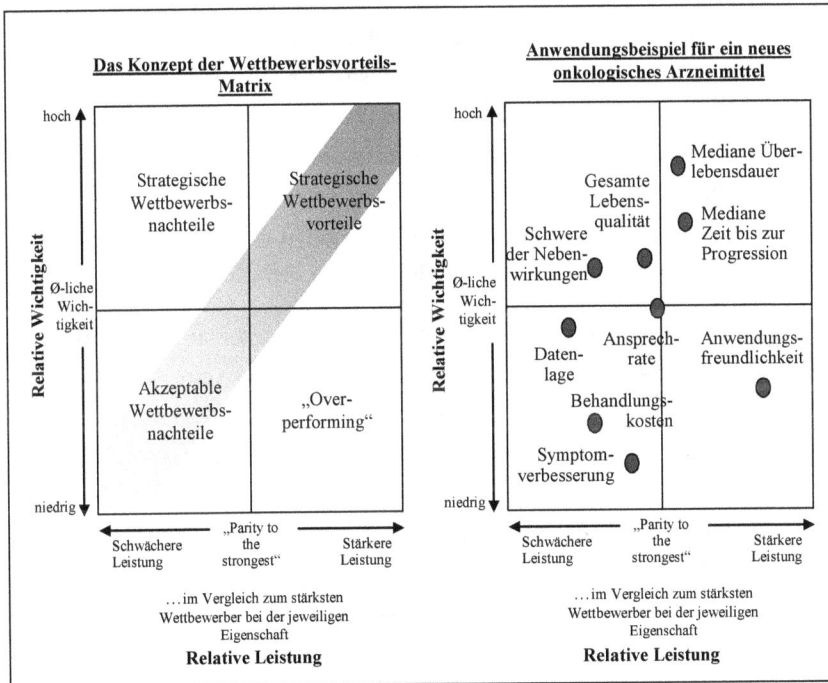

Abb. 14:   Wettbewerbsvorteils-Matrix[214]

---

[214]   Quelle: In Anlehnung an Simon-Kucher & Partners (2006).

Gemäß der obigen linken Abbildung lassen sich 4 Gruppen von Produkteigenschaften unterscheiden: 1. Wichtige Eigenschaften, bei denen die wahrgenommenen Leistungen eines betrachteten Produktes schlechter als die des jeweiligen stärksten Wettbewerbers bei einer Eigenschaft wahrgenommen werden („Strategische Wettbewerbsnachteile"); 2. Wichtige Eigenschaften, bei denen die wahrgenommenen Leistungen eines betrachteten Produktes besser als die des jeweiligen stärksten Wettbewerbers bei einer Eigenschaft wahrgenommen werden („Strategische Wettbewerbsvorteile"); 3. Unwichtigere Eigenschaften, bei denen die wahrgenommenen Leistungen eines betrachteten Produktes besser als die des jeweiligen stärksten Wettbewerbers bei einer Eigenschaft wahrgenommen werden („Overperfoming"); und 4. Unwichtigere Eigenschaften, bei denen die wahrgenommenen Leistungen eines betrachteten Produktes schlechter als die des jeweiligen stärksten Wettbewerbers bei einer Eigenschaft wahrgenommen werden („Akzeptable Wettbewerbsnachteile"). Befindet sich die Bewertung einer Arzneimitteleigenschaft auf der horizontalen Trennlinie, so entspricht die Wichtigkeitsbewertung dieser Eigenschaft dem Durchschnitt der Wichtigkeitsbewertungen aller betrachteten Eigenschaften. Befindet sie sich auf der vertikalen Trennlinie („partity to the strongest"), so wird durch die Befragten der betreffenden Eigenschaft des betrachteten Arzneimittels eine ebenso gute Leistung bescheinigt wie dem Besten der übrigen Wettbewerbsprodukte in der betreffenden Eigenschaft.

Somit liefert die Wettbewerbsvorteils-Matrix ein recht „schonungsloses" Bild darüber, in welchen Aspekten - gemäß der Wahrnehmung von Ärzten - tatsächlich ein Wettbewerbsvorteil für ein Produkt vorliegt. Viele Produkteigenschaften, die oft von Herstellern selbst als bedeutende Produktvorteile gesehen werden, relativieren sich in der Darstellung der Wettbewerbsvorteils-Matrix, da sie entweder eher von geringerer Wichtigkeit sind oder nur partielle Leistungsvorteile (nur gegenüber einigen, nicht aber dem stärksten Wettbewerber) darstellen. Weist ein Produkt „strategische Wettbewerbsvorteile" auf, so sollten diese schwerpunktmäßig in der Herstellerkommunikation thematisiert werden (Kommunikation von bedeutsamen, wettbewerblichen Leistungsvorteilen). Weist ein Produkt keine solchen Eigenschaften im rechten oberen Quadranten auf, so kann durch kommunikative Maßnahmen versucht werden, die relative Leistungswahrnehmung von

„strategischen Wettbewerbsnachteilen" zu verbessern oder die Wichtigkeit von Eigenschaften im „Overperforming"-Quadranten zu erhöhen. Letzteres ist aber meist nur sehr viel schwieriger oder z. T. überhaupt nicht möglich. Durch regelmäßige Untersuchungen kann außerdem untersucht werden, wie sich die Wahrnehmung der Arzneimitteleigenschaften im Zeitablauf durch kommunikative Maßnahmen verändert bzw. ob die durchgeführten Maßnahmen Erfolg haben.

Die rechte Matrix in der obigen Abbildung stellt ein Beispiel für die Bewertung von Eigenschaften für ein neues onkologisches Arzneimittel dar. Die Bewertung dieses neuen Arzneimittels erfolgte zusammen mit der Bewertung von 3 weiteren Wettbewerbern in der betreffenden Indikation. Die aufgeführten Eigenschaften werden dabei typischerweise für die Bewertung von Krebsmedikamenten zur Behandlung von Patients im fortgeschrittenen Stadium herangezogen. Als Ergebnis wurden die „harten" Wirksamkeitskriterien wie die „Mediane Überlebensdauer" und die „Mediane Zeit bis zur (Tumor-) Progression" (typische Wirksamkeitsparameter in klinischen Studien) als die wichtigsten Kriterien betrachtet; gefolgt von „Lebensqualität" und der „Schwere der Nebenwirkungen". Es kann also darauf geschlossen werden, dass Ärzte bei der Behandlung dieser Patienten eher den Schwerpunkt auf „aggressivere" Therapien mit einer lebensverlängernden Wirkung legen statt auf „mildere" Therapieoptionen, die ggf. nicht ganz so stark wirken (je nach onkologischer Indikation können sich diese prinzipiellen Ansätze unterschieden).

Bei den beiden erstgenannten Eigenschaften weist dabei das neue Arzneimittel strategische Wettbewerbsvorteile gegenüber den übrigen 3 betrachteten Wettbewerbsprodukten auf. Einen eher unwichtigen Vorteil weist das neue Produkt bei der „Anwendungsfreundlichkeit" auf. Diese Bewertung ergibt sich daraus, dass das neue Produkt in oraler Form als Tablette vorliegt, während alle anderen Wettbewerbstherapien intravenös im ambulanten Bereich verabreicht werden müssen. Als Empfehlung ließe sich somit ableiten, dass in der Herstellerkommunikation die Produktvorteile in der „Medianen Überlebensdauer" und in der „Mediane Zeit bis zur (Tumor-) Progression" klar in den Vordergrund gestellt werden sollten und außerdem verdeutlicht werden sollte, wie stark die orale Anwendungsform auch zu einer Erhöhung der Lebensqualität für den Patienten beitragen kann (z. B.

durch weniger Arztbesuche - Versuch der Erhöhung der wahrgenommenen Wichtigkeit einer Arzneimitteleigenschaft).

Kritisch ist bei diesem Instrument zu beurteilen, dass falsche Rückschlüsse gezogen werden können, wenn im Zuge der Entwicklung des Befragungsdesigns eine Auswahl von wenig aussagekräftigen Arzneimitteleigenschaften und Wettbewerbern erfolgt. Auch können bei vollkommen neuartigen Therapieansätzen Probleme bei der Vergleichbarkeit von Eigenschaften auftreten. Weiterhin müssen für eine valide Analyse u. U. weitere Patientensubgruppen unterschieden werden. Dabei sollte keinesfalls der große Erhebungsaufwand unterschätzt werden (Anzahl der Eigenschaften multipliziert mit der Anzahl der zu bewertenden Produkte = Summe der Fragen). Dennoch liefert diese Methodik aufgrund der oben genannten Vorteile wichtige Informationen über die wahrgenommene Wertigkeit von Produktmerkmalen.

3.2.3.3.7 Das Modell der Kundenzufriedenheit

Das Modell geht davon aus, dass Zufriedenheit von Individuen aus dem Vergleich einer tatsächlichen Erfahrung bei der Inanspruchnahme einer Leistung (Ist-Leistung) mit einem bestimmten Vergleichstandard (Soll-Leistung) resultiert (C/D Paradigma).[215] Liegt die wahrgenommene Leistung über, unter oder auf diesem Vergleichsstandard, so kann vereinfacht von Zufriedenheit, Unzufriedenheit oder Zufriedenheit auf Konfirmationsniveau gesprochen werden. In der Forschung werden dem Konstrukt der Zufriedenheit sowohl kognitive als auch emotionale (bzw. affektive) Komponenten zugeschrieben.[216] Bei der Einordnung des Konstrukts in das System der psychischen Variablen existieren in der Literatur verschiedene Auffassungen: Einigen Autoren betrachten Zufriedenheit und Einstellung weitestgehend als Synonyme, andere trennen die beiden Begriffe und wieder andere führen die beiden Sichtweisen zusammen, in dem sie Zufriedenheit als Einstellung verstehen, die auf einem Soll-Ist Vergleich beruht.[217] Im Rahmen

---

[215] Vgl. Homburg, C. (2001), S. 20. „C/D-Paradigma" steht für „Confirmation/Disconfirmation Paradigma".
[216] Homburg, C. (2001), S. 22.
[217] Vgl. Churchill, G., Surprenant, C. (1982), S. 493; Westbrook, R., Reilly, M. (1983), S. 256; Giering, A. (2000), S. 14; Halstead, D., Hartman, D., Schmidt, S. (1994), S. 122.

dieser Arbeit wird Zufriedenheit insbesondere als Instrument zur Messung der Einstellung gegenüber einem Produkt verstanden. Der intrapersonale Prozess des Soll-Ist Vergleichs wird dabei, wie oben skizziert, im Rahmen der psychischen Variablen dem Prozess der „Wahrnehmung und Beurteilung" zugeordnet. Aufgrund der algebraischen Modellkonzeption (Zufriedenheit hängt davon ab, ob die wahrgenommene Leistung größer (>), kleiner (<) oder gleich (=) dem Vergleichsstandard ist) wird dieses Modell außerdem dem Bereich der kognitiven Algebra zugeordnet. Das Ergebnis einer Zufriedenheitsbewertung wird dabei als Reflektion der gesamten Einstellung einem Produkt gegenüber verstanden.

In verschiedenen Untersuchungen konnte ein positiver Zusammenhang zwischen Zufriedenheit und verschiedenen Verhaltensweisen wie Wiederkäufen, Zusatzkäufen, Weiterempfehlungen und Beschwerden (negativer Zusammenhang) aufgezeigt werden.[218] Übertragen auf die Verordnungssituation eines Arztes bedeutet dies, dass dieser abhängig von der Zufriedenheit ein Arzneimittel ggf. wiederholt verordnen oder an andere Kollegen weiterempfehlen würde. In diesem Zusammenhang wird auch deutlich, dass die Entstehung von einem Zufriedenheitsurteil typischerweise an eine mindestens einmalige Leistungserfahrung mit einem Produkt geknüpft ist. Bereits vor einer erstmaligen Leistungserfahrung kann dabei u. U. eine starke Erwartungshaltung erzeugt werden, die als Vergleichsstandard fungiert (z. B. durch externe Einflüsse wie Werbung o. ä.). Denkbar ist auch, dass eigene Erfahrungen aus verwandten Bereichen als Vergleichsstandard herangezogen werden (z. B. die Leistung eines Arzneimittels mit einem ähnlichen Wirkmechanismus bzw. Analogsubstanzen). Der Vergleichsstandard (Soll-Leistung) ist dabei nicht als konstante Größe zu verstehen: Je nach theoretischem Standpunkt kann sich bei festgestellter Zufriedenheit oder Unzufriedenheit der neu angepasste Vergleichsstandard entweder auf das Ist-Niveau zu- oder davon wegbewegen (Assimilation- bzw. Kontrasttheorie).[219]

---

[218] Vgl. Homburg, C. (2001), S. 19.
[219] Für eine Übersicht siehe Homburg, C. (2001), S. 24.

3.2.3.4 Subjektive Psycho-Logik

3.2.3.4.1 Vorbemerkungen

Die tatsächliche Beurteilung von Produkten durch Individuen folgt häufig nicht den Annahmen und Abläufen der rational-logischen Modelle der kognitiven Algebra, wie sie im vorherigen Kapitel beschrieben wurden. Stattdessen bedienen sich Individuen häufig unbewusst vereinfachender Schlüsse, Schemata und Kausalattributionen, die die Informationsverarbeitung erleichtern und subjektiv wahrgenommene Phänomene in (für ein Individuum) sinnvolle Kausalzusammenhänge setzen. Grundsätzlich bevorzugen Individuen leicht verfügbare und persönlich gewonnene Informationen für eine Produktbeurteilung gegenüber schwerer verfügbaren und externen Informationen, was die Informationsverarbeitung und Urteilsbildung bereits systematisch verzerren kann.[220] Im Folgenden wird das Konzept der vereinfachten Schlüsse sowie die Attributionstheorie kurz skizziert.

3.2.3.4.2 Vereinfachte Schlüsse

Individuen neigen dazu, die Informationsverarbeitung und Urteilsbildung durch das Schließen von einem oder wenigen Produkteindrücken auf andere Produkteigenschaften zu vereinfachen. Dabei folgen Individuen subjektiven Denkgewohnheiten, die nicht notwendigerweise logisch nachvollziehbar sind. In diesem Zusammenhang werden 3 Fälle unterschieden:[221]

1) Schluss von einem einzelnen Eindruck 1 auf die gesamte Produktqualität

2) Schluss von einem einzelnen Eindruck 1 auf einen anderen Eindruck 2

3) Schluss von der gesamten Produktqualität auf die einzelnen Eindrücke 1 oder 2

Als Eindrücke werden dabei einzelne, durch ein Individuum wahrgenommene Produktinformationen oder Produktumfeldinformationen verstanden, bei denen es sich entweder um rein sachliche oder wertende Informationen handeln kann.

---

[220] Vgl. Kroeber-Riel, W., Weinberg, P. (2003), S. 299.
[221] Vgl. Kroeber-Riel, W., Weinberg, P. (2003), S. 303-310.

- **1. Fall: Eindruck 1 => gesamte Produktqualität**

  Der Schluss von einem einzelnen Eindruck auf die gesamte Produktqualität vereinfacht für ein Individuum den Informationsverarbeitungs- und Beurteilungsprozess. Dabei werden häufig Schlüsselinformationen gezielt gesucht, die einen aus der Sicht des Individuums validen Rückschluss auf die Gesamtqualität des Produktes erlauben. Bei solchen Schlüsselinformationen kann es sich z. B. um Marken, Qualitätssiegel oder Testurteile handeln. Eine wichtige Rolle spielen in diesem Zusammenhang auch Schemata oder Klischees, die als schablonenhafte Denkmuster im Gedächtnis vorgehalten werden. Verarbeitet ein Individuum einen ersten Eindruck von einem neuen Objekt (z. B. der Kleidungsstil einer Person oder die Verpackung eines Produkts), so wird das Objekt einem dem Eindruck entsprechenden Schema zugeordnet (z. B. Rückschluss auf einen bestimmten Persönlichkeitstyp oder die Zugehörigkeit zu einer Qualitätsklasse von Produkten). Unbekannte oder nicht verarbeitete Informationen über die Eigenschaften eines Objekts werden dabei mit den Eigenschaften aus dem vorhandenen Objektschema ergänzt. Die Gefahr von Fehlurteilen, die auch von den individuell vorgehaltenen Schemata abhängen kann, ist evident. Im Arzneimittelbereich ergibt sich eine Analogie z. B. bei dem Schluss von der Wirkstoffklasse eines Arzneimittels auf dessen Gesamtqualität (bzw. dessen therapeutischen Nutzen). Wenn z. B. ein Arzt erfahren würde, dass es sich bei einem neuen Arzneimittel um einen Wirkstoff aus der Gruppe der Statine oder der Protonenpumpenhemmer handelt, so wäre er geneigt, bei der Bewertung des gesamten therapeutischen Nutzens dieses Arzneimittels auf seine Erkenntnisse mit ähnlichen Produkten aus diesen Wirkstoffklassen zurückzugreifen. In Wirklichkeit jedoch können Arzneimittel aus der gleichen Wirkstoffklasse unterschiedliche therapeutische Eigenschaften aufweisen.

- **2. Fall: Eindruck 1 => Eindruck 2**

  Bei dem Schluss von einem Produkteindruck auf einen anderen kann es sich entweder um einen rational-logischen Schluss (z. B. wenn der Eindruck 2 kausal von dem Eindruck 1 abhängig ist) oder aber auch um sub-

jektive Eindrucksverknüpfungen handeln, die auf eine logisch nicht be-
gründbare Weise zustande kommen. Solche auch als Irradiationen be-
zeichnete Wahrnehmungsausstrahlungen werden im Marketing häufig dann
ausgenutzt, wenn die Qualitätswahrnehmung eines Produktes insgesamt
schwierig ist und Signaleigenschaften ausgenutzt werden können, die auf
vielfältige Weise auf andere Produkteigenschaften ausstrahlen. Ein bekann-
tes Beispiel aus dem Konsumgüterbereich ist dabei der Zitrusduft eines
Reinigungsmittels. Individuen schließen von diesem wahrgenommenen
Duft auf andere, schwieriger wahrnehmbare Produkteigenschaften wie z. B.
die Reinigungskraft („Säure und Intensität der Zitrone") oder die Natürlich-
keit und Umweltverträglichkeit („Zitrone als natürlicher Bestandteil"). Im
Arzneimittelbereich lassen sich Irradiationen z. B. häufig in der Wahrnehmung von Onkologen bei der Bewertung von neuen Krebstherapien beobachten. So wird aggressiven Chemotherapien mit schwerwiegenden Nebenwirkungen oft eine höhere Wirksamkeit (hinsichtlich der Verzögerung
des Tumorprogresses o. ä.) beigemessen. Umgekehrt werden nebenwir-
kungsärmere Chemotherapien intuitiv mit einer relativ geringeren Wirksamkeit assoziiert, auch wenn Studiendaten dies nicht belegen. Ein kausaler
Zusammenhang zwischen dem Ausmaß der Nebenwirkungen und dem
Grad der Wirksamkeit ist dabei nicht notwendigerweise gegeben. Es ist zu
vermuten, dass die bisherigen Erfahrungen der Ärzte mit Chemotherapien
und der typischerweise zytotoxische bzw. zytostatische Wirkmechanismus
(Wahrnehmung als „aggressiver und systemischer Eingriff in die intrazellu-
lären Prozesse") die Gründe für diese Irradiation sind.

- **3. Fall: Gesamte Produktqualität => Eindruck 1 oder Eindruck 2**
Nach der Bildung eines Urteils zur gesamten Produktqualität neigen Individuen dazu, einzelne Eindrücke bzw. Produkteigenschaften im Nachhinein
in Übereinstimmung mit dem Gesamturteil zu bewerten. Beispielsweise
würde das gleiche Lächeln eines Menschen im Falle einer positiven Gesamtbewertung der Person als „freundschaftlich", im Falle einer negativen
Gesamtbewertung u. U. als „hinterlistig und gemein" bewertet werden.[222]

---
[222] Vgl. Kroeber-Riel, W., Weinberg, P. (2003), S. 310.

Hinter diesem auch als „Halo-Effekt" bezeichneten psychologischen Phänomen steht das Streben der Individuen nach kognitiver Konsistenz. Eine Analogie dieses Effektes ergibt sich dabei im Arzneimittelbereich wie folgt: In einem Beispiel liefert ein Arzneimittel mit einem neuen und einzigartigen Wirkmechanismus überzeugende Ergebnisse bei der Behandlung eines Patienten. Der behandelnde Arzt ist dazu geneigt, den neuartigen Wirkmechanismus des Arzneimittels als „Goldweg" für die Behandlung von Patienten in dieser Indikation zu betrachten. Der Behandlungserfolg kann jedoch von vielen weiteren Faktoren (neben dem Wirkmechanismus) beeinflusst worden sein.

3.2.3.4.3 Attributionstheorie
Eine weitere Komponente der subjektiven Psycho-Logik stellt die Attributionstheorie nach *Kelley* dar.[223] Danach haben Individuen das Bedürfnis, Erklärungen für das durch sie beobachtbare Verhalten von anderen Individuen zu finden. Beispiele für beobachtetes Verhalten sind die Produktwahl oder die verbale Produktbeurteilung durch andere Personen. Da die Ursachen für das Verhalten von anderen Individuen bei einer Beobachtung aber häufig nicht offenkundig sind, sucht das analysierende Individuum in den Eigenschaften der beobachteten Person (z. B. deren bestimmte persönliche Vorlieben), in den Umweltreizen (z. B. die Qualität eines Produktes) oder in den Handlungsumständen zum Zeitpunkt der Beobachtung die Ursachen für das Verhalten der beobachteten Person. Welchen der vielen möglichen Gründe ein Individuum zu Erklärung des beobachteten Verhaltens heranzieht, hängt von dem angewendeten „psycho-logischen" Schlussverfahren ab. Das wichtigste Schlussverfahren ist dabei die Zusammenhangsregel: Je stärker und häufiger in der Wahrnehmung des Individuums ein Phänomen in Kombination mit dem beobachteten Verhalten auftritt, desto eher wird dieses Phänomen als Ursache für das beobachtete Verhalten akzeptiert. Dabei werden Phänomene umso eher kausal einem beobachteten Verhalten zugeordnet, je stärker sie sich emotional von anderen möglichen Ursachen abheben.

---

[223] Vgl. Kelley, H. (1973), S. 107-128 und Kroeber-Riel, W., Weinberg, P. (2003), S. 299-302.

Eine Analogie zum medizinischen Bereich lässt sich z. B. bei der Überweisung von Patienten aus Krankenhäusern an einen niedergelassenen Arzt konstruieren. Werden die Patienten durch Krankenhausärzte jeweils auf bestimmte Arzneimittel „eingestellt", so kann der niedergelassene Arzt, der die Behandlung fortführt, die Frage verfolgen, was die Gründe für die Arzneimittelwahl seiner Kollegen gewesen sind. In Frage kommen als Ursachen z. B. die tatsächliche Arzneimittelqualität, Empfehlungen in Behandlungsleitlinien oder die Marketing- und „Arzneimittelmusterabgabe-Intensität" durch Hersteller in Krankenhäusern. Wenn in der subjektiven Wahrnehmung des niedergelassenen Arztes meist die Verordnungswahl durch Krankenhausärzte und die Marketingintensität für Arzneimittel korrelieren („Zusammenhangsregel"), so wird der Arzt u. U. in manchen Fällen die Marketingaktivitäten von Herstellern als den maßgeblichen Grund für die Therapieentscheidungen in Krankenhäusern identifizieren. Da jedoch auch viele andere Gründe, die für den niedergelassenen Arzt u. U. nicht ersichtlich sind (z. B. die Maßgaben der Arzneimittelliste im Krankenhaus, Teilnahme der Patienten an Anwendungsbeobachtungsstudien) für die Arzneimittelwahl im Krankenhaus verantwortlich sein können, kann ein solches Schlussverfahren u. U. zu einer Fehleinschätzung führen.

3.2.3.5 Wissensstrukturmodelle und der Means-End Ansatz

3.2.3.5.1 Schemata

Das dauerhaft im Gedächtnis gespeicherte Wissen spielt eine wichtige Rolle für die Verarbeitung, Einordnung und Interpretation von neu eintreffenden Reizen und Informationen. In diesem Zusammenhang kann sich Vorwissen direkt auf einen Produktbeurteilungsprozess auswirken. In Kapitel 3.2.3.4.2 wurde im Rahmen der vereinfachten Schlüsse dargestellt, wie in der Wissensstruktur vorgehaltene Schemata einen Beurteilungsprozess beeinflussen können. Schemata sind im Gedächtnis gespeicherte Wissensstrukturen und repräsentieren in einer hierarchisch gegliederten Form die wichtigsten Merkmale und Merkmalsausprägungen für einen Gegenstandsbereich.[224] Diese Wissensstrukturen können sich dabei grundsätzlich auf Personen, Sachverhalte oder Ereignisse beziehen. Ein Sachver-

---

[224] Vgl. Kroeber-Riel, W., Weinberg, P. (2003), S. 233-234.

haltsschema für den Bereich „Psychopharmaka" könnte bei einem Arzt z. B. folgendermaßen aussehen:

Übergeordnete Kategorie: Therapeutische Optionen für psychische Störungen
Untergruppen: Tranquilantien, Neuroleptika, Antidepressiva, ...
Produkte: Marke A, Marke B, ...
Verabreichungsformen: Tablette, intravenöse Gabe, Lösung, ...
Wirksamkeit: hoch wirksam, wirksam, mäßig wirksam, ...
Sicherheitsprofil: unbedenklich, nur mit Vorsicht anzuwenden, ...

Zwischen den verschiedenen Merkmalsausprägungen können dann im Gedächtnis
entsprechende Verknüpfungen vorgenommen werden (z. B. „Marke A liegt als
Tablette vor und ist mäßig wirksam."). Wird nun der Begriff „Psychopharmaka"
in der Wissensstruktur eines Arztes aufgerufen, so stehen die vorgehaltenen
Merkmale und Merkmalsausprägungen als Vorwissen zur Verfügung, die die Einordnung und Bewertung neuer Informationen erleichtern. Allerdings kann ein so
vorgehaltenes Schema aber auch die Informationsverarbeitung entsprechend verzerren, da ein Individuum bestrebt ist, neu eintreffende und bereits vorhandene Informationen in einer konsistenten Form zu interpretieren. Eine besonders starke
Aufmerksamkeit wird dabei erzeugt, wenn neue schema-inkongruente Informationen eintreffen (z. B. Psychopharmaka in Form einer Salbe o. ä.), die eine Anpassung der schematischen Struktur erfordern.

3.2.3.5.2 Semantisches Netzwerk
Ein weiteres Modell zur Abbildung von subjektivem Wissen stellt das semantische Netzwerk dar, das durch Personenbefragungen bzw. Assoziationsanalysen
entwickelt werden kann.[225] Mit diesem Modell lässt sich zeigen, wie verschiedene
Begriffe bzw. Vorstellungseinheiten eines Gegenstandsbereiches in einer subjektiven Wissensstruktur miteinander verknüpft sind. Die folgende Abbildung zeigt
einen beispielhaften Ausschnitt aus dem semantischen Netzwerk eines Arztes, das
sich rund um den Begriff „Bluthochdruckbehandlung" ausbilden könnte.

---

[225] Vgl. Kroeber-Riel, W., Weinberg, P. (2003), S. 231-232.

108

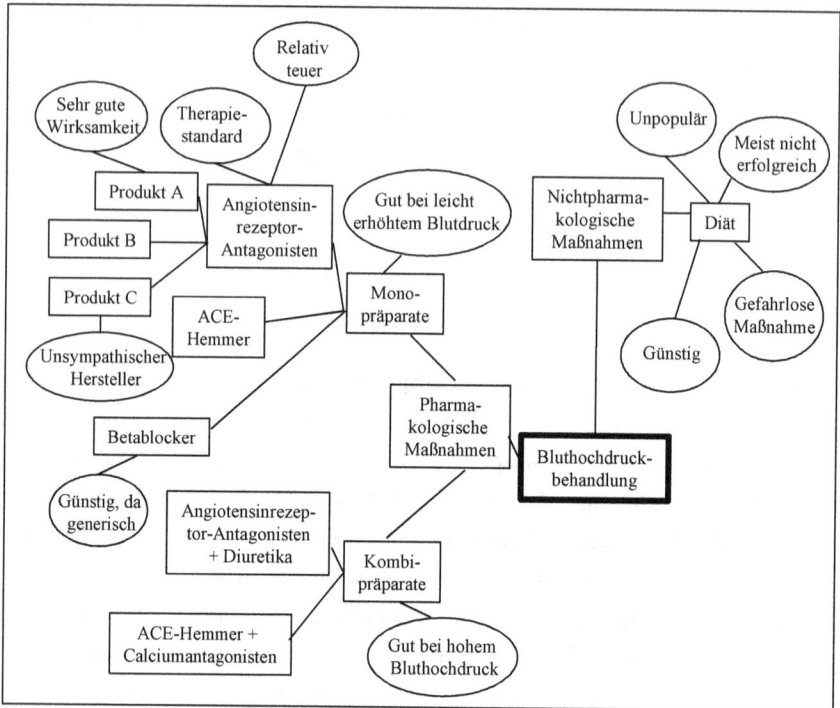

Abb. 15:   Beispiel für ein semantisches Netzwerk

In der obigen Abbildung stellen dabei eckige Knoten sachliche semantische Einheiten und ovale Knoten wertende semantische Einheiten dar. Die Länge der Linien repräsentiert dabei die Stärke der assoziativen Verknüpfungen. So lässt sich z. B. in der obigen Abbildung erkennen, dass der betreffende Arzt die Begriffe „Pharmakologische Maßnahmen" und „Bluthochdrucksenkung" viel stärker miteinander assoziiert als „Nicht-pharmakologische Maßnahmen" und „Bluthochdrucksenkung". Folgerichtig weisen „Diät" und deren wahrgenommener seltener Erfolg eine viel engere gedankliche Verbindung auf als die übrigen wertenden Assoziationen zum Begriff „Diät". Das Modell des semantischen Netzwerkes zeigt an, wie Wissen bei dem Eintreffen eines Reizes bzw. eines Schlüsselbegriffs wie z. B. „Bluthochdrucksenkung" aktiviert wird. Dabei kann diese Aktivierung schnell auf eng verknüpfte Begriffe übergreifen und sich weiter im Netzwerk fortentwickeln.

Die obige Abbildung lässt z. B. auch erkennen, dass der betreffende Arzt bei dem Stichwort „Bluthochdrucksenkung" relativ schnell eine „gedankliche Brücke" zu der Arzneimittelgruppe der Angiotensinrezeptor-Antagonisten schlägt und dort am schnellsten das Produkt A aus der Wissensstruktur aufgerufen wird. Die anderen Produkte B und C sowie andere Wirkstoffgruppen wie ACE-Hemmer oder Betablocker sind hingegen semantisch viel weiter in der subjektiven Wissensstruktur von dem Schlüsselbegriff „Bluthochdrucksenkung" entfernt. Aus den Informationen eines solchen semantischen Netzwerks leiten sich viele wichtige Informationen für das Marketing ab: So kann z. B. für einen bestimmten Gegenstandsbereich relativ klar das „evoked set" an Produkten für eine Person identifiziert werden. Ebenso kann durch kommunikationspolitische Maßnahmen versucht werden, bestehende Netzwerke entsprechend zu Gunsten des beworbenen Produktes zu beeinflussen. Beispielsweise könnten Hersteller von ACE-Hemmern aus der obigen Abbildung ableiten, dass sich neben der Bekanntmachung ihrer Produktmarke auch die Bewerbung der gesamten Wirkstoffgruppe der ACE-Hemmer als vorteilhaft erweisen könnte.

3.2.3.5.3 Means-End-Modell

Im Rahmen des Means-End-Modells werden Zusammenhangsbeziehungen zwischen Motivationen (bzw. Zielen) von Personen und subjektiv wahrgenommenen Produkteigenschaften ermittelt.[226] Eine mittels der „Laddering"-Befragungstechnik entwickelte hierarchische Verknüpfungsstruktur zeigt dabei auf, welche zugrunde liegenden Motivationen eines Befragten durch die subjektiv wahrgenommenen Eigenschaften eines Produkts befriedigt werden. Beispielsweise ließe sich bei einer Means-End-Analyse von Diät-Joghurt ermitteln, dass ein Befragter als eine bedeutsame Produkteigenschaft „wenige Kalorien" identifiziert. Diese Eigenschaft würde auf der Stufe der Nutzenbewertung mit „Vermeidung von Gewichtszunahme" interpretiert werden und könnte schließlich das Erreichen der zugrunde liegenden Ziele wie „Selbstbewusstsein" oder „Selbstachtung" begünstigen.

Eingegliedert in das System der psychischen Variablen bildet das Modell auf der einen Seite eine kognitiv geprägte Wissensstruktur ab (die Verknüpfung von Pro-

---

[226] Vgl. Kroeber-Riel, W., Weinberg, P. (2003), S. 147-150.

dukteigenschaften, Nutzenkomponenten und Zielen). Auf der anderen Seite stellt es im Rahmen der aktivierenden Prozesse eine direkte Verbindung zwischen Motivationen von Personen und deren Einstellungen gegenüber Produkten her. Dabei ist dieses Modell insbesondere dann von Nutzen, wenn zum einen stark aktivierende (bzw. schwach kognitiv geprägte) Produktauswahlprozesse vorliegen und die durch ein Produkt zu befriedigenden Motivationen weitestgehend unbekannt sind. Da aber - im Gegensatz zum Konsumgüterbereich - bei der Verordnung von Arzneimitteln die Global-Motivationen von Vertragsärzten als weitestgehend bekannt vorausgesetzt werden dürften (im Wesentlichen: „Auswahl eines für die Situation eines Patienten am besten geeigneten Mittels" und „keine Auswahl von Mitteln, die Wirtschaftlichkeitsprüfungen bzw. Regresse nach sich ziehen könnten"), soll das Means-End-Konzept an dieser Stelle nicht weiter vertieft werden.[227] Im Zusammenhang mit der Einstellungsbildung gegenüber Arzneimitteln interessiert weniger die Frage, welche Arzneimittelmerkmale welche Motivationen der Ärzte befriedigen als wie die einzelnen Merkmale zur Bildung eines Gesamturteils gegenüber einem Produkt beitragen.

3.3   Abschließende Betrachtung

3.3.1 Zusammenfassung

In Kapitel 3 wurde dargestellt, dass im verschreibungspflichtigen Bereich in vielen Fällen die behandelnden Ärzte maßgeblich die Auswahl von Arzneimitteln bestimmen. Ausgehend von dieser Annahme wurden verschiedene Produktwahlmodelle des Konsumgüterbereichs auf die Verordnungssituation von niedergelassenen Ärzten übertragen. In diesem Zusammenhang wurde auch das System der psychischen Variablen beschrieben, das wichtige Erklärungsansätze für intrapersonale Vorgänge bei Produktbewertungen und Auswahlentscheidungen liefern kann. Dabei können die verschiedenen Partialmodelle des Produktwahlverhaltens helfen, einzelne psychologische Vorgänge besser zu verstehen. Insbesondere im

---

[227]   Die beiden genannten Motivationen stellen Globalziele dar. Dabei können die konkreten Therapieziele für Patienten in fast allen Indikationen stark variieren. Verschiedene Produkte mit unterschiedlichen Merkmalen können dabei für das Erreichen der individuellen Therapieziele als mehr oder weniger geeignet wahrgenommen werden.

kognitiv geprägten Bereich der „Wahrnehmung und Beurteilung" existieren zahlreiche Modelle, die Erklärungsansätze für Produkturteile, Einstellungen gegenüber Produkten und potenzielles Kaufverhalten liefern können. Als wichtige Erkenntnisse lassen sich dabei festhalten, dass Produktbeurteilungen nicht notwendigerweise logisch-rationalen Mechanismen folgen, Individuen sich häufig vereinfachter Denkmuster bedienen und vorhandene Wissensstrukturen die Informationsverarbeitung beeinflussen. Dabei wurde anhand von Beispielen aufgezeigt, wie diese Mechanismen im Rahmen von Arzneimittelbeurteilungen und Verordnungsentscheidungen von Ärzten wirken können.

3.3.2 Hypothesenbildung

Weiterhin konnte gezeigt werden, dass die „Gesamteinstellung" eines Arztes gegenüber einem Arzneimittel aus intrapersonaler Sicht die maßgebliche Einflussgröße auf das Verordnungsverhalten bzw. die „Verordnungsintensität" darstellt. Unabhängig von den tatsächlich verwendeten Mechanismen bei der Produktbeurteilung (kognitive Algebra, subjektive Psycho-Logik, etc.) wird das umfassende und verfestigte Gesamtbild eines Produktes in dem Konstrukt der „Gesamteinstellung" vorgehalten. Das tatsächliche Verordnungsverhalten wird in der Praxis allerdings - neben der „Gesamteinstellung" gegenüber einem Arzneimittel - von weiteren externen Einflussfaktoren bestimmt:

- Die Charakteristika eines zu behandelnden Patienten in der Indikation und die jeweiligen Therapieziele (z. B. ist aufgrund des Alters, des Geschlechts oder anderer Co-Morbiditäten nicht jedes Arzneimittel für jeden Patienten in einer Indikation geeignet)

- Die Verfügbarkeit von relevanten Wettbewerbsarzneimitteln („relevant" bedeutet in diesem Fall, ob hinsichtlich der Gesamtleistung äquivalente oder überlegene Arzneimittel in der Indikation verfügbar sind)

- Der Wunsch von Patienten, mit einem bestimmten Arzneimittel behandelt zu werden

- Therapierichtlinien des G-BA (Hinweise zu Analogpräparaten oder Empfehlungen für eine wirtschaftliche Verordnungsweise)

- Sonstige Einflussfaktoren wie z. B. arztspezifische Verordnungsrestriktionen aufgrund der Arzneimittel-Richtgrößen nach § 84 SGB V.

Im Rahmen der empirischen Untersuchung, die in Kapitel 6 im Detail beschreiben wird, werden ab diesem Punkt in der Arbeit Hypothesen über Einflussgrößen auf die ärztliche Einstellungsbildung gegenüber Arzneimitteln und auf das Verordnungsverhalten bzw. die Verordnungsintensität entwickelt. Mittels einer indikationsübergreifenden Analyse über eine Vielzahl von patentgeschützten Arzneimittel soll im Zuge eines regressionsanalytischen Ansatzes der Erklärungsbeitrag von verschiedenen Einflussfaktoren auf die zu erklärenden Variablen („Gesamteinstellung" und „Verordnungsintensität") ermittelt werden. Die nachstehende Abbildung stellt das Grundgerüst des Hypothesenmodells mit allen auf die Konstrukte „Gesamteinstellung" und „Verordnungsintensität" wirkenden Einflüssen dar.

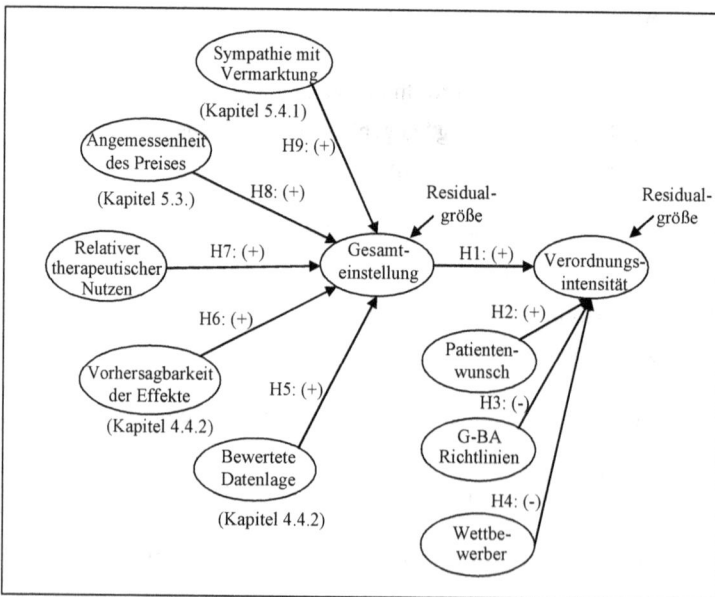

Abb. 16:   Hypothesenmodell - Stufe I

Danach geht das Modell davon aus, dass die „Gesamteinstellung" gegenüber einem Arzneimittel durch 5 zentrale Einflussfaktoren (und einer Residualgröße) erklärt wird. Die tatsächliche „Verordnungsintensität" eines Arzneimittels (d. h. das Verordnungsverhalten) wird wiederum durch die „Gesamteinstellung" sowie durch 3 weitere externe Einflussfaktoren (und eine Residualgröße) erklärt. Dabei ist die Analogie zu dem „System der psychischen Variablen" evident: Das tatsächliche Kaufverhalten wird demnach nicht nur alleine durch die Einstellung gegenüber einem Produkt erklärt, sondern unterliegt weiteren externen Einflüssen.

Unter der Residualgröße sind dabei alle weiteren Einflussfaktoren zusammengefasst, die auf ein Konstrukt wirken und nicht explizit im Modell aufgeführt sind. Je kleiner dabei die Residualgröße gemessen wird, desto besser wird ein Konstrukt durch die in dem Modell spezifizierten Einflussgrößen erklärt. Im Hinblick auf das Konstrukt „Verordnungsintensität" ist z. B. davon auszugehen, dass innerhalb der Residualgröße die Faktoren „Patientencharakteristika" und „arztspezifische Arzneimittel-Richtgrößen" ebenfalls einen Einfluss auf das Verschreibungsverhalten ausüben. Diese Faktoren werden jedoch aus messtechnischen Gründen (keine direkten Arzneimittelcharakteristika) nicht gesondert aufgeführt.

In dem dargestellten Hypothesenmodell wird davon ausgegangen, dass 5 Einflussfaktoren auf die „Gesamteinstellung" wirken. Per Annahme wird also unterstellt, dass nicht nur der wahrgenommene „Relative therapeutische Nutzen" (gemessen durch die bewertete Wirksamkeit, Nebenwirkungen und Anwendungsfreundlichkeit eines Arzneimittels in Relation zu den wichtigsten übrigen Behandlungsmöglichkeiten in einer Indikation)[228] die „Gesamteinstellung" gegenüber einem Arzneimittels erklärt, sondern auch die „Sympathie mit den Vermarktungsaktivitäten des Herstellers", die „wahrgenommene Angemessenheit des Preises", die „wahrgenommene Vorhersagbarkeit der Behandlungseffekte" und die „Bewertete Datenlage".

---

[228]   Breyer/Zweifel/Kifmann identifizieren 6 Qualitätsdimensionen von Arzneimitteln: 1. Erwünschte Hauptwirkung, 2. Erwünschte Nebenwirkung, 3. Unerwünschte Nebenwirkung, 4. Wirkungsdauer, 5. Einfachheit der Handhabung, 6. Haltbarkeit des Arzneimittels (vgl. Breyer, F., Zweifel, P., Kifmann, M. (2003), S. 423). Für die spätere empirische Untersuchung erscheint es sinnvoll, den „relativen therapeutischen Nutzen" von Arzneimitteln mittels 3 zentraler Merkmale (Wirksamkeit, Nebenwirkungen und Anwendungsfreundlichkeit) zu operationalisieren.

Warum gerade diese Konstrukte eine zentrale Rolle bei der Einstellungsbildung spielen, wird in den in der obigen Abbildung angegebenen Kapiteln erörtert. Ferner wird angenommen, dass alle weiteren hier noch nicht dargestellten Einflussfaktoren (wie z. B. die „Marketingaktivitäten des Herstellers" oder „Behandlungsempfehlungen in Leitlinien") nicht direkt auf die „Gesamteinstellung" wirken, sondern nur zunächst eines oder mehrere dieser 5 einstellungserklärenden Konstrukte erklären. Die Wirkung auf die „Gesamteinstellung" erfolgt dann somit auf indirektem Wege über eines oder mehrere dieser 5 einstellungserklärenden Konstrukte. Das Modell wird zu diesem Zweck in den kommenden Kapiteln noch erweitert werden.

Jedes der in der obigen Abbildung aufgeführten Konstrukte wird durch einen oder mehrere Indikatoren gemessen. Diese Indikatoren werden dabei entweder im Zuge einer Ärztebefragung erhoben (siehe dazu auch den Fragebogen im Anhang) oder „objektiv" gemessen (z. B. werden für das Konstrukt „G-BA Richtlinien" die Bekanntmachungen zu den Therapierichtlinien auf der G-BA Homepage herangezogen). Die nachfolgende Tabelle beschreibt die Messung einzelnen Konstrukte.

Konstrukt	Nr.	Indikator	Erhebung	Nr. im Fragebogen	Skala
Gesamteinstellung *(reflektiv)*[229]	x_1	**Gesamtzufriedenheit** mit Arzneimittel X in der Hauptindikation	Ärztebefragung	1	Bewertung von (1) „sehr unzufrieden" bis (5) „sehr zufrieden"
	x_2	**Weiterempfehlungsbereitschaft** für Arzneimittel X zur Verwendung in der in Hauptindikation	Ärztebefragung	12	Bewertung von (1) „nicht weiterempfehlen" bis (5) „auf jeden Fall weiterempfehlen"
Verordnungsintensität	x_3	Anzahl der **nächsten 10** typischen **Patienten** in der Hauptindikation, die Arzneimittel X erhalten würden	Ärztebefragung	13	Numerische Angabe von 1 bis 10

---

[229] In Kapitel 3.2.3.3.7. wurde bereits angedeutet, dass sich die Indikatoren „Zufriedenheit" und „Wieterempfehlungsbereitschaft" gut für die Messung der Gesamteinstellung eignen. Für eine Beschreibung der „reflektiven" oder „formativen" Messung eines Konstruktes (im Falle von mehreren Indikatoren), siehe Kapitel 6.4.2.

Konstrukt	Nr.	Indikator	Erhe-bung	Nr. im Frage-bogen	Skala
Patienten-wunsch	x_4	Intensität des **Patientenwunschs** zur Behandlung mit Arzneimittel X in der Hauptindikation	Ärzte-befra-gung	3	Bewertung von (1) „wird nicht nachgefragt" bis (5) „wird sehr häufig nachgefragt"
G-BA Richtlinien	x_5	Existenz von **G-BA Therapierichtlinien** für Arzneimittel X zur Verwendung in der Hauptindikation (Stand: Oktober 2005)	G-BA Home-page	-	Binäre Codierung: (0) keine G-BA Richtlinien oder (1) G-BA Richtlinien existent (in „Anlage 4" oder „Anlage 6")
Wettbewerber	x_6	Verfügbarkeit von **leistungsäquivalenten oder überlegenen Behand-lungsalternativen** zu Arzneimittel X (zur Behand-lung von Patienten in der Hauptindikation)	Ärzte-befra-gung	8	Bewertung von (1) „kaum/gar keine Alternativen verfügbar" bis (5) „Alternativen in großem Umfang verfügbar"
Sympathie mit Vermarktung	x_7	Bewertung der **Sympathie** mit der Herstellerpolitik zur Vermarktung des Arzneimittels X	Ärzte-befra-gung	16	Bewertung von (1) „sehr unsympathisch" bis (5) „sehr sympathisch"
Angemessenheit des Preises	x_8	Bewertung des Verhältnisses von **klinischem Nutzen** in der Hauptindikation zu den **Kosten** des Arzneimittels X	Ärzte-befra-gung	7	Bewertung von „... verglichen mit dem klinischen Nutzen... (1) ... sind die Kosten viel zu hoch" bis (5) ... sind die Kosten angemessen"
Relativer therapeutischer Nutzen *(formativ)*	x_9	Bewertung der **Wirksamkeit** des Arzneimittels X verglichen mit den wichtigsten alternativen Behandlungs-möglichkeiten in der Hauptindikation	Ärzte-befra-gung	4	Bewertung von (1) „Wirksamkeit ist sehr gering" bis (5) „Wirksamkeit ist sehr hoch"
	x_{10}	Bewertung des Ausmaßes der **Nebenwirkungen** von Arzneimittel X verglichen mit den wichtigsten alternativen Behandlungs-möglichkeiten in der Hauptindikation	Ärzte-befra-gung	5	Bewertung von (1) „Nebenwirkungen sind sehr gering" bis (5) „Nebenwirkungen sind sehr schwerwiegend"

116

Konstrukt	Nr.	Indikator	Erhe-bung	Nr. im Frage-bogen	Skala
	x_{11}	Bewertung der **Anwendungsfreundlichkeit** des Arzneimittels X verglichen mit den wichtigsten alternativen Behandlungsmöglichkeiten in der Hauptindikation	Ärzte-befra-gung	6	Bewertung von (1) „Anwendungsfreundlich-keit ist sehr gering" bis (5) „Anwendungsfreundlich-keit ist sehr hoch"
Vorhersagbar-keit der Effekte *(formativ)*	x_{12}	**Vorhersagbarkeit** der zu erwartenden **Wirksamkeit** von Arzneimittel X bei dem nächsten typischen Patienten in der Hauptindikation	Ärzte-befra-gung	10	Bewertung von (1) „Wirksamkeit ist nur ungenau vorhersagbar" bis (5) „Wirksamkeit ist präzise vorhersagbar"
	x_{13}	**Vorhersagbarkeit** der zu erwartenden **Neben-wirkungen** von Arznei-mittel X bei dem nächsten typischen Patienten in der Hauptindikation	Ärzte-befra-gung	11	Bewertung von (1) „Nebenwirkungen sind nur ungenau vorhersagbar" bis (5) „Nebenwirkungen sind präzise vorhersagbar"
Bewertete Datenlage	x_{14}	Bewertung der **klinischen Datenlage** des Arzneimittels X zur Behandlung von Patienten in der Hauptindikation	Ärzte-befra-gung	2	Bewertung von (1) „Datenlage ist sehr schwach" bis (5) „Datenlage ist exzellent"

Tab. 9:   Operationalisierung der Konstrukte in Stufe I des Hypothesenmodells

Diese Indikatoren werden für n=110 Arzneimittel erhoben (für Details siehe Kapitel 6). Sie werden dabei pro Arzneimittel von mehreren Ärzten bewertet und per Durchschnittsbildung als „Marktwahrnehmung" von einem Arzneimittel interpretiert (z. B. bewerten 15 Ärzte die durchschnittliche Wirksamkeit eines Arzneimittels X auf der Skala von 1 bis 5 mit „3,1"). Die regressionsanalytische Betrachtung erfolgt dann unter Verwendung der n=110 Arzneimittel mit gemittelten Indikatorbewertungen.

Zusammenfassend werden gemäß des Hypothesenmodells der Stufe I die folgenden Hypothesen aufgestellt:[230]

H1:   Je positiver die Gesamteinstellung gegenüber einem Arzneimittel ausfällt, desto intensiver wird es verordnet.

---

[230] Positive Wirkungszusammenhänge werden in Abbildungen mit einem (+) dargestellt, negative Wirkungszusammenhänge mit einem (-).

H2:   Je häufiger Patienten die Verordnung eines Arzneimittels wünschen, desto intensiver wird es verordnet.

H3:   Je eher G-BA Therapierichtlinien für ein Arzneimittel vorliegen, desto weniger wird es verordnet.

H4:   Je mehr relevante Wettbewerber für ein Arzneimittel zur Behandlung von Patienten in der Indikation wahrgenommen werden, desto weniger wird es verordnet.

H5:   Je günstiger die Datenlage von einem Arzneimittel bewertet wird, desto positiver ist die Gesamteinstellung dem Arzneimittel gegenüber.

H6:   Je präziser sich die Therapieeffekte von einem Arzneimittel vorhersagen lassen, desto positiver ist die Gesamteinstellung dem Arzneimittel gegenüber.

H7:   Je höher der relative therapeutische Nutzen von einem Arzneimittel wahrgenommen wird, desto positiver ist die Gesamteinstellung dem Arzneimittel gegenüber.

H8:   Je angemessener der Preis von einem Arzneimittel bewertet wird, desto positiver ist die Gesamteinstellung dem Arzneimittel gegenüber.

H9:   Je sympathischer die Vermarktung von einem Arzneimittel bewertet wird, desto positiver ist die Gesamteinstellung dem Arzneimittel gegenüber.

Neben diesen Beziehungen ergeben sich allerdings auch zwischen den externen Faktoren und den 5 einstellungserklärenden Konstrukten (sowie innerhalb dieser Gruppen) verschiedene kausale Zusammenhänge. Diese werden in der folgenden Abbildung dargestellt. Die bisher aufgestellten Hypothesen (H1 bis H9) werden dabei aus Gründen der Übersichtlichkeit nicht mit aufgeführt.

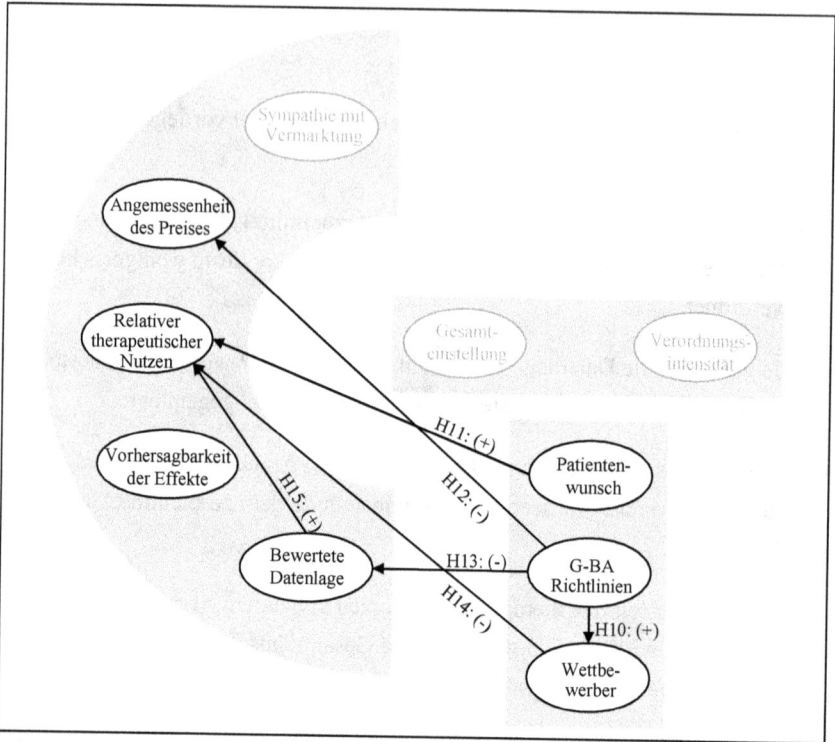

Abb. 17:   Hypothesenmodell - Stufe II

Im Folgenden werden die formalen Hypothesenformulierungen und die Begrün-
dungen für die Zusammenhänge zusammen aufgeführt.

H10: Je eher Therapierichtlinien des G-BA für ein Arzneimittel vorliegen, desto
mehr konkurrierende Arzneimittel werden zur Behandlung von Patienten in
der Indikation wahrgenommen.
(Grund: In den G-BA Hinweisen zu einer wirtschaftlichen Verordnungsweise werden oft alternative Therapiemöglichkeiten vorgeschlagen.)

H11: Je häufiger Patienten die Verordnung eines Arzneimittels wünschen, desto
höher wird der relative therapeutische Nutzen bewertet.
(Grund: Der häufige Patientenwunsch für ein Arzneimittel kann durch

Ärzte als ein Qualitätssignal gewertet werden, das zu einer positiveren Beurteilung des therapeutischen Nutzens führt.)

H12: Je eher Therapierichtlinien des G-BA für ein Arzneimittel vorliegen, desto unangemessener wird der Arzneimittelpreis empfunden.
(Grund: In G-BA Therapierichtlinien werden Ärzte oft explizit auf die hohen Verordnungskosten von den betreffenden Arzneimitteln hingewiesen. Dadurch kann die Preiswahrnehmung beeinflusst werden.)

H13: Je eher Therapierichtlinien des G-BA für ein Arzneimittel vorliegen, desto ungünstiger wird die Datenlage bewertet.
(Grund: In G-BA Therapierichtlinien für Arzneimittel wird oft auf eine noch ungesicherte Datenlage für den Einsatz bei bestimmten Patientengruppen o. ä. verwiesen und es werden ggf. etablierte (und günstigere) Arzneimittel empfohlen.)

H14: Je mehr relevante Wettbewerber von einem Arzneimittel zur Behandlung von Patienten in der Indikation wahrgenommen werden, desto niedriger wird der relative therapeutische Nutzen von dem Arzneimittel bewertet.
(Grund: Hier liegt aufgrund der „relativen" Formulierung des „therapeutischen Nutzens" des ein formal zwingender Kausalzusammenhang vor, der sich auch in den Wahrnehmungsmessungen widerspiegeln sollte.)

H15: Je günstiger die Datenlage von einem Arzneimittel bewertet wird, desto höher wird der relative therapeutische Nutzen bewertet.
(Grund: Ärzte betrachten klinische Daten als einen Indikator für die den therapeutischen Nutzen von Arzneimitteln.)

Alle aufgestellten Hypothesen werden im Zuge der empirischen Untersuchung auf Ihre Wirkungsrichtung, ihre relative Wirkungsstärke und ihre statistische Signifikanz hin überprüft. In den folgenden Kapiteln wird dabei das Hypothesenmodell noch sukzessive erweitert werden.

4. Die Arzneimittelwahl: Entscheidung unter Unsicherheit

4.1 Arten der medizinischen Unsicherheit

4.1.1 Einleitende Bemerkungen

In Kapitel 3 wurde u. a. dargestellt, wie die ärztliche Produktbeurteilung und Einstellungsbildung gegenüber Arzneimitteln erklärt werden kann und welche weiteren externen Einflussfaktoren auf das tatsächliche Verordnungsverhalten wirken. Dabei wurde bereits angedeutet, dass der Prozess der Leistungsbewertung von Arzneimitteln in hohem Maße durch unvollkommene Informationen gekennzeichnet ist und im Rahmen einer Arzneimitteltherapie mit unsicheren Konsequenzen gerechnet werden muss. In diesem Kapitel werden die verschiedenen Arten der medizinischen Unsicherheit im Rahmen des Behandlungsablaufs näher beschrieben. Diese unterteilen sich dabei in 4 Bereiche:

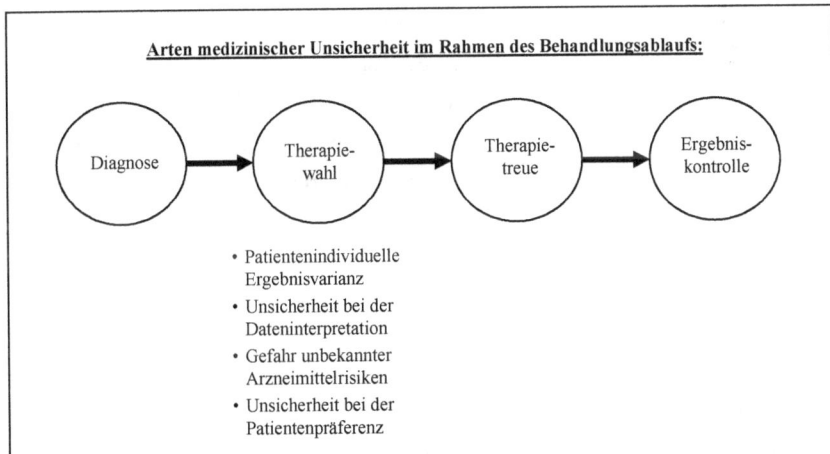

Abb. 18:   Arten medizinischer Unsicherheit

Im Folgenden wird dabei der Fokus der Betrachtung auf dem zweiten Punkt liegen (Unsicherheit bei der Therapiewahl). Alternativ zu dieser dem Behandlungsablauf folgenden Gliederung der Unsicherheiten existiert in der Literatur eine dreigliedrige Kategorisierung medizinischer Unsicherheiten nach *Beresford*.[231] So unterscheidet er in seinem Ansatz zwischen technischen, personenbezogenen und konzeptionellen Unsicherheiten im medizinischen Bereich. Da sich die Inhalte der beiden Gliederungstypen weitestgehend ähneln und die zuerst dargestellte Gliederung aus Gründen der Darstellung und logischen Abfolge einige Vorzüge aufweist, wird das Konzept von *Beresford* hier nicht weiter verfolgt.

4.1.2 Unsicherheit bei der Diagnose

In vielen medizinischen Bereichen lassen sich Diagnosen nicht mit völliger Sicherheit bestimmen. Während z. B. bei Knochenfrakturen häufig eindeutige Diagnosen mit Hilfe von Röntgenbefunden gestellt werden können, sind in anderen Bereichen vielfältige Indikatoren zu prüfen, die u. U. alle keine eindeutigen Beweise für das Vorliegen einer bestimmten Diagnose darstellen können. Zu den Indikatoren gehören z. B. die Ergebnisse der direkten ärztlichen Untersuchung[232], Laborbefunde, die Symptombeschreibung des Patienten, die Ergebnisse von apparativen Untersuchungen[233] und auch Informationen über eine familiäre Disposition. Beispielsweise kann bei der rheumatoiden Arthritis aufgrund von Laborbefunden nur auf einen Entzündungsprozess im Körper geschlossen werden; dieser ist allerdings unspezifisch und kann auch bei anderen Entzündungskrankheiten vorliegen. Aus diesem Grunde werden bei Rheuma eine Vielzahl von Indikatoren („ACR-Kriterien") zur Validierung der Diagnose herangezogen.[234]

---

[231] Vgl. Beresford, E. (1991), S. 6-11, und Hall, K. (2002), S. 216-217.
[232] Dies umfasst z. B. Inspektion (Betrachtung des körperlichen Zustandes (Habitus) und eventueller krankhafter Veränderungen), Auskultation (Abhorchen von Organen auf Schallphänomene) und Perkussion (Beklopfen der Körperoberfläche). Vgl. Roche Medizin Lexikon (2006), Stichwort: Untersuchung.
[233] Dies umfasst z. B. Röntgen-, Ultraschall-, nuklearmedizinische und tomographische Untersuchungen. Vgl. Roche Medizin Lexikon (2006), Stichwort: Untersuchung.
[234] Für die Diagnose der rheumatoiden Arthritis wurden von dem American College of Rheumatology (ACR) 7 Kriterien definiert (z. B. Gelenkschwellungen, Rheumaknoten, etc.), von denen mindestens 4 für das Vorliegen der rheumatoiden Arthritis erfüllt sein müssen (vgl. Willburger, R., Müller, K., Knorth, H. (2006), S. 49).

Die Messgenauigkeit von diagnostischen Testverfahren kann mit Hilfe der Kriterien der „Sensitivität" und „Spezifität" angegeben werden.[235] Dabei wird „Sensitivität" als die Fähigkeit eines diagnostischen Tests verstanden, Personen mit einer fraglichen Krankheit als solche zu erkennen. Sie ist definiert als die Summe positiv getesteter, tatsächlich Kranker durch die Gesamtsumme tatsächlich erkrankter Personen. Die „Spezifität" hingegen gibt den Anteil von tatsächlich gesunden Patienten an, bei denen ein diagnostischer Test keine falsch positiven Testergebnisse erzeugt. Im Fall von Rheuma erreicht der diagnostische Test gemäß der ACR-Kriterien z. B. eine Sensitivität von 93 % und Spezifität von 90 % zum Nachweis der Erkrankung.[236] Trotz dieser für die meisten praktischen Fälle ausreichenden Messgenauigkeit kann dennoch nie ganz ausgeschlossen werden, dass nicht doch durch einen solchen Test tatsächlich Gesunde als fälschlich Kranke und tatsächlich Kranke als fälschlich Gesunde identifiziert und entsprechend falsch behandelt werden.

4.1.3 Unsicherheit bei der Therapiewahl

4.1.3.1 Patientenindividuelle Ergebnisvarianz

Wird eine Diagnose als gesichert angenommen und eine Therapie in Betracht gezogen, so sieht sich der behandelnde Arzt mit einer Fülle von Unsicherheiten und Unwägbarkeiten konfrontiert. Insgesamt können dabei im Rahmen der Therapiewahl 4 verschiedene Subgruppen der Unsicherheit unterschieden werden: Die „patientenindividuelle Ergebnisvarianz", die „Unsicherheit bei der Dateninterpretation", die „Gefahr unbekannter Arzneimittelrisiken" sowie die „Unsicherheit bei der Patientenpräferenz".

Im Hinblick auf den Bereich der „patientenindividuellen Ergebnisvarianz" gilt dabei, dass fast alle Therapiearten (z. B. operative Therapien, medikamentöse Therapien, Strahlentherapien, etc.) sowohl die Chance auf eine Verbesserung des Gesundheitszustands als auch das Risiko für das Auftreten von unerwünschten Effekten bergen. Insbesondere bei der Arzneimitteltherapie sind „vollkommen verlässliche" Behandlungen, die bei jedem Patienten in einer Indikation eine be-

---

[235] Vgl. Roche Medizin Lexikon (2006), Stichwort: Sensitivität, Spezifität.

stimmte Wirksamkeit garantieren bzw. das Auftreten von bestimmten Sicherheitsproblemen definitiv ausschließen, kaum existent. Patientenspezifischen Charakteristika wie z. B. die genetische Disposition, das Alter, Co-Morbiditäten oder die
Einnahme weiterer Arzneimittel können dabei den Grad der Wirksamkeit und das
Auftreten von Nebenwirkungen bei der Arzneimitteltherapie stark beeinflussen.
Auch existieren insbesondere bei innovativen Arzneimitteln z. T. nicht vollkommen gesicherte Erkenntnisse über die genaue Funktionsweise des Wirkmechanismus und alle mit ihm verbundenen mikrobiologischen Vorgänge im Körper (z. B.
bei Krebstherapeutika).[237] Dies führt dazu, dass ein Arzt in einer individuellen Behandlungssituation den Körper eines Patienten weitestgehend als eine „Black
Box" betrachten muss, der ein bestimmtes „Input" (ein Arzneimittel) erhält und
ein beobachtbares „Output" (messbare Wirksamkeit und Nebenwirkungen) liefert.
Die genauen Vorgänge innerhalb dieser „Black Box" sind dabei aufgrund patientenspezifischer Charakteristika und unklarer mikrobiologischer Vorgänge nicht
eindeutig vorhersagbar.

Aus klinischen Studien sind über ein Arzneimittel typischerweise nur aggregierte
Informationen für eine Vielzahl von Patienten verfügbar (z. B. die durchschnittliche Entwicklung bestimmter Wirksamkeitsparameter, die Anteile von Patienten
mit beobachteten Nebenwirkungen, ggf. Subgruppeninformationen getrennt nach
Geschlecht, Alter, Co-Morbiditäten, etc.), die aber nur näherungsweise eine Prognose über die für einen bestimmten Patienten zu erwartenden Therapiekonsequenzen zulassen. Auch die praktischen Erfahrungen des behandelnden Arztes oder
anderer Ärzte (z. B. medizinische Meinungsführer) mit einem Arzneimittel lassen
sich aufgrund patientenspezifischer Charakteristika nur bedingt auf eine neue
konkrete Behandlungssituation übertragen. Je kürzer ein Arzneimittel auf dem
Markt erst verfügbar ist, desto höher dürfte dabei die wahrgenommene Unsicherheit der Ärzte über die zu erwartenden Therapiekonsequenzen ausfallen (aufgrund
der geringeren Anzahl von klinischen Studien und Möglichkeiten zum Sammeln
von praktischen Erfahrungen). Somit können insgesamt die Konsequenzen einer

[236] Vgl. Willburger, R., Müller, K., Knorth, H. (2006), S. 49.
[237] So können sich auch nach der klinisch bestätigten Wirksamkeit und Sicherheit eines Arzneimittels neue Anhaltspunkte ergeben, die zu einer Erweiterung des ursprünglichen Modells über den Wirk-mechanismus führen.

Arzneimitteltherapie (d. h. das Auftreten von Wirksamkeit und Nebenwirkungen) als stochastische Ereignisse betrachtet werden, die ein Arzt durch eine auf einen Patienten möglichst passend abgestimmte Produktwahl zum Vorteil des Patienten beeinflussen, nicht aber mit Sicherheit bestimmen kann.[238]

Die Frage nach der Maßgeblichkeit der wissenschaftlichen Evidenz (im Sinne von validen klinischen Studienergebnissen) für individuelle Therapieentscheidungen von Ärzten tangiert dabei eine in der medizinischen Fachwelt intensiv geführte Diskussion zwischen den Befürwortern und Kritikern der evidenzbasierten Medizin.[239] Ein Spannungsfeld ergibt sich dabei z. B. aus den gegensätzlichen Positionen der (typischerweise auf den Prinzipien der evidenzbasierten Medizin fußenden) Therapiebewertungen von medizinischen Fachgesellschaften und IQWiG sowie den auf Erfahrungen und Intuition basierenden Therapiepräferenzen von einigen behandelnden Ärzten.[240] So geben die Kritiker der evidenzbasierten Medizin u. a. zu bedenken, dass schematische Therapievorgaben im Rahmen der evidenzbasierten Medizin (z. B. die Wahl des Arzneimittels mit der „besten" nachgewiesenen wissenschaftlichen Evidenz in einer Indikation) der Komplexität von individuellen Behandlungssituationen nicht immer gerecht werden. Diese Diskussion soll jedoch an dieser Stelle nicht weiter vertieft werden.

4.1.3.2 Unsicherheit bei der Dateninterpretation

Die Ergebnisse aus klinischen Studien stellen für die medizinische Fachwelt die wichtigsten Informationen für Leistungsbeurteilungen von Arzneimitteln dar. Auch wenn bei der Behandlung eines einzelnen Patienten - wie oben geschildert - die Therapiekonsequenzen weitestgehend mit Unsicherheit behaftet sind, so geben Studienergebnisse darüber Auskunft, mit welchen Therapieergebnissen bei der Behandlung von mehreren Hunderten oder Tausenden Patienten im Durchschnitt zu rechnen ist. Gemäß der frequentistischen Interpretation[241] von Wahrscheinlichkeiten können dabei prinzipiell die in klinischen Studien gemessenen Ereignishäufigkeiten (z. B. das Auftreten der Nebenwirkung X bei 5 % der mit

---

[238]   Vgl. Ulrich, V. (2002), S. 73.
[239]   Vgl. Doepp, M., Edelmann, G. (2002), S. 845-848 und Deutsches Netzwerk Evidenzbasierte Medizin e.V. (2006), EBM-Grundlagen.
[240]   Vgl. Doepp, M., Edelmann, G. (2002), S. 847.
[241]   Vgl. Eisenführ, F., Weber, M. (2003), S. 152.

einem Arzneimittel behandelten Patienten) als Eintrittswahrscheinlichkeiten für Ereignisse bei der Behandlung eines konkreten Patienten angenommen werden (z. B. würde die Wahrscheinlichkeit für das Auftreten der Nebenwirkung X bei einem Patienten p=0,05 betragen, sofern keine weiteren Anhaltspunkte für eine abweichende Wahrscheinlichkeitsannahme (z. B. durch hohes Alter oder Co-Morbiditäten) vorliegen).

Die Beurteilung der klinischen Datenlage für Arzneimittel stellt jedoch in der Praxis ein großes Problem für Ärzte dar und ist z. T. selbst mit großer Unsicherheit behaftet. So kritisieren viele Ärzte die schiere Menge und Geschwindigkeit von neu generiertem medizinischen Wissen (Stichwort: Informationsüberflutung), die für eine genaue Auseinandersetzung mit den Ergebnissen einzelner klinischer Studien nur wenig Zeit lässt.[242] Insbesondere bei widersprüchlichen Studienergebnissen und Wirksamkeitsbehauptungen, die z. T. durch den Marketing-Wettbewerb der Arzneimittelhersteller kommunikativ forciert werden, kann sich trotz einer Fülle von klinischen Daten die wahrgenommene Unsicherheit über den therapeutischen Stellenwert von Arzneimitteltherapien erhöhen.

Aber auch bei einer gewissenhaften und ausführlichen Analyse von Studienpublikationen können sich Unschärfen in der Interpretation von Ergebnissen ergeben: So existieren neben den schnell erfassbaren Qualitätsindikatoren von Studien (z. B. randomisiertes, doppel-verblindetes und kontrolliertes Studiendesign) auch weitere, schwerer wahrnehmbare Faktoren, die die Ergebnisinterpretation beeinflussen. So können die mittels Einschlusskriterien in eine Studie aufgenommenen Patienten (z. B. relativ junge Patienten ohne Co-Morbiditäten) stark von den in der Realität zu behandelnden Patienten in einer Indikation abweichen („Arzneimitteltest bei Wunschpatienten"). Als Ergebnis ergeben sich dann ggf. „geschönte" Arzneimittelleistungsdaten und eine nur eingeschränkte Übertragbarkeit der Ergebnisse auf die klinische Praxis.

Weiterhin können sich auch selbst bei einer nachgewiesenen Wirksamkeit und Sicherheit eines Arzneimittels im Rahmen einer (Placebo-)kontrollierten Studie unklare Implikationen über den therapeutischen Stellenwert der gemessenen Leis-

---

[242] Vgl. Donner-Banzhoff, N. (2005), S. 13, Gautschi, O. (2002), S. 51, und Hall, K. (2002), S. 217.

tung ergeben. So kann ein Arzneimittel im Vergleich zu Placebo zwar eine deutlich bessere Wirksamkeit zeigen, im Vergleich zu alternativen Wettbewerbern kann es aber dennoch klar wirkungsschwächer sein. Dabei werden studienübergreifende Vergleiche dadurch erschwert, dass verschiedene Studien typischerweise ein unterschiedliches Design aufweisen (z. B. hinsichtlich der Einschlusskriterien für Patienten) und somit häufig einen formal-wissenschaftlichen Quervergleich nicht (oder nur eingeschränkt) zulassen. Diese eingeschränkte Vergleichbarkeit begünstigt eine differenzierte Produktpositionierung und ist auch ein Grund dafür, warum Arzneimittelhersteller häufig nur wenig Interesse daran haben, klinische Studien mit einem direkten Vergleich zwischen ihrem Produkt und einem Wettbewerbsprodukt zu fördern („Head-to-Head Trials").

Neben diesen Faktoren können auch die im Rahmen einer Studie betrachteten Wirksamkeitsparameter (Endpunkte) und die Studiendauer einen großen Einfluss auf den Stellenwert von Studienergebnissen ausüben.[243] Auch Vermutungen über das Zurückhalten von ungünstigen Studienergebnissen durch Arzneimittelhersteller und Spekulationen über „gekaufte" Arzneimittelbewertungen von medizinischen Meinungsführern können die Beurteilung und Glaubwürdigkeit der Datenlage eines Arzneimittels durch einen Arzt stark beeinflussen (siehe dazu auch ausführlich Kapitel 5.2).[244] Je mehr sich dabei ein einzelner Arzt bei der Informationsverarbeitung von der Fülle an medizinischen Informationen überfordert fühlt und je mehr er sich der vielfältigen Beeinflussungsmöglichkeiten bei der Darstellung und Interpretation von klinischen Daten bewusst ist, desto höher wird tendenziell seine wahrgenommene Unsicherheit und Vorsicht bei der Einordnung und Bewertung von klinischen Studienergebnissen ausfallen.

Es ist zu vermuten, dass viele Ärzte vereinfachte kognitive Mechanismen bzw. Heuristiken für eine schnelle „Glaubwürdigkeitsprüfung" von klinischen Studienergebnissen und Leistungsbehauptungen entwickeln. Ein Beispiel für eine solche Bewertungsheuristik liefert *Donner-Banzhoff*, deren Systematik nachstehend abgebildet ist.

---

[243] Vgl. Neukirchen, H. (2005), S. 151.
[244] Vgl. Neukirchen, H. (2005), S. 154.

Akzeptanz der Behauptung

Wirksamkeits-
behauptung

Ja / Widerspricht die Behauptung dem Bias des Mediums?

Nein → Gibt es Wirksamkeits-studien?

Ja → Sind die Studien valide?

Ja /

Nein ↘

Nein ↘

Verwerfen der Behauptung

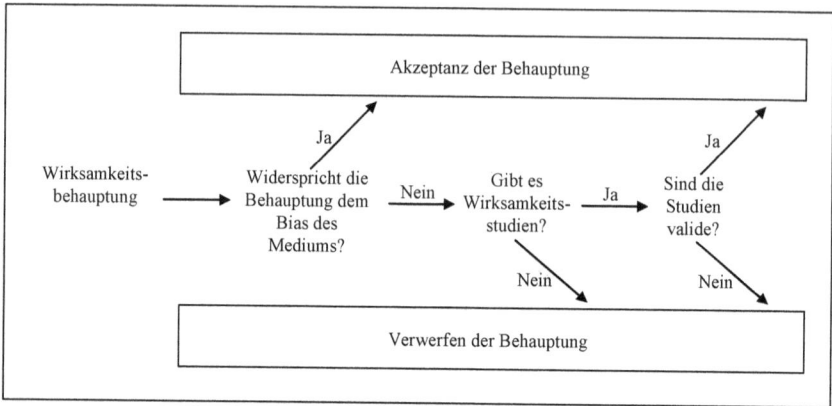

Abb. 19:   Heuristik für die Bewertung von Wirksamkeitsbehauptungen[245]

Gemäß dieser Systematik wird empfohlen, die Glaubwürdigkeit einer Wirksamkeitsbehauptung zunächst hinsichtlich des Senders zu überprüfen. So wäre z. B.
eine Wirksamkeitsbehauptung bzw. positive Empfehlung für ein Arzneimittel
durch ein ansonsten pharmakritisches Medium (z. B. die Publikation „Arzneimit-
tel-Telegram") eine Aussage gegen den typischen „Bias" dieses Mediums; eine
solche Aussage könnte also ohne weitere Prüfung akzeptiert werden. Analoge
Beispiele lassen sich für Stellungnahmen von gesundheitspolitischen Institutionen
oder Arzneimittelherstellern[246] entwickeln. Im nächsten Kriterium wird dann gefordert, dass Wirksamkeitsstudien für das Arzneimittel vorliegen müssen. Sind
lediglich tierexperimentelle Studien, pharmakokinetische Studien, nicht-systema-
tische Übersichtsartikel und Anwendungsbeobachtungen ohne Kontrollgruppen-
vergleich verfügbar, so muss die Wirksamkeitsbehauptung verworfen werden. Im
letzten Schritt wird die Validität der vorliegenden Wirksamkeitsstudien überprüft.
Dabei sollte zumindest gewährleistet sein, dass ein randomisiertes und kontrolliertes Studiendesign vorliegt sowie relevante Wirksamkeitsparameter (Endpunkte)
und eine sinnvolle Kontroll-Therapie gewählt wurden.

---

[245]   Quelle: Donner-Banzhoff, N. (2005), S. 14.
[246]   Sofern z. B. Arzneimittelhersteller einräumen, dass für bestimmte Anwendungsgebiete oder Patientengruppen keine oder nur eine geringe Wirksamkeit ihrer Produkte nachgewiesen wurde, so wären
auch diese Behauptungen ohne weitere Prüfung zu akzeptieren.

Insgesamt zeigt diese 3-stufige Heuristik, wie Ärzte den Rechercheaufwand effektiv reduzieren können. Die verwendeten Kriterien zeigen aber auch, dass bei der Glaubwürdigkeitsbeurteilung[247] von Informations-Sendern und bei der Verarbeitung und Einordnung von Studienergebnissen der zentrale Schlüssel zur Überwindung der Unsicherheit bei der Dateninterpretation (bzw. bei der Akzeptanz von Wirksamkeitsbehauptungen) liegt.

4.1.3.3 Gefahr unbekannter Arzneimittelrisiken

Auch nach umfangreichen klinischen Studien und einer erteilten Marktzulassung können im Rahmen der praktischen Verwendung eines Arzneimittels neue und unbekannte Sicherheitsprobleme auftreten, die im Extremfall zu einer Rücknahme der Marktzulassung eines Arzneimittels führen können. Bekannte Produktbeispiele für solche Rücknahmefälle aufgrund von Sicherheitsbedenken waren in der Vergangenheit „Vioxx" (Schmerzmittel von Merck), „Lipobay" (Blutfettsenker von Bayer) und „Redux" (Schlankheitsmittel von Wyeth). Bestimmte Sicherheitsrisiken von Arzneimitteln (dazu gehören u. a. auch Wechselwirkungen mit anderen Arzneimitteln) zeigen sich dabei u. U. erst bei sehr hohen Anwendungszahlen und sind im Rahmen von normalen klinischen Studien vor der Zulassung nicht zu identifizieren.

Aus diesem Grunde hat das Bundesinstitut für Arzneimittel und Medizinprodukte (BfArM) den gesetzlichen Auftrag erhalten, Arzneimittelrisiken zentral zu erfassen und auszuwerten.[248] Zu diesem Zweck unterhält das BfArM in Zusammenarbeit mit der Arzneimittelkommission der deutschen Ärzteschaft (AkdÄ) eine Datenbank zur Spontanerfassung unerwünschter Arzneimittelwirkungen (UAW).[249] Dabei sind sowohl Arzneimittelhersteller, Apotheker als auch Ärzte zu Meldung von UAW verpflichtet. Umgekehrt werden insbesondere Ärzte regelmäßig über neu bekannt gewordene UAW durch Mitteilungen der AkdÄ (u. a. im Deutschen Ärzteblatt) informiert.

---

[247] Demnach wird in der dargestellten Heuristik eine Behauptung zunächst nur als hinreichend glaubwürdig betrachtet, wenn diese ihrem natürlichen Bias widerspricht.
[248] Vgl. Bundesinstitut für Arzneimittel und Medizinprodukte (2006) - Das nationale Stufenplanverfahren.
[249] Vgl. Arzneimittelkommission der deutschen Ärzteschaft (2006) - Wir über uns.

Für die Einleitung von Maßnahmen zur Begrenzung von Arzneimittelrisiken ist ein aus 2 Stufen bestehender Plan durch den Gesetzgeber (Stufenplan) eingerichtet worden.[250] Dabei tritt Stufe I bereits bei Hinweisen auf die Möglichkeit eines Arzneimittelrisikos (d. h. bei einem assoziationsweisen Bezug zwischen einer bestimmten Beobachtung und der Gabe eines Arzneimittels) in Kraft, während für die Stufe II der begründete Verdacht auf ein gesundheitliches Risiko vorliegen muss. Je nach vorliegender Gefahrenstufe können unterschiedliche Maßnahmen durch die verantwortlichen Behörden eingeleitet werden. So fordert in Stufe I das BfArM eine inhaltliche Stellungnahme des Arzneimittelherstellers zu der neu bekannt gewordenen UAW an und erfragt die Art und den Umfang der geplanten eigenverantwortlichen Maßnahmen (z. B. die Änderung von Produktinformationen o. ä.).

Stellen sich diese Maßnahmen als nicht ausreichend heraus und/oder liegt ein dringendes gesundheitliches Risiko für die Bevölkerung vor, so können die zuständigen Behörden im Rahmen der Stufe II selbst aktiv werden und z. B. eine Rücknahme des Arzneimittels oder die Aufnahme von Warnhinweisen in die Produktbeschreibung direkt anordnen. Einzelne Ärzte und Apotheker werden dabei nicht direkt durch die Behörden informiert, sondern durch die für sie zuständigen Kammern (bei den Ärzten übernimmt diese Funktion die AkdÄ). Weiterhin werden die betroffenen Fachkreise z. T. auch direkt durch die Arzneimittelhersteller mit Hilfe von so genannten „Rote-Hand-Briefen" informiert. Im Jahre 2005 wurden dazu auf der Homepage der Arzneimittelkommission der deutschen Ärzteschaft 24 Meldungen zu unerwünschten Arzneimittelwirkungen (UAW) und 9 „Rote-Hand-Briefe" von Arzneimittelherstellern veröffentlicht.[251]

4.1.3.4 Unsicherheit bei der Patientenpräferenz
Ein weiterer Unsicherheitsaspekt im Rahmen der Therapiewahl durch einen Arzt ergibt sich aus einer möglichen Ungewissheit über die „wahren" Therapiepräferenzen eines Patienten. Eine Therapiewahl gegen das Interesse eines Patienten verstößt dabei gegen dessen Selbstbestimmungsrecht, kann die Erfolgswahr-

[250] Vgl. Bundesinstitut für Arzneimittel und Medizinprodukte (2006) - Das nationale Stufenplanverfahren.
[251] Vgl. Arzneimittelkommission der deutschen Ärzteschaft (2006) - Arzneimittelrisiken.

scheinlichkeit einer Behandlung mindern und zu steigenden Behandlungskosten führen (siehe Kapitel 3.1.1.5). Obwohl Patienten in vielen Fällen in der Lage sein werden, ihre Wünsche und Ziele adäquat äußern zu können, lassen sich auch Fälle aufzeigen, bei denen u. U. eine Therapiewahl im Sinne eines Patienten nicht sicher gestellt sein kann. Bei Bewusstlosigkeit oder psychischen Störungen müssen u. U. Interessenvertreter des Patienten (z. B. Familienmitglieder) herangezogen werden, um ein Handeln im Interesse des Patienten zu gewährleisten. Aber auch im Rahmen einer „normalen" Arzt-Patienten-Kommunikation können sich semantische Probleme ergeben. So könnte z. B. ein Patient - u. U. bedingt durch die besondere Situation in einer Arztpraxis oder durch ein mangelndes Verständnis für die Erkrankung, Risiken und Therapiekonsequenzen - nicht in der Lage sein, seine Wünsche und Ziele in einer für den Arzt verständlichen Weise zu äußern.

4.1.4 Unsicherheit bei der Therapietreue

Unter Therapietreue bzw. „Compliance" wird die Bereitschaft eines Patienten verstanden, kooperativ an therapeutischen Maßnahmen mitzuwirken. Dabei wird im ambulanten Bereich bei einer längerfristigen Therapiedauer die Anwendung bzw. Einnahme eines Arzneimittels typischerweise in die Eigenverantwortung des Patienten übertragen. Eine Therapiewahl gegen die Präferenzen des Patienten, eine mangelnde Gewissenhaftigkeit bei der regelmäßigen Anwendung, das Auftreten bedeutsamer unerwünschter Effekte (Nebenwirkungen) oder technisch komplizierte Anwendungsverfahren und -regime (z. B. Selbstinjektionen oder mehrfach täglich vorgeschriebene Einnahmeintervalle) können dabei die Therapietreue stark beeinträchtigen. Es wird geschätzt, dass durch mangelnde Therapietreue in Deutschland pro Jahr ca. 4.000 Tonnen Arzneimittel im Wert von ca. 2 Mrd. Euro unverbraucht im Abfall landen.[252] Insbesondere bei Therapien, die eine regelmäßige und relativ komplizierte Anwendung erfordern, die nur schwache direkt wahrnehmbare Wirksamkeitseffekte erzielen (z. B. die Statin- oder Bluthochdrucktherapie) und die ggf. unangenehme Nebenwirkungen mit sich bringen, dürften in der Wahrnehmung vieler Patienten die Nachteile von den Vorteilen

---

252 Vgl. Neukirchen, H. (2005), S. 224.

überwogen werden und u. U. von der vorgeschriebenen Anwendung abgewichen werden. Internationalen Schätzungen zufolge erfolgt in den nachstehenden Indikationen eine korrekte Anwendung der verordneten Arzneimittel nur in Höhe der angegebenen Prozentsätze:[253]

- Bluthochdruck: 30 % bis 50 %
- Erhöhter Cholesterinspiegel: 50 %
- Depressionen: 40 % bis 70 %
- Diabetes Typ 2: 45 % bis 75 %
- Asthma: 60 %

Dabei konnte in jüngeren Untersuchungen gezeigt werden, dass gerade bei „low-involvement" Therapien wie z. B. der Statin-Therapie die Visualisierung des pathologischen Befundes (z. B. die bildliche Darstellung der Verkalkung der Koronargefäße mittels Elektronenstrahl-Tomographen für den Patienten) die Therapietreue entscheidend verbessern kann.[254] Die deutliche Wahrnehmung einer gesundheitlichen Bedrohung oder eines direkt spürbaren therapeutischen Nutzens durch die Anwendung eines Arzneimittels sind also begünstigende Faktoren für die Therapietreue.

4.1.5 Unsicherheit bei der Ergebniskontrolle

Im Hinblick auf die im vorherigen Kapitel besprochene Gefahr der mangelnden Therapietreue ergibt sich für den behandelnden Arzt im Rahmen von Folgeuntersuchungen und Verlaufskontrollen das Problem, dass bei der Bewertung einer Arzneimittelleistung stets die Möglichkeit in Betracht gezogen werden muss, dass ein Patient - auch entgegen seiner Zusicherung - u. U. ein Arzneimittel nicht korrekt angewendet hat und dies eine verminderte oder fehlende Wirksamkeit zur Folge hat. Ebenso können auch die natürlichen Selbstheilungskräfte des Körpers wie auch die patientenindividuellen Charakteristika (z. B. die genetische Disposition, etc.) das Behandlungsergebnis stark beeinflussen. Daher kann in vielen Fällen auf patientenindividueller Basis kein kausal zwingender Zusammen-

---

[253] Vgl. Neukirchen, H. (2005), S. 224.
[254] Vgl. Kalia, N., Miller, L., Nasir, K., Blumenthal, R., Agrawal, N., Budoff, M. (2006), S. 394-399.

hang zwischen der ärztlichen Therapiewahl und dem beobachteten Therapieergebnis hergestellt werden. Des Weiteren muss auch nicht notwendigerweise die Möglichkeit zu Folgeuntersuchungen und Verlaufskontrollen für den Arzt gegeben sein. So kann es der Patient beispielsweise vorziehen, sich vorerst keinen weiteren Untersuchungen mehr zu unterziehen oder den behandelnden Arzt zu wechseln. In diesen Fällen wäre auch der Rückschluss eines Arztes, dass seine Therapieentscheidung zu einem erfolgreichen Ergebnis geführt hat (bzw. das Arzneimittel eine gute Wirksamkeit gezeigt hat) und der Patient aus diesem Grund nicht mehr den Arzt aufsucht, eine falsche Interpretation.

4.2 Der Umgang mit Unsicherheit

4.2.1 Beobachtungen bei Ärzten

Wie im vorherigen Kapitel gezeigt werden konnte, nehmen Unsicherheiten und Unwägbarkeiten in der alltäglichen Arbeit von Ärzten einen großen Platz ein. Dabei stellt sich die Frage, wie intensiv Ärzte selbst diese Unsicherheit wahrnehmen und welche Strategien sie zur Reduzierung der Unsicherheit entwickeln. In einer Übersichtsarbeit fasst *Hall* die Erkenntnisse aus der Literatur über den Umgang der Ärzteschaft mit Unsicherheit zusammen.[255] Danach können in der klinischen Praxis u. a. die folgenden Phänomene beobachtet werden:

- Verdrängung bzw. Verweigerung der Anerkennung von vorhandener Unsicherheit (z. B. aufgrund des Wunschs nach Vermeidung von kognitiven Spannungen, aus Angst vor Kontrollverlust und vor dem Gefühl, dass vorhandene Unsicherheit als Inkompetenz durch Kollegen und Patienten interpretiert werden könnte (d. h. Angst vor Machtverlust))

- Abnehmende Verdrängung der Unsicherheit mit zunehmender Erfahrung (d. h. der höhere Status eines Arztes führt zu einer größeren Bereitschaft, Unsicherheiten einzugestehen)

---

[255] Hall, K. (2002), S. 216-224.

- Nachahmung und Handeln gemäß allgemein akzeptierter Normen (z. B. kann die Orientierung an Richtlinien, Leitlinien oder Empfehlungen zu einer kognitiven Entlastung führen)

- Tendenz zu einer übertriebenen Verwendung von wissenschaftlichen Fachausdrücken in der Arzt-Patienten-Kommunikation („Fachchinesisch")

- Steigerung des mentalen Stress-Niveaus und die Neigung zur Entwicklung von „Galgenhumor"

- Intensivierung von diagnostischen und überwachenden Maßnahmen (gesteigerte Anzahl von diagnostischen Testverfahren, schnellere Krankenhauseinweisungen, verminderte Bereitschaft zur Entlassung von Patienten aus der Intensivstation)

- Die Suche nach Antworten auf Unsicherheiten durch Fokussierung auf die Hochtechnologie-Bereiche in der Medizin (u. a. auch verbunden mit einem geringeren Interesse an der Behandlung psychischer, geriatrischer oder chronischer Erkrankungen)

- Spezialisierung und Konzentration auf enge medizinische Fachbereiche (dadurch Entwicklung von Expertenwissen und Reduzierung der Unsicherheit)

- Entwicklung von vereinfachten Entscheidungsheuristiken (z. B. „wenn auch nur eine noch so kleine Erfolgswahrscheinlichkeit einer Maßnahme besteht, sollte sie durchgeführt werden" statt dem rationalen Abwägen von erwartetem Nutzen und Kosten)

Es ist unmittelbar ersichtlich, dass sich diese Verhaltensphänomene vorwiegend auf die Unsicherheit bei der Diagnose und Therapiewahl fokussieren. Die Tendenz zur Handlungsorientierung an anderen Ärzten („Nachahmung") und der Blick auf die Hochtechnologie-Medizin (mit der Hoffnung, dort Lösungen für eine Reduzierung der Unsicherheit zu finden) bieten gute Ansatzmöglichkeiten für das Arzneimittel-Marketing. So ist anzunehmen, dass die Empfehlungen, Leitlinien und Stellungnahmen von den wichtigsten medizinischen Fachgesellschaften

und Meinungsführern einen zentralen Einfluss - im Sinne einer Option zur Risiko-
reduktion - auf die behandelnden Ärzte ausüben. Daher muss dem Dialog mit
diesen Meinungsführern und deren Überzeugung von der Qualität eines Arzneimittels eine große Priorität im Rahmen der Vermarktungsaktivitäten eingeräumt
werden. Ebenso erscheint es in der Kommunikation mit Ärzten sinnvoll, deren
„Suche in der Technologie" nach Lösungen bei unsicheren Entscheidungssituationen adäquat zu unterstützen. So kann z. B. eine umfassende Darstellung und Visualisierung des Wirkmechanismus eines Arzneimittels (z. B. mittels Grafiken
und Filmen) zu einem Abbau der wahrgenommenen Wirkungsunsicherheit führen. Dieser Effekt wird auch in Kapitel 4.3.3.3 näher beschrieben.

4.2.2 Konsumenten und Risiko

Auch ein Blick zum Konsumgüterbereich hinsichtlich des Umgangs mit Unsicherheit bei Kaufentscheidungen kann zu einem besseren Verständnis des ärztlichen Verordnungsverhaltens beitragen. Grundsätzlich lassen sich die bei Konsumenten im Rahmen eines Produktkaufs auftretenden Risiken in finanzielle,
funktionelle, psychische und soziale Risiken unterscheiden.[256] Dabei kann die
wahrgenommene Unsicherheit bzw. das Risiko bei einer Kaufentscheidung als ein
kognitiver Konflikt (bzw. als eine Vorentscheidungsdissonanz) verstanden
werden. Inwiefern Konsumenten bestrebt sind, diesen Konflikt abzubauen, hängt
dabei ab von

- dem „Produkt-Involvement",
- dem wahrgenommenen Risikoniveau und
- der persönlichen Risikoneigung.[257]

Allerdings führt nicht jede Form von vorliegendem Risiko bzw. Unsicherheit zu
einem bedeutsamen kognitiven Konflikt. Das Vorliegen von sehr niedrigem oder
sehr hohem Risiko scheint dabei keinen stimulierenden Einfluss auf risikoabbau-
ende Handlungen (wie z. B. die weitere Informationssuche) auszuüben. Diese
„Risiko-Schwellenwerte" können dabei durch die Persönlichkeit (Risikoneigung),

---

[256] Vgl. Kroeber-Riel, W., Weinberg, P. (2003), S. 399.
[257] Vgl. Kroeber-Riel, W., Weinberg, P. (2003), S. 251.

das soziale Umfeld und durch kulturelle Faktoren beeinflusst werden. Innerhalb eines bestimmten Bereichs des wahrgenommenen Risikoniveaus wird der Konsument jedoch aktiv und wendet (sofern möglich) verschiedene Risikoreduktionstechniken an. Zu diesen Techniken gehören typischerweise

- die Informationssuche,
- die Markentreue (bzw. der Rückgriff auf eigene Erfahrungen),
- der Kauf von kleineren Packungsgrößen/Probiergrößen bzw. Testkäufe,
- die Orientierung an Empfehlungen (z. B. von Experten) und
- die Heranziehung von Qualitätsindikatoren wie Testurteile, Zertifikate, Auszeichnungen, etc.

Zu beachten ist dabei, dass bei Produktleistungen mit einer stochastischen Ergebniskomponente (z. B. der Kauf einer Saisonkarte für ein Freibad oder der Kauf eines Gebrauchtwagens) eine intensivierte Informationssuche nur begrenzt zum Abbau der wahrgenommenen Unsicherheit dienen kann. Es zeigt sich jedoch auch hier erneut die allgemein wichtige Rolle von externen Urteilen (z. B. Expertenempfehlungen und Zertifikaten) für einen Bewertungsprozess unter Unsicherheit.

Auch das Konzept der Markentreue ist prinzipiell auf den medizinischen Bereich übertragbar. Hat ein Arzt gute Erfahrungen mit einem Arzneimittel gesammelt, so ist er geneigt, dieses in entsprechenden Situationen erneut zu verwenden. Der große Unterschied zwischen der Markentreue im Konsumentenbereich und im medizinischen Bereich ist jedoch in der Qualitätskonstanz zu sehen: Während bei den meisten physischen Konsumgütern (und auch bei vielen standardisierten Dienstleistungen) von einer gleich bleibenden Markenqualität ausgegangen werden kann, variieren die Ergebnisse einer Arzneimitteltherapie z. T. beträchtlich aufgrund von unterschiedlichen Patientencharakteristika. Das Konzept der Markentreue dient daher im Arzneimittelbereich nur begrenzt für eine Reduzierung des wahrgenommenen Risikos (bzw. der Unsicherheit).

4.3 Präskriptive und deskriptive Entscheidungstheorie

4.3.1 Das Konzept der Erwartungsnutzen-Theorie

Von den in Kapitel 4.1 dargestellten verschiedenen Arten der Unsicherheit wird nun in diesem Kapitel die rationale Entscheidungsfindung im Rahmen der „Unsicherheit bei der Therapiewahl" näher diskutiert. Die Grundlage des rationalen[258] Entscheidens bei unsicheren Konsequenzen stellt die durch *von Neumann/Morgenstern* begründete Erwartungsnutzen-Theorie dar.[259] Dieses Konzept wurde bereits von verschiedenen Autoren auf den medizinischen Bereich übertragen, um für die Behandlung von konkreten Erkrankungen eine Instrument zur Entscheidungsunterstützung bereitzustellen.[260] Allerdings setzt die Verwendung des Erwartungsnutzenkonzeptes verschiedene Anforderungen an die Präferenzen des Entscheiders voraus, die häufig nicht explizit dargestellt und diskutiert werden. Auch beschränken sich die Untersuchungen häufig nur auf die unsicheren Konsequenzen bei der Wahl (oder Nicht-Wahl) von einer einzigen Therapieoption.[261]

In der Realität aber stehen Ärzte häufig vor der Entscheidung, zur Behandlung einer bestimmten Erkrankung aus einer Vielzahl von (jeweils mit unsicheren Konsequenzen behafteten) Therapiemöglichkeiten bzw. Arzneimitteln auszuwählen. Somit ähnelt das Produktwahlproblem eines behandelnden Arztes der Auswahl einer Lotterie unter mehreren Lotteriealternativen. Die folgende Abbildung skizziert das Entscheidungsproblem mit Hilfe eines Entscheidungsbaums.

---

[258] Der Begriff der „Rationalität" bzw. des „rationalen Entscheidens" ist nicht fest definiert. *Eisenführ/Weber* definieren hierfür verschiedene Anforderungen („prozedurale Rationalität" und „Konsistenz der Entscheidungsgrundlagen"). Vgl. Eisenführ, F., Weber, M. (2003), S. 4-9.

[259] Vgl. von Neumann, J., Morgenstern, O. (1947).

[260] Vgl. Robinson, A., Thomson, R. (2000), S. 238 - 244 und Clarke, J. (1987), S. 27-34.

[261] In den Arbeiten von *Robinson/Thomson* und *Clarke* werden lediglich die unsicheren Vor- und Nachteile einer Therapie den unsicheren Vor- und Nachteilen bei einer nicht durchgeführten Therapie gegenübergestellt (vgl. Robinson, A., Thomson, R. (2000), S. 238-244 und Clarke, J. (1987), S. 27-34).

138

Eintritts-
wahrscheinlichkeit

Nutzen-
bewertung

Arznei-
mittel A
0,3 Gute Wirksamkeit, schwache Nebenwirkungen — 0,95
0,4 Gute Wirksamkeit, starke Nebenwirkungen — 0,80
0,1 Schwache Wirksamkeit, schwache Nebenwirkungen — 0,60
0,2 Schwache Wirksamkeit, starke Nebenwirkungen — 0,30

Arznei-
mittel B
0,2 Gute Wirksamkeit, schwache Nebenwirkungen — 0,98
0,5 Gute Wirksamkeit, starke Nebenwirkungen — 0,82
0,2 Schwache Wirksamkeit, schwache Nebenwirkungen — 0,65
0,1 Schwache Wirksamkeit, starke Nebenwirkungen — 0,20

Arznei-
mittel C
p_{C1} q_{C1} — $u(q_{C1})$
p_{C2} q_{C2} — $u(q_{C2})$
p_{C3} q_{C3} — $u(q_{C3})$
... ... — ...

Keine
Therapie
0,4 Verschlechterung des Zustands (Niveau x_1) — 0,10
0,5 Gleichbleibender Zustand — 0,40
0,1 Verbesserung des Zustands (Niveau x_2) — 0,90

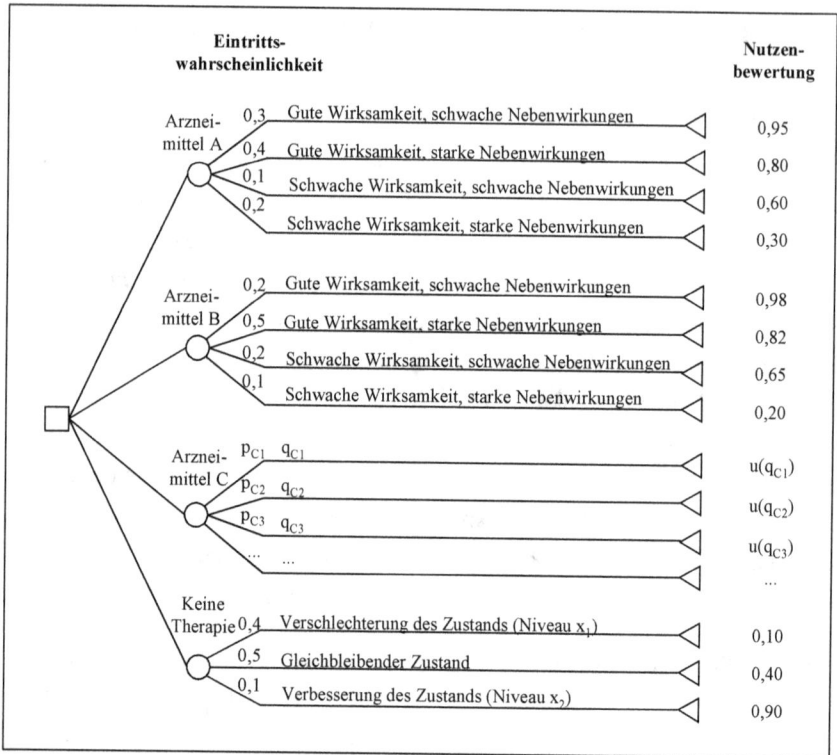

Abb. 20: Beispiel eines Entscheidungsbaums bei der Therapiewahl

In der obigen Abbildung werden dabei Entscheidungen als Vierecke, Ereignisse als Kreise und Konsequenzen als Dreiecke dargestellt. Im Anschluss an die Wahl eines Arzneimittels (A, B oder C bzw. keine Therapiewahl) schließt sich ein bestimmtes Ereignis an, das sich durch verschiedene mögliche Konsequenzen manifestieren kann. Aus Vereinfachungsgründen werden dabei in dem obigen Beispiel 4 verschiedene Konsequenzen je Arzneimitteltherapie unterschieden. Dabei repräsentieren „gute (bzw. schwache) Wirksamkeit" sowie „starke (bzw. schwache) Nebenwirkungen" jeweils ganze Bündel von möglicherweise auftretenden Nebenwirkungen und Wirksamkeitseffekten. Im Rahmen eines feingliedrigeren Entscheidungsbaums könnten aber prinzipiell alle möglichen einzelnen Effekte einer Arzneimitteltherapie gesondert aufgeführt werden und unter der Berücksichtigung möglicher kausaler Abhängigkeiten (z. B. können bestimmte Nebenwirkungen und Wirksamkeitseffekte nur in Kombination auftreten) entsprechende „Konsequenzen-Äste" modelliert werden.

Für die Beschreibung im Rahmen dieser Arbeit erscheint es jedoch zweckmäßig, entsprechend der Abbildung auf einen höheren Aggregationsgrad zurückzugreifen. Bei den modellierten Konsequenzen wird weiterhin davon ausgegangen, dass stets ein Minimum an Wirksamkeit und Nebenwirkungen bei der Anwendung eines Arzneimittels auftritt („schwache Wirksamkeit" bzw. „schwache Nebenwirkungen"). Bei den aus der Entscheidung „keine Therapie" resultierenden Konsequenzen erfolgt ebenfalls eine vereinfachte Modellierung mit nur 3 möglichen Zuständen.

Für die Anwendung des Erwartungsnutzen-Konzeptes müssen weiterhin innerhalb der Therapieentscheidungen für alle möglichen Konsequenzen Eintrittswahrscheinlichkeiten bestimmt werden sowie jeder Konsequenz ein bestimmter Nutzenwert zugeordnet werden. Für die Bestimmung der Eintrittswahrscheinlichkeiten können dabei die in klinischen Studien gemessenen Häufigkeiten von Ereignissen oder subjektive Wahrscheinlichkeitseinschätzungen (auf Basis ärztlicher Erfahrungen) verwendet werden.[262] Dabei muss die Summe der Eintrittswahrscheinlichkeiten aller Konsequenzen pro Ereignis 1 betragen. Die Nutzenbewertung von Konsequenzen erfolgt bei medizinischen Anwendungen typischerweise intervallskaliert auf einer Skala von 0 (Tod des Patienten) bis 1 (vollkommen gesund).[263] Dies erfolgt analog zu der Bewertung der Lebensqualität im Rahmen des QALY-Konzeptes bei gesundheitsökonomischen Evaluationen.[264] Für die Gültigkeit des Erwartungsnutzen-Konzepts bei der Nutzenbestimmung müssen dabei die Präferenzen des Entscheiders bestimmte Voraussetzungen erfüllen (vollständige Ordnung, Stetigkeit und Unabhängigkeit; siehe dazu auch das nachfolgende Kapitel).

Die Zuordnung eines numerischen Nutzenwertes zu einem bestimmten gesundheitlichen Zustand stellt dabei ein großes praktisches Problem dar. Es existieren

---

[262] Für eine Übersicht von verschiedenen Verfahren zur Bestimmung subjektiver Wahrscheinlichkeiten vgl. Eisenführ, F., Weber, M. (2003), S. 159-169.
[263] Vgl. Robinson, A., Thomson, R. (2000), S. 239.
[264] Vgl. Fricke, F., Schöffski, O. (2002), S. 112.

jedoch verschiedene Verfahren und Befragungstechniken, mit denen die Nutzen-werte für verschiedene stetige oder diskrete Konsequenzenmengen formal bestim-mt werden können.[265] Zu beachten ist dabei, dass in der obigen Abbildung die Nutzenwerte für sprachlich identisch definierte Konsequenzen von verschiedenen Arzneimitteloptionen leicht variieren. Wie bereits dargelegt repräsentieren die einzelnen Konsequenzen-Äste ganze Bündel von auftretenden Wirksamkeitsef-fekten und Nebenwirkungen, die trotz sprachlicher Deckungsgleichheit inhaltlich nicht identisch sind (z. B. die Konsequenz „gute Wirksamkeit, schwache Neben-wirkungen" bei Arzneimittel A und B). Dennoch liegen im Beispiel die Nutzenbe-wertungen für sprachlich identische Konsequenzen nahe beieinander.

Ist die Modellstruktur spezifiziert und liegen die verschiedenen Eintrittswahr-scheinlichkeiten (p) und Nutzenwerte der Konsequenzen (u) vor, so kann für jede Alternative a (d. h. Arzneimittel A, B, ...) der erwartete Nutzen (EU) wie folgt be-rechnet werden:

Erwarteter Nutzen:

$$EU(a) = \sum_{i=1}^{n} p_i \cdot u(q_i)$$

mit:

EU	=	Erwarteter Nutzen
a	=	Alternative / Lotterie / Produkt
p_i	=	Eintrittwahrscheinlichkeit der Konsequenz i (i = 1, ..., n)
q_i	=	Konsequenz i der Alternative a (i = 1, ..., n)
$u(q_i)$	=	Nutzen der Konsequenz i

Abb. 21: Das Erwartungsnutzen-Konzept[266]

Ein rationaler Entscheider wählt entsprechend jene Alternative aus, die den höchsten erwarteten Nutzen liefert. In dem zuvor besprochenen Beispiel erzeugt das Arzneimittel A einen erwarteten Nutzen (EU) von 0,725, das Arzneimittel B

---

[265] Für eine Übersicht vgl. Eisenführ, F., Weber, M. (2003), S. 227-239.
[266] Quelle: Eisenführ, F., Weber, M. (2003), S. 211.

EU = 0,756 und die Option „Keine Therapie" EU = 0,33. Innerhalb dieser Optionen würde also das Arzneimittel B ausgewählt werden.

Ein praktisches Beispiel für die Verwendung des Erwartungsnutzen-Konzeptes als Entscheidungsunterstützung in der klinischen Praxis kann bei *Robinson/Thomson* nachgelesen werden.[267] Dort soll in der Indikation „Vorhofflimmern" mit diesem Konzept eine Hilfestellung für den Einsatz des Blutverdünnungspräparats „Warfarin" gegeben werden. Mit Hilfe einer computergestützten Befragung werden dabei die Präferenzen von Patienten für bestimmte Gesundheitszustände ermittelt und zusätzlich patientenindividuelle Wahrscheinlichkeiten für das Auftreten von bestimmten Nebenwirkungen berechnet (mittels der Dateneingabe von patientenspezifischen Charakteristika).

4.3.2 Voraussetzungen für die Gültigkeit der Erwartungsnutzen-Theorie

Für die Gültigkeit des Erwartungsnutzen-Konzepts müssen verschiedene Anforderungen hinsichtlich der Präferenzen eines Entscheiders bei riskanten Alternativen erfüllt sein.[268] Dazu gehören die Axiome der vollständigen Ordnung, der Stetigkeit und der Unabhängigkeit. Sind diese Kriterien erfüllt, so bildet der höchste erwartete Nutzen (EU) innerhalb verschiedener riskanter Alternativen die Präferenz eines rational handelnden Individuums ab. Die folgende Abbildung beschreibt die Kriterien.

---

[267]   Vgl. Robinson, A., Thomson, R. (2000), S. 238-244.
[268]   Vgl. Eisenführ, F., Weber, M. (2003), S. 212-217.

Vollständige Ordnung:

Vollständigkeit: Für jedes Paar von Lotterien a, b ∈ A gilt: a $\succeq$ b oder b $\succeq$ a.

Transitivität: Für alle Lotterien a, b, c ∈ A gilt: Aus a $\succeq$ b und b $\succeq$ c folgt a $\succeq$ c.

Stetigkeit:

Sind die Lotterien a, b, c mit a $\succeq$ b $\succeq$ c gegeben, dann gibt es eine
Wahrscheinlichkeit p, bei der b ~ p · a + (1 − p) · c gilt.

Unabhängigkeit:

Gilt für 2 Lotterien a $\succeq$ b, so muss auch für alle Lotterien c und alle
Wahrscheinlichkeiten p gelten, dass p · a + (1 − p) · c $\succeq$ p · b + (1 − p) · c ist.

Abb. 22:   Axiome der Erwartungsnutzen-Theorie[269]

Das Kriterium der Vollständigkeit fordert, dass verschiedene Lotterien (synonym:
Alternativen, Produkte, Arzneimittel) miteinander verglichen werden können. So
sollten Individuen beispielsweise verschiedene Arzneimittel gegeneinander abwägen können, die im einen Fall „Leberversagen mit Todesfolge" und im anderen
Fall „intrazerebrale Massenblutung mit Todesfolge" als mögliche Nebenwirkungen aufweisen. Solche Vergleiche können jedoch bei praktischen Anwendungen
unter der Beteiligung von Ärzten und Patienten u. U. eine starke Ablehnungshaltung hervorrufen. Ebenso liegen in der Realität nicht immer geordnete Präferenzen für Alternativen gemäß des Kriteriums der Transitivität vor. Je nach Be-
fragungstechnik können sich dabei die geäußerten Präferenzen u. U. „im Kreis
drehen" und es kann keine klare Präferenzordnung entwickelt werden. Allerdings
kann gezeigt werden, dass im Falle von intransitiven Präferenzen und Transak-
tionsmöglichkeiten eine „Geldpumpe" konstruiert werden kann, bei der ein Individuum verschiedene Geldbeträge für den Erhalt einer bevorzugten Alternative zu
zahlen bereit wäre, nur um am Ende wieder die Alternative aus der Ausgangssi-
tuation zu erhalten.[270] Daher ist anzunehmen, dass bei einer entsprechend inten-

---

[269]   Quelle: Eisenführ, F., Weber, M. (2003), S. 212-217.
[270]   Vgl. Eisenführ, F., Weber, M. (2003), S. 100.

siven Analyse von Alternativen in vielen Fällen geordnete Präferenzen entwickelt werden können.

Hinsichtlich des Kriteriums der Stetigkeit ist der Term $p \cdot a + (1 - p) \cdot c$ in der obigen Abbildung als eine aus den Lotterien a und c zusammengesetzte Lotterie zu verstehen. Das Axiom impliziert, dass für eine in der Präferenzordnung zwischen a und c liegende Lotterie b immer eine Kombination aus a und c gefunden werden kann, die der Entscheider genauso gut bewertet wie die Alternative b. Dieses (hinsichtlich der typischen menschlichen Präferenzen) eher als unproblematisch zu bewertende Kriterium kann allenfalls dann ein Problem darstellen, wenn entweder die Alternativen a oder c sehr negative (unsichere) Konsequenzen enthalten (z. B. den Todesfall als eine mögliche Konsequenz). In einem solchen Fall wären Individuen zu geneigt, nicht indifferent zwischen der Alternative b und einer zusammengesetzten Lotterie aus a und c zu sein.

Das Axiom der Unabhängigkeit hebt darauf ab, dass sich eine Präferenz zwischen zwei Lotterien nicht ändert, wenn diese Alternativen mit einer weiteren (und für die Entscheidung irrelevanten) Lotterie c verknüpft werden. Übertragen auf den medizinischen Bereich kann man sich z. B. vorstellen, dass die Präferenz für ein Arzneimittel A gegenüber dem Arzneimittel B nicht davon beeinflusst werden darf, ob zusätzlich ein weiteres Arzneimittel C dem Patienten verabreicht wird (Annahme: Es existieren keine Wechselwirkungen zwischen A und C bzw. B und C). Wie in Versuchen gezeigt werden konnte, verstoßen aber Individuen in realen Entscheidungssituationen sehr häufig gegen das Axiom der Unabhängigkeit (Stichwort: *Allais*-Paradoxon).[271] Die Präferenz für eine bestimmte Lotterie ist in der Wahrnehmung der Menschen meist nicht unabhängig davon, ob weitere Lotterien mitgespielt werden müssen oder nicht. Akzeptiert man das Konzept der Erwartungsnutzen-Theorie, so muss jedoch gefordert werden, dass die Präferenzen des Entscheiders diesem Axiom folgen.

---

[271] Vgl. Eisenführ, F., Weber, M. (2003), S. 217, 359-361.

4.3.3 Grenzen der Erwartungsnutzen-Theorie und Befunde der deskriptiven Entscheidungstheorie

4.3.3.1 Einleitende Bemerkungen

Das Erwartungsnutzen-Konzept bietet in unsicheren Situationen eine klare Handlungsanweisung für das Treffen rationaler Entscheidungen. Die Voraussetzungen dafür sind, dass die Präferenzen des Entscheiders bestimmte Anforderungen erfüllen und dass die Eintrittwahrscheinlichkeiten und Nutzenwerte für die unsicheren Konsequenzen bekannt sind. Sind diese Bedingungen erfüllt, so können prinzipiell auch im medizinischen Bereich bei der Arzneimittelwahl mit Hilfe dieses Instruments rationale Entscheidungen getroffen werden. Die grafische Visualisierung einer Einscheidungssituation mit Hilfe eines Entscheidungsbaums strukturiert das Entscheidungsproblem und kann sich zudem günstig auf die Kommunikation zwischen Arzt und Patient auswirken.

In der praktischen Anwendung birgt dieser Ansatz allerdings einige Probleme. So kann im Rahmen der deskriptiven Entscheidungstheorie gezeigt werden, dass Individuen bei ihren tatsächlichen Lotteriepräferenzen und bei der Einschätzung von Wahrscheinlichkeiten und Nutzenwerten häufig von den im Rahmen der Erwartungsnutzen-Theorie geforderten rationalen Entscheidungs- und Bewertungskalkülen abweichen. Neben den kritischen Voraussetzungen an die Präferenzen des Entscheiders (siehe vorheriges Kapitel) kann die Kritik an der praktischen Übertragbarkeit der Erwartungsnutzen-Theorie in 3 Teilbereiche unterschieden werden, die im Folgenden näher diskutiert werden:

- Probleme bei der Bestimmung von Nutzenwerten
- Probleme bei der Bestimmung von Eintrittwahrscheinlichkeiten
- Tatsächlich beobachtete Lotteriepräferenzen

Im Folgenden werden die von den Annahmen des rationalen Entscheidungskalküls abweichenden Befunde der deskriptiven Entscheidungstheorie in die obigen 3 Teilbereiche eingeordnet und diskutiert. Dabei zeigt sich, dass die menschliche Wahrnehmung (insbesondere bei der Bewertung von Eintrittswahrscheinlichkeiten) vielen Verzerrungen und Täuschungen unterliegt und somit eine verlässliche Anwendung des Erwartungsnutzen-Konzepts bei medizinischen Fra-

gestellungen fraglich erscheint. Dennoch liefern die wissenschaftlichen Erkenntnisse über menschliche Wahrnehmungsverzerrungen wertvolle Informationen
darüber, wie Individuen in unsicheren Situationen Wahrscheinlichkeitsurteile
entwickeln und tatsächlich Entscheidungen treffen. Dieses Wissen kann direkt im
Rahmen des Arzneimittel-Marketings genutzt werden.

4.3.3.2 Die Bestimmung von Nutzenwerten

Folgt man dem Ansatz, dass sich die Konsequenzen einer Arzneimitteltherapie in
einen mehr oder weniger fein gegliederten Entscheidungs- bzw. Ereignisbaum abbilden lassen, so stellt sich die Frage, wie genau jeder einzelnen Konsequenz ein
Nutzenwert zugeordnet werden kann. Individuen könnte es intuitiv schwer fallen,
z. B. bei einem dermatologischen Präparat die Konsequenzen „vollständige Rückbildung eines Ekzems und Auftreten von starkem Juckreiz" mit der „partiellen
Rückbildung eines Ekzems und keinen Nebenwirkungen" abzuwägen und Nutzenwerte zu vergeben. Fraglich ist dabei auch, wessen Präferenzen durch die Nutzenwerte repräsentiert werden. Patienten sind oftmals aufgrund mangelnder Erfahrung nicht dazu in der Lage, den tatsächlichen Nutzen von einer möglicherweise auftretenden Wirksamkeit oder die Belastung durch eine möglicherweise auftretende Nebenwirkung adäquat einzuschätzen. Ärzte hingegen können durch ihre
Behandlungserfahrung solche Effekte wesentlich besser beurteilen. Allerdings ist
davon auszugehen, dass z. B. die Gefahr einer Nebenwirkung durch denjenigen,
der sie möglicherweise selbst erleiden muss, ganz anders wahrgenommen und beurteilt wird als durch einen Arzt, der schon bei vielen Patienten diese Nebenwirkung hat beobachten können und weiß, dass Patienten diese Belastung meist gut
ertragen können. Folgt man jedoch dem Konzept der Patientenautonomie und der
Selbstbestimmung, so dürfen einzig die Nutzenbewertungen aus Sicht der Patienten berücksichtigt werden.

Weiterhin konnte in Versuchen gezeigt werden, dass es Individuen in der Realität
schwer fällt, den Nutzenwert von einer einzelnen Konsequenz unabhängig von
den übrigen Konsequenzen einer Lotterie zu beurteilen (Disappointment-Ef-
fekt).[272] Im Rahmen eines rationalen Entscheidungskalküls wird jedoch diese

---

[272] Vgl. Bell, D. (1985), S. 1-27.

Unabhängigkeit bei der Nutzenwertbestimmung gefordert. Ein Beispiel: Je nach Lotteriedesign kann eine bestimmte Konsequenz (z. B. der Gewinn von 100 Euro bei einer 50/50-Lotterie) durch einen Entscheider entweder erfreulich (z. B. wenn die andere Konsequenz 0 Euro gewesen wäre) oder enttäuschend beurteilt werden (z. B. wenn die andere Konsequenz 200 Euro gewesen wäre). Übertragen auf eine Arzneimittelbeurteilung könnte dies z. b. heißen, dass die Nutzenbewertung einer möglicherweise eintretenden Wirksamkeits-/Nebenwirkungs-Konsequenz abhängig von den übrigen Wirksamkeits-/Nebenwirkungs-Konsequenzen erfolgt. Da das Auftreten solcher Abhängigkeiten durchaus plausibel erscheint, erfährt das Konzept des Erwartungsnutzens an dieser Stelle eine starke Einschränkung.

Ferner ist zu beachten, dass für die Behandlung jedes einzelnen Patienten die Nutzenwerte jeweils neu bestimmt werden müssen. Beispielsweise kann eine Nebenwirkung wie „Auftreten von leichtem Hautausschlag im Gesicht" durch verschiedene Patienten unterschiedlich gravierend beurteilt werden. Die Folge sind patientenindividuelle und variierende Nutzenbewertungen der Konsequenzen. Auch der zeitliche Aufwand für die praktische Bestimmung von Nutzenwerten sollte in diesem Zusammenhang berücksichtigt werden.

4.3.3.3 Die Bestimmung von Eintrittwahrscheinlichkeiten

Werden im Rahmen des Erwartungsnutzen-Konzepts patientenindividuelle Eigenschaften berücksichtigt, so müssen für die Konsequenzen aller Alternativen auch patientenindividuelle Eintrittwahrscheinlichkeiten bestimmt werden. So kann z. B. das Auftreten von bestimmten Nebenwirkungen umso wahrscheinlicher werden, je älter ein Patient ist. In Extremfällen muss sogar abhängig von dem Patienten die Baumstruktur der Konsequenzen angepasst werden (Hinwegnahme oder Hinzufügung von möglichen Konsequenzen), da u. U. gewisse Effekte bei der Arzneimitteltherapie nur bei bestimmten Patienten auftreten können.

Als Ausgangspunkt für die Bestimmung der Eintrittswahrscheinlichkeiten kann dabei auf die in klinischen Studien gemessenen Ereignishäufigkeiten zurückgegriffen werden. Ein Beispiel: Wenn bei 50 % aller Patienten, die ein Arzneimittel im Rahmen einer validen klinischen Studie erhielten, nach 4 Wochen eine Verbesserung des Wirksamkeitsparameters W um X % gemessen wurde, so kann als

Ausgangshypothese angenommen werden, dass bei einem konkreten Patienten die Verbesserung des Wirksamkeitsparameters W um X % nach 4 Wochen mit einer Wahrscheinlichkeit von p=0,5 auftritt. Dabei gelten bei der Verwendung von klinischen Daten zur Bestimmung von Eintrittwahrscheinlichkeiten alle bereits diskutierten Einschränkungen analog: So sind u. U. die Studienpopulationen nicht auf einen konkreten Behandlungsfalls übertragbar, es liegen ggf. widersprüchliche Daten aus unterschiedlichen Studien vor oder die Studienergebnisse sind aus sonstigen Gründen (z. B. Studiendauer oder Studiendesign) kritisch zu beurteilen.

Es ist jedoch anzunehmen, dass ein Arzt nicht nur aufgrund der eingeschränkten Übertragbarkeit von klinischen Studienergebnissen und aufgrund der Berücksichtigung von patientenindividuellen Charakteristika eine weitere gedankliche Anpassung der subjektiven Eintrittwahrscheinlichkeiten für die verschiedenen Konsequenzen vornimmt. So können z. B. auch die bereits mit einem Arzneimittel gesammelten Erfahrungen, die Stellungnahmen von medizinischen Fachgesellschaften und das Hersteller-Marketing auf die Bildung der subjektiv wahrgenommenen Eintrittwahrscheinlichkeiten einwirken.

Die Erkenntnisse aus der deskriptiven Entscheidungstheorie zeigen dabei auf, dass die menschliche Wahrnehmung und Informationsverarbeitung insbesondere bei der Bestimmung von Eintrittswahrscheinlichkeiten vielen Verzerrungen und Täuschungen unterliegt.[273] Diese Effekte sind in der folgenden Tabelle überblicksartig zusammengestellt. Aus diesen Erkenntnissen lassen sich leicht wichtige Implikationen für kommunikationspolitische Maßnahmen bei der Vermarktung von Arzneimitteln ableiten.

---

[273] Vgl. Eisenführ, F., Weber, M. (2003), S. 366-372.

148

Phänomen	Beschreibung	Beispiele im Rahmen des Verordnungsverhaltens von Ärzten	Quelle
Ausführlichkeit der Beschreibung eines Ereignisses	• Die Ausführlichkeit der Beschreibung eines bestimmten Ereignisses darf im Rahmen des rationalen Entscheidungskalküls keinen Einfluss auf die wahrgenommene Eintrittswahrscheinlichkeit besitzen. • Es konnte jedoch in Versuchen gezeigt werden, dass die Schätzung der Eintrittswahrscheinlichkeit von Ereignissen von der Ausführlichkeit ihrer Beschreibungen beeinflusst wird.	• Je länger und intensiver bei einem medizinischen Kongress über die verschiedenen Wirksamkeitsaspekte eines Arzneimittels referiert wird, desto wahrscheinlicher beurteilen die im Auditorium zuhörenden Ärzte das Auftreten der Wirksamkeit bei der Anwendung des Arzneimittels.	Fischhoff, B., Slovic, P., Lichtenstein, S., (1978), S. 330 - 334.
Availability Bias	• Bei dem „Availability Bias" handelt es sich um eine gedächtnispsychologisch erklärbare Urteilsverzerrung. Individuen neigen dazu, die Wahrscheinlichkeit für den Eintritt eines Ereignisses umso höher einzuschätzen, je leichter und schneller sie in der Lage sind, sich Beispiele für ein solches Ereignis vorzustellen oder in Erinnerung zu rufen. • Besonders leicht fällt dabei die Vorstellung von Ereignissen, die mit einer hohen Emotionalität, Lebhaftigkeit, Familiarität, Medienpräsenz oder mit einem erst kürzlichen Auftreten verbunden sind. In solchen Fällen wird die Eintrittswahrscheinlichkeit von Ereignissen tendenziell überschätzt und die Entscheidungsfindung verzerrt.	• In Folge der bei einem einzelnen Patienten kürzlich festgestellten guten Wirksamkeit eines Arzneimittels, die z. B. mit der Linderung eines starken Leidensdruck des Patienten verbunden war (= hohe Emotionalität), überschätzt ein Arzt generell die Wahrscheinlichkeit für den Wirksamkeitseintritt bei dem betreffenden Arzneimittel.	Tversky, A., Kahneman, D. (1973), S. 207 - 232.

Phänomen	Beschreibung	Beispiele im Rahmen des Verordnungsverhaltens von Ärzten	Quelle
Base Rate Fallacy	• Bei dem intuitiven Umgang mit Wahrscheinlichkeiten neigen Individuen dazu, die „base rate" (Häufigkeit) für ein Ereignis bei dem Eintreffen von neuen Informationen, die auf den Eintritt des Ereignisses hindeuten, zu vernachlässigen oder gar nicht mehr zu berücksichtigen. • Durch diesen Effekt wird die wahrgenommene Eintrittswahrscheinlichkeit für ein Ereignis tendenziell überschätzt	• Aus einer klinischen Studie ist über ein Arzneimittel bekannt, dass eine bestimmte schwere Nebenwirkung insgesamt sehr selten auftritt. • Zusätzlich ist bekannt, dass Patienten, die ein gewisses Merkmal aufweisen (z. B. die Konzentrationserhöhung eines bestimmten Hormons), relativ häufiger als andere Patienten unter dieser Nebenwirkung leiden. • Wenn ein Arzt für einen Patienten mit einer solchen Hormonspiegelerhöhung die Verordnung des betreffenden Arzneimittels in Betracht zieht, würde er gemäß der „Base Rate Fallacy" die Wahrscheinlichkeit des Eintritts der schweren Nebenwirkung bei dem betreffenden Patienten stark überschätzen. • Trotz einer (aufgrund der „base rate") nach wie vor geringen Wahrscheinlichkeit des Eintritts der schweren Nebenwirkung (auch mit Hormonspiegelerhöhung) würde er das Arzneimittel aus Angst vor dem Auftreten der Nebenwirkung nicht verordnen.	Tversky, A., Kahneman, D. (1973), S. 207 - 232.
Framing-Effekte	• Unter „Frames" (Rahmen) werden verschiedene Darstellungsweisen für ein identisches Entscheidungsproblem (z. B. im Rahmen einer Lotterie) verstanden. • Je nach Darstellungsweise der Konsequenzen und/oder der Wahrscheinlichkeiten treffen Individuen unterschiedliche Entscheidungen für ein identisches Problem. • Im Rahmen eines rationalen Entscheidungskalküls darf aber der Darstellungsrahmen keinen Einfluss auf die Entscheidung haben.	• Ein Arzt trifft die Verordnungsentscheidung für ein Arzneimittel abhängig davon, ob ihm bei dem Sicherheitsprofil des Arzneimittels absolute Risiken (= geringere wahrgenommene Gefahr) oder relative Risiken (= höhere wahrgenommene Gefahr) kommuniziert werden (siehe dazu auch das Ende dieses Kapitels).	Tversky, A., Kahneman, D. (1981), S. 453 - 458.

150

Phänomen	Beschreibung	Beispiele im Rahmen des Verordnungsverhaltens von Ärzten	Quelle
Gambler's Fallacy	• In der Wahrnehmung von Individuen ist die Wahrscheinlichkeit für den Eintritt eines bestimmten Ereignisses nach einer Serie des Auftretens von (oftmals gleichen) Ereignissen verzerrt. • Beispiel: Ein Roulettespieler hält nach dem Auftreten von 10mal „Rot" hintereinander das Auftreten von „Schwarz" beim 11. Spiel nun für sehr wahrscheinlich.	• Nach der erfolglosen Behandlung von mehreren Patienten mit einem (in seiner Wirkung normalerweise relativ verlässlichen) Arzneimittel hält der Arzt es nun für „quasi sicher", dass die Wirksamkeit des Arzneimittels bei dem nächsten zu behandelnden Patienten auftritt.	Tversky, A., Kahneman, D. (1971), S. 105 - 110.
Hindsight Bias	• Nach Bekanntgabe eines (ex ante) unsicheren Ereignisses neigen Individuen dazu, die wahrgenommene Eintrittswahrscheinlichkeit dieses Ereignisses/der Konsequenz im Nachhinein zu überschätzen. • Insbesondere wenn das eingetretene Ereignis mit der ex ante Erwartungshaltung eines Individuums übereinstimmt, tritt dieser Effekt verstärkt auf (der so genannte „Knew-it-all-along-Effekt").	• Ein Arzt ist sehr von dem neuartigen Wirkmechanismus eines Arzneimittels überzeugt. • In Studien konnte gezeigt werden, dass eine gute Wirksamkeit aber nur bei etwas mehr als der Hälfte aller Patienten auftritt. • Nachdem der Arzt das Arzneimittel bei einem ersten Patienten ausprobiert und sich die erwartete Wirksamkeit einstellt, erhöht sich die durch den Arzt wahrgenommene Wirkungswahrscheinlichkeit im Nachhinein. • Diese Wahrnehmung kann sein Entscheidungsverhalten bei wiederholten Verordnungen beeinflussten.	Fischhoff, B. (1975), S. 288 - 299.

Phänomen	Beschreibung	Beispiele im Rahmen des Verordnungsverhaltens von Ärzten	Quelle
Illusion of Control	• Individuen glauben oft eine stärkere Kontrolle über zufällige Ereignisse zu haben, als es tatsächlich der Fall ist. • Der „Illusion-of-Control-Effekt" tritt insbesondere in Situationen auf, die von den Individuen als vertraut empfunden werden oder wenn sie zwischen verschiedenen Lotterien wählen können. • Es konnte beobachtet werden, dass in solchen Situationen die Eintrittswahrscheinlichkeiten von Ereignissen über- bzw. unterschätzt werden und jene Lotterien bevorzugt werden, bei denen eine höhere wahrgenommene Kontrolle vorliegt.	• Für die Behandlung von Patienten in einer Indikation existieren zahlreiche Therapiemöglichkeiten, die aber alle jeweils nur bei einem Anteil der in klinischen Studien betrachteten Patienten eine ausreichende Wirksamkeit gezeigt haben. • Ein Arzt überschätzt aufgrund der Auswahlmöglichkeit die Wahrscheinlichkeit, einen konkreten Patienten in der betreffenden Indikation erfolgreich mit einem der Arzneimittel behandeln zu können (Illusion, dass man die Behandlung von Patienten in dieser Indikation „im Griff hat").	Langer, E. (1975), S. 311 - 328.
Over-confidence	• Verschiedene empirische Untersuchungen haben gezeigt, dass Individuen dazu neigen, ihre Fähigkeiten und Kenntnisse zu überschätzen und zu viel Vertrauen in ihre eigenen Urteile legen. • So tendieren sie etwa in unsicheren Situationen dazu, einem von ihnen gewählten oder präferierten Ereignis eine erhöhte Erfolgswahrscheinlichkeit zuzuschreiben („Wunschdenken", z. B. die Erfolgswahrscheinlichkeit in einem Zivilprozess). • In Folge dieser verzerrten Wahrnehmung wird das Entscheidungsverhalten entsprechend beeinflusst.	• Nach der Auswahl eines Arzneimittels unter verschiedenen Alternativen ist ein Arzt stark von seiner Entscheidung überzeugt: Er misst dem Erfolg der durch ihn gewählten Therapie eine relativ höhere subjektive Eintrittswahrscheinlichkeit zu, als dies z. B. durch klinische Studien erwartet werden kann.	Svenson, O. (1981), S. 143 - 148.

Phänomen	Beschreibung	Beispiele im Rahmen des Verordnungsverhaltens von Ärzten	Quelle
Referenz-punkt-Effekt	• In unsicheren Situationen neigen Entscheider dazu, sich bei der Bewertung der Eintrittswahr-scheinlichkeiten von bestimmten Ereignissen zu eng an einem individuellen Referenzpunkt zu orientieren. • Beispiel: Für eine Wette auf den Dollar-Kurs in einem Jahr orientiert sich ein Entscheider an dem bisherigen Dollar-Höchst-kurs. Ein Überschreiten des Dollarkurses über diesen Referenzpunkt hält er für sehr unwahrscheinlich und wettet entsprechend auf einen niedrigeren Dollarkurs.	• Bei der Einführung eines neuen Arzneimittels vertraut ein Arzt weniger auf Studienergebnisse (bzw. gemessene Ereignis-häufigkeiten) als auf seine ersten Eindrücke aus der klinischen Praxis. Das Behandlungsergebnis bei dem ersten behandelten Patienten dient dem Arzt als Referenz-punkt für die Bewertung der klinischen Leistung des Arzneimittels hinsichtlich der Verordnungsentscheidung bei weiteren Patienten. • Durch dieses Vorgehen werden die Eintrittswahrscheinlich-keiten bestimmter Ereignisse (Wirksamkeit, Nebenwir-kungen) systematisch über- bzw. unterschätzt.	Odean, T. (1998), S. 1775 - 1798.
Szenario-denken	• Bei der Wahrscheinlichkeits-beurteilung für das gemeinsame Auftreten von 2 unabhängigen Ereignissen neigen Individuen dazu, die Wahrscheinlichkeit für dieses gemeinsame Auftreten tendenziell zu überschätzen. • In einigen Fällen wird die Wahrscheinlichkeit des gemein-samen Auftretens von 2 unab-hängigen Ereignissen sogar intuitiv höher bewertet als die Wahrscheinlichkeit des Auftretens von den jeweiligen Einzelereig-nissen. Dies ist aber logisch unmöglich. • Als Erklärung wird angeführt, dass Individuen sich leichter Szenarien (mit vielen kombi-nierten Ereignissen) vorstellen können als isolierte Einzelereignisse.	• Über ein Arzneimittel ist be-kannt, dass u. a. 2 bedeutsame Nebenwirkungen kausal unabhängig voneinander bei der Behandlung eines Patienten auftreten können. • Ein Arzt neigt daraufhin dazu, die Wahrscheinlichkeit des gemeinsamen Auftretens der beiden Nebenwirkungen zu überschätzen, da das gemeinsame Auftreten der Nebenwirkungen (z. B. Schwitzen und „Herzrasen") auch aus anderen Bereichen bekannt ist.	Dawes, R. (1988), S. 132.

Phänomen	Beschreibung	Beispiele im Rahmen des Verordnungsverhaltens von Ärzten	Quelle
Überschätzung kleiner Wahrscheinlichkeiten	• Individuen neigen dazu, in der subjektiven Wahrnehmung sehr kleine Wahrscheinlichkeiten tendenziell zu überschätzen. • Durch diese Wahrnehmung wird die Möglichkeit des Auftretens dieser sehr unwahrscheinlichen Ereignisse intuitiv überschätzt und das Entscheidungsverhalten verzerrt.	• In der subjektiven Wahrnehmung eines Arztes wird die Wahrscheinlichkeit für das Auftreten einer schweren und sehr seltenen Nebenwirkung überschätzt. • In der Folge bewertet er das Sicherheitsprofil des Arzneimittels als insgesamt ungünstig und sieht von einer Verordnung des Arzneimittels ab.	Kahneman, D., Tversky, A. (1984), S. 341 - 350.
Umkehrung bedingter Wahrscheinlichkeiten	• Beim Vorliegen bedingter Wahrscheinlichkeiten („die Wahrscheinlichkeit für den Eintritt von X, wenn Y vorliegt") neigen Individuen dazu, die Verknüpfung der beiden Ereignisse umzukehren. Als Konsequenz kann sich eine schwere Fehlinterpretation für die Eintrittswahrscheinlichkeit eines Ereignisses ergeben. • Tatsächliches Beispiel aus der Brustkrebs-Indikation: Ein Arzt hat 90 Frauen aus einer Hochrisikogruppe vorsorglich die Brust amputiert. Als Grund wurde dafür angegeben, dass 93% der Brustkrebsfälle aus der Hochrisikogruppe stammen. Bei einer absoluten Brustkrebshäufigkeit von 7,5% und einem Anteil der Hochrisikopatienten von 57% an der gesamten Population errechnet sich jedoch mit Hilfe des *Bayes*-Theorems nur eine Wahrscheinlichkeit von 12%, dass eine Frau aus der Hochrisikogruppe tatsächlich an Brustkrebs erkrankt.	• Die folgende Information liegt über das Arzneimittel X vor: „90% der Patienten, bei denen eine bestimmte schwere Nebenwirkung bei Arzneimittel X auftrat, wiesen das Merkmal M auf". • Daraufhin hält ein Arzt die Verordnung des Arzneimittels X für einen Patienten mit dem Merkmal M für zu gefährlich, da er intuitiv das Vorliegen des Merkmals M als einen starken Indikator für das Auftreten der schweren Nebenwirkung durch das Arzneimittel X interpretiert.	Dawes, R. (1988). Bayes, T., (1958), S. 296 - 315.

Phänomen	Beschreibung	Beispiele im Rahmen des Verordnungsverhaltens von Ärzten	Quelle
Ungenügende Stichprobe	• Individuen stützen sich bei ihren Urteilen oft auf viel zu kleine Stichproben. • Häufig wird dabei in unsicheren Situationen auf Basis einer viel zu geringen Anzahl von Beobachtungen der Schluss von einer erfolgreichen Konsequenz auf die Weisheit der Entscheidung gezogen (Beispiel: „Es war eine gute Entscheidung, dass ich den Arbeitgeber gewechselt habe"). • Im Marketing kann die Insensitivität gegenüber Stichprobengrößen für die Formulierung von Werbebotschaften zum Vorteil eines Herstellers ausgenutzt werden. Aussagen wie „4 von 5 Zahnärzten empfehlen die Zahnpasta X" enthalten keine Information über die Gesamtzahl der befragten Zahnärzte.	• Die Aussage eines medizinischen Meinungsführers bei einem wissenschaftlichen Kongress, dass „... alle seine mit dem Arzneimittel X behandelten Patienten von der Behandlung profitiert haben", überzeugt die Ärzte im Auditorium, dass es sich bei Arzneimittel X um ein sehr wirksames Arzneimittel für eine Vielzahl von Patienten handelt.	Eisenführ, F., Weber, M. (2003), S. 176.

Tab. 10: Befunde der deskriptiven Entscheidungstheorie-Wahrscheinlich-keiten

Zusammenfassend lässt sich für die Vermarktung von Arzneimitteln auf Basis der obigen Erkenntnisse feststellen, dass die durch Ärzte subjektiv wahrgenommene Erfolgswahrscheinlichkeit einer Arzneimitteltherapie erhöht werden kann, wenn:

• Wirksamkeitseffekte oder Fälle von Patienten (Kasuistiken) intensiv und ausführlich (idealerweise mit emotionalem Bezug und im Rahmen von Szenarien) kommuniziert werden;

• Ärzte in ihren Therapieentscheidungen und Einstellungen psychologisch bestärkt werden (Overconfidence, Hindsight-Bias);

• Ärzten suggeriert wird, dass sie mit den zur Verfügung stehenden Arzneimitteln Erkrankungen effektiv und erfolgreich behandeln können (Illusion of Control);

- einzelne Fälle von erfolgreichen Behandlungen als Referenzfälle kognitiv verankert werden;

- bei der Kommunikation der Wirksamkeit auf relative Chancen und bei der Kommunikation der Nebenwirkungen auf absolute Risiken (bzw. absolute Häufigkeiten) zurückgegriffen wird;

- in der Kommunikation negative „Marker" und Subgruppeninformationen vermieden werden, die als eine dramatisch erhöhte Nebenwirkungsgefahr bei bestimmten Patientengruppen missverstanden werden können („Umkehrung bedingter Wahrscheinlichkeiten").

Wie stark insbesondere die Kommunikation von absoluten oder relativen Risiken die subjektive Wahrnehmung von Eintrittswahrscheinlichkeiten beeinflussen kann, zeigt ein Beispiel aus dem Bereich der Hormonersatztherapie. Diese stellte bis zum Jahre 2002 die Standardbehandlung für Frauen mit postmenopausalen Beschwerden dar. Im Rahmen einer Langzeituntersuchung der „Women's Health Initiative" wurden dabei u. a. die folgenden Häufigkeiten gemessen:[274]

- Von 10,000 Frauen, die eine Hormonersatztherapie erhielten, wurde bei 38 Frauen Brustkrebs diagnostiziert.

- Von 10,000 Frauen, die keine Hormonersatztherapie erhielten, wurde bei 30 Frauen Brustkrebs diagnostiziert.

Dieser Sachverhalt kann nun auf unterschiedliche Weise durch die folgenden formal-wissenschaftlich korrekten Aussagen abgebildet werden:[275]

- Das Risiko, an Brustkrebs zu erkranken, steigt um 26 % bei der Einnahme von Hormonersatzpräparaten.

- Es besteht ein um den Faktor 1,26 erhöhtes Brustkrebsrisiko (relatives Risiko) bei der Einnahme von Hormonersatzpräparaten.

---

[274] Vgl. Neukirchen, H. (2005), S. 148.
[275] Vgl. Neukirchen, H. (2005), S. 148.

- Die Rate der an Brustkrebs erkrankten Frauen steigt von 30 auf 38 Frauen, bezogen auf 10,000 Frauen (absolutes Risiko).

- Bei 8 von 10,000 Frauen besteht ein erhöhtes Risiko für eine Brustkrebs-diagnose nach der Einnahme von Hormonersatzpräparaten.

- Bei 9992 von 10,000 Frauen existiert durch eine Einnahme von Hormoner-satzpräparaten kein zusätzliches Brustkrebsrisiko.

Es ist leicht ersichtlich und nachvollziehbar, dass die Verwendung absoluter Häu-figkeiten zur Beschreibung von Nebenwirkungen und relativer Chancen für den Eintritt von Wirksamkeitseffekten zu einer günstigeren Beurteilung von Arznei-mitteln führen kann. Da im Fall der Hormonersatztherapie wenige Monate nach bekannt werden der Studienergebnisse die Anzahl der verordneten Tagesdosen um ca. 30 % fiel, ist zu vermuten, dass in der medizinischen und öffentlichen Dis-kussion die Gefahren der Hormonersatztherapie vorwiegend durch die Verwen-dung relativer Risikomaße dargestellt wurden.[276]

4.3.3.4 Beobachtete Lotteriepräferenzen

Im Rahmen der deskriptiven Entscheidungstheorie können nicht nur Verzerrun-gen bei der Wahrnehmung von Wahrscheinlichkeiten und bei der Bewertung von Nutzenwerten aufgezeigt werden, sondern auch Verstöße gegen das rationale Ent-scheidungskalkül im Zusammenhang mit Lotteriepräferenzen. Bei der Diskussion des Axioms der „Unabhängigkeit" (Voraussetzung für die Gültigkeit der Erwar-tungsnutzen-Theorie) wurde bereits angedeutet, dass die Präferenzen von Indivi-duen häufig gegen diese Anforderung verstoßen (*Allais*-Paradoxon). Im Folgen-den lassen sich weitere Phänomene beschreiben, die zu einem Entscheidungsver-halten führen können, das nicht im Einklang mit der Erwartungsnutzen-Theorie steht.

---

[276] Vgl. Neukirchen, H. (2005), S. 150.

Phänomen	Beschreibung	Beispiele im Rahmen des Verordnungsverhaltens von Ärzten	Quelle
Resolution of Un-certainty	• Im Rahmen der Erwartungs-nutzentheorie sollten Entscheider zwischen 2 identischen Lotterien, die sich nur in der zeitlichen Auflösung der Unsicherheit (bzw. in der Bekanntgabe des Ergebnis-ses) unterscheiden, indifferent sein. • In Versuchen konnte allerdings gezeigt werden, dass Individuen dazu neigen, bei der Auswahl zwischen 2 identischen Lotterien jene zu bevorzugen, die mit einer früheren Auflösung der Un-sicherheit verbunden ist.	• Bei der Auswahl zwischen 2 Arzneimitteln, die ein sehr ähnliches Wirksamkeits- und Sicherheitsprofil aufweisen, würde ein Arzt jenes Arznei-mittel bevorzugen, das früher einen Rückschluss über die Wirksamkeit und Sicherheit bei einem behandelten Patienten zulässt.	Ahlbrecht, M., Weber, M. (1996), S. 593-607.
Sunk Cost	• Wenn bereits nicht mehr um-kehrbare Aufwendungen für ein Projekt geleistet wurden, kann das Entscheidungsverhalten von Indi-viduen über die Fortführung des Projektes verzerrt werden. • Es konnte beobachtet werden, dass Individuen abhängig von den bisher geleisteten Aufwendungen in ansonsten identischen Situa-tionen unterschiedliche Entschei-dungen treffen.	• Bei einem Arzneimittel kann der Erfolg der Therapie erst Wochen oder Monate nach der erstmaligen Anwendung fest-gestellt werden. • Auch bei dem Auftreten von belastenden Nebenwirkungen würde ein Arzt seinem Patienten empfehlen, aufgrund des bisher getätigten Aufwands (Unte-rsuchungen, Ausstellen von Rezepten, etc.) und wegen der bisher durchlittenen Neben-wirkungen die Therapie jetzt „durchzuziehen".	Fischhoff, B., Lichten-stein, S., Slovic, P., Derby, S., Keeney, R. (1981), S. 13.

Phänomen	Beschreibung	Beispiele im Rahmen des Verordnungsverhaltens von Ärzten	Quelle
Ambiguitätseinstellung	• Liegen bei einer Lotterie unbekannte Wahrscheinlichkeiten für die verschiedenen Konsequenzen vor, so wird von einer ambiguitätsbehafteten Lotterie gesprochen. Es konnte in Versuchen gezeigt werden, dass ambiguitätsbehaftete Lotterien von Individuen als weniger attraktiv empfunden werden als Lotterien, bei denen die Wahrscheinlichkeiten für die Konsequenzen bekannt sind. • Beispiel: Eine Urne mit insgesamt 10 Bällen enthält rote und schwarze Bälle. Bei der Ziehung eines roten Balls gewinnt der Entscheider. Typ A: Dem Entscheider wird mitgeteilt, dass sich 5 rote und 5 schwarze Bälle in der Urne befinden. Typ B: Die Aufteilung der 10 Bälle ergibt sich zuvor durch ein Zufallsverfahren und das Ergebnis der Verteilung ist für alle Beteiligten unbekannt • In den meisten Fällen präferieren Entscheider Lotterien des Typs A. Im Rahmen eines rationalen Entscheidungskalküls müsste ein Entscheider jedoch zwischen den beiden Alternativen indifferent sein, da er ohne weitere Informationen bei der Lotterie vom Typ B ebenfalls von einer 50-50% Aufteilung der Bälle ausgehen müsste.	• Ärzte bevorzugen bei Verordnungsentscheidungen Arzneimittel, über die präzise Informationen hinsichtlich der Häufigkeiten von Wirksamkeitseffekten und Nebenwirkungen vorliegen. • Beispiel Krebstherapie: Aus einer Studie geht hervor, dass 50% aller mit einem Arzneimittel behandelten Patienten nach einem Jahr noch am Leben sind (gegenüber 20% aller unbehandelten Patienten). • Gegenbeispiel „Traditionelle Medizin": Hier liegen oftmals nur Erfahrungswerte und keine Erkenntnisse/Häufigkeitsdaten aus validen klinischen Studien vor. Der geringe Stellenwert von traditionellen Anwendungen in der modernen Medizin ließe sich somit durch die Ambiguitätseinstellung erklären.	Ellsberg, D. (1961), S. 643 - 669.

Phänomen	Beschreibung	Beispiele im Rahmen des Verordnungsverhaltens von Ärzten	Quelle
Regret-Effekte	• Regret-Effekte können bei dem Vergleich von mehreren zur Auswahl stehenden Lotterien auftreten und zu einem der Erwartungsnutzen-Theorie widersprechendem Verhalten führen. • Beispiel: Ein Entscheider hat die Wahl zwischen einer Alternative A (EUR 100 mit einer Wahrscheinlichkeit von p=0,5 und 0 EUR mit p=0,5) und einer Alternative B (EUR 20 mit p=0,5 und EUR 40 mit p=0,5). • Das antizipierte Bedauern bei der Alternative A u. U. gar kein Geld zu erhalten kann dazu führen, dass Lotterie B mit einem niedrigeren Erwartungswert bevorzugt wird.	• Ein Patient mit sehr starken Schmerzen benötigt zur Linderung seines Leidens eine hochwirksame Medikation. • Ein Arzt hat die Auswahl zwischen einem Arzneimittel A, das bei einem kleinen Anteil von Patienten in der Indikation eine exzellente Wirksamkeit zeigt und einem Arzneimittel B, das bei fast allen Patienten eine mäßige Wirksamkeit zeigt. • Aus antizipiertem Bedauern darüber, dass bei einer Wahl von A gar keine Wirksamkeit auftreten könnte, präferiert der Arzt stattdessen die Alternative B.	Loomes, G., Sugden, R. (1982), S. 805 - 824.

Tab. 11:   Befunde der deskriptiven Entscheidungstheorie - Lotteriepräferenzen

Zusammenfassend lässt sich auf Basis dieser Erkenntnisse festhalten, dass Ärzte tendenziell Arzneimittel bevorzugen, bei denen...

• präzise Informationen über die Eintrittwahrscheinlichkeiten von Wirksamkeitseffekten und Nebenwirkungen vorliegen;

• keine stark negativen (unsicheren) Konsequenzen vorhanden sind (z. B. schwache Wirksamkeit und starke Nebenwirkungen), die im Zuge des antizipierten Bedauerns zu einer kompletten (ex ante) Ablehnung eines Arzneimittels führen können (im Vergleich zu anderen Arzneimitteln);

• frühe Indikatoren herangezogen werden können, die Aufschluss über den Erfolg oder Misserfolg einer Therapie geben.

4.4 Abschließende Betrachtung

4.4.1 Zusammenfassung

In Kapitel 4 wurde dargestellt, mit welchen Arten von Unsicherheit Ärzte bei ihrer alltäglichen Arbeit konfrontiert werden. Insbesondere bei der Arzneimittelwahl stellen die Ungewissheit über das patientenindividuelle Therapieergebnis sowie Probleme bei der Interpretation von klinischen Studienergebnissen bedeutsame Arten der Unsicherheit dar. Da Unsicherheit bzw. Risiko als ein kognitiver Konflikt verstanden werden kann, den Menschen unter bestimmten Bedingungen bestrebt sind auszugleichen, entwickeln auch Ärzte z. T. verschiedene Risikoreduzierungsstrategien. Eine formal-wissenschaftliche Methode zur rationalen Entscheidungsfindung unter Unsicherheit stellt dabei die Erwartungsnutzen-Theorie dar. Verschiedene verhaltenswissenschaftlich fundierte Erkenntnisse legen jedoch nahe, dass Individuen in unsicheren Situationen Mühe haben, auf eine rationale Weise Wahrscheinlichkeiten zu bestimmen und Entscheidungen zu treffen.

4.4.2 Hypothesenbildung

Hinsichtlich der „Einstellungsbildung" von Ärzten gegenüber Arzneimitteln stellt sich die Frage, inwiefern die Produkte selbst wahrgenommene oder objektive Merkmale aufweisen, die zu einer Erhöhung oder Senkung der wahrgenommenen therapeutischen Unsicherheit führen können. Dabei ist anzunehmen, dass neben dem eigentlichen wahrgenommen „therapeutischen Nutzen" auch ein gedankliches Konstrukt der Effektsicherheit bzw. „Vorhersagbarkeit" von Wirkungs und Nebenwirkungseffekten existiert. Dieses Konstrukt wurde in Kapitel 3.3.2 bereits eingeführt. Es bringt zum Ausdruck, wie sicher sich Ärzte bei der Prognose über die tatsächlich zu erwartenden Wirksamkeit- und Nebenwirkungseffekte im Rahmen der Arzneimittelanwendung bei einem konkret zu behandelnden Patienten fühlen. Eine solche „Vorhersagbarkeitsbewertung" kann sich z. B. aus den bereits gesammelten Anwendungserfahrungen eines Arztes oder aus sonstigen externen, auf einen Arzt einwirkenden Eindrücken und Informationen ergeben (z. B. die wahrgenommene Datenlage oder das Hersteller-Marketing). Gemäß des Konzeptes der „Ambiguitätseinstellung" (siehe Kapitel 4.3.3.4) lässt sich erklären,

warum das Konstrukt der „Vorhersagbarkeit der Effekte" direkt auf die „Gesamteinstellung" wirkt (Hypothese H6): Individuen präferieren Lotterien, bei denen sie
über Informationen hinsichtlich der Eintrittwahrscheinlichkeiten von Konsequenzen verfügen bzw. diese abschätzen können.

Es ist anzunehmen, dass eine Reihe von Einflussfaktoren existieren, die auf die
„Vorhersagbarkeit von Therapieeffekten" und auf die übrigen einstellungsbeeinflussenden Konstrukte wirken. So können in Anlehnung an die Diskussion in
diesem Hauptkapitel u. a. 4 Faktoren identifiziert werden:

- Unsicherheitsabbauende Kommunikationsmaßnahmen durch den Hersteller
- Expertenvotum in Form von Verwendungsempfehlungen in Behandlungs-
  leitlinien (z. B. von medizinischen Fachgesellschaften)
- Therapietreue der Patienten
- Dauer der klinischen Erfahrung mit einem Arzneimittel

Diese Faktoren werden im nächsten Schritt in das Hypothesenmodell integriert
und als Konstrukte abgebildet. Die folgende Abbildung stellt die zwischen diesen
4 neuen Konstrukten und den bereits vorhandenen Konstrukten angenommenen
Wirkungszusammenhänge dar.

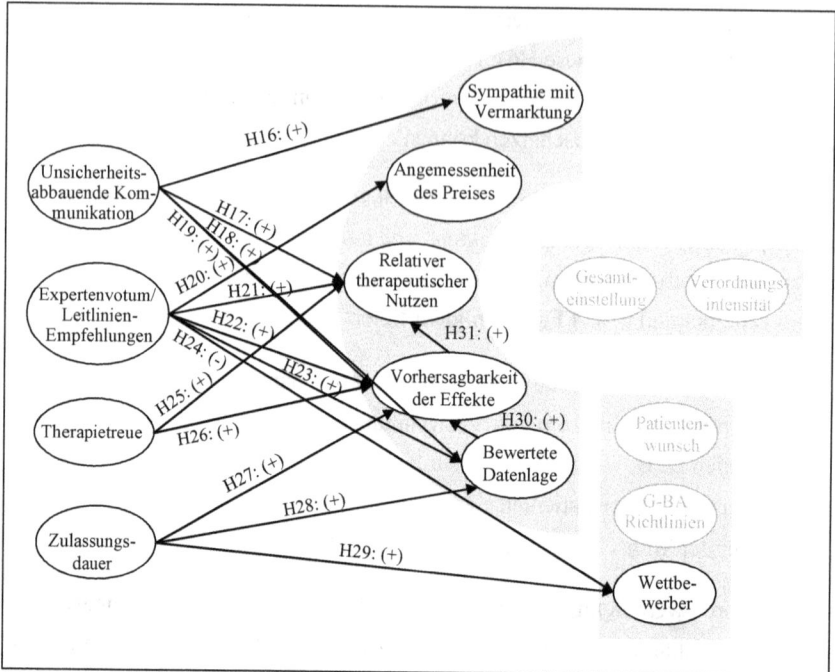

Abb. 23:   Hypothesenmodell - Stufe III

Die Messung der 4 neuen Konstrukte erfolgt dabei entsprechend der Beschreibung in der folgenden Tabelle. Zur Messung der „Unsicherheitsabbauenden Herstellerkommunikation" wurden die auf den Produkt-Homepages dargestellten Informationen ausgewertet. Es wird die Annahme getroffen, dass die Art der Informationsdarstellung im Internet repräsentativ für das Produktdarstellungskonzept
im Rahmen der übrigen Kommunikationskanäle ist (z. B. Pharmaberater, Werbebriefe, Werbeanzeigen, etc.). Werden z. B. auf einer Produkt-Homepage nur wenige oder gar keine Informationen zu den Nebenwirkungen oder Sicherheitsas-
pekten eines Arzneimittels dargestellt, so ist anzunehmen, dass dies auch nicht
schwerpunktmäßig bei der Kommunikation über andere Kanäle erfolgt.

Konstrukt	Nr.	Indikator	Erhebung	Nr. im Fragebogen	Skala
Expertenvotum/ Leitlinien	x_{15}	Bewertung der in den wichtigsten **Leitlinien** geäußerten Empfehlungstendenz zur Verwendung von Arzneimittel X in der Hauptindikation	Ärztebefragung	14	Bewertung von (-2) „Empfehlungen tendieren gegen eine Verwendung" über (0) „unklar" bis (+2) „Empfehlungen tendieren für eine Verwendung"
Therapietreue	x_{16}	Bewertung der Therapietreue („**Compliance**") der meisten Patienten, die Arzneimittel X in der Hauptindikation erhalten	Ärztebefragung	9	Bewertung von (1) „sehr schlechte Therapietreue" bis (5) „sehr gute Therapietreue"
Zulassungsdauer	x_{17}	Dauer seit dem **erstmaligen Ausbietungsdatum** eines Arzneimittels X gemäß DIMDI Datenbank bis Oktober 2005 (erste zugelassene Dosierungs- und Darreichungsform einer Arzneimittelmarke)	DIMDI-Datenbank im Internet	-	Anzahl von Monaten
Unsicherheits-abbauende Herstellerkommunikation *(formativ)*	x_{18}	Darstellung von **Nebenwirkungs- und Sicherheitsinformationen** von Arzneimittel X durch den Hersteller (siehe Kapitel 4.3.3.4 „Ambiguitätseinstellung")	Produkt-Homepage	-	Score: 0=keine Sicherheitsinformationen 1=nur versteckte oder unklare Sicherheitsinformationen[277] 2=umfassende Darstellung von Sicherheitsinformationen[278]

---

[277] Die Bewertung „1" wurde vergeben, wenn auf der Produkt-Homepage nur stark aggregierte Sicherheitsaussagen mit oder ohne Quellenbezug getroffen wurden ODER keine Nebenwirkungshäufigkeiten angegeben wurden ODER Nebenwirkungsinformationen nur in externen Dokumenten unübersichtlich dargestellt wurden ODER die Illustration und Beschreibung von Wirksamkeit und Nebenwirkungen in einem krassen Missverhältnis standen.

[278] Die Bewertung „2" wurde vergeben, wenn Sicherheitsinformationen ausführlich dargestellt wurden und nicht die Kriterien für die Bewertung „1" zutrafen.

Konstrukt	Nr.	Indikator	Erhebung	Nr. im Fragebogen	Skala
Unsicherheits-abbauende Herstellerkommunikation *(formativ)* (Fortsetzung)	x_{19}	**Ausführlichkeit der Darstellung von Informationen und Hilfen,** die geeignet sind, um Unsicherheiten bei der Behandlung mit Arzneimittel X zu reduzieren (siehe Kapitel 4.3.3.3 „Ausführlichkeit der Beschreibung eines Ereignisses" und „Availability Bias")	Produkt-Home-page	-	Score (von 0 bis 4). Es wird je ein Punkt addiert, wenn eines der folgenden Kriterien erfüllt ist: • Aufbearbeitete Informationen über die Indikation/das Krankheitsbild • Aufbearbeitete Ergebnisse von klinischen Studien und Interpretation der Resultate • Angebot von Hilfsinstrumenten/Check listen zur Diagnosestellung • Angebot von Fortbildungsmöglichkeit en (online oder vor Ort)
	x_{20}	Darstellung von **Patienten-Kasuistiken** („Patienten-Fälle"), die mit Arzneimittel X behandelt wurden (siehe Kapitel 4.3.3.3 „Availability Bias")	Produkt-Home-page	-	Score: 0=keine Darstellung 1=Kasuistiken werden dargestellt
	x_{21}	Darstellung und Erläuterung des **Wirkmechanismus** von Arzneimittel X (siehe Kapitel 4.3.3.3 „Ausführlichkeit der Beschreibung eines Ereignisses")	Produkt-Home-page	-	Score: 0=Wirkmechanismus wird nicht erklärt 1=Wirkmechanismus wird erklärt

Konstrukt	Nr.	Indikator	Erhebung	Nr. im Fragebogen	Skala
Unsicherheitsabbauende Herstellerkommunikation *(formativ)* (Fortsetzung)	x_{22}	Darstellung von Produkt-Bewertungen und Kommentaren von **medizinische Meinungsführern/Experten** zu Arzneimittel X („Verfügbarmachung von Experteneinschätzungen", siehe Kapitel 4.2.1 und 4.2.2)	Produkt-Homepage	-	Score (von 0 bis 7). Es wird je ein Punkt addiert, wenn eines der folgenden Kriterien erfüllt ist: • Verwendung von Zitaten von medizinischen Meinungsführern in der Darstellung • Präsentationen von medizinischen Meinungsführern können per Videostreaming verfolgt werden • Downloads mit wissenschaftlichen Zusammenfassungen von Symposien/Konferenzen sind verfügbar • Präsentationen von medizinischen Meinungsführern liegen als Charts zum Download bereit • Artikel von medizinischen Meinungsführern aus Fachzeitschriften liegen zum Download bereit • Interview-Artikel mit medizinischen Meinungsführern liegen zum Download bereit • Leitlinienempfehlungen werden dargestellt und/oder eine Verlinkung zu Fachgesellschaften erstellt

Konstrukt	Nr.	Indikator	Erhebung	Nr. im Fragebogen	Skala
Unsicherheits-abbauende Herstellerkommunikation *(formativ)* (Fortsetzung)	x_{23}	Darstellung/Verfügbarkeit von **Studienpublikationen** („Verfügbarmachung von Experteneinschätzungen", siehe Kapitel 4.2.1 und 4.2.2)	Produkt-Homepage	-	Score (von 0 bis 3). Es wird je ein Punkt addiert, wenn eines der folgenden Kriterien erfüllt ist: •Die komplette Artikel einer Studienpublikation liegt zum Download bereit •Zusammenfassungen („Abstracts") von Studienpublikationen werden im Original dargestellt •Studienpublikationen sind online bestellbar (Versand per Post)
	x_{24}	Darstellungen von **Artikeln aus Medizinjournalen**, die das betreffende Produkt oder die Indikation thematisieren (verfasst durch Medizinjournalisten)	Produkt-Homepage	-	Score (von 0 bis 2). Es wird je ein Punkt addiert, wenn eines der folgenden Kriterien erfüllt ist: •Artikel über Konferenzen •Sonstige Artikel, die die betreffende Indikation oder das Produkt thematisieren

Tab. 12: Operationalisierung der Konstrukte in Stufe III des Hypothesenmodells

Die Messung des Konstrukts „Unsicherheitsabbauende Herstellerkommunikation" stellt eine Mischung aus verschiedenen Kommunikationselementen dar, die alle auf z. T. unterschiedliche Weise einen Beitrag zum Unsicherheitsabbau gegenüber den Effekten eines Arzneimittels leisten können. So kann z. B. die offene Kommunikation der Nebenwirkungsinformationen (x_{18}) Vertrauen bei den Ärzten schaffen (gemäß der „Ambiguitätseinstellung") oder die Ausführlichkeit der Informationsdarstellung (x_{19}) bzw. die Erläuterung des Wirkmechanismus (x_{21}) zu einer höheren wahrgenommenen Erfolgswahrscheinlichkeit der Arzneimitteltherapie führen (siehe dazu auch Kapitel 4.3.3.3). Bedeutend ist in diesem Zusammenhang auch die Darstellung der Aussagen und Produktbewertungen von medizinischen Meinungsführern. Je umfassender ein Hersteller mit positiven Produktbeurteilungen von Experten werben kann, desto günstiger dürfte das Arzneimittel hinsichtlich verschiedener Kriterien bewertet werden. Auch kann im Rahmen des „Availability Bias" (siehe Kapitel 4.3.3.3) angenommen werden, dass die Darstellung von Kasuistiken (konkrete Fälle von Patienten, die mit einem Arzneimittel behandelt wurden) einen unsicherheitsabbauenden Kommunikationseffekt erzielen kann.

Für das Konstrukt „Unsicherheitsabbauende Herstellerkommunikation" können im Hypothesenmodell die folgenden Wirkungszusammenhänge angenommen werden:

H16: Je intensiver die Herstellerkommunikation mit unsicherheitsreduzierenden Elementen erfolgt, desto sympathischer wird die Vermarktung empfunden. (Grund: Diese Art von Kommunikation reduziert den kognitiven Unsicherheitskonflikt und wird daher als angenehm empfunden.)

H17: Je intensiver die Herstellerkommunikation mit unsicherheitsreduzierenden Elementen erfolgt, desto höher wird der relative therapeutische Nutzen bewertet. (Grund: Diese Art von Kommunikation transportiert nicht nur unsicherheitsabbauende Inhalte, sondern auch leistungsbezogene Produktinformationen.)

H18: Je intensiver die Herstellerkommunikation mit unsicherheitsreduzierenden Elementen erfolgt, desto präziser können die Therapieeffekte von einem Arzneimittel vorhergesagt werden. (Grund: Die Kenntnis über Expertenempfehlungen, Wirkmechanismus, Nebenwirkungen, etc. führt dazu, dass Ärzte sich bei der Vorhersage von Therapieeffekten eines Arzneimittels sicherer fühlen.)

H19: Je intensiver die Herstellerkommunikation mit unsicherheitsreduzierenden Elementen erfolgt, desto günstiger wird die Datenlage von einem Arzneimittel bewertet. (Grund: Einschätzungen von Meinungsführern, offene Darstellung von Nebenwirkungsdaten, etc. übertragen sich auch auf die wahrgenommene Datenlage).

Gemäß den bisher abgeleiteten Erkenntnissen stellt das „Expertenvotum" hinsichtlich eines bestimmten Arzneimittels (z. B. kommuniziert in Behandlungsleitlinien, bei medizinischen Kongressen, in Publikationen oder sonstigen Stellungnahmen) einen zentralen Qualitätsindikator für Ärzte dar. Dabei ist davon auszugehen, dass ein arzneimittelbezogenes „Expertenvotum" der medizinischen Fachwelt am treffendsten durch die Empfehlungen in den Behandlungsleitlinien der wichtigsten medizinischen Fachgesellschaften repräsentiert wird.

Es ist anzunehmen, dass Verwendungsempfehlungen für ein Arzneimittel in Leitlinien einen starken positiven Einfluss auf den wahrgenommenen „Relativen Therapeutischen Nutzen", die „Bewertete Datenlage" und die wahrgenommene Effektsicherheit eines Arzneimittels ausüben. Zusätzlich dürfte bei einem positiven Expertenvotum der geforderte Preis als tendenziell angemessener eingeschätzt werden und wahrgenommene Verfügbarkeit von relevanten (d. h. leistungsäquivalenten oder überlegenen) Wettbewerbern sinken. Dies führt zu den folgenden Hypothesen:

H20: Je positiver ein Arzneimittel durch Experten beurteilt wird, desto angemessener wird sein Preis bewertet.

H21: Je positiver ein Arzneimittel durch Experten beurteilt wird, desto höher wird sein relativer therapeutischer Nutzen bewertet.

H22: Je positiver ein Arzneimittel durch Experten beurteilt wird, desto präziser können die Therapieeffekte von einem Arzneimittel vorhergesagt werden.

H23: Je positiver ein Arzneimittel durch Experten beurteilt wird, desto günstiger wird dessen Datenlage bewertet.

H24: Je positiver ein Arzneimittel durch Experten beurteilt wird, desto weniger konkurrierende Arzneimittel werden zur Behandlung von Patienten in der Indikation wahrgenommen.

Es wurde diskutiert, dass bestimmte Arzneimitteleigenschaften wie z. B. die Darreichungsform, der Anwendungszyklus oder die Schwere der auftretenden Nebenwirkungen die Therapietreue (Compliance) von Patienten stark beeinflussen kann.

Ärzte können häufig aufgrund ihrer Erfahrungen verschiedenen Arzneimitteln eine „Therapietreue-Erwartung" zuordnen. Es ist anzunehmen, dass diese erwartete Therapietreue - zu verstehen als eine wahrgenommene Produkteigenschaft - mit dem „Relativen Therapeutischen Nutzen" und der „Vorhersagbarkeit der Effekte" eines Arzneimittels in einem kausalen Zusammenhang steht. Dies wird durch die folgenden Hypothesen abgebildet:

H25: Je besser die Therapietreue der Patienten bei einem Arzneimittel bewertet wird, desto höher wird der relative therapeutische Nutzen des Arzneimittels bewertet.

(Grund: Die korrekte Anwendung eines Arzneimittels ist meist eine technische Voraussetzung für den gewünschten Arzneimitteleffekt bzw. den therapeutischen Nutzen.)

H26: Je besser die Therapietreue der Patienten bei einem Arzneimittel bewertet wird, desto präziser können die Therapieeffekte des Arzneimittels vorhergesagt werden.

(Grund: Im Falle einer gesicherten Therapietreue entfällt ein Unsicherheitsfaktor im Rahmen der Prognose über die Wirkungseffekte der Arzneimitteltherapie.)

Es ist anzunehmen, dass sich mit zunehmender Erfahrung die wahrgenommene Therapieunsicherheit mit einem Arzneimittel reduziert. Werden nach erfolgter Marktzulassung im Laufe der Jahre eine Vielzahl von Patienten mit einem Arzneimittel behandelt und auch weitere Studien durchgeführt (die nicht alle notwendigerweise durch den Arzneimittelhersteller gefördert sein müssen), so erhöht dies das Wissen über die Eigenschaften eines Wirkstoffs und die typischerweise bei einer Behandlung zu erwartenden Effekte. Weiterhin ist anzunehmen, dass mit längerer Dauer der Marktzulassung mehr relevante Wettbewerber in der Indikation eines Arzneimittels auftreten und sich die wettbewerbliche Situation in der Wahrnehmung der Ärzte verschärft. Insgesamt ergeben sich daraus die folgenden angenommenen Kausalzusammenhänge:

H27: Je länger ein Arzneimittel auf dem Markt verfügbar ist, desto präziser können dessen Therapieeffekte vorhergesagt werden.

H28: Je länger ein Arzneimittel auf dem Markt verfügbar ist, desto günstiger wird dessen Datenlage bewertet.

H29: Je länger ein Arzneimittel auf dem Markt verfügbar ist, desto mehr konkurrierende Arzneimittel werden zur Behandlung von Patienten in der Indikation wahrgenommen.

Als Abschluss der Hypothesenbildung in diesem Kapitel, in dem die Bedeutung der verschiedenen unsicherheitsreduzierenden Einflussfaktoren diskutiert wurde, soll noch auf die bisher nicht angesprochenen Wirkungszusammenhänge zwischen der „Vorhersagbarkeit der Effekte" und den anderen einstellungsbeeinflussenden Konstrukten eingegangen werden. So kann die „Bewertete Datenlage" eines Arzneimittels auch selbst als ein unsicherheitsreduzierender Faktor hinsichtlich der „Vorhersagbarkeit der Effekte" verstanden werden. Eine gute Datenlage für ein Arzneimittel dürfte also eine bessere Prognose über die zu erwartenden Therapieeffekte erlauben. Je besser wiederum die Therapieeffekte eines Arzneimittels vorhersagt werden können, desto günstiger dürfte insgesamt die Bewertung von Wirksamkeit und Nebenwirkungen eines Arzneimittels (der „therapeutische Nutzen") ausfallen. Die Abschätzbarkeit der Therapieeffekte wird daher als eine maßgebliche Bestimmungsgröße für die Erklärung des wahrgenommenen „Relativen therapeutischen Nutzens" angesehen. Daraus folgt:

H30: Je günstiger die Datenlage von einem Arzneimittel bewertet wird, desto präziser können die Therapieeffekte von einem Arzneimittel vorhergesagt werden.

H31: Je präziser sich die Therapieeffekte von einem Arzneimittel vorhersagen lassen, desto höher wird dessen relativer therapeutischer Nutzen bewertet.

In dem bis an diese Stelle stark angewachsenen Hypothesenmodell sind bereits viele wichtige Kausalbeziehungen berücksichtigt. Allerdings fehlen hinsichtlich der externen Einflussfaktoren u. a. noch die kommunikationspolitischen Instrumente (wie z. B. der Einsatz von Pharmaberatern). Diese Instrumente werden im folgenden Kapitel diskutiert und mittels Konstruktbildung in das Hypothesenmodell integriert.

5. Der Einfluss des Marketings auf die Arzneimittelwahrnehmung

5.1 Übersicht über die Marketing-Instrumente

Die Instrumente für das Marketing von patentgeschützten Arzneimittel lassen sich in strategische und operative Maßnahmen unterscheiden. Letztere können dabei weiter gemäß des Marketing-Mixes in produkt-, preis-, kommunikations- und distributionspolitische Maßnahmen untergliedert werden. Die Implementierung vieler dieser Instrumente im Rahmen des marktorientierten Managements erfolgt dabei typischerweise mittels eines Kreislaufsystems mit den Stufen „Planung", „Durchführung" und „Kontrolle". In der folgenden Abbildung werden Beispiele für operative und strategische Instrumente dargestellt.

Strategische Marketing Instrumente	• Patent- und Lizenzhandel • Co-Marketing Abkommen • Forschungs- und Vertriebsallianzen mit Wettbewerbern • Forschungskooperationen mit wissenschaftlichen Institutionen • Merger & Acquisitions • Internationales Preismanagement, z. B. Preisharmonisierung und Preiskorridor • Beziehungsmanagement mit Politikern, Zulassungsbehörden, G-BA, IQWiG und Krankenkassen

Operative Marketing Instrumente	Produktpolitische Instrumente	Preispolitische Instrumente	Kommunikationspolitische Instrumente (bei Ärzten)	Distributionspolitische Instrumente

	• Entwicklung alternativer Darreichungsformen, Dosierungen und Regime
	• Entwicklung von Kombinationspräparaten
	• Indikationserweiterungen
	• Durchführung von klinischen Studien und Anwendungsbeobachtungen
	• Durchführung von gesundheitsökonomischen Studien und Zufriedenheitsanalysen mit Ärzten und Patienten
		• Value-based Pricing
		• Dynamische Preisstrategien (z. B. bei Festbetragseinführung oder dem Eintritt von Wettbewerbern)
			• Einsatzplanung und Steuerung von Pharmaberatern
			• Offene Werbemaßnahmen:
			   - Werbeanzeigen
			   - Info-Materialien
			   - Musterabgabe
			   - Werbegeschenke
			   - Werbebriefe
			   - Studiennachdrucke
			   - Preisausschreiben
			   - Internetauftritt und E-Detailing
			• Aktive Markenpolitik
			• Veranstaltung von Fortbildungsmaßnahmen
			• Organisation von medizinischen Symposien und Kongressen
			• Beziehungsmanagement mit medizinischen Fachgesellschaften, Meinungsführern, Forschern, Patientenorganisationen und Journalisten
				• Direktvertrieb an Apotheken und Krankenhäuser
				• Key Account Management bei Krankenhäusern

Abb. 24:   Instrumente für das Marketing patentgeschützter Arzneimittel

Dem strategischen Bereich werden dabei u. a. jene Instrumente zugeordnet, die die Kooperation oder den Austausch mit anderen Unternehmen oder Institutionen betreffen. Dies kann z. B. die Entwicklung oder den Lizenzerwerb von neuen Wirkstoffen betreffen. Aber auch Komponenten des Preis- und Beziehungsmanagements können dem strategischen Bereich zugeordnet werden. So entwickelt sich z. B. aufgrund von internationalen Preisreferenzierungs-Effekten eine internationale abgestimmte Preispolitik zu einem zunehmend wichtigen und herausfordernden Gebiet zur Erhaltung einer europaweiten Preisstabilität. Durch die Entwicklung von internationalen Preiskorridoren können zudem die Anreize für Parallel-Importe innerhalb der Europäischen Union wirkungsvoll gesenkt werden. Aufgrund von komplexen, internationalen Preisregulierungen und aufgrund des unmittelbaren Effekts des Preisniveaus auf den Unternehmensumsatz sollte dabei der Preispolitik im Rahmen des Arzneimittel-Marketings eine verstärkt strategische Ausrichtung zuteil werden.

Ein weiteres zentrales und strategisches Instrument stellt das Beziehungsmanagement zu Politik, Zulassungsbehörden, Gemeinsamer Selbstverwaltung, etc. dar. Im Zuge eines offenen Informationsaustauschs können dabei Hersteller ihre Positionen darstellen, ggf. frühzeitig Informationen über Zulassungsprozesse, Arzneimittelbewertungen und geplante Regulierungsmaßnahmen erhalten und somit entsprechende Maßnahmen einleiten.

Auf operativer Ebene ergeben sich die größten Gestaltungsmöglichkeiten bei den produkt-, preis- und kommunikationspolitischen Maßnahmen. Im Rahmen der Distributionspolitik kann aufgrund der Regulierung in den Vertriebskanälen allenfalls bei hochpreisigen Arzneimitteln in Erwägung gezogen werden, unter Umgehung des Großhandels Apotheken direkt zu beliefern. Auch können bei direkten Austauschbeziehungen zwischen Herstellern und Krankenhäusern (bzw. Krankenhaus-Einkaufsgemeinschaften) Key Account Management-Strukturen mit den entsprechenden Marketing-Instrumenten implementiert werden. Im Hinblick auf den niedergelassenen Bereich (d. h. Verordnungen durch niedergelassene Ärzte, Bezug von Arzneimitteln in öffentlichen Apotheken) sind aber insgesamt kaum Gestaltungsmöglichkeiten bei der Vermarktung von innovativen Arzneimitteln im Rahmen der Distributionspolitik gegeben.

Im Folgenden werden nun ausgewählte produkt-, preis- und kommunikationspolitische Instrumente näher betrachtet auf ihren Einfluss hin bezüglich der Arzneimittelwahrnehmung bei niedergelassenen Ärzten analysiert. Dabei werden dann schrittweise weitere Zusammenhangshypothesen abgeleitet und diese am Ende von Kapitel 5 in das Hypothesenmodell integriert.

5.2 Produktpolitische Instrumente

Ist ein Wirkstoff für die Behandlung von Patienten neu zugelassen worden, so kann geprüft werden, ob sich durch alternative Darreichungsformen, Dosierungen oder Regime der Kundennutzen noch weiter erhöhen lässt. Auch die Kombination des Wirkstoffs mit einem weiteren (für die Behandlung relevanten) Wirkstoff kann Anwendungsvorteile aufweisen oder sogar insgesamt zu einer höheren Wirksamkeit oder zu weniger Nebenwirkungen führen (im Vergleich zur Gabe von 2 Einzelsubstanzen).[279] Mittels Indikationserweiterung können neue Verwendungs- und Absatzpotenziale für einen Wirkstoff erschlossen werden. Voraussetzung hierfür ist aber eine erweiterte Zulassung und somit auch die Führung von klinischen Nachweisen über die Wirksamkeit und Sicherheit in dem neuen Anwendungsbereich.[280] Grundsätzlich können aber auch Anwendungsbeobachtungen und weitere kontrollierte klinische Studien in bereits zugelassenen Anwendungsbereichen durchgeführt werden (z. B. mit Wettbewerbsprodukten statt Placebo als Kontrollsubstanzen), deren Ergebnisse ggf. zu einer verbesserten Positionierung innerhalb eines Indikationsbereichs dienen können.

In der Vergangenheit wurden die publizierten Ergebnisse von herstellerunterstützten klinischen Studien z. T. stark von einigen Teilen der medizinischen Fachwelt kritisiert. So wird den Herstellern eine Einflussnahme auf die verantwortlichen Mediziner unterstellt, die sich in tendenziösen Ergebnisinterpretationen äußert. Zu diesem Themenbereich wurden eine Reihe von Untersuchungen durchgeführt, die in der folgenden Tabelle überblicksartig dargestellt sind. Zu beachten ist dabei, dass in keiner der aufgeführten Untersuchungen Studienpublikationen in deutschen Fachzeitschriften berücksichtigt wurden. Dennoch kann von einer grundsätzlichen Übertragbarkeit der Ergebnisse auf den deutschen Markt ausgegangen werden.

Autoren, Veröffent- lichungs- jahr und Land	Charakteristika der Analyse	Ergebnisse
Als-Nielsen, B., Chen, W., Gluud, C., Kjaergard, L. (2003), S. 921-928. (Verschie- dene Länder)	•Untersuchung der Ergebnisse von 25 Meta-Analysen („Cochrane Reviews"), die die Erkenntnisse zu jeweils mindestens 5 klinischen Studien (und deren Publikationen) zu einem Arzneimittel beinhalteten. •Dabei wurde die Frage verfolgt, inwiefern die **finanzielle Unter- stützung** durch Arzneimittel- hersteller bei **klinischen Studien** die **Verwendungsempfehlungen** in den korrespondierenden Or- iginal-Publikationen beeinflusst.	•Nur 16% aller Original-Publikationen zu klinischen Versuchen, die von non-profit Institutionen (statt Herstellern) finanziell unterstützt wurden, empfahlen das betreffende Arzneimittel als „treatment of choice". •Im Gegensatz dazu empfahlen 51% aller Publikationen zu klinischen Versuchen, die von Herstellern der Arzneimittel finanziell unter- stützt wurden, das betreffende Arzneimittel. •In einer Regressionsanalyse wurden die „Art des Sponsors für einen klinischen Versuch", die „Wirksamkeit des Arzneimittels" und die „Doppelverblindung als Versuchscharak- teristikum" als signifikante Einflussfaktoren (predictors) auf die Arzneimittel-Verwendungs- empfehlung einer Publikation identifiziert. •Es konnte gezeigt werden, dass die finanzielle Unterstützung einer klinischen Studie durch ein pharmazeutisches Unternehmen signifikant stärker mit einer Verwendungsempfehlung des betreffenden Arzneimittels assoziiert ist als bei klinischen Versuchen ohne industrielle Sponsoren.
Lexchin, J., Bero, L., Djulbegovic , B, Clark, O. (2003), S. 1167 - 1170. (Verschie- dene Länder)	•Untersuchung der Publikationen zu 30 klinischen **Studien** (publiziert bis Dezember 2002). •Das Ziel war es herauszufinden, ob die finanzielle Unterstützung durch pharmazeutische Unternehmen bei der Arzneimittelforschung **For- schungsergebnisse und die verwendete Methodik beeinflusst**.	•Studien, die von pharmazeutischen Unter- nehmen finanziell gefördert wurden, wiesen signifikant häufiger ein für den Sponsor positives Ergebnis auf als Studien, die nicht von pharmazeutischen Unternehmen finanziell gefördert wurden. •Eine mögliche Ursache dafür sehen die Autoren in der Wahl von ungeeigneten Kontroll- bzw. Vergleichsarzneimitteln in den Studien.

---

[279] So kann insbesondere bei Arzneimitteln zur Behandlung von asthmatischen Erkrankungen eine fixe Kombination der Gabe von 2 Einzelsubstanzen klinisch überlegen sein (vgl. Viatris Homepage (2006) - Wissenswertes über Allergospasmin).

[280] Vgl. § 25 Abs. 2 AMG.

176

Autoren, Veröffentlichungsjahr und Land	Charakteristika der Analyse	Ergebnisse
Friedberg, M., Saffran, B., Stinson, T., Nelson, W., Bennett, C. (1999), S. 1453 - 1457. (USA)	• Untersuchung des Zusammenhangs zwischen der **finanziellen** Unterstützung **gesundheitsökonomischer Studien** durch pharmazeutische Unternehmen und der gesundheitsökonomischen Bewertung von Arzneimitteln. • Betrachtet wurden 44 publizierte **Artikel** (Kosten-Analysen oder Kosten-Effektivitäts-Analysen) zu 6 verschiedenen onkologischen Präparaten zwischen 1988 bis 1998. • Zwei voneinander unabhängige **Gutachter** bewerteten die Artikel hinsichtlich verschiedener Kriterien.	• Studien, die durch pharmazeutische Unternehmen finanziell gefördert wurden, wiesen signifikant seltener für den Einsatz eines betrachteten Arzneimittels ungünstige/negative Ergebnisse auf als andere Studien, die von non-profit Institutionen finanziell gefördert wurden. • Bei der Betrachtung von Studien mit (aus Sicht der Gutachter) übertrieben positiven Ergebnissen für einen Arzneimitteleinsatz konnte allerdings kein signifikanter Unterschied zwischen den beiden Gruppen mit unterschiedlichen Studien-Sponsoren festgestellt werden.
Rochon, P., Gurwitz, J., Simms, R., Fortin, P., Felson, D., Minaker, K., Chalmers, T. (1994), S. 157 - 163. (USA)	• Untersuchung des Zusammenhangs zwischen den **aus klinischen Studien berichteten Leistungen von Arzneimitteln** und der finanziellen Unterstützung dieser Versuche durch **Arzneimittelhersteller**. • Betrachtet wurden 61 Publikationen zu 65 randomisierten und kontrollierten klinischen Studien mit nicht-steroidalen entzündungshemmenden Arzneimitteln, die zwischen September 1987 und Mai 1990 veröffentlicht wurden (Indikation: **Arthritis**). • Medizinische Gutachter bewerteten die Qualität und die Ergebnisinterpretationen in den Publikationen ohne Kenntnis über den Sponsoren-Status der klinischen Studien.	• 86% der betrachteten klinischen Studien (56 von 65 Versuchen) erhielten finanzielle Unterstützung durch pharmazeutische Hersteller. • Bei 71% dieser 56 klinischen Studien wurde die Gesamtleistung des Sponsoren-Arzneimittels als „vergleichbar" gegenüber den jeweiligen Vergleichs-Arzneimitteln durch die Autoren der Studien bewertet, in 29% der Fälle sogar als „überlegen". Somit wies keine der 56 Studien ein „unterlegenes" Sponsoren-Arzneimittel auf. • Bei 22 der 56 herstellerunterstützten klinischen Studien wurde jeweils eines von den getesteten Arzneimitteln als nebenwirkungsärmer durch die Originalautoren bewertet. In 86% der Fälle handelte es sich dabei um das Produkt des Herstellers. Allerdings konnten (nach Meinung der medizinischen Gutachter) diese Interpretationen nur in etwas mehr als der Hälfte der Fälle durch die tatsächlichen Ergebnisse der klinischen Versuche gestützt werden.

Autoren, Veröffent-lichungs-jahr und Land	Charakteristika der Analyse	Ergebnisse
Bero, L., Galbraith, A., Rennie, D. (1992), S. 1135 - 1140. (USA)	• Untersuchung von 625 **Sonder-veröffentlichungsbänden** ("**Symposien**") zu Arzneimitteln in 11 verschiedenen medizinischen Fachzeitschriften zwischen 1966 und 1989. • Analysiert wurde dabei insbesondere, inwiefern die finanzielle Unterstützung durch einzelne pharmazeutische Unternehmen bei der Publikation dieser Sonderveröffentlichungsbände Einfluss auf die **inhaltliche Qualität** und den Begutachtungsprozess (peer-review) nimmt.	• 42% der betrachteten Sonderveröffentlichungsbände erhielten nur von einem einzigen Sponsor (d. h. einem einzigen pharmazeutischen Unternehmen) finanzielle Unterstützung. • Diese Sonderveröffentlichungsbände wiesen - signifikant häufiger irreführende Überschriften auf, - verwendeten signifikant häufiger Markennamen von Arzneimitteln statt Wirkstoffnamen und - wurden signifikant seltener einem für die Zeitschriften üblichen Begutachtungsverfahren (peer-review) unterzogen als andere Sonderveröffentlichungen.

Tab. 13:   Untersuchungen von Studienpublikationen

Aus diesen Ergebnissen lassen sich für Arzneimittelhersteller zugleich Chancen und Risiken für die finanziellen Förderung von klinischen Studien ableiten: Einerseits führt dieses Sponsoring offensichtlich zu einer wohlwollenderen Bewertung ihrer Produkte in Publikationen und kann die Vermarktung von Arzneimitteln unmittelbar unterstützen. Andererseits sind positive Produktbewertungen nur eingeschränkt hilfreich, wenn die Rezipienten dieser Informationen (die Ärzteschaft) bereits grundsätzlich tendenziöse Bewertungen im Rahmen von herstellergeförderten Studienpublikationen erwarten. Die relativ große Anzahl von Analysen zu der Glaubwürdigkeit von medizinischen Publikationen lässt darauf schließen, dass ein nicht kleiner Teil der Ärzteschaft bereits für dieses Thema sensibilisiert ist und die Ergebnisse von herstellergeförderten Studien nur mit großer Vorsicht bewertet werden.

An dieser Stelle lässt sich auch eine Parallele zu der „Unsicherheit bei der Dateninterpretation" (siehe Kapitel 4.1.3.2) ziehen. Somit bestimmen die Glaubwürdigkeit der publizierten Stellungnahme einerseits und die Übereinstimmung von „Anspruch" (d. h. die in Publikationen behaupteten Leitungseigenschaften) und „Wirklichkeit" (d. h. die Leistung eines Arzneimittels im klinischen Alltag) andererseits die tatsächliche Werthaltigkeit von Aussagen, die ein Arzneimittel positiv bewerten. Auf den Aspekt der Glaubwürdigkeit wird noch näher in Kapitel 5.4.3.2 eingegangen.

Es lässt sich aber schon an dieser Stelle die offensichtliche Empfehlung für Arzneimittelhersteller ableiten, dass im Interesse des Wirkungsgrades von Studienpublikationen nur mit (aus der Sicht des Marktes) glaubwürdigen und unabhängigen Wissenschaftlern kooperiert werden sollte und sich alle Maßnahmen empfehlen, die einer glaubwürdigen und unabhängigen Produktbeurteilung durch die Wissenschaftler förderlich sind (z. B. Offenlegung von finanziellen und vertraglichen Verflechtungen, ehrenwörtliche Erklärungen, etc.).

5.3   Preispolitische Instrumente

Die nutzenbasierte Preisgestaltung stellt heute den Standard für die Preisbestimmung von neuen eingeführten Arzneimitteln dar. Dabei wird idealerweise über indirekte Befragungstechniken (z. B. Conjoint-Analyse) eine produktspezifische Preis-Absatz-Funktion abgeleitet, mit Hilfe derer ein umsatzoptimaler Preisbereich bestimmt werden kann. Es empfiehlt sich aufgrund von internationalen Preisreferenzierungs-Effekten und der Gefahr von Parallel-Importen in der EU - sofern möglich - die Preisbildung international abgestimmt durchzuführen. Auch sollte insbesondere in Ländern mit reguliertem Preissetzungsverfahren (z. B. Frankreich, Italien) der Dialog mit den entsprechenden Behörden zwecks Bestimmung der Preisspielräume zu einem frühen Entwicklungszeitpunkt des Arzneimittels (z. B. nach Abschluss der Phase II Studien) erfolgen.[281]

Eine große Bedeutung hat auch die Entwicklung dynamischer Preisstrategien für Arzneimittel. Beispielsweise kann im Fall des Markteintritts von neuen Wettbewerbern, bei neuen vorliegenden Studiendaten, bei einer Indikationserweiterung oder bei der Einführung von Festbeträgen eine Anpassung der Preisstrategie notwendig werden. Dem interessierten Leser sind an dieser Stelle insbesondere die Publikationen von *Schuler/Grubert*[282] (generische Wettbewerber), *Schuler/Dil-*

---

[281] Vgl. Kucher, E., Kars, D. (2005), S. 26-31.
[282] Vgl. Schuler, C., Grubert, M. (2005), S. 1-17.

ger[283] (Festbeträge) und *Ehrhardt*[284] (Preisstrategie) für weiterführende Informationen empfohlen.

Anders als im Konsumgüterbereich stellt im medizinischen Bereich der Produktpreis für den Kaufentscheider nicht den gleichen Nutzenverlust dar, wie er sich z. B. für einen Konsumenten bei dem Kauf eines Konsumguts ergibt. Die Kosten für Arzneimittel tragen hier typischerweise zu großen Teilen die Krankenversicherungen. Allerdings tritt durch das Konzept der arztgruppenspezifischen Arzneimittelrichtgrößen ein Rationierungseffekt auf, durch den Ärzte motiviert werden, Arzneimittelpreise zu vergleichen und wirtschaftlich zu verordnen.[285] Liegt nämlich das arztindividuelle Verordnungsvolumen in einem bestimmten Zeitraum deutlich über der durchschnittlichen, arztgruppenspezifischen Richtgröße in der betreffenden Region (und können keine Praxisbesonderheiten geltend gemacht werden), so können die historischen Verordnungen eines Arztes einer genauen Wirtschaftlichkeitsprüfung unterzogen werden und ggf. finanzielle Rückforderungen von Seiten der Kassenärztlichen Vereinigung gegenüber dem betreffenden Arzt gestellt werden (sofern gegen den Grundsatz einer wirtschaftlichen Verordnungsweise verstoßen wurde).[286] Aufgrund dieser Zusammenhänge ist davon auszugehen, dass die ärztliche Preisbewertung eines Arzneimittels einen Einfluss auf die „Gesamteinstellung" gegenüber dem Arzneimittel ausübt. Dieser Zusammenhang wurde bereits mit der Hypothese H8 („Je angemessener der Preis von einem Arzneimittel bewertet wird, desto positiver ist die Gesamteinstellung dem Arzneimittel gegenüber") hergestellt. Davon zu trennen ist allerdings der Einfluss der arztgruppenspezifischen Arzneimittelrichtgrößen, die (wie in Kapitel 3.3.2 geschildert) per Annahme nur als Residualgrößen auf das Verordnungsverhalten wirken (da diese eher arzt- statt produktspezifisch sind) und somit eine extern motivierte Preissensitivität bei dem tatsächlichen Verschreibungsverhalten erzeugen.

Weiterhin darf auch angenommen werden, dass der wahrgenommene therapeutische Nutzen eines Arzneimittels einen Einfluss auf die Preiswahrnehmung aus-

---

283 Vgl. Schuler, C., Dilger, M. (2004), S. 710-714 und S. 843-847.
284 Vgl. Ehrhardt, P. (2005), S. 88-92.
285 Vgl. § 84 SGB V.

übt. Dabei dürfte ein Preis umso wohlwollender („angemessen") bewertet werden, je besser die Gegenleistung in Form des therapeutischen Nutzens ausfällt. Dieser Zusammenhang wird durch die folgende Hypothese formal beschreiben:

H32: Je höher der relative therapeutische Nutzen von einem Arzneimittel bewertet wird, desto angemessener wird sein Preis bewertet.

Neben der oben skizzierten Richtgrößenproblematik stellt auch die Festbetragsregelung einen Anlass für die Ärzte dar, sich intensiv über Preis- und Kostenerstattungsfragen von Arzneimittel zu informieren. Festbeträge stellen bei einigen Arzneimitteln die Erstattungsobergrenze für Arzneimittel im Rahmen von GKV-Verordnungen dar. Liegt der Preis für ein Arzneimittel über dem Festbetrag, so ist der Differenzbetrag zwischen dem Apothekenabgabepreis und dem Festbetrag durch den Versicherten selbst zu tragen. Dieser Umstand erfordert, dass Ärzte bei einer beabsichtigten Verordnung eines solchen Arzneimittels schon vor der Ausstellung des Rezeptes mit dem Patienten abklären müssen, ob dieser bereit ist, den Differenzbetrag selbst zu tragen.

Allerdings kann durch einen Arzt auch die Existenz eines Festbetrags für ein Arzneimittel u. U. als eine Qualitätsinformation interpretiert werden. Da Arzneimittel mit einer therapeutischen Verbesserung (belegt durch klinische Daten) per Gesetz von der Festbetragsregelung ausgenommen werden können, könnte in der Wahrnehmung der Ärzte ein existierender Festbetrag auf eine ungünstigere Datenlage hindeuten (bzw. das Fehlen einer Festbetragsregelung eine günstigere Datenlage anzeigen).[287] Ebenso könnte einem Arzt durch die Existenz eines Festbetrags angezeigt werden, dass umfangreiche Substitutionsmöglichkeiten für ein bestimmtes

---

[286] Vgl. §§ 84 und 106 SGB V.
[287] Vgl. Nr. 2 a) AVWG und § 35 Abs. 1 Satz 3 SGB V in der neuen Fassung. Dort wird bestimmt, dass patentgeschützte Wirkstoffe, deren Wirkungsweise neuartig ist oder die eine therapeutische Verbesserung bewirken, von der Festbetragsgruppenbildung ausgeschlossen werden können. Insofern könnte also prinzipiell ein neuer Wirkstoff, für den bereits eine Festbetragsgruppenregelung nach Typ 2 („pharmakologisch-therapeutisch vergleichbare Wirkstoffe") existiert und der z. B. in klinischen Studien eine deutlich überlegene therapeutische Verbesserung zeigen kann, von der Festbetragsregelung ausgenommen werden. Umgekehrt könnte dies bedeuten, dass Ärzten bei einem Arzneimittel im Falle der Existenz einer Festbetragsregelung nur eine „mittelmäßige bis schwache" Datenlage suggeriert wird - zumindest aus der Sicht des G-BA.

Arzneimittel bestehen. In dem Hypothesenmodell werden diese Zusammenhänge mit den folgenden Hypothesen berücksichtigt:

H33: Ist ein Arzneimittel nicht festbetragsgeregelt, so wird dessen Datenlage günstiger bewertet.

H34: Ist ein Arzneimittel festbetragsgeregelt, so werden mehr konkurrierende Arzneimittel zur Behandlung von Patienten in der Indikation wahrgenommen.

Dass die Einführung von Festbeträgen tatsächlich zu Preissenkungen bei den betreffenden Arzneimitteln führt, kann anhand des seit 1989 durch den Arzneimittel-Report fortgeschriebenen Preisindex abgelesen werden.[288] Danach sanken die Preise im festbetragsgeregelten Arzneimittelsegment zwischen Januar 1989 und Dezember 2003 um insgesamt 33 %. Allerdings mehren sich Produktbeispiele, bei denen Hersteller nicht bereit sind, ihre Preise auf Festbetragsniveau zu senken.[289] Dennoch soll hier die Vermutung aufgestellt werden, dass die alleinige Information über die Existenz von einem Festbetrag bereits einen begünstigenden Einfluss auf die Preiswahrnehmung eines Arzneimittels durch den Arzt ausüben kann. Daher lautet Hypothese Nr. 35:

H35: Ist ein Arzneimittel festbetragsgeregelt, so wird dessen Preis als angemessener wahrgenommen.

Es bleibt abschließend anzumerken, dass - ähnlich wie auch bei den distributionspolitischen Maßnahmen - aufgrund der starken Regulierung nur sehr wenige der typischen preispolitischen Instrumente aus dem Konsum- oder Industriegüterbereich (z. B. Rabatte, Produkt- und Preisbündel, Preisdifferenzierungen, etc.) auf den Arzneimittelbereich übertragbar sind (Ausnahme: Direkter Vertrieb an Krankenhäuser). Einen guten Überblick darüber, mit welchen preispolitischen Entwicklungen bei einer Marktliberalisierung wie in den USA zu rechnen wäre, gibt

---

[288] Vgl. Nink, K., Schröder, H. (2005a), S. 205, 206.
[289] Neben dem bekannten „Sortis-Fall" liegen heute bereits einige Arzneimitteln mit ihren Apothekenabgabepreisen über dem jeweiligen Festbetrag. Dazu gehören z. B. die Produkte Coversum, Quadropril oder Dynorm (Stand: Oktober 2005).

Schuler (z. B. Bonusprogramme und „Geld-zurück-Garantien" bei der Nichterreichung von Therapiezielen).[290]

5.4 Kommunikationspolitische Instrumente

5.4.1 Die Wahrnehmung der Marketingpolitik

Den Kommunikations-Aktivitäten von pharmazeutischen Herstellern wird im Allgemeinen eine große Bedeutung für den betriebswirtschaftlichen Erfolg eines Arzneimittels zugerechnet.[291] Im Zentrum dieser Bemühungen steht bei innovativen, verschreibungspflichtigen und „Nicht-Life-Style" Arzneimitteln typischerweise der Arzt, bei dem durch die Kommunikation von geeigneten Inhalten über geeignete Kanäle eine positive Produkteinstellung und eine prinzipielle Verwendungsbereitschaft für ein Produkt erzeugt werden soll. Dabei können nicht nur die Produktmerkmale selbst, sondern auch die Einstellung gegenüber Werbe- bzw. Kommunikationsmaßnahmen die Gesamteinstellung gegenüber einem Produkt entscheidend beeinflussen. In dem empirisch für den Konsumgüterbereich gut validierten „Attitude-towards-the-ad-Modell" von *MacKenzie/Lutz* wurde dieser Zusammenhang erstmals hergestellt.[292]

Die Idee, dass die Haltung gegenüber Werbe- und Kommunikationsmaßnahmen die Produktbewertung selbst beeinflussen kann, soll auch hier aufgenommen werden. Für die Operationalisierung und Messung der Einstellung gegenüber Kommunikationsmaßnahmen soll im Rahmen des Hypothesenmodells aus umgangssprachlichen Gründen der Terminus „Sympathie mit der Vermarktungspolitik" gewählt werden. Der Vorteil der Verwendung des Begriffs „Sympathie" liegt auch darin zu sehen, dass er - trotz seines formal personenbezogenen Charakters - die gesamten emotionalen bzw. affektiven Beurteilungskomponenten gegenüber einem spezifizierten Sachverhalt abbildet. Dabei wird unter „Vermarktungspolitik" das gesamte Bündel der durch einen Arzt wahrgenommenen Herstelleraktivitäten verstanden, die nicht notwendigerweise nur die durch den Hersteller

[290] Vgl. Schuler, C. (2006), S. 130-132.
[291] Vgl. Neukirchen (2005), S. 15.
[292] Vgl. MacKenzie, S., Lutz, R. (1989), S. 48-65.

durchgeführten Kommunikationsaktivitäten umfassen müssen (z. B. auch das bekannt werden über das Zurückhalten von negativen Studienergebnissen durch
einen Hersteller o. ä.).

Somit ist auch die bereits aufgestellte Hypothese H9 (der Einfluss der „Sympathie
mit der Vermarktung" auf die „Gesamteinstellung") theoretisch verankert. Umgekehrt wird aber auch angenommen, dass eine Vielzahl von Faktoren die „Sympathie" erklären können bzw. diese kausal bestimmen. Die Herleitung von Annahmen über die Einflussfaktoren auf die „Sympathie" (und andere Wahrnehmungskonstrukte) ist u. a. Gegenstand der folgenden Kapitel zur Kommunikationspolitik. Dabei wurde bisher schon die „Unsicherheitsabbauende Herstellerkommunikation" als ein Einflussfaktor auf die Sympathiebewertung identifiziert
(H16). Aber auch die wahrgenommene „Angemessenheit des (Arzneimittel-)Prei-
ses" kann sich auf die „Sympathie" mit den Vermarktungsaktivitäten auswirken.
So könnte ein relativ niedriger bzw. moderater Preis von Ärzten als ein „Fairness-
Signal" des Arzneimittelherstellers verstanden werden, dass dieser nicht mit
einem „schmerzhaften" Preis die Produzentenrente voll abschöpfen möchte,
sondern ggf. nur primär an einer möglichst breiten Verwendung seines Arzneimittels interessiert ist. Daher kann die folgende Hypothese formuliert werden:

H36: Je angemessener der Preis von einem Arzneimittel bewertet wird, desto
      sympathischer wird dessen Vermarktung empfunden.

Eine Übersicht über alle in Kapitel 5 hergeleiteten Hypothesen sowie Angaben
über die Operationalisierung der Konstrukte finden sich am Ende dieses Ab-
schnitts in Kapitel 5.5.2.

5.4.2 Die Segmentierung von Ärzten

5.4.2.1 Die Identifikation von „attraktiven" Ärzten

5.4.2.1.1 Vorbemerkungen

Viele arztindividuelle Kommunikationsmaßnahmen sind mit einem hohen finanziellen Ressourceneinsatz verbunden. Dazu gehört in erster Linie der Einsatz von
Pharmaberatern, aber auch die Kosten für Instrumente wie Werbebriefe, Werbe-

geschenke sowie die Ausgaben für sonstige Maßnahmen im Rahmen des individuellen Beziehungsmanagements (z. B. Vergütungen für Anwendungsbeobachtungen, finanzielle Unterstützung von Fortbildungsmaßnahmen, etc.). In Theorie
und Praxis wird die Produktivitäts- bzw. Effizienzsteigerung der Marketing- und
Vertriebsaktivitäten als ein zunehmend wichtiger Faktor für den Unternehmens-
erfolg von pharmazeutischen Unternehmen betrachtet.[293] *IMS Health* schätzt, dass
alleine durch die ineffiziente Steuerung des pharmazeutischen Außendienstes in
Deutschland pro Jahr ca. 600 bis 900 Mio. Euro „fehlinvestiert" werden (d. h.
durch eine falsche Auswahl von besuchten Ärzten und eine ungeeignete kommunikative Ansprache).[294] Der Effizienzgedanke legt dabei nahe, dass bei einem
gegebenen Mitteleinsatz (d. h. Aufwendungen für Marketing- und Vertriebsaktivitäten) ein maximal mögliches Output (z. B. Verordnungsintensität, Marktanteil,
Umsatz, etc.) erzielt wird. Dies impliziert, dass sich die Marketing- und Vertriebsaktivitäten von Pharmaunternehmen vorzugsweise auf jene „attraktiven" Ärzte
konzentrieren sollten, die in höherem Maße als andere dazu geeignet sind, einen
Beitrag zur Erreichung der Outputziele des Herstellers zu leisten.

Je nach der Art des zu bewerbenden Arzneimittels kann sich die Identifikation
von „attraktiven" Ärzten als unterschiedlich herausfordernd erweisen. Werden
z. B. die Verordnungen eines Arzneimittels zur Behandlung einer Nischenindi-
kation nur von wenigen niedergelassenen Spezialisten vorgenommen (z. B. bei
Krebs, HIV, fortgeschrittenes Rheuma, etc.), so reduziert sich ggf. die relevante
Zielgruppe schnell auf nur wenige hundert Ärzte bundesweit und es müssen u. U.
keine weitergehenden Überlegungen zur Selektion von Ärzten unternommen
werden. Auch ist unmittelbar einleuchtend, dass Verordnungen in bestimmten
Indikationsgebieten schwerpunktmäßig durch die korrespondierenden Facharztgruppen vorgenommen werden (z. B. werden Psychopharmaka schwerpunktmäßig von Nervenärzten/Psychotherapeuten/Neuologen verordnet, Urologika
durch Urologen, etc.). Somit kann das Segmentierungsproblem u. U. bereits auf
eine Subgruppe von Ärzten reduziert werden. Schwieriger gestaltet sich die Identifikation von „attraktiven" Ärzten, wenn insbesondere in „Massen-Indikationen"

---

[293] Vgl. Scholl, M., Heinzer, M. (2005), S. 799; Manager Magazin (2006), S. 118 und Homburg, C.,
Schnurr, P. (1999), S. 1.

(z. B. Hypertonie, Diabetes, etc.) mehrere Tausende von Ärzten in verschiedenen Facharztrichtungen prinzipiell als „Zielärzte" für intensivierte Marketing- und Vertriebsaktivitäten in Frage kommen. Für diese Problemstellung kann auf verschiedene Instrumente zur Segmentierung von Kunden aus der Betriebswirtschaftslehre zurückgegriffen werden.

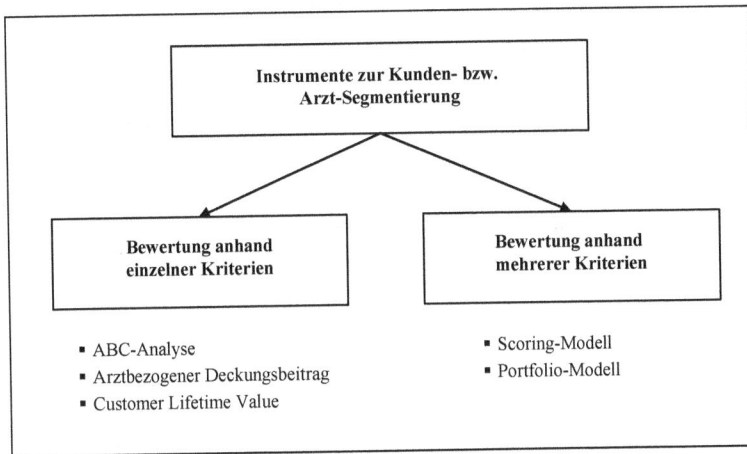

Abb. 25:   Instrumente zur Kunden- bzw. Arzt-Segmentierung[295]

Die verschiedenen Instrumente werden nun kurz erläutert und ihre Vor- und Nachteile bei der Segmentierung von Ärzten diskutiert.

5.4.2.1.2 ABC-Analyse

Im Rahmen der ABC-Analyse werden Kunden bzw. Ärzte bezüglich eines definierten Kriteriums zunächst nach fallender Größe sortiert. Typischerweise wird dabei das Kriterium „Umsatz pro Kunde (bzw. pro Arzt) pro Zeiteinheit" (mit einem oder mehreren Produkten eines Herstellers) verwendet.[296] Denkbar ist aber auch die Verwendung von anderen Kriterien wie z. B. Verordnungszahlen oder

---

[294]   Vgl. Bastian, H. (2005), S. 42.
[295]   Quelle: In Anlehnung an Scholl, M., Heinzer, M. (2005), S. 797-818, und Köhler, R. (2005), S. 401-433.
[296]   Der „Umsatz pro Arzt" könnte z. B. folgendermaßen berechnet werden: Die Anzahl der durch die Verschreibungen eines Arztes in öffentlichen Apotheken ausgegebenen Arzneimittelpackungen multipliziert mit deren zurückgerechneten Herstellerabgabepreisen.

die Anzahl der mit dem Herstellerprodukt behandelten Patienten.[297] In einem nächsten Schritt werden dann die kumulierten Anteile der Kunden/Ärzte ihren kumulierten Umsatzanteilen gegenübergestellt. Häufig ergibt sich dann eine stark ungleichmäßige Umsatzverteilung auf die verschiedenen Ärztegruppen (oft gemäß der „80:20-Regel"[298]): So können z. B. 20 % der Ärzte für 80 % des betrachteten Produktumsatzes verantwortlich sein (A-Kunden), 30 % der Ärzte 15 % des Umsatzes generieren (B-Kunden) und 50 % der Ärzte insgesamt nur 5 % des Umsatzes erzeugen. Das Analyseergebnis legt somit nahe, die Marketing- und Vertriebsaktivitäten (insbesondere den Einsatz der Pharmaberater) auf die im „A-Segment" identifizierten Ärzte zu fokussieren.

Mittels der ABC-Analyse kann auf relativ einfache Weise eine grobe Priorisierung von Ärzten durchgeführt werden. Allerdings ist die Verwendung einer einzigen Kennzahl (z. B. Umsatz, Verordnungs- oder Patientenzahlen) in vielen Fällen zu undifferenziert, da mehrere Faktoren gleichzeitig die Attraktivität eines Arztes bestimmen können (z. B. die Funktion eines Arztes als „Meinungsmultiplikator" trotz eines geringen Umsatzvolumens). Weiterhin bleiben in der ABC-Analyse auch zukünftige Verordnungspotenziale unbeachtet. So würde z. B. ein prinzipiell „attraktiver" Arzt, der momentan eine große Anzahl von Patienten in einem betrachteten Indikationssegment mit Konkurrenzprodukten behandelt, in der ABC-Analyse u. U. nicht in das A-Segment eingeordnet werden. Ärzte, die das Herstellerprodukt momentan nicht verordnen, würden in einer umsatzbezogenen ABC-Analyse gar nicht berücksichtigt werden. Bezüglich der Datenerhebung ergibt sich das Problem, dass pharmazeutischen Herstellern aufgrund der nur indirekten Geschäftbeziehung mit niedergelassenen Ärzten meist keine arztspezifischen Umsatz- oder Verordnungsdaten direkt zur Verfügung stehen. Diese müssen dann von entsprechenden Dienstleistern[299] eingekauft werden (allerdings meist nur verdichtete Verordnungsdaten auf regionaler Ebene) oder selbst durch den Außendienst (bzw. durch telefonische Anfragen) erhoben werden. Im Zuge der Umsetzung der geplanten Gesundheitsreform 2006 ist außerdem damit zu

---

[297] Vgl. Scholl, M., Heinzer, M. (2005), S. 809.
[298] Vgl. Köhler, R. (2005), S. 407.
[299] Vgl. Hartmann, W. (2002), S. 223-225.

rechnen, dass der flächendeckende Zugang bzw. Zukauf von arztspezifischen Verordnungsdaten und deren Analyse weiter erschwert wird.[300]

5.4.2.1.3 Arztbezogener Deckungsbeitrag

Die im vorherigen Kapitel dargestellte ABC-Analyse kann um eine wichtige inhaltliche Komponente erweitert werden, wenn statt Umsatz- oder Verordnungsdaten arztbezogene Deckungsbeiträge verwendet werden. In einem solchen Fall werden „attraktive" Beziehungen zu Ärzten gemäß der Höhe ihrer individuellen Deckungsbeiträge bestimmt.[301] Zur Ermittlung des arztbezogenen Deckungsbeitrags werden von dem arztbezogenen Umsatz die einem Arzt zurechenbaren Kosten für die Marketing- und Vertriebsaktivitäten abgezogen (z. B. Kosten für die Besuche von Pharmaberatern, Kosten für Mailings, Kosten für finanziell unterstützte Fortbildungsmaßnahmen, etc.). Resultiert dann ein relativ geringer Deckungsbeitrag, so sollte genau geprüft werden, ob der entsprechende Arzt weiterhin in individuelle Marketingaktivitäten eingebunden werden sollte. Ein großes praktisches Problem ergibt sich allerdings bei der Bestimmung der einem Arzt zurechenbaren Kosten: Da die Kosten für Marketing- und Vertriebsaktivitäten typischerweise zu großen Teilen den Charakter von Gemeinkosten aufweisen, muss deren Aufschlüsselung entweder über Zuschlagssätze oder mit Prozesskostensätzen und Kostentreibern (im Rahmen einer Prozesskostenrechnung) erfolgen.[302] Während Zuschlagssätze meist gegen das Verursachungsprinzip verstoßen, ist die Anwendung einer Prozesskostenrechnung häufig mit einem sehr großen administrativen Aufwand verbunden.[303] Zusammenfassend liefert daher die Verwendung des arztbezogenen Deckungsbeitrags zwar ein präzises Bild über die momentane ökonomische Attraktivität von Arztbeziehungen, nachteilig ist dabei jedoch der größere administrative Aufwand (bzw. die Unschärfen bei der Verwendung von Zuschlagssätzen) zu bewerten. Weiterhin gelten viele Einschränkungen der ABC-Analyse auch bei der Verwendung des arztbezogenen Deckungsbeitrags analog (siehe Kapitel 5.4.2.1.2).

---

[300] Vgl. Bundesregierung (2006), S. 10.
[301] Vgl. Köhler, R. (2005), S. 408-413.
[302] Vgl. Hoitsch, H. (1997), S. 191-195.
[303] Vgl. Scholl, M., Heinzer, M. (2005), S. 810.

188

5.4.2.1.4 Customer Lifetime Value

Den konzeptionellen Rahmen für den „Customer Lifetime Value" bildet das Kundenlebenszyklus-Modell sowie die Kapitalwertmethode der dynamischen Investitionsrechnung.[304] Danach durchläuft die Geschäftbeziehung mit einem Kunden (bzw. mit einem Arzt) im Zeitablauf verschiedene Stadien. In einem idealtypischen Fall behandelt ein Arzt bei der Einführung eines neuen Arzneimittels zunächst nur sehr wenige Patienten mit einem Arzneimittel. Im weiteren Zeitablauf lernt der Arzt das betreffende Arzneimittel immer besser kennen und steigert sein Verordnungsvolumen bis zu einem Maximum, ehe dann ggf. wieder vermehrt andere Optionen ausprobiert werden bzw. durch den Eintritt von neuen Wettbewerbern die Verordnungszahlen wieder fallen. Den verschiedenen Perioden können somit arztbezogene Erlöse (und auch ggf. arztbezogene Kosten) zugeordnet werden. Der arztbezogene „Netto-Cash-Flow" der zukünftigen Perioden kann dann unter Verwendung eines risikoadäquaten Diskontierungsfaktors auf den heutigen Zeitpunkt abgezinst werden.[305] Dabei sollten die Marketing- und Vertriebsaktivitäten auf jene Ärzte fokussiert werden, die den höchsten Kapitalwert bzw. „Customer Lifetime Value" aufweisen.

Mit der mehrperiodigen Betrachtungsweise überwindet diese Methode einen wichtigen Nachteil der zuvor beschriebenen (statischen) Analysen, die keine zukünftigen Umsatz- bzw. Verordnungspotenziale berücksichtigen (siehe Kapitel 5.4.2.1.2 und 5.4.2.1.3). Ferner können mit dieser Methode komplexe Verordnungsszenarien simuliert werden. Allerdings können sich auch arztbezogene Prognosen über die zukünftigen Verordnungszahlen bzw. Erlöse aufgrund der vielfältigen Einflussfaktoren als schwierig erweisen. Weiterhin besteht auch die Gefahr, dass diese Methode aufgrund Ihrer Komplexität und der zahlreichen Annahmen auf eine mangelnde unternehmensinterne Akzeptanz stößt.

5.4.2.1.5 Scoring-Modell

Allen bisher beschriebenen Segmentierungs-Instrumenten ist gemein, dass Sie typischerweise nur auf quantitativ-monetäre Kriterien zur Bewertung der Attrakti-

---

[304] Vgl. Scholl, M., Heinzer, M. (2005), S. 811.
[305] Vgl. Köhler, R. (2005), S. 424-426.

vität von Ärzten zurückgreifen (sofern im Rahmen der ABC-Analyse keine Verordnungs- oder Patientenzahlen verwendet werden). Qualitative Aspekte, die u. U. ebenfalls eine Rolle bei der Identifikation von „attraktiven" Ärzten spielen (wie z. B. die Funktion eines Arztes als „Meinungsmultiplikator", die wahrgenommene Kooperationsbereitschaft des Arztes mit dem Außendienst, die „Adaptionsfreudigkeit" bei früheren Produkteinführungen, etc.), werden in den bisher diskutierten Ansätzen nicht berücksichtigt. Mit der Verwendung eines Scoring-Modells können diese Nachteile überwunden werden und verschiedene qualitative und quantitative Kriterien[306] in die Bildung eines arztspezifischen „Scores" (Punktwert) einfließen. Die Bildung des Punktwertes kann dabei analog zu der Beschreibung in Kapitel 3.2.3.3.2 mit gewichteten Kriterien erfolgen. Im Ergebnis sollten dann die Marketing- und Vertriebsaktivitäten auf jene Ärzte fokussiert werden, die die höchsten Scoring-Werte erzielen. Der Berücksichtigung vieler möglicher Faktoren und der relativ leichten Umsetzbarkeit dieses Ansatzes steht ein stark subjektiver Einfluss (bei der Auswahl und Gewichtung der Kriterien) sowie ein möglicher Kompensationseffekt bei wichtigen „K. O.-Kriterien" gegenüber.[307] Dennoch kann diese Methode bei sorgfältiger Anwendung insgesamt als ein praktikables und hinreichend valides Instrument bei der Arzt-Segmentierung angesehen werden.

5.4.2.1.6 Portfolio-Modell

In Anlehnung an die klassischen Portfolio-Ansätze zur Ableitung von Normstrategien für strategische Geschäftseinheiten können auch Kundenbeziehungen als Investitionsobjekte verstanden werden und in einem entsprechenden Portfolio eingeordnet werden.[308] Die folgende Abbildung stellt ein solches Portfolio mit den empfohlenen Normstrategien zur Priorisierung von Arztbeziehungen dar.

---

[306] Auch Potenzialgrößen können berücksichtigt werden (wie z. B. die Gesamtzahl der von einem Arzt in einem Indikationsbereich behandelten Patienten).

[307] Annahme: Die additive Verknüpfung der Kriterien. Vergleiche dazu auch Köhler, R. (2005), S. 414-415.

[308] Vgl. Fink, D. (2004), S. 27 - 74 und Köhler, R. (2005), S. 416-419.

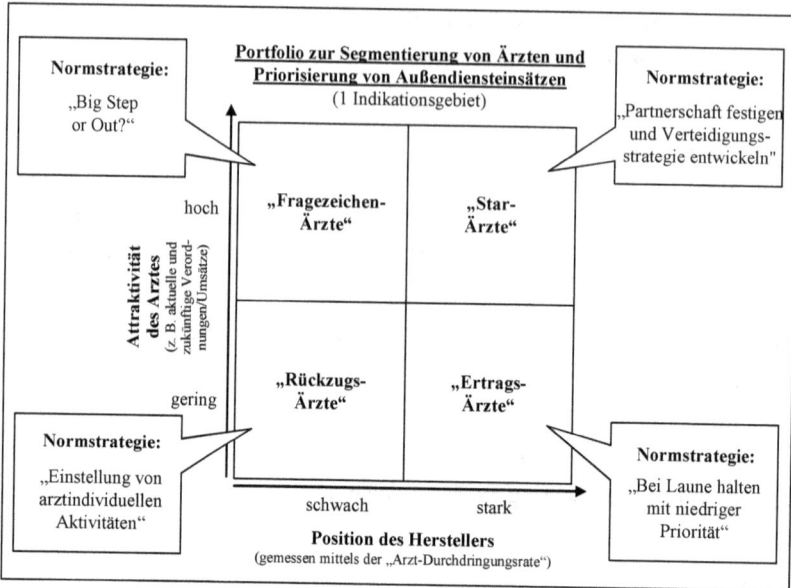

Abb. 26:   Portfolio zur Segmentierung von Ärzten[309]

Auf der Y-Achse wird dabei die „Attraktivität des Arztes" abgetragen, die mittels eines Scoring-Ansatzes (siehe vorheriges Kapitel) gebildet wird. In diese Dimension fließen verschiedene (gewichtete) Kriterien ein, die die Attraktivität eines Arztes für einen pharmazeutischen Hersteller abbilden (z. B. das aktuelle Verordnungsvolumen (bzw. Umsatz), das zukünftige Verordnungsvolumen, die Funktion eines Arztes als Meinungsmultiplikator, die Kooperationsbereitschaft mit dem Außendienst, indikationsübergreifende Verbundeffekte[310], etc.). Die Position eines Arztes auf der X-Achse wird hingegen nur durch die „Kundendurchdringungsrate" (in diesem Fall: „Arzt-Durchdringungsrate") bestimmt. Diese Kennzahl gibt an, welcher Anteil von allen Patienten in der betrachteten Indikation mit dem Produkt des Herstellers behandelt wird. Behandelt ein Arzt beispielsweise einen Großteil seiner Patienten in der betrachteten Indikation mit dem Produkt des Herstellers, so befindet sich der Hersteller hinsichtlich des betrachteten Arztes in einer „starken" (Lieferanten-)Position (rechte Seite des Portfolios).

[309] Quelle: In Anlehnung an Scholl, M., Heinzer, M. (2005), S. 813.
[310] Falls ein Arzt z. B. in mehreren Indikationen eine relativ hohe Anzahl von Patienten behandelt, können im Zuge eines einzigen Außendienst-Besuches mehrere Produkte besprochen werden.

Bevorzugen Ärzte stärker Konkurrenzprodukte bzw. alternative Behandlungsmethoden, so würden diese in der linken Seite des Portfolios angeordnet werden. Für die Bestimmung der Trennlinien (sowohl zwischen „hoher" und „geringer" Attraktivität von Ärzten als auch zwischen „starker" und „schwacher" Position des Herstellers) gibt es keine allgemeingültige Empfehlung. Die Verwendung der durchschnittlichen X- und Y-Werte als Trennkriterium stellt jedoch einen möglichen Lösungsansatz dar.[311]

Hinsichtlich der Betreuung der„Fragezeichen-Ärzte" muss anhand weiterer Kriterien (außerhalb des Portfolio-Konzepts) eine prinzipielle Grundsatzentscheidung entweder zum Aufbau der Kundenbeziehung oder zum Rückzug getroffen werden. Ist beispielsweise bekannt, dass der betreffende Arzt enge Beziehungen zu Wettbewerbern pflegt (z. B. die Teilnahme an bedeutenden klinischen Studien der Wettbewerber), so ist u. U. trotz dessen Attraktivität von weiteren Investitionen in den Aufbau der Kundenbeziehung abzusehen. Wird hingegen die Entscheidung für den Aufbau einer Kundenbeziehungen mit einem „Fragezeichen-Arzt" getroffen, so sind im Rahmen der Herstellerkommunikation (neben dem übrigen intensiv einzusetzenden kundenpolitischen Instrumentarium[312]) insbesondere Argumente für die Umstellung (bzw. Neubehandlung) von Patienten mit dem zu bewerbenden Produkt in den Vordergrund zu stellen.

In der Kommunikation mit „Star-Ärzten" sollten hingegen eher die nachteiligen Effekte bei einem potenziellen „Fremdgehen" mit Wettbewerbsprodukten aufgezeigt werden (z. B. die geringere Erfahrung mit Konkurrenzprodukten oder die guten Langzeit-Effekte bei dem eigenen Produkt im Rahmen von kontinuierlich zu behandelnden Krankheiten). „Star-Ärzte" sind typischerweise gegenüber dem zu bewerbenden Produkt eher positiv eingestellt und können die Eigenschaften des Produktes aus eigener Erfahrung bereits gut einschätzen. Aufgrund ihrer „Attraktivität" können sie jedoch auch schnell in den Fokus von Wettbewerbern gelangen. Wegen ihrer hohen finanziellen Bedeutung sollte daher der intensiven Be-

---

[311]   Je nach Wettbewerbssituation in der betrachteten Indikation könnte z. B. auch die vertikale Trennlinie bei einer „Arzt-Durchdringungsrate" von 50% angesetzt werden.
[312]   Dies umfasst z. B. die Abgabe von Werbegeschenken und Arzneimittelmuster, Einladungen zu Fortbildungsveranstaltungen, etc.

treuung und dem Aufbau einer partnerschaftlichen Beziehung mit diesen Ärzten eine hohe Priorität eingeräumt werden.

„Ertrags-Ärzte" sind durch eine geringere Attraktivität für den Hersteller gekennzeichnet. Dennoch setzen sie in der betreffenden Indikation das Produkt des Herstellers bevorzugt ein. „Ertrags-Ärzte" sind oftmals historisch gewachsene „Freunde des Herstellerproduktes", ohne dass diese jemals durch intensive Marketingmaßnahmen überzeugt werden mussten (aufgrund ihrer mangelnden Attraktivität für den Hersteller). Dennoch leisten diese Ärzte u. U. einen nicht zu vernachlässigenden Anteil an den Gesamtverordnungen des betreffenden Arzneimittels. Aus diesem Grunde sind auch diese Ärzte mit in die Planungen zur Marketing- und Vertriebssteuerung mit einzubeziehen - wenn auch nur mit geringerer Priorität. Die Verordnungsaktivitäten dieser Ärzte sollten z. B. durch gelegentliche Arzneimittelmuster und Werbegeschenke anerkannt werden.

Im Falle von „Rückzugs-Ärzten" wird grundsätzlich von arztspezifischen Aktivitäten durch den Hersteller abgeraten. Diese Ärzte sind weder besonders attraktiv für den Hersteller, noch setzen sie das Produkt des Herstellers in großem Umfang ein. Gezielte Aktivitäten für diese Ärzte lassen sich allenfalls durch „besondere" Gründe rechtfertigen (z. B. wenn sich die Praxis eines „Rückzugs-Arztes" im gleichen Haus befindet wie die eines „Star-Arztes" und diese beiden Ärzte befreundet sind o. ä.).

Zusammenfassend lässt sich festhalten, dass der Portfolio-Ansatz ein leicht verständliches und valides Instrument zur Arzt-Segmentierung und Priorisierung der Marketing- und Vertriebsaktivitäten darstellt. Die Datenanforderungen sind insgesamt als moderat zu bewerten und erfordern nur wenige externe Informationen über die betreffenden Ärzte.[313] Viele Bewertungen hinsichtlich der „Attraktivität des Arztes" können dabei typischerweise durch den Außendienst selbst oder durch die regionale Vertriebsleitung vorgenommen werden. Grundsätzlich können viele verschiedene Kriterien mit in die Analyse einfließen - inklusive einer Bewertung über die zukünftige Verordnungsentwicklung der Ärzte. Der Portfolio-

Ansatz überwindet somit viele Nachteile der zuvor diskutierten Segmentierungs-Instrumente.

5.4.2.2 Einstellungs- und Verhaltensgruppen von Ärzten

Sind in einem ersten Schritt „attraktive" Ärzte identifiziert worden, für die intensivierte Marketing- und Vertriebsaktivitäten (insbesondere durch Pharmaberater) durchgeführt werden sollen, so stellt sich im Rahmen der weiteren Planung die Frage, wie diese Ärzte in der Hersteller-Kommunikation differenziert behandelt werden sollen. Die prinzipiell unterschiedlichen Kommunikationsstrategien für „Fragezeichen-Ärzte" (Akquisition) und „Star-Ärzte" (Verteidigung) wurden bereits in Kapitel 5.4.2.1 skizziert. Bei der Kommunikation mit den ausgewählten Ärzten ist weiterhin darauf zu achten, dass diese u. U. unterschiedliche Grundeinstellungen, Interessen, Motive und Verhaltensmuster aufweisen können. So lässt sich z. B. häufig in der vertrieblichen Praxis beobachten, dass einige Ärzte Produkt-Neueinführungen sehr schnell übernehmen und sich tendenziell experimentierfreudig zeigen, während andere Arzttypen Innovationen nur sehr langsam annehmen und diese nur zurückhaltend (oder gar nicht) verordnen. Die flexible kommunikative Anpassung an diese unterschiedlichen Arzttypen stellt eine große Herausforderung insbesondere für die Gesprächsführung im Rahmen von Außendienstbesuchen dar. Dabei lässt sich die notwendige emotionale Feinfühligkeit zur Identifikation der unterschiedlichen Arzttypen und die damit verbundene Anpassung der Gesprächsführung durch einen Pharmaberater allerdings nur bedingt steuern bzw. durch Fortbildungsmaßnahmen vermitteln. Somit ergibt sich die Empfehlung, bereits bei der Auswahl von Pharmaberatern deren empathisches Geschick intensiv zu überprüfen.

Eine in diesem Zusammenhang interessante Analyse zur Identifikation von verschiedenen Arzttypen wurde von *DocCheck* im Jahre 2001 auf der Basis von Arztbefragungen durchgeführt. Danach lassen sich die Ärzte in Deutschland in 6 große Einstellungs- und Verhaltensgruppen aufteilen. Die folgende Charakterisie-

---

[313] Die wichtigsten extern zu beschaffenden Kennzahlen sind die „Anzahl der behandelten Patienten in der Indikation (bzw. Verordnungen)" und die „Anzahl der mit dem Herstellerprodukt behandelten Patienten (bzw. Verordnungen)". Diese Daten können ggf. auch telefonisch erhoben werden.

rung der Gruppen ist an *Neukirchen*[314] angelehnt. Die leeren Zellen in der folgenden Tabelle deuten darauf hin, dass die Gruppen in den entsprechenden Kategorien keine starken Differenzierungsmerkmale zu anderen Gruppen aufweisen.

	Patienten-orientierung	Praxis-einrichtung und Personal	Verordnungen von Arznei-mitteln	Besuch von Fortbildungs-veranstaltungen	Sonstige Merkmale
Die „Öko-nomen" (18,5% der Ärzte)	Hoch, Betonung des guten persönlichen Kontaktes	Moderne Praxis und stets ausreichende Verfügbarkeit von Personal	Bevorzugte Verordnung von preiswerten Nachahmer-produkten	Überdurch-schnittliches Teilnahmeinter esse	
Die „Wis-senschaft-ler" (17,7% der Ärzte)	Relativ geringere Wichtig-keit von Arzt-Patienten-Gesprächen	Moderne Praxis mit den neusten technischen Geräten		Stark systema-tische Auswahl von Fortbil-dungsveranstal-tungen	• Absicherung von Diag-nosen durch möglichst viele Tests und Unter-suchungen • Starke Ab-neigung, das Verordnungs-verhalten an Kostenaspek-ten auszurich-ten
Die „OTC-Typen" (17,5% der Ärzte)		Funktionell eingerichtete Praxis ohne „Extras"	Tendenz zur Empfehlung von nicht-ver-schreibungs-pflichtigen Arz-neimitteln (OTC) bei weniger schwerwiegen-den Erkrankungen	Starker Fokus auf die zu erhaltenden Weiterbildungs-punkte	
Die „Indif-ferenten" (16,9% der Ärzte)			Verordnungen von Original-präparaten und Generika in etwa gleich hohem Maße	Seltenere Teil-nahme an Kongressen und Tagungen (Informationsbe zug eher durch Fachzeit-schriften)	Ausführliche Kommunika-tion/Dialog mit Pharmaberatern

---

[314] Vgl. Neukirchen, H. (2005), S. 21-22. Die Originalquelle ist nicht frei zugänglich.

	Patienten-orientierung	Praxis-einrichtung und Personal	Verordnungen von Arznei-mitteln	Besuch von Fortbildungs-veranstaltun-gen	Sonstige Merkmale
Die „Dienst-leister" (16,3% der Ärzte)	Hoch („der Patient ist Kunde, keine Nummer"), häufiges An-bieten von Son-derleistungen	Stark Kun-denorientiert geschultes Personal			Starke Sorge um die Wirtschaftlich-keit der Praxis
Die „Alterna-tiven" (11,2% der Ärzte)			Überwiegend Originalpräpara te oder homöo-pathische Mit-tel, Generika nur im „Not-fall"	Überdurch-schnittlich häufige Teil-nahme	Starke Ab-neigung, das Verordnungs-verhalten an Kostenaspekten auszurichten

Tab. 14:   Einstellungs- und Verhaltensgruppen von Ärzten in Deutschland[315]

Eine ähnliche Analyse zur Identifikation von Arzttypen wurde auch von *IMS Health* im Jahre 2005 durchgeführt.[316] Dabei wurden in Anlehnung an das von der *Gruppe Nymphenburg*[317] entwickelte Emotionensystem insgesamt 8 „limbische Arzttypen" identifiziert (hier nicht im Detail dargestellt).[318] Dabei reicht das Spektrum vom konservativen und relativ risikoscheuen „Bewahrer-Typ" bis hin zum innovations- und kommunikationsfreudigen „Entdecker-Typ". In weiter-gehenden Analysen konnte außerdem gemessen werden, dass die letztgenannte Ärztegruppe im Falle einer Einbindung in Anwendungsbeobachtungen stärker mit Verordnungszuwächsen reagiert als die übrigen Ärztegruppen.

Die verschiedenen Ansätze zur Typologisierung von Ärzten können zu einem bes-seren allgemeinen Verständnis von Persönlichkeitsstrukturen beitragen und zu einer Sensibilisierung der Vertriebseinheiten für einen individuellen Kommuni-kationsansatz dienen. Ob aber, wie von *Bastian*[319] vorgeschlagen, Besprechungs-unterlagen für den Außendienst und Mailing-Konzepte speziell für den (unterstel-lten) limbischen Arzttyp entwickelt werden sollten (zu bedenken sind die Komplexitätskosten bei mehreren Gruppen und die Unschärfe bei der Abgren-

---

[315] Quelle: Neukirchen, H. (2005), S. 21-22.
[316] Vgl. Bastian, H. (2005), S. 44-45.
[317] Vgl. Gruppe Nymphenburg (2006).
[318] Eine umfassende Beschreibung aller 8 Arzttypen ist nicht frei zugänglich.
[319] Vgl. Bastian, H. (2005), S. 45.

zung der Persönlichkeitstypen), ist im Einzelfall abzuwägen. Wesentlich effektiver erscheint es in diesem Zusammenhang die Pharmaberater für eine empathische Gesprächsführung zu sensibilisieren und inhaltlich die bedeutsamen therapeutischen Vorzüge des zu bewerbenden Produktes (gegenüber den Wettbewerbsprodukten) in den Vordergrund zu stellen.

5.4.3 Direkte Kommunikation

5.4.3.1 Pharmaberater

Die große Bedeutung der Pharmaberater (Synonym: Pharmareferenten) im Rahmen der Kommunikationspolitik von Arzneimittelherstellern wurde bereits in Kapitel 2.2.1.3 diskutiert. Die Vorzüge ihres Einsatzes liegen u. a. in der Aufbereitung komplexer Studieninformationen für den Arzt, in der umgehenden Einwandbehandlung sowie der situationsspezifischen Informationsbereitstellung. Mit Blick auf das bereits entwickelte Hypothesenmodell kann auch das Kommunikations-Instrument des „Pharmaberaters" mit in die Überlegungen aufgenommen werden. Beispielsweise kann eine überzeugende Argumentationslinie eines Beraters eine unsicherheitsabbauende Wirkung auf die ärztliche Wahrnehmung von Arzneimitteleigenschaften ausüben (Einfluss auf das Konstrukt „Vorhersagbarkeit der Effekte"). Auch kann angenommen werden, dass das Verhalten des Pharmaberaters direkt auf die Sympathiewahrnehmung der gesamten Vermarktungsaktivitäten eines Herstellers ausstrahlt. Der Pharmaberater gibt somit sowohl dem Arzneimittel als auch der Herstellermarke in der Wahrnehmung eines Arztes ein persönliches „Gesicht". Es fällt nicht schwer sich vorzustellen, dass sich ein unsympathisches Verhalten eines Pharmaberaters direkt auf die emotionale Hersteller- und Produktwahrnehmung auswirken kann.

Zu den Wirkungen der Interaktionen zwischen Ärzten und Pharmaberatern wurden verschiedene Untersuchungen durchgeführt, die in der folgenden Tabelle überblicksartig dargestellt sind. Auch hier zeigt sich, dass sich vorwiegend die englischsprachige Literatur diesem Thema gewidmet hat und keine öffentlich zugänglichen, wissenschaftlichen Studien für den deutschen Markt vorliegen. Dennoch dürften viele der Ergebnisse auch auf die Situation in Deutschland übertragbar sein.

Autoren, Veröffent- lichungsjahr und Land	Charakteristika der Analyse	Ergebnisse
Watkins, C., Harvey, I., Carthy, P., Moore, L., Robinson, E., Brawn, R. (2003), S. 1178 - 1179 (England).	•Befragung von 1097 nieder- gelassenen Allgemeinmedizinern („general practitioners in NHS practices") zu ihrem Verschrei- bungs- und Informationsver- halten. •Das Ziel war es, **Erklärungs- ansätze für die starken Unterschiede von Verschrei- bungskosten** zwischen den niedergelassenen Allgemein- medizinern in England zu finden.	Die folgenden Merkmale waren statistisch signifikant mit niedergelassenen Allgemein- medizinern assoziiert, die **hohe Verschrei- bungskosten** verursachten (im Vergleich zu Ärzten mit niedrigeren Verschreibungskosten): •Häufige Besuche durch Pharmareferenten •Intensive Verschreibung von neu zugelassenen Arzneimitteln •Bereitwillige Verschreibungen bei Patienten, die eine Verschreibung erwarten •Hoher wahrgenommener Zeitdruck bei der Arbeit •Geringere Bereitschaft, Anregungen zum Verschreibungsverhalten von anderen Kollegen zu übernehmen •Geringere Nutzungsintensität der British National Formulary (BNF) als Nachschlagewerk im Falle von Unsicherheit bei Arzneimitteleigenschaften •Arztpraxen mit Patienten mit relativ niedrigem Einkommen •Arztpraxen mit einem einzigen Arzt
Lexchin, J. (2001), S. 64 - 65 (Kanada).	•Zusammenfassung der Er- gebnisse verschiedener Studien zu den **Auswirkungen der Aktivitäten von Phar- mareferenten.**	Je häufiger Ärzte mit Pharmareferenten Arznei- mittel besprechen, •desto eher verschreiben sie Arzneimittel auch in Situationen, wenn keine Arzneimitteltherapie als die „beste" Option angesehen wird; •desto eher weicht die Einstellung zur Ver- wendung von Arzneimitteln von der „all- gemeinen" wissenschaftlichen Lehrmeinung ab; •desto eher werden fälschlicherweise Antibiotika in bestimmten Behandlungssituationen verschrieben; •desto weniger sind diese geneigt, generische Arzneimittel zu verschreiben; •desto eher werden teuere Arzneimittel eingesetzt, auch wenn ähnlich wirksame und billigere Präparate zur Verfügung stehen.

198

Autoren, Veröffent- lichungsjahr und Land	Charakteristika der Analyse	Ergebnisse
Schwartz, T., Kuhles, D., Wade, M., Masand, P. (2001), S. 159 - 162 (USA).	•Untersuchung des Zusammen- hangs zwischen der Interaktion von Ärzten mit **Pharmare- ferenten und der** ärztlichen **Verschreibungsentscheidung** •Betrachtet wurden die Verschreibungen verschiedener Psychotherapeutika bei 47 neu eingewiesenen Patienten in einer psychiatrischen Klinik („psychiatric residency training clinic").	•Im Anschluss an 11 (von insgesamt 12 analysierten Vertreterbesuchen) konnte ein statistisch signifikanter Anstieg an Verord- nungen der beworbenen Arzneimittel gemessen werden.
Lexchin, J. (1997), S. 941 – 945 (Kana- da).	•Untersuchung zur **Qualität der Arzneimittelinformationen**, die Ärzte von Pharmareferenten erhalten. •Für die Untersuchung wurden verschiedene Datenquellen verwendet: 4 bereits publizierte Studien, die diese Thematik behandeln; Informationen aus der pharmazeutischen Industrie, Informationen aus persönlichen Unterlagen des Autors, etc.	•Pharmareferenten weisen zwar häufig auf die genaue Indikation des beworbenen Arznei- mittels hin, übermitteln aber oft nur unvoll- ständige Informationen zur Sicherheit des Produkts. •Es besteht eine Tendenz zur selektiven Übermittlung von überwiegend positiven Informationen zu einem Arzneimittel.
Caudill, T., Johnson, M., Rich, E., McKinney, W. (1996), S. 201 - 206 (USA).	•Befragung von 446 Allgemein- medizinern („family medicine, general practice oder general medicine physicians") zu ihrem Verschreibungsverhalten und dem Umgang mit Arzneimittel- informationen von Pharma- referenten.	•Im Zuge der Studie wurde u. a. ermittelt, dass der Faktor „Häufigkeit der Verwendung von Arzneimittelinformationen von Pharma- referenten" hohe Kosten bei der Arznei- mittelverschreibung signifikant erklären kann (regressionsanalytische Betrachtung). •Eine signifikant positive Korrelation wurde zwischen den Verschreibungskosten der Ärzte und der wahrgenommenen Glaubwürdigkeit, Verfügbarkeit und Verwendung der von Pharmareferenten bereitgestellten Informa- tionen festgestellt.

Autoren, Veröffent- lichungsjahr und Land	Charakteristika der Analyse	Ergebnisse
Hodges, B. (1995), S. 553 - 559 (Kanada).	•Befragung von 73 Psychiatrie-Ärzten in der Ausbildung („residents, interns, clerks") in 7 Lehrkrankenhäusern zur **Art, Einstellung und Intensität ihrer Kontakte zu** Pharmareferenten.	•Interaktionen zwischen Psychiatrie-Ärzten in der Ausbildung und Pharmareferenten (einschließlich der Annahme von Zuwendungen wie z. B. Einladung zu Mittagessen, Werbegeschenke und Arzneimittelproben) wurden als übliche Vorgänge berichtet. •1/3 der Ärzte gab an, dass die Gespräche mit Pharmareferenten keinen Einfluss auf ihr Verschreibungsverhalten haben. •56% der Ärzte glaubt, dass Geschenke von Pharmareferenten keinen Einfluss auf ihr Verschreibungsverhalten haben. •Je mehr Geschenke und Zuwendungen Ärzte erhielten, desto weniger glaubten sie durch den Kontakt zu Pharmareferenten in ihrer Verschreibungsentscheidung beeinflusst zu werden.

Tab. 15:   Untersuchungen zu dem Einfluss von Pharmaberatern

Zusammenfassend legen diese Ergebnisse nahe, dass der Einsatz von Pharmabera-tern...

- zu einer intensiveren Verordnung der beworbenen Produkte,
- zu einer Erhöhung von Verordnungskosten,
- zu einem geringeren Einsatz von kostengünstigeren Alternativpräparaten,
- zu therapeutisch suboptimalen Verordnungen und
- zu einer „verzerrten" Informationsübermittlung bzw. Wahrnehmung von Produktinformationen führen kann.

Somit kann vermutet werden, dass sich die Aktivitäten von Pharmaberatern un-mittelbar auf alle einstellungserklärenden Konstrukte im Hypothesenmodell („Bewertete Datenlage", „Vorhersagbarkeit der Effekte", „Relativer therapeu-tischer Nutzen", „Angemessenheit des Preises" und „Sympathie mit der Vermark-tung") auswirken. Vor der formalen Definition dieser Hypothesen sollen jedoch zunächst noch im folgenden Kapitel die weiteren klassischen Werbemaßnahmen diskutiert werden.

5.4.3.2 Offene Werbemaßnahmen

Der Bereich der offenen Werbemaßnahmen im Arzneimittelmarketing umfasst eine Vielzahl von Kommunikationsinstrumenten. Dazu gehören u. a.:

- Werbeanzeigen in Fachzeitschriften
- Produktmonografien, Studiennachdrucke und sonstige Info-Materialien
- Arzneimittelmuster
- Werbegeschenke, z. B. Büroutensilien
- Werbebriefe, z. B. mit Preisausschreiben
- Internetauftritt und E-Detailing, usw.

Die Übergabe von Informationsmaterialien, Arzneimittelmuster und Werbegeschenken erfolgt dabei typischerweise durch Pharmaberater. Der Begriff „E-Detailing" umfasst den Versand von Werbe-Emails („Direct Mailing"), die interaktive Gestaltung der Internet-Homepage („Virtual Detailing" und „Interactive Websites"), Internet-Videokonferenzen („One-to-one Video Detailing" bzw. „Webbased Conferencing") und die Online-Teilnahme an Präsentationen („Co-Browsing").[320] Es wird geschätzt, dass ca. 80 % aller Ärzte in Deutschland das Internet aktiv nutzen und von diesen Ärzten ca. 40 % gezielt im Internet nach Arzneimittelinformationen suchen.[321] Im medizinischen Bereich beschränken sich die „E-Detailing" Anwendungen allerdings meist bisher nur auf Werbe-Emails und die Gestaltung der Produkt-Homepages.

Das Hauptziel der meisten Werbemaßnahmen ist die Bekanntmachung der Arzneimittelmarke sowie die Bereitstellung von leicht zugänglichen Produktinformationen im Falle eines gesteigerten Interesses des Arztes an weiterführenden Informationen. Bei der Gestaltung der Werbematerialien, bei der Wahl der Werbegeschenke und bei den Abgabemodalitäten von Mustern sind dabei verschiedene gesetzliche Einschränkungen zu beachten (siehe dazu auch Kapitel 2.2.1.3).[322] Erkenntnisse darüber, wie Werbegeschenke und Zuwendungen durch Ärzte bewertet werden und Muster das Verordnungsverhalten beeinflussen

---

[320] Vgl. Queitsch, M., Baier, D. (2005a), S. 135-136.
[321] Vgl. Queitsch, M., Baier, D. (2005b), S. 177-178.

können, liefern verschiedene US-Studien, die im Folgenden kurz skizziert werden.

Autoren, Veröffent- lichungsjahr und Land	Charakteristika der Analyse	Ergebnisse
Halperin, E., Hutchison, P., Barrier, R. (2004), S. 1477 - 1483 (USA).	•Befragung von 241 im Krankenhaus tätigen Onkologen („radiation oncologists") zur ihrer Einstellung und ihrem Verhalten gegenüber **Geschenken** von pharmazeutischen Unternehmen oder Medizinprodukt-Unternehmen	•Nahezu alle befragten Onkologen gaben an, schon einmal Geschenke von den betreffenden Unternehmen erhalten zu haben. Die häufigsten Geschenke waren dabei Stifte (bei 78% aller Ärzte), Arzneimittelmuster (70%) und Einladungen zum Essen (66%). Ca. 10% der Ärzte haben außerdem schon Honorare für Reden/Präsentationen bei Veranstaltungen erhalten. •Nur 5% der Ärzte gaben an, dass ihr eigenes Verschreibungsverhalten durch Geschenke beeinflusst wird. Demgegenüber vermutete aber 1/3 der Befragten, dass andere Ärzte in ihrem Verschreibungsverhalten durch Geschenke beeinflusst werden. •3/4 der Ärzte betrachtete es als angemessen, Werbegeschenke mit geringem Wert entgegenzunehmen, während knapp 1/3 der Ärzte dies auch für teuere Geschenke als akzeptabel empfand. •2/3 der Ärzte bewerteten Informationen aus klinischen Studien, die sie durch Unternehmen erhalten, als nützlich für ihre eigene Fortbildung.

---

[322] Vgl. §§ 3, 4 und 6 HWG (Werbung) und § 21 des Kodex „Freiwillige Selbstkontrolle für die Arzneimittelindustrie e.V." (Geschenke) und § 47 Abs. 3 AMG (Musterabgabe).

Autoren, Veröffentlichungsjahr und Land	Charakteristika der Analyse	Ergebnisse
Madhavan, S., Amonkar, M., Elliott, D., Burke, K., Gore, P. (1997), S. 207 - 215 (USA).	• Befragung von 283 Ärzten zu ihrer Einstellung und zur Handhabung von **Geschenken und Zuwendungen** durch pharmazeutische Unternehmen	• Als die häufigsten Geschenke und Zuwendungen von pharmazeutischen Unternehmen an Ärzte wurden einfache Werbegeschenke (diese erhielten 77% der befragten Ärzte), Fachbücher (42%) und Einladungen zum Essen (41%) identifiziert. • Die befragten Ärzte stimmten zu, dass die Geschenke und Zuwendungen an sie als ein Versuch der Einflussnahme der pharmazeutischen Unternehmen auf ihr Verschreibungsverhalten zu verstehen sind. Allerdings sind sie stark davon überzeugt, dass sie persönlich bei ihrem Verschreibungsverhalten nicht durch diese Zuwendungen beeinflusst werden. • Fortbildungsmaßnahmen, die durch pharmazeutische Unternehmen unterstützt werden, wurden von den Ärzten nicht als ausschließliche Verkaufsförderungsmaßnahmen wahrgenommen. • Die befragten Ärzte glaubten nicht, dass die Entgegennahme von Geschenken und Zuwendungen von pharmazeutischen Unternehmen unangemessen sein könnte. Dennoch besteht eine Tendenz zur Ablehnung der Veröffentlichung und Publikmachung solcher Zuwendungen. • Ärzte mit einer relativ höheren Anzahl von Patienten und Verschreibungen bekommen eher Geschenke von pharmazeutischen Unternehmen angeboten. Diese Gruppe von Ärzten ist auch eher dazu geneigt, diese Zuwendungen anzunehmen.

Autoren, Veröffent- lichungsjahr und Land	Charakteristika der Analyse	Ergebnisse
Adair, R., Holmgren, L. (2005), S. 881 - 884 (USA).	•Beobachtung von 390 **Verord- nungsentscheidungen** bei 29 Ärzten (residents) der inneren Medizin in einer „Primary Care Clinic" in einem Zeitraum über 6 Monate. •Dabei wurden die teilnehmenden Ärzte durch Zufallsauswahl in 2 Gruppen aufgeteilt: Gruppe 1, deren Ärzte sich bereit erklärten, keine Arzneimittelmuster zu ver- wenden und Gruppe 2, deren Ärzte **Arzneimittelmuster** verwenden durften. •Insgesamt wurden die Verord- nungen in 5 verschiedenen Arz- neimittelklassen betrachtet, in denen jeweils intensiv beworbene Marken-Arzneimittel in Kon- kurrenz zu billigeren Analog- präparaten, OTCs oder Generika standen.	•Internisten, die Arzneimittelmuster verwenden durften, haben signifikant seltener nicht inten- siv beworbene Arzneimittel und OTCs ver- ordnet als Ärzte, die keinen Zugang zu Mustern hatten. •Es konnte ein Trend beobachtet werden, dass Internisten mit Zugang zu Mustern seltener billigere Arzneimittel verordneten.

Tab. 16:   Untersuchungen zu dem Einfluss von Geschenken und Mustern

Es zeigt sich, dass die Ärzte kaum davon ausgehen, dass (Werbe-)geschenke ihr persönliches Verordnungsverhalten beeinflussen. Allerdings gehen sie bei anderen Ärzten davon aus, dass diese durchaus in größerem Maße durch Zuwen- dungen beeinflusst werden können. Insgesamt betrachten dabei die befragten US- Ärzte die Entgegennahme von geringwertigen Geschenken als allgemein ange- messen. Hinsichtlich der Auswirkungen des Mustereinsatzes deutet die Studie von *Adair/Holmgren* darauf hin, dass dieses Instrument die Verordnung von den be- worbenen Markenprodukten begünstigt. Bei der Übertragung der obigen Ergeb- nisse auf den deutschen Markt müssen allerdings die unterschiedlichen gesetz- lichen Rahmenbedingungen für Geschenke an Ärzte beachtet werden. Auch über- nehmen Arzneimittelmuster im US-amerikanischen Markt mit einem relativ hohen Anteil an unversicherten Personen z. T. auch eine Versorgungsfunktion.

Die beiden großen Bereiche der Kommunikationspolitik - Pharmaberater und offene Werbemaßnahmen - wirken zusammen auf die Wahrnehmung von Ärzten und stellen die beiden maßgeblichen Einflussgrößen für die Bewertung der Kom-

munikationsintensität („Sales Power") dar. Aus diesem Grund kann für das Hypothesenmodell das gemeinsame Konstrukt der „Kommunikationsintensität" gebildet werden, das durch die Indikatoren „Häufigkeit der Besuchswünsche von
Pharmareferenten" und „Intensität der offenen Werbemaßnahmen" gemessen
(d. h. in diesem Fall formativ operationalisiert) wird. Wie bereits bei der Darstellung zu den Pharmaberatern angedeutet wurde, können leicht nachvollziehbare
Hypothesen über die positive Wirkung der „Kommunikationsintensität" auf alle
einstellungsbeeinflussenden Konstrukte gebildet werden. Auch kann angenommen werden, dass eine hohe „Kommunikationsintensität" für ein Arzneimittel zu
einer geringeren wahrgenommenen Verfügbarkeit von konkurrierenden Arzneimitteln bei Ärzten führt. Daraus ergeben sich die folgenden Hypothesen:[323]

H37: Je intensiver die Herstellerkommunikation für ein Arzneimittel erfolgt,
desto sympathischer wird dessen Vermarktung empfunden.
(Grund: Ärzte erhalten eine größere Anzahl von Marketing-Leistungen (wie
z. B. Geschenke, Muster etc.) und Pharmaberater stehen als persönlicher
Ansprechpartner für den Arzt bereit.)

H38: Je intensiver die Herstellerkommunikation für ein Arzneimittel erfolgt,
desto angemessener wird der Preis bewertet.
(Grund: Die Kommunikation einer hohen Werthaltigkeit des Produkts begünstigt die Preisbewertung durch den Arzt.)

H39: Je intensiver die Herstellerkommunikation für ein Arzneimittel erfolgt,
desto höher wird der relative therapeutische Nutzen des Arzneimittels
bewertet.
(Grund: Die Kommunikation eines hohen therapeutischer Nutzens ist eine
der Hauptinhalte in der Herstellerkommunikation.)

H40: Je intensiver die Herstellerkommunikation für ein Arzneimittel erfolgt,
desto präziser können die Therapieeffekte des Arzneimittels vorhergesagt
werden.
(Grund: Durch intensive Herstellerkommunikation kann eine größere wahr-

---

[323] Eine grafische Darstellung dieser Wirkungszusammenhänge erfolgt in Kapitel 5.5.2.

genommene Effektsicherheit bei Ärzten erzeugt werden. Beispielsweise kann ein Pharmaberater durch eine überzeugende Argumentation das durch einen Arzt wahrgenommene Verwendungsrisiko reduzieren.)

H41: Je intensiver die Herstellerkommunikation für ein Arzneimittel erfolgt, desto günstiger wird dessen Datenlage bewertet.
(Grund: Durch Pharmareferenten und auch Werbung können Studiendaten dargestellt und erklärt werden.)

H42: Je intensiver die Herstellerkommunikation für ein Arzneimittel erfolgt, desto weniger konkurrierende Arzneimittel werden zur Behandlung von Patienten in der Indikation wahrgenommen.
(Grund: Die Inhalte der Herstellerkommunikation zielen oft auf die Darstellung der Überlegenheit des beworbenen Produktes gegenüber Konkurrenzpräparaten ab.)

Auch ist davon auszugehen, dass Werbeanzeigen in Fachzeitschriften (insbesondere bei der Bekanntmachung von neuen Arzneimittelmarken) eine große Rolle bei der Wahrnehmung der oben beschriebenen „Kommunikationsintensität" spielen. Allerdings wurden in der Vergangenheit die in den Anzeigen dargestellten Inhalte von Teilen der medizinischen Fachwelt stark kritisiert. So lauten die Vorwürfe, dass z. B. Arzneimittelmerkmale verzerrt in den Anzeigen dargestellt werden (bzw. nicht in Einklang mit den Studienergebnissen stehen) und dass Aussagen auf falsche oder nicht publizierte Quellen verweisen. In der folgenden Tabelle sind die Ergebnisse von Untersuchungen aufgeführt, die die in englisch- und spanischsprachigen Fachzeitschriften abgebildeten Arzneimittel-Werbeanzeigen untersucht haben.

Autoren, Veröffentlichungsjahr und Land	Charakteristika der Analyse	Ergebnisse
Cooper, R., Schriger, D., Wallace, R., Mikulich, V., Wilkes, M. (2003), S. 294 - 297. (USA)	• Qualitative und quantitative Analyse von **Arzneimittel-Werbeanzeigen** in 10 US-amerikanischen medizinischen Fachzeitschriften • Dabei wurden 74 **statistische Schaubilder** in 64 Anzeigen näher untersucht.	• Die Autoren stellten bei 66% der Schaubilder überflüssige optische Ausschmückungen und bei 46% der Schaubilder Redundanzen fest. • Nur 58% der statistischen Schaubilder stellten Ergebnisse dar, die mit den jeweiligen Indikationen der Arzneimittel in Zusammenhang standen. • Bei 36% der statistischen Schaubilder wurden numerische Darstellungen beobachtet, die gegen die spezifischen Werbevorgaben und Regularien der FDA verstoßen („numeric distortion").
Villanueva, P., Peiró, S., Librero, J., Pereiró I. (2003), S. 27 - 32. (Spanien)	• In dieser Studie wurde die **Richtigkeit der Angaben in der Arzneimittelwerbung** untersucht. • Betrachtet wurden die Werbeanzeigen für alle Antihypertensiva und cholesterinsenkenden Arzneimittel in 6 spanischsprachigen medizinischen Fachzeitschriften für den Jahrgang 1997, die mindestens einen Literaturverweis zu einer medizinischen Publikation enthielten (insgesamt 125 untersuchte Werbeanzeigen mit Referenzen). • Zwei voneinander unabhängige Gutachterteams überprüften die Übereinstimmung der Angaben im Werbetext mit den zitierten Quellen.	• Nur bei 82% (n=102) der 125 Werbeaussagen (bzw. Referenzen) konnte eine Überprüfung erfolgen, da z. B. einige Referenzen nicht publiziert waren. • Von den verbleibenden 102 Werbeaussagen verwiesen 82% auf randomisierte klinische Studien. • Bei knapp der Hälfte der 102 Werbeaussagen (44%) divergierten die Aussagen zwischen Werbung und Originalquelle. Der häufigste Grund dafür war, dass der Arzneimitteleinsatz für eine von der Studienpopulation abweichenden Patientengruppe beworben wurde.

Autoren, Veröffentlichungsjahr und Land	Charakteristika der Analyse	Ergebnisse
Wilkes, M., Doblin, B., Shapiro, M. (1992), S. 912 - 919. (USA)	• Untersuchung von 109 Arzneimittel-Werbeanzeigen in 10 führenden medizinischen Fachzeitschriften hinsichtlich der Richtigkeit **der dargestellten Informationen** und der Einhaltung der relevanten FDA Regularien. • Drei voneinander unabhängige medizinische Gutachter überprüften und bewerteten die Anzeigen.	• Bei 40% der Anzeigen war aus Sicht der Gutachter eine ausgeglichene Informationsdarstellung zu Wirksamkeit und Sicherheit nicht gegeben. • Bei 30% der Anzeigen widersprachen die Gutachter der Behauptung des Werbetextes, dass das beworbene Arzneimittel „die erste Wahl" in der betreffenden Indikation darstellt. • Bei 86% der Anzeigen stimmten die Gutachter den Werbeaussagen zu, dass es sich bei dem betreffenden Arzneimittel um ein sicheres Produkt handelt. • Bei knapp der Hälfte der Anzeigen (44%) wäre es nach Meinung der Gutachter zu einer suboptimalen Behandlung von Patients gekommen, wenn einem Arzt keine weitere Informationsquelle als die betreffende Anzeige für seine Behandlungsentscheidung zur Verfügung gestanden hätte. • Bei über 1/4 aller Anzeigen hätten die Gutachter die Nicht-Veröffentlichung der Anzeigen empfohlen und bei 1/3 aller Anzeigen eine grundlegende Überarbeitung der Informationsdarstellung. Nach Meinung der Gutachter sind viele der untersuchten Werbeanzeigen hinsichtlich der Einhaltung der FDA Regularien als äußerst kritisch zu beurteilen.

Tab. 17:   Untersuchungen von Werbeanzeigen

In der Konsequenz dieser Ergebnisse ist eine Parallele zu Kapitel 5.2 zu ziehen, in der die Glaubwürdigkeit von Studienpublikationen bereits diskutiert wurde. Unabhängig davon, ob sich Ärzte einer möglichen Einflussnahme durch Hersteller auf Studienpublikationen bewusst sind oder ggf. Darstellungsverzerrungen in Werbeanzeigen registrieren, wird durch diese Medien (Werbeanzeigen und Studienpublikationen) in der Wahrnehmung der Ärzte eine Leistungserwartung hinsichtlich eines Arzneimittels erzeugt. Sofern die Entscheidung für den Einssatz eines Arzneimittels erfolgt, gleichen Ärzte im weiteren Verlauf diese Leistungserwartung mit ihren realen Eindrücken bei dem praktischen Einsatz eines Produktes ab.

Mit Hilfe des „Confirmation/Disconfirmation Paradigmas", das bereits in Kapitel 3.2.3.3.7 diskutiert wurde, kann aus dem gedanklichen Abgleich von Leistungserwartung (aus Werbung und Publikationen) und Leistungsfeststellung (Eindrücke aus der praktischen Arzneimittelanwendung) die Entstehung von Zufriedenheit oder Unzufriedenheit mit einem Arzneimittel erklärt werden. Bleiben z. B. die in der Praxis festgestellten Leistungseindrücke eines Arzneimittels weit hinter den Versprechungen aus Werbung und Studienpublikationen zurück, so kann dies zu einer negativeren Einstellung gegenüber der Vermarktungspolitik und dem Produkt selbst führen. In einem solchen Fall besäßen also die kommunizierten Inhalte aus Werbung und Studienpublikationen nur eine geringe „Authentizität". Dabei ist natürlich auch der umgekehrte Fall denkbar, der zu einer positiveren Einstellungsbildung führen würde. Im Hinblick auf die Untersuchungsergebnisse zu den Werbeanzeigen und Studienpublikationen ist aber eher davon auszugehen, dass Hersteller dazu neigen, mit den Leistungsversprechen die real zu erwartenden Arzneimittelleistungen in der klinischen Praxis zu übertreffen. Dabei ist weniger entscheidend, was der Hersteller oder ein Meinungsführer „objektiv" kommuniziert, sondern wie Ärzte die Informationen wahrnehmen und als „Leistungsversprechen" interpretieren. Aufgrund dieser Überlegungen scheint es hinsichtlich des Hypothesenmodells geboten, die Kommunikationsaktivitäten von Arzneimittelherstellern nicht nur hinsichtlich der Intensität der Kommunikation („Sales Power"), sondern auch hinsichtlich einer qualitativen Komponente (der „Authentizität" der Kommunikationsinhalte bzw. der „wahrgenommenen Richtigkeit" der Aussagen) zu bewerten.

Daher wird das Konstrukt der „Kommunikations-Authentizität" in das Hypothesenmodell eingeführt, das durch einen von Ärzten bewerteten Abgleich von wahrgenommenen Leistungsversprechen (durch Hersteller und durch die mit ihm involvierten medizinischen Meinungsführer) und Leistungsfeststellung (in der klinischen Praxis) repräsentiert wird.[324] Die Wirkung dieses Konstruktes auf die verschiedenen einstellungsbeeinflussenden Konstrukte wird dabei wie folgt angenommen:

H43: Je authentischer die Leistung eines Arzneimittels kommuniziert wird, desto sympathischer wird seine Vermarktung empfunden.

---

[324] Für Informationen zur Messung des Konstrukts siehe Kapitel 5.5.2.

(Grund: Richtige und ehrliche Kommunikationsinhalte schaffen Vertrauen und Sicherheit; der Arzt hat nicht das Gefühl, dass er bei den Produktinformationen „beschwindelt" wird.)

H44: Je authentischer die Leistung eines Arzneimittels kommuniziert wird, desto höher wird der relative therapeutische Nutzen des Arzneimittels bewertet.
(Grund: Erfüllen oder übersteigen die Arzneimittelleistungen in der Praxis die Leistungserwartungen, so wird einem Arzneimittel auch intuitiv ein höherer therapeutischer Nutzen zugeordnet (siehe auch das „C/D Paradigma" in Kapitel 3.2.3.3.7).)

H45: Je authentischer die Leistung eines Arzneimittels kommuniziert wird, desto präziser können die Therapieeffekte des Arzneimittels vorhergesagt werden.
(Grund: Erfüllte oder übertroffene Leistungsversprechen schaffen Vertrauen auch bei neuen Anwendungen mit anderen Patienten.)

Mit der Berücksichtigung der „Kommunikationsintensität" und der „Kommunikations-Authentizität" sind somit quantitative und qualitative Elemente der Kommunikationspolitik in dem Hypothesenmodell berücksichtigt.

5.4.3.3 Markenpolitik

Das Thema der aktiven Markenpolitik wird an dieser Stelle nur kurz angeschnitten. Die Bedeutung einer „starken Marke" läuft auf die Frage hinaus, ob es eine Marke auch unabhängig von den zugrunde liegenden Produkteigenschaften (im Arzneimittelbereich: Wirksamkeit, Nebenwirkungen, Anwendungsfreundlichkeit) schaffen kann, eine positive Produkteinstellung zu erzeugen und Käufe bzw. Verordnungen zu stimulieren. Insbesondere bei dem Auftreten von generischen Wettbewerbern lässt sich gut erkennen, wie gut es eine Marke alleine vermag, den Absatz für ein Produkt nicht vollständig einbrechen zu lassen (bei Annahme eines unveränderten Preises).

An dieser Stelle wird die Auffassung vertreten, dass Marken für innovative Arzneimittel einen „Hygienefaktor" darstellen. So kann im Falle einer schwachen Marke (z. B. geringer Bekanntheitsgrad, schlecht einprägsamer Name, ungünstiges Design, etc.) und einer akzeptablen Produktqualität das Absatzpotenzial eines Arzneimittels ggf. nicht vollständig ausgeschöpft werden (da in der Wahrnehmung der Ärzte mit der Marke ungünstige Assoziationen geknüpft werden oder es die Marke aufgrund der geringen Bekanntheit nicht in das „evoked set" der Ärzte schafft). Umgekehrt kann ein starker Markenname alleine ohne eine entsprechende Produktqualität die Verordnungsintensität nicht über ein gewisses Niveau erhöhen. Insgesamt lassen sich 4 Grundanforderungen an eine Marke für innovative Arzneimittel formulieren:

- Werthaltigkeit
- Einprägsamkeit
- Differenzierbarkeit
- Ausstrahlungskonsistenz mit Arzneimittelqualität und Indikation

Design, Farben, Schrift und sonstige Elemente der Marken- und Werbegestaltung sollten eine gewisse Werthaltigkeit widerspiegeln, die analog zu dem Konzept der Irradiationen (siehe Kapitel 3.2.3.4.2) u. U. auf die gesamte Produktqualität ausstrahlen können. Die Einprägsamkeit des Markennamens und die Differenzierbarkeit zu anderen Arzneimitteln sind allgemein wichtige Anforderungen an Markennamen. Auch die Konsistenz der Marke mit den beworbenen Produkteigenschaften und dem Indikationsbereich kann die Akzeptanz des Produkts beeinflussen. So würde z. B. bei einem Schlafmittel ein grell-gelbes Markenlogo sicherlich Irritationen hervorrufen (Entstehung eines kognitiven Konflikts aufgrund von widersprüchlichen Produkteindrücken). Daher sollten Produkteigenschaften, Produkteinsatzzweck und Markenanmutung in einem konsistenten Zusammenhang zueinander stehen.

Inwiefern sich die durch den Hersteller konzipierte Markenidentität auch in der Wahrnehmung der Ärzte widerspiegelt (Markenimage), lässt sich durch regelmäßige Befragungen überprüfen. Dabei kann die Markenwahrnehmung hinsichtlich verschiedener Kriterien im Zuge von bipolaren Rating-Skalen überprüft werden. Weicht das wahrgenommene Markenprofil zu sehr von der konzipierten Markenidentität ab, so können entsprechende kommunikative Maßnahmen zur „Markenpflege" unternommen werden.

5.4.4 Indirekte Kommunikation

5.4.4.1 Fortbildungsveranstaltungen

Vertragsärzte sind nach § 95d SGB V zur fachlichen Fortbildung im Rahmen von geeigneten Fortbildungsveranstaltungen verpflichtet und müssen alle 5 Jahre einen entsprechenden Nachweis gegenüber den Kassenärztlichen Vereinigungen erbringen. Dieser Nachweis wird durch eine Sammlung von mindestens 250 CME-Punkten[325] erbracht, die im Rahmen von verschieden Fortbildungsmöglichkeiten durch den Arzt erworben werden können. Dazu gehören u. a. der Besuch von Vorträgen, mehrtägigen Kongressen, Workshops und Online-Fortbildungen.[326] Fortbildungsveranstalter können dabei verschiedene wissenschaftliche oder kommerzielle Institutionen sein, deren Fortbildungsprogramme allerdings zuvor durch die zuständigen Ärztekammern anerkannt werden müssen. Andernfalls können keine CME-Punkte durch Ärzte gesammelt werden. Typischerweise wird durch die Ärztekammern für eine Anerkennung von Fortbildungsmaßnahmen gefordert, dass diese frei von kommerziellen Interessen (z. B. keine Produktwerbung mit Nennung von Markennamen) sein müssen und einen ausgewogenen Überblick über alle therapeutischen Möglichkeiten in einem Indikationsgebiet bieten.[327] Arzneimittelherstellern ist es dabei gestattet, selbst als Fortbildungsveranstalter aufzutreten oder andere externe Fortbildungsbildungsveranstalter (z. B. wissenschaftliche Institutionen) in „angemessenem Umfang" zu unterstützen. Die Grenzen bei der Unterstützung externer Veranstalter oder teilnehmender Ärzte (bzgl. Reisekosten, Unterbringung, Verpflegung, etc.) sind dabei in § 20 des Kodex zur freiwilligen Selbstkontrolle der Arzneimittelindustrie geregelt.[328]

Fortbildungsveranstaltungen sowie medizinische Kongresse allgemein (z. B. Symposien, Jahrestagungen von medizinischen Fachgesellschaften, internationale Tagungen, etc.) stellen für Arzneimittelhersteller eine sehr bedeutsame Kommunikationsplattform dar. Die Vorteile liegen dabei auf der Hand:

---

[325] CME steht für „Continuing medical education".
[326] DocCheck (2006), CME-Scout - FAQ. Insgesamt gibt es 8 Fortbildungsarten.
[327] Vgl. Ärztekammer Nordrhein (2006) - Anträge, Hinweise und Evaluationsbogen zum Anerkennungsverfahren.
[328] Vgl. Freiwillige Selbstkontrolle für die Arzneimittelindustrie e.V. (2005).

- Hohe Zielgruppenkonzentration
- Erreichbarkeit von Meinungsführern und Meinungsmultiplikatoren
- Persönliche Arztansprache und Dialog sind möglich
- Aufmerksamkeit für die Produktdarstellung

Anders als Werbeanzeigen oder Werbebriefe erzeugt die Darstellung eines Arzneimittels als Programmpunkt im Rahmen solcher Veranstaltungen die direkte und typischerweise ungeteilte Aufmerksamkeit der Ärzteschaft. Die Produktvorteile können umfassend unter Beachtung des Neutralitätsgebots dargestellt werden. Nicht selten übernehmen dabei auch einige Zuhörer die Funktion als Meinungsmultiplikatoren, in dem sie die bei einer solchen Veranstaltung gewonnenen Erkenntnisse an andere, nicht-teilnehmende Ärzte weiterkommunizieren oder auch generell die „Stimmungslage" für ein Arzneimittel auf einer Veranstaltung beeinflussen können. Darin sind gleichermaßen Chancen und Risiken für die Herstellerkommunikation bei solchen Veranstaltungen zu sehen. Die Effekte von herstellerunterstützten Fortbildungsmaßnahmen wurden von verschiedenen Autoren in internationalen Studien untersucht, die im Folgenden kurz dargestellt werden.

Autoren, Veröffent-lichungsjahr und Land	Charakteristika der Analyse	Ergebnisse
Wazana, A. (2000), S. 373 - 380 (Verschiedene Länder).	• Meta-Analyse von 29 publizierten Studien zwischen 1994 bis 2000, die den **Einfluss von Pharmareferenten, Fortbildungsmaßnahmen** und sonstigen Verkaufsförderungsmaßnahmen auf die Einstellungsbildung und das Verschreibungsverhalten von Ärzten untersuchen	• Fortbildungsmaßnahmen, die durch Pharmaunternehmen finanziell gefördert werden, thematisieren inhaltlich zu einem größeren Umfang die Produkte des Sponsors als finanziell nicht geförderte Fortbildungsmaßnahmen. • Ärzte, die an finanziell geförderten Fortbildungsmaßnahmen (inklusive der Übernahme von Reise- und Unterbringungskosten) durch pharmazeutische Unternehmen teilnehmen, weisen in der Folge erhöhte Verschreibungsraten der Arzneimittel der Sponsoren auf. • Der Besuch von Veranstaltungen der pharmazeutischen Industrie fördert die Gefahr eines nicht-rationalen Verschreibungsverhaltens von Ärzten.
Orlowski J., Wateska, L. (1992), S. 270 - 273 (USA).	• Kombinierte Beobachtung und Befragung zum Verschreibungsverhalten von 20 Krankenhausärzten vor und nach dem Besuch von medizinischen **Symposien/ Fortbildungsveranstaltungen**, deren Austragung (inkl. der Versorgung der Teilnehmer) komplett durch Unternehmen der pharmazeutischen Industrie finanziert wurde. • Die Verwendungsintensität von 2 ausschließlich in Krankenhäusern zu gebrauchenden Arzneimitteln wurde im Zeitraum von 22 Monaten vor bis 17 Monaten nach der Veranstaltung der Symposien beobachtet.	• Nach dem Besuch der Krankenhausärzte bei industriefinanzierten Symposien erhöhte sich im gegebenen Untersuchungsdesign die Verschreibungsintensität von Sponsorenprodukten durch die Ärzte signifikant. • Die erhöhte Verschreibungsintensität war ebenfalls signifikant abweichend von dem Verschreibungsmuster der Ärzte in anderen nationalen Krankenhäusern mit einer vergleichbaren Größe. • Diese Erhöhung der Verschreibungsintensität wurde trotz der mehrheitlichen Einschätzung der Ärzte, dass der Besuch der Symposien nicht ihr Verschreibungsverhalten verändern würde, beobachtet.

214

Autoren, Veröffentlichungsjahr und Land	Charakteristika der Analyse	Ergebnisse
Lexchin, J. (1993), S. 1401 - 1407 (Australien, Kanada, Neuseeland, USA, UK).	•Untersuchung des Einflusses von Aktivitäten der **pharmazeutischen** Industrie auf die **Qualität von klinischen Versuchen**, auf Inhalte von **Fortbildungsmaßnahmen** für Ärzte und auf das ärztliche Verschreibungsverhalten. •Betrachtet wurden 36 Studien, die zwischen 1978 und 1993 veröffentlicht wurden und Themen wie z. B. die Qualität von industriefinanzierten klinischen Versuchen, Inhalte von medizinischen Fortbildungsmaßnahmen und Auswirkungen der Interaktionen mit Vertretern der pharmazeutischen Industrie zum Gegenstand hatten.	•Kontakte zu Pharmareferenten und die Teilnahme an industriefinanzierten Fortbildungsmaßnahmen sind bei vielen Ärzten üblich. Allerdings wird die **Glaubwürdigkeit** dieser beiden Quellen für Arzneimittelinformationen durch die Ärzte als relativ gering betrachtet. •Industriefinanzierte Fortbildungsmaßnahmen können selbst bei Beachtung von Neutralitäts-Richtlinien von kommerziellen Interessen beeinflusst werden und das Verschreibungsverhalten von Ärzten beeinflussen. •Die Bereitstellung von Informationen durch Pharmareferenten kann zu einem suboptimalen Verschreibungsverhalten von Ärzten führen. •Industriefinanzierte klinische Studien können deren Ergebnisqualität und die Art und Weise der Forschungsaktivitäten der Ärzte beeinflussen.

Tab. 18:   Untersuchungen von Fortbildungsmaßnahmen

Die Ergebnisse dieser Studien legen nahe, dass die Produktwahrnehmung und das Verschreibungsverhalten von Ärzten in Folge des Besuchs von Fortbildungsveranstaltungen stark zugunsten eines beworbenen Arzneimittels beeinflusst werden kann. Aus diesem Grunde wird das Konstrukt „Empfehlungen bei Veranstaltungen" in das Hypothesenmodell eingeführt, mit dessen Hilfe Annahmen über die kausalen Zusammenhänge zwischen den auf Veranstaltungen wahrgenommenen Verwendungsempfehlungen und den einstellungserklärenden Konstrukten gebildet werden können. Daraus ergeben sich die folgenden Zusammenhänge:

H46: Je intensiver ein Arzneimittel bei Veranstaltungen zur Verwendung empfohlen wird, desto angemessener wird sein Preis bewertet. (Grund: Empfehlungen deuten auf eine gute Produktleistung hin und begünstigen eine angemessene Preiswahrnehmung.)

H47: Je intensiver ein Arzneimittel bei Veranstaltungen zur Verwendung empfohlen wird, desto höher wird der relative therapeutische Nutzen des Arzneimittels bewertet.

(Grund: Die Kommunikation eines hohen therapeutischen Nutzens ist der inhaltliche Kern der Empfehlungen)

H48:   Je intensiver ein Arzneimittel bei Veranstaltungen zur Verwendung empfohlen wird, desto präziser können die Therapieeffekte des Arzneimittels vorhergesagt werden.
(Grund: Empfehlungen auf Veranstaltungen können auf den positiven Erfahrungen anderer Ärzte basieren und den zuhörenden Ärzten präzisere Effektvorhersagen erlauben bzw. suggerieren.)

H49:   Je intensiver ein Arzneimittel bei Veranstaltungen zur Verwendung empfohlen wird, desto günstiger wird dessen Datenlage bewertet.
(Grund: Bei den Veranstaltungen wird die Datenlage zu einem Arzneimittel dargestellt und erklärt.)

H50:   Je intensiver ein Arzneimittel bei Veranstaltungen zur Verwendung empfohlen wird, desto weniger konkurrierende Arzneimittel werden zur Behandlung von Patienten in der Indikation wahrgenommen.
(Grund: Bei den Veranstaltungen werden u. a. die spezifischen Vorteile eines Arzneimittels gegenüber anderen Wettbewerbern dargestellt.)

Dabei wird bei der Messung des Konstrukts „Empfehlungen bei Veranstaltungen" aus Vereinfachungsgründen nicht weiter unterschieden, ob es sich um Fortbildungsmaßnahmen im Rahmen des CME-Punkteerwerbs handelt oder um sonstige medizinische Kongresse oder Tagungen ohne formalen Punkterwerb (siehe dazu auch Kapitel 5.5.2).

5.4.4.2 Beziehungsmanagement

Der operative Bereich des Beziehungsmanagements umfasst innerhalb einer Produktindikation u. a. die Kontaktpflege mit medizinischen Meinungsführern (bzw. Vertretern von Fachgesellschaften), Patientenorganisationen und Medizinjournalisten. Mit bedeutenden Ärzten (z. B. gemessen an der Publikations- und Forschungsintensität) kann z. B. eine vertragliche Zusammenarbeit mit Vortrags- und Beratungsleistungen sowie der Teilnahme an klinischen Studien (insbesondere Anwendungsbeobachtungen) vereinbart werden. Aber auch im Rahmen der Arzt-

segmentierung können für bedeutende Verordner („Star-Ärzte") spezielle Betreu-
ungskonzepte unter Einbeziehung der medizinisch-wissenschaftlichen Abteilun-
gen entwickelt werden.

Durch Patientenorganisationen können in bestimmten Fällen die gemeinsamen Interessen von Patienten und Arzneimittelherstellern gegenüber Politik, Krankenkassen und Ärzten effektiv vertreten werden. Den Forderungen von Patienten
(z. B. hinsichtlich der Kostenübernahme von bestimmten Therapien bei (noch)
nicht zugelassenen Anwendungsgebieten) wird dabei in der öffentlichen Wahrnehmung nicht - im Gegensatz zu den Arzneimittelherstellern - ein Profitinteresse
unterstellt. Insofern empfiehlt es sich auch hier, die Beziehungen zu diesen Organisationen systematisch zu gestalten und diese über neue Forschungserkenntnisse
und Therapiemöglichkeiten zu informieren. Dabei muss allerdings beachtet
werden, dass eine allzu intensive Zusammenarbeit die öffentlich wahrgenommene
Glaubwürdigkeit und Neutralität einer unabhängigen Patientenorganisation beschädigen kann. Auch können die durch eine solche Zusammenarbeit ausgelösten
Patientenwünsche nach bestimmten Therapien bei verordnenden Ärzten Reak-
tanzreaktionen hervorrufen und sich u. U. negativ auf die Herstellerwahrnehmung
auswirken.

Auch durch eine effektive Beziehungsgestaltung zu Journalisten von medizinischen Publikationen und Laienzeitschriften können sich Vorteile für Arzneimittelhersteller ergeben. So können diese in ihren Artikeln (auf Basis der von Herstellern übermittelten Informationen) z. B. über Indikationsaspekte (Risikofaktoren,
„Selbst-Tests", etc.), neue Forschungsergebnisse und Produkte berichten. Adres-
saten dieser Informationen sind dabei - je nach Zielgruppe der Zeitschrift – Fachkreise (insbesondere Ärzte) oder Laien. Dabei zeigt die Praxis, dass in vielen Fällen die Einreichung von bereits aufgearbeiteten Artikelentwürfen den redak-
tionellen Arbeitsaufwand erheblich reduzieren kann. Durch eine auf diese Weise
unterstützte Berichterstattung können eine Vielzahl von Personen kommunikativ
erreicht werden und Produktinformationen über ein neutrales Medium transportiert werden.

5.5 Abschließende Betrachtung

5.5.1 Zusammenfassung

In Kapitel 5 wurden verschiedene Instrumente des Arzneimittel-Marketings überblicksartig dargestellt. Dabei lag der Fokus auf der Beschreibung der operativen produkt-, preis- und kommunikationspolitischen Maßnahmen. Es konnte gezeigt werden, dass insbesondere eine Reihe von kommunikationspolitischen Instrumenten einen starken Einfluss auf die Produktwahrnehmung und auf das Verschreibungsverhalten von Ärzten ausüben können. Verschiedene Studien deuten darauf hin, dass herstellerunterstützte Fortbildungsmaßnahmen für Ärzte und die Tätigkeit von Pharmaberatern das Verschreibungsverhalten stark beeinflussen können. Allerdings gibt es Hinweise darauf, dass Studienpublikationen und Werbeanzeigen für Arzneimittel z. T. nur eine geringe Glaubwürdigkeit bei Ärzten besitzen und die Leistungen von Arzneimitteln in der Herstellerkommunikation tendenziell übertrieben dargestellt werden. Eine große Bedeutung für die Vermarktung von Arzneimitteln nimmt auch das strategische und operative Beziehungsmanagement zu Politik, Gemeinsamer Selbstverwaltung, medizinischen Fachgesellschaften, Patientenorganisationen und Journalisten ein. Dabei ist für die Erreichung vieler Vermarktungsziele (wie z. B. für die Sicherstellung der Erstattungsfähigkeit oder für die allgemeine positive Wahrnehmung des Produktes) ein offener Dialog und Austausch mit diesen Institutionen sehr wichtig.

5.5.2 Hypothesenbildung

Die in Kapitel 5 abgeleiteten Hypothesen über die Wirkungszusammenhänge zwischen den Konstrukten werden in der folgenden Abbildung dargestellt. Insgesamt umfasst das Modell in der Endstufe 50 Hypothesen, von denen in der Abbildung aber aus Gründen der Übersichtlichkeit nur die Hypothesen H32 bis H50 abgebildet sind.

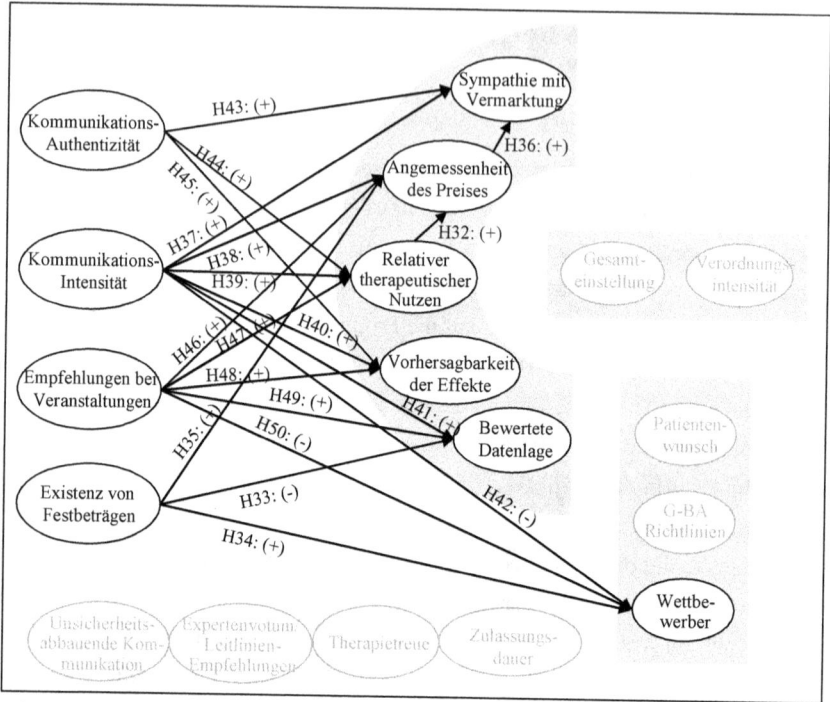

Abb. 27: Hypothesenmodell - Stufe IV

Von einer wiederholten sprachlichen Darstellung der Hypothesen H32 bis H50 wird an dieser Stelle abgesehen. Die Operationalisierung bzw. Messung der 4 neuen Konstrukte, die in Kapitel 5 eingeführt wurden, wird in der folgenden Tabelle beschrieben.

Konstrukt	Nr.	Indikator	Erhebung	Nr. im Fragebogen	Skala
Kommunikations-Authentizität	x_{25}	Abgleich von a) dem durch Hersteller und medizinische Meinungsführer **postulierten Leistungen** von Arzneimittel X zur Behandlung von Patienten in der Hauptindikation- und – b) den **persönlich gesammelten Erfahrungen** mit Arzneimittel X zur Behandlung von Patienten in der Hauptindikation	Ärztebefragung	17	Antwort auf 5-Punkte Skala: „Verglichen mit dem vom Hersteller und Meinungsführern dargestellten Leistungen sind die von mir gemachten Erfahrungen...“ (-2) „viel schlechter“ über (0) „in etwa identisch“ bis (+2) „viel besser“
Kommunikations-Intensität *(formativ)*	x_{26}	Bewertung der **Häufigkeit der Besuchswünsche von Pharmaberatern** zur Besprechung des Arzneimittels X	Ärztebefragung	18	Bewertung von (1) „sehr gering“ bis (5) „sehr hoch“
	x_{27}	Bewertung der **Intensität der offenen Werbemaßnahmen** zur Bekanntmachung von Arzneimittel X (alle Maßnahmen außer Pharmaberatern)	Ärztebefragung	19	Bewertung von (1) „sehr geringe Intensität“ bis (5) „sehr hohe Intensität“
Empfehlungen bei Veranstaltungen	x_{28}	Bewertung der in den wichtigsten **Fortbildungsveranstaltungen** und Kongressen geäußerten **Empfehlungstendenz** zur Verwendung von Arzneimittel X in der Hauptindikation	Ärztebefragung	15	Bewertung von (-2) „Empfehlungen tendieren gegen eine Verwendung“ über (0) „unklar“ bis (+2) „Empfehlungen tendieren für eine Verwendung“
Existenz von Festbeträgen	x_{29}	Überprüfung der Existenz von **Festbeträgen** für Arzneimittel X (Stand: Oktober 2005)	DIMDI-Datenbank im Internet	-	Binäre Codierung: (0)=kein Festbetrag (1)=Festbetrag gegeben

Tab. 19:   Operationalisierung der Konstrukte in Stufe IV des Hypothesenmodells

In dem folgenden Hauptkapitel wird nun die empirische Überprüfung der Hypothesen beschrieben.

6.   Empirische Überprüfung des Hypothesenmodells

6.1   Zielsetzung

In den vorangegangenen Kapiteln wurden insgesamt 16 Einflussfaktoren (Konstrukte) ermittelt, die einen direkten oder indirekten Einfluss auf die Einstellungsbildung oder auf die Verordnungsintensität von Arzneimitteln bei Vertragsärzten im niedergelassenen Bereich ausüben können. Dabei wurden insgesamt 50 Hypothesen über Wirkungszusammenhänge theoretisch hergeleitet. Im Rahmen einer empirischen Analyse soll nun untersucht werden, ob ein (aus Messungen in der Realität gewonnener) Datensatz die theoretisch aufgestellten Zusammenhangsbeziehungen unterstützt oder verwirft. Dabei werden 3 Hauptziele verfolgt:

1. Überprüfung der angenommenen Wirkungsrichtung zwischen den Konstrukten (positiv (+) oder negativ (-) gerichteter Wirkungszusammenhang)

2. Ermittlung der relativen Stärke der Einflussfaktoren

3. Ermittlung der statistischen Signifikanz der Wirkungszusammenhänge

Wie bereits in Kapitel 3.3.2 dargestellt, soll die empirische Analyse anhand einer Vielzahl von betrachteten Arzneimitteln erfolgen, die möglichst gut den „relevanten Markt" repräsentieren (für Einzelheiten dazu siehe Kapitel 6.2). Zeigen sich dabei „strukturelle Ähnlichkeiten" in den Merkmalen von Arzneimitteln, die kausal dazu dienen können, den Einfluss auf ein abhängiges Konstrukt (wie z. B. die „Gesamteinstellung") zu erklären, so ist diesen Merkmalen ein erhöhter Erklärungsbeitrag bzw. Einfluss auf die abhängige Variable zuzuschreiben. Als „Merkmale von Arzneimitteln" werden dabei nicht nur objektiv feststellbare Eigenschaften betrachtet (z. B. Existenz von Festbeträgen, Zulassungsdauer, etc.), sondern auch jene Eigenschaften, die Ärzte in Ihrer Wahrnehmung einem Arzneimittel beimessen (z. B. wahrgenommene Wirksamkeit, wahrgenommene Datenlage, etc.). Zur Messung dieser wahrgenommenen Arzneimitteleigenschaften ist es daher notwendig, eine Befragung von Ärzten (hier: niedergelassene Vertragsärzte) durchzuführen. Der Ansatz, strukturelle Wirkungszusammenhänge nicht auf Befragten-, sondern auf Objektbasis (z. B. Arzneimittel) zu analysieren, kann auch in verschiedenen anderen Publikationen beobachtet werden. So untersuchen z. B. *Hennig-Thurau/Henning*[329] 1.037 Spielfilme, *Fritz/Möllenberg/Dees*[330] 572 Ebay-Auktionen, *Bouncken/Koch*[331] 72 Unternehmenskooperationen und *Ringle*[332] 32 strategische Allianzen hinsichtlich verschiedener struktureller Ähnlichkeiten bzw. kausaler Wirkungszusammenhänge.[333] Eine analoge Vorgehensweise wird auch in dieser Arbeit zur Betrachtung von einer Vielzahl von Arzneimitteln gewählt. Die Datenanalyse lässt sich dabei insgesamt in 4 Stufen untergliedern. Die folgende Abbildung stellt den Ablauf grafisch dar.

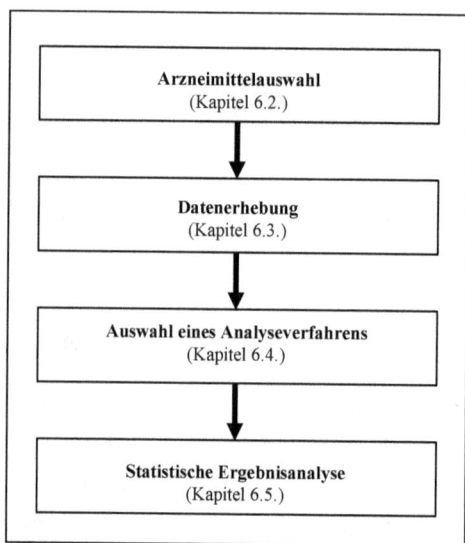

Arzneimittelauswahl
(Kapitel 6.2.)

Datenerhebung
(Kapitel 6.3.)

Auswahl eines Analyseverfahrens
(Kapitel 6.4.)

Statistische Ergebnisanalyse
(Kapitel 6.5.)

Abb. 28:   Vorgehensweise bei der Datenanalyse

In Kapitel 6.2 wird dabei zunächst das Verfahren für die Auswahl der Arzneimittel beschreiben. Der darauf folgende Schritt skizziert dann die Vorgehensweise bei der Datenerhebung bzw. bei der Befragung der Ärzte. Kapitel 6.4 widmet sich

---

[329]   Vgl. Hennig-Thurau, T., Henning, V. (2005), S. 211-223.
[330]   Vgl. Fritz, W., Möllenberg, A., Dees, H. (2005), S. 255-274.
[331]   Vgl. Bouncken, R., Koch, M. (2005), S. 291-305.
[332]   Vgl. Ringle, C. (2005), S. 307-320.
[333]   Bei den aufgeführten Beispielen handelt es sich um Strukturgleichungsmodelle, die mit dem „Partial Least Squares" (PLS) Ansatz gelöst wurden. Auch zur Analyse des Hypothesenmodells in dieser Arbeit wird das PLS-Verfahren verwendet werden.

der Auswahl eines Analyseverfahrens zur Berechnung des Hypothesenmodells, ehe im letzten Schritt eine ausführliche statistische Ergebnisinterpretation erfolgt.

6.2   Arzneimittelauswahl

6.2.1 Anforderungen

Die zur Überprüfung des Hypothesenmodells ermittelte Arzneimittelauswahl muss verschiedene Kriterien erfüllen:

- Repräsentativität für die zugrunde liegende Fragestellung

- Praktische Bewertbarkeit der Arzneimittel durch Ärzte

- Ausreichender Stichprobenumfang

Repräsentativität

Da sich der Fokus dieser Arbeit auf die Einstellungsbildung und auf das Verordnungsverhalten von niedergelassene Vertragsärzten beschränkt, muss sich die Arzneimittelauswahl entsprechend auf Produkte konzentrieren, die durch diese Ärzte schwerpunktmäßig verordnet werden. Beispielsweise sind Arzneimittel, die ausschließlich oder zu großen Teilen in Krankenhäusern eingesetzt werden, hier nicht von Interesse. Weiterhin muss bei den ausgewählten Arzneimitteln sichergestellt werden, dass der niedergelassene Vertragsarzt (und nicht der Patient) maßgeblich für die Produktwahlentscheidung verantwortlich ist. Aus diesem Grunde sind alle nicht-verschreibungspflichtigen Arzneimittel und auch Life Style-Präparate aus der Analyse auszuschließen.[334] Auch ist zu fordern, dass es sich bei den Arzneimitteln gemäß der Themenstellung dieser Arbeit um patentgeschützte bzw. exklusive verfügbare Wirkstoffe handelt und eine ausreichend breite Streuung über verschiedene Indikationsgruppen hinweg gewährleistet ist (zwecks Generalisierbarkeit der Aussagen). Bei der Betrachtung von Arzneimitteln, deren Kosten nicht oder nur z. T. durch die gesetzliche Krankenversicherung

---

[334] Es wird angenommen, dass in den meisten Fällen die maßgebliche Nachfrageentscheidung nach nicht-verschreibungspflichtigen Arzneimitteln und Life-Style-Präparaten durch Patienten getroffen wird.

übernommen werden, können ökonomische Aspekte massiv die Produktbewertung und das Verordnungsverhalten von Ärzten beeinflussen. Dies kann z. B. der Fall sein, wenn bei einem Arzneimittel der Apothekenabgabepreis für alle Packungsgrößen über dem jeweiligen Festbetrag liegt oder wenn für bestimmte Arzneimittelgruppen nur eine eingeschränkte Kostenerstattung existiert (z. B. orale Empfängnisverhütung oder bei Mitteln zur künstlichen Befruchtung).[335] Es ist anzunehmen, dass die Aufnahme solcher Arzneimittel in die empirische Analyse zu einer Aufwertung des preislichen Einflussfaktors führen würde und dass die Bedeutung der übrigen Einflussfaktoren dadurch stark „verzerrt" werden könnte. Aus Gründen der Produkt-Homogenität sollen daher hier nur Arzneimittel betrachtet werden, bei denen im Falle einer Verordnung die Kostenübernahme durch die gesetzliche Krankenversicherung in vollem Umfang gewährleistet ist (unbeachtet der Zuzahlungspflicht bei der Arzneimittelabgabe in der Apotheke, die in jedem Fall anfällt).

Praktische Bewertbarkeit

Die durch Ärzte wahrgenommenen Arzneimitteleigenschaften stellen (neben den „objektiven" Merkmalen) eine wichtige Komponente bei der Datenanalyse dar. Zu diesem Zweck wird eine Befragung von Ärzten durchgeführt, in der die ausgewählten Arzneimittel hinsichtlich verschiedener Kriterien durch Ärzte bewertet werden. Dies setzt voraus, dass den Ärzten die zu bewertenden Arzneimittel bekannt sind und sie schon praktische Erfahrungen mit den Präparaten gesammelt haben. Allerdings ist es bei Arzneimitteln, die erst seit sehr kurzer Zeit auf dem Markt verfügbar sind oder bei Spezialpräparaten, die selbst innerhalb einer speziellen Facharztgruppe von nur sehr wenigen Experten verordnet werden, aus praktischen Gründen schwierig, eine ausreichende Anzahl von Produktbewertungen durch Ärzte zu generieren. Aus diesem Grunde ist zu fordern, dass die ausgewählten Arzneimittel bereits eine „ausreichende Marktdurchdringung" erfahren haben. Weiterhin muss sichergestellt werden, dass die ausgewählten Arzneimittel durch jene Facharztgruppen bewertet werden, die Arzneimittel aus dem betreffenden Indikationsbereich schwerpunktmäßig einsetzen (Beispiel: Die Bewertung von Psychopharmaka erfolgt durch Nervenärzte, die Bewertung von

---

[335] Vgl. § 24a Abs. 2 SGB V und § 27a Abs. 3 Satz 3 SGB V.

Urologika durch Urologen, usw.). Ist ein Arzneimittel für mehrere Indikationen zugelassen, so muss sich die Bewertung durch die Ärzte gezielt auf eine in der Befragung festgelegte Indikation (d. h. die Hauptindikation) beziehen, da ein identisches Arzneimittel in verschiedenen Indikationen einen unterschiedlichen therapeutischen Stellenwert aus der Sicht der Ärzte besitzen kann.

Ausreichender Stichprobenumfang
Die Anzahl der ausgewählten Arzneimittel muss ausreichend sein, um eine solide Berechnung des Hypothesenmodells zu gewährleisten. Wie gezeigt werden kann, ist bei dem in dieser Arbeit spezifizierten Modell und bei der Verwendung des PLS-Ansatzes ein Mindeststichprobenumfang von n=100 notwendig (siehe dazu Kapitel 6.4.3). Weiterhin muss gewährleistet sein, dass pro Arzneimittel und Arzneimitteleigenschaft eine ausreichend hohe Anzahl an Arztbewertungen vorliegt, die per Durchschnittsbildung (z. B. die wahrgenommene Wirksamkeit von Arzneimittel X) als eine „vom Markt wahrgenommene Arzneimitteleigenschaft" interpretiert und akzeptiert werden kann (siehe Kapitel 6.3).

6.2.2 Auswahlsystematik

Basierend auf diesen Anforderungen wird die in der folgenden Abbildung dargestellte Systematik zu Auswahl der Arzneimittel gewählt. Die Grundlage bildet dabei der „Arzneiverordnungs-Report 2005", der die Daten aller zu Lasten der GKV verordneten Arzneimittel im Jahre 2004 aufführt.[336] Als „Stich-Monat" für die Überprüfung der verschiedenen Kriterien (z. B. Festbetragsregelung, etc.) gilt dabei Oktober 2005 (in diesem Monat wurde auch die Befragung der Ärzte gestartet).

---

[336]   Vgl. Schwabe, U., Paffrath, D. (2005).

- Datenquelle: Arzneiverordnungs-Report 2005
- Alle zu Lasten der GKV verordneten Arzneimittel im Jahre 2004
- 681 Mio. einzelne Arzneimittelverordnungen
- Arzneimittel aus 88 Indikationsgruppen, dargestellt in 45 Kapiteln

Relevanz-Filter

Es werden nur Arzneimittel betrachtet, die
- **verschreibungspflichtig** sind (Mono- oder Kombinationspräparate),
- zu den **Top-25 Indikationen** nach GKV-Umsatz gehören und
- von denen ≥ **5 Mio. DDD** in 2004 verordnet wurden.

Exklusivitäts-Filter

- Es werden nur Arzneimittel betrachtet, die **patentgeschützt** sind oder ein **exklusives Marktangebot** darstellen
- Ein **exklusives Marktangebot** bedeutet, dass es keine weiteren Wettbewerber gibt, die den identischen Wirkstoff (bzw. die identische Wirkstoffkombination) in der gleichen Indikation anbieten.
- Exklusiv verfügbare **Kombinationspräparate**, die 2 oder mehr generische Wirkstoffe enthalten und länger als **10 Jahre vor Analysebeginn** (September 1995) zugelassen wurden, werden nicht betrachtet.
- Ist ein exklusiver Wirkstoff in Form von mehreren Marken von verschiedenen Herstellern erhältlich (**Co-Marketing-Agreements** mit identischen Preisen), so wird nur die verordnungsstärkste Marke betrachtet.

Erstattungs-fähigkeits-Filter

Es werden alle Arzneimittel ausgeschlossen, die ...
- nicht mindestens eine Packungsgröße aufweisen, bei der der Apothekenabgabepreis ≤ eines ggf. vorhandenen **Festbetrags** ist,
- die zu der Gruppe der **Life-Style** Präparate gehören oder
- die nur **eingeschränkt** von der GKV erstattet werden (orale Kontrazeptiva, künstliche Befruchtung).

Auswahl von bedeutsamen und teueren Arzneimitteln, von denen weniger als 5 Mio. DDD verordnet wurden:
- 2 Zytostatika
- 2 Immunmodulatoren
- 2 Virostatika (HIV)
- 2 TNFα-Antagonisten

143   **Arzneimittel zur Auswahl**

+ 8   **gesetzte Spezial-Arzneimittel**

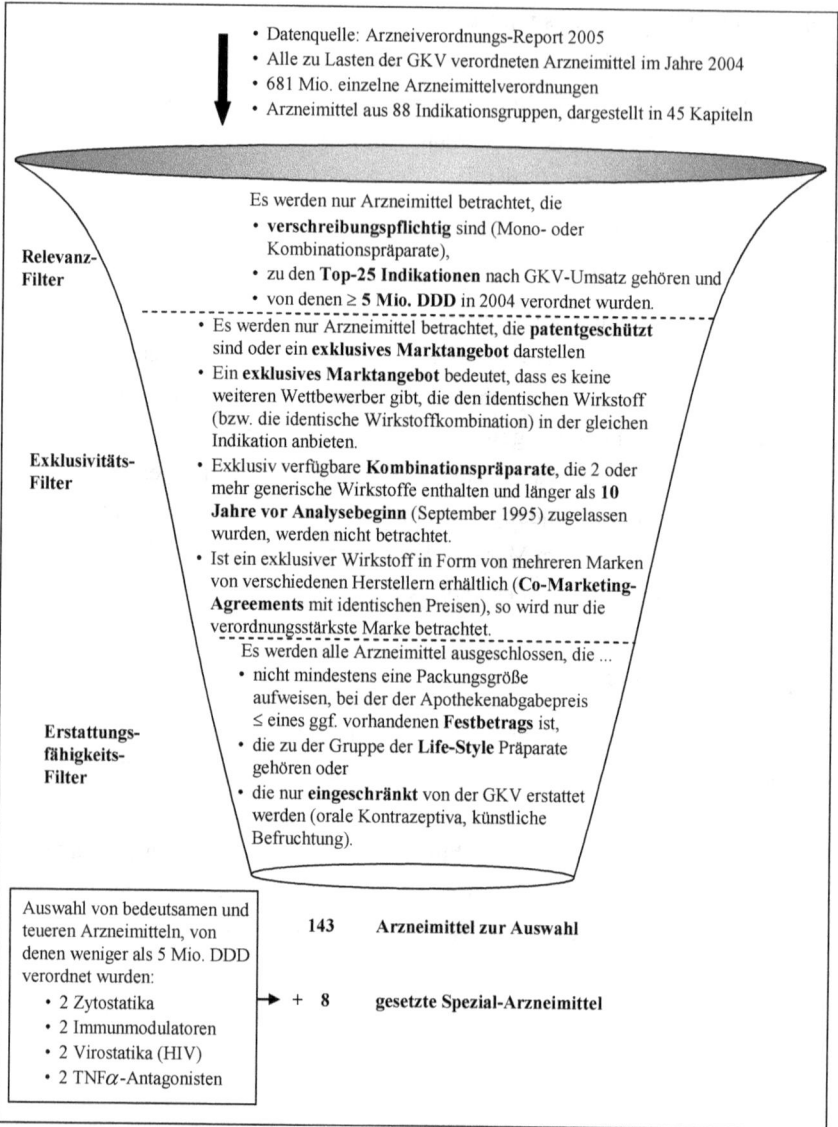

Abb. 29:   Systematik bei der Auswahl von Arzneimitteln

Die Auswahl der Arzneimittel aus dem „Arzneiverordnungs-Report 2005" vollzieht sich dabei mittels 3 Filter-Stufen. In der ersten Filter-Stufe („Relevanz-Filter") wird spezifiziert, dass nur die Top-25 Indikationsgruppen nach GKV-Umsatz mit verschreibungspflichtigen Produkten (Klassifikationsschema nach Roter Liste) betrachtet werden. Innerhalb dieser Indikationsgruppen werden wiederum nur verschreibungspflichtige Arzneimittel ausgewählt, von denen mindestens 5 Mio. DDD („defined daily doses") im Jahre 2004 verordnet wurden. Unterhalb dieser Grenze werden oft auch im „Arzneiverordnungs-Report 2005" Arzneimittel nur als „Sonstige" aufgelistet. Insgesamt wird mit Hilfe des „Relevanz-Filters" sichergestellt, dass ein ausreichend breites Indikationsspektrum berücksichtigt wird und nur jene Arzneimittel betrachtet werden, die in der klinischen Praxis auch in nennenswertem Umfang eingesetzt werden. Andernfalls würde es u. U. schwierig werden, für ein selten verordnetes Arzneimittel eine ausreichend große Anzahl an Bewertungen durch Ärzte zu generieren.

Der „Exklusivitäts-Filter" hebt darauf ab, dass entsprechend der Zielsetzung dieser Arbeit nur jene Arzneimittel betrachtet werden, deren Wirkstoffe (oder Wirkstoffkombinationen) ein exklusives Marktangebot darstellen. Diese Exklusivität wird typischerweise durch den Patentschutz sichergestellt. Wann und wie genau der gesetzliche Imitationsschutz für einen Wirkstoff ausläuft, ist jedoch auf Basis der frei zugänglichen Informationen für Außenstehende nur schwer zu beurteilen. Wie schon in Kapitel 2.2.1.1 gezeigt werden konnte, bedeutet der Auslauf des Patentschutzes für einen Wirkstoff nicht notwendigerweise, dass damit auch die Marktexklusivität für ein Arzneimittel verloren geht (z. B. wenn geschützte oder nur schwer nachahmbare Produktionsprozesse vorliegen oder der Innovator die Kontrolle über wichtige Vorprodukte zur Arzneimittelherstellung behält). Aus diesem Grunde ist es zweckmäßig, die „de facto Marktexklusivität" von Wirkstoffen als Auswahlkriterium heranzuziehen. Wenn nur ein einziger Hersteller einen Wirkstoff (oder eine Wirkstoffkombination) am Markt anbietet (gemäß der DIMDI Datenbank), so ist davon auszugehen, dass es sich bei dem betreffenden Arzneimittel um ein exklusives Marktangebot handelt - ungeachtet den tatsächlichen Patenten und Schutzmechanismen hinsichtlich Wirkstoffen, Produktionsprozessen und Vorprodukten. Aufgrund der starken Konkurrenz zwischen den generischen Herstellern ist davon auszugehen, dass diese von der Möglichkeit zur

Kopie eines bedeutsamen[337] Wirkstoffes umgehend Gebrauch machen würden, solange dies rechtlich, technisch und finanziell durchführbar wäre. Geschieht dies nicht, so ist davon auszugehen, dass bestimmte Gründe für die „Nicht-Kopierbarkeit" eines Wirkstoffs vorliegen. Dies soll in der vorliegenden Analyse als ein hinreichendes Auswahlkriterium für die Exklusivität von Arzneimitteln genügen.

Werden 2 Wirkstoffe, die als Einzelsubstanzen von Generika-Herstellern angeboten werden, miteinander in einem neuen Arzneimittel kombiniert, so kann für dieses Kombinationspräparat ein neuer Patentschutz erworben werden. Ob es sich dabei in solchen Fällen tatsächlich um ein „exklusives Marktangebot" handelt, lässt sich nur schwer beantworten, da sich auch u. U. durch die freie Kombination der generischen Wirkstoffe ein ähnlicher therapeutischer Nutzen erzielen lässt. Andererseits kann sich auch durch die Anwendung eines Kombinationspräparats (gegenüber Einzelpräparaten) die Wirksamkeit erhöhen, wie z. B. bei der Behandlung von asthmatischen Erkrankungen. Um aufgrund dieser Unwägbarkeit die Anzahl der exklusiv verfügbaren Kombinationspräparate, die aus 2 oder mehr generischen Einzelwirkstoffen bestehen, in der Analyse zu begrenzen, wird das Kriterium eingeführt, dass solche Präparate höchstens 10 Jahre vor Analysebeginn (d. h. ab Oktober 1995) ihre erstmalige Zulassung erhalten haben müssen.[338] Ältere exklusiv verfügbare Kombinationspräparate mit generischen Einzelwirkstoffen werden somit nicht weiter betrachtet.

Eine weitere Besonderheit hinsichtlich der „Exklusivität eines Marktangebots" ergibt sich bei dem Vorliegen von „Co-Marketing-Agreements". In diesem Fall vermarkten 2 oder mehr Arzneimittelhersteller einen identischen Wirkstoff (oder eine identische Wirkstoffkombination) für den gleichen Anwendungszweck unter Verwendung von verschiedenen Arzneimittelmarken (siehe Kapitel 2.2.1.1). Da in solchen Fällen meist identische Preise für die verschiedenen Marken verlangt werden, ist von einer kooperativen (und nicht einer kompetitiven) Form der

---

[337] Es werden nur Wirkstoffe betrachtet, von denen mehr als 5 Mio. DDD zu Lasten der GKV im Jahre 2004 verordnet wurden.
[338] Insgesamt werden somit nur 4 exklusiv verfügbare Kombinationspräparate, die aus generischen Einzelwirkstoffen bestehen, mit in die Analyse aufgenommen: Mobloc von AstraZeneca (seit 01/97), Climopax von Wyeth (12/97), Delmuno von Sanofi-Aventis (11/98) und Symbicort von AstraZeneca (04/01).

Marktbearbeitung auszugehen. Aus diesem Grunde kann (trotz verschiedener Marken) von einer „Exklusivität des Marktangebots" ausgegangen werden. Im Falle eines „Co-Marketing-Agreements" wird dabei in der vorliegenden Analyse jeweils nur die verordnungsstärkste Arzneimittelmarke betrachtet.

Im Zuge des „Erstattungsfähigkeits-Filters" werden schließlich alle verbleibenden Arzneimittel aus der Analyse ausgeschlossen, bei denen nicht die volle Kostenerstattung durch die GKV gewährleistet ist (unbeachtet der Zuzahlungsregelung). Werden schließlich alle 3 Filter-Stufen an die in dem „Arzneiverordnungs-Report 2005" aufgeführten Arzneimittel angelegt, so resultieren 143 verschiedene Produkte. Dabei ist allerdings zu beachten, dass einige neue und therapeutisch bedeutsame Arzneimittel in den verschiedenen Indikationen aufgrund des „5 Mio. DDD"-Kriteriums durch den Raster fallen. Dazu zählen vor allem Arzneimittel in den Bereichen „Zytostatika", „Immunmodulatoren", „(HIV-)Virostatika" (aus der Gruppe der Antiinfektiva)" und „TNF-α Antagonisten" (aus der Gruppe der Antirheumatika). Einige Arzneimittel aus diesen Indikationsgruppen nehmen einen z. T. herausragenden therapeutischen Stellenwert ein, so dass es aufgrund des Repräsentativitätsgedankens geboten erscheint, für einige dieser innovativen und zumeist hochpreisigen Produkte das „5 Mio. DDD"-Kriterium fallen zu lassen. Die somit verbesserte Repräsentativität der Arzneimittelauswahl kann allerdings die bereits schon beschriebenen Probleme bei der Datenerhebung mit sich bringen, da solche neuartigen Nischenprodukte typischerweise nur von einer geringen Anzahl von Ärzten verordnet werden. Somit werden insgesamt 8 weitere Spezial-Arzneimittel aus 4 Nischen-Indikationsgruppen betrachtet. Innerhalb dieser 4 Gruppen werden dabei jeweils die 2 verordnungsstärksten Arzneimittel ausgewählt.

Für die Berechnung des spezifizierten Hypothesenmodells ist eine Auswahl von mindestens n=100 Arzneimitteln erforderlich. Da vor der Durchführung der Ärztebefragung nicht sichergestellt werden kann, dass für jedes Arzneimittel eine ausreichende Anzahl von Bewertungen je Arzneimittel generiert werden kann, ist es aus Sicherheitsgründen zweckmäßig, die durch Ärzte zu bewertende Anzahl von Arzneimitteln um 10 % auf n=110 zu erhöhen. Diese Summe setzt sich dann zusammen aus den 8 „gesetzten" Spezial-Arzneimitteln sowie aus 102 weiteren

Arzneimitteln, die aus den 143 gefilterten Arzneimitteln anhand von möglichst
hohen Verordnungsvolumina und unter dem Gesichtspunkt einer möglichst breiten Indikationsgruppenstreuung ausgewählt werden. Im Vorgriff auf die Darstellung der Resultate lässt sich hier schon anmerken, dass im Zuge der Befragung
der Ärzte insgesamt bei nur 106 der 110 zur Bewertung gestellten Arzneimittel
eine ausreichend hohe Bewertungsanzahl erreicht werden konnte.

6.3   Datenerhebung

6.3.1   Aufteilung der Arzneimittel auf die Fragebögen

Die 110 ausgewählten Arzneimittel wurden im Zuge einer Internetbefragung hinsichtlich verschiedener wahrnehmungsrelevanter Kriterien durch niedergelassene
Vertragsärzte bewertet. Objektiv ermittelbare Arzneimitteleigenschaften (wie
z. B. die Zulassungsdauer oder die Existenz von G-BA Richtlinien) wurden dabei
zusätzlich aus der DIMDI Datenbank extrahiert („Stich-Monat": Oktober 2005).
Für die Ärztebefragung wurde zunächst ein Musterfragebogen mit 20 Fragen entwickelt. Dabei entsprechen die in diesem Musterfragebogen entwickelten Fragen
den bereits in den vorherigen Kapiteln diskutierten Indikatoren zur Messung der
Konstrukte (für den Original-Musterfragebogen: siehe Anhang).

Mit Hilfe der Online-Applikation von *E-Questionnaire*[339] wurden dann auf Basis
des Musterfragebogens insgesamt 23 verschiedene Fragebogenvarianten programmiert, in denen jeweils zwischen 4 bis 6 verschiedene Arzneimittel durch die
Ärzte zu bewerten waren. Pro Fragebogenvariante waren somit jeweils 4 bis 6
Arzneimittel hinsichtlich 20 verschiedener Fragestellungen zu bewerten (z. B.
wahrgenommene Wirksamkeit, Therapietreue der Patienten, etc.). Die folgende
Abbildung skizziert die Konzeption der Fragebögen.

---

[339] „E-Questionnaire" (www.equenstionnaire.de) ist ein Online-Dienst, mit dessen Benutzeroberfläche
Online-Fragebögen programmiert werden können.

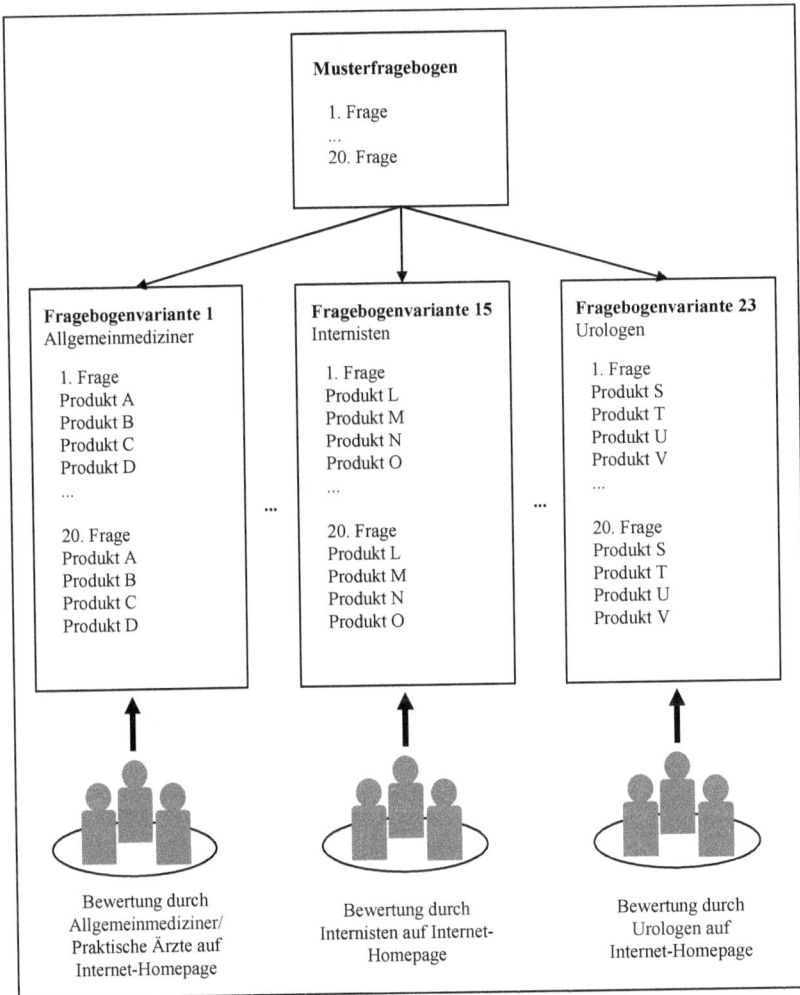

Abb. 30:   Schematische Darstellung der Fragebogenvarianten

Dabei musste bei der Verteilung der 110 Arzneimittel auf die 23 Fragebögen sichergestellt werden, dass pro Fragebogen jeweils nur Arzneimittel zu bewerten sind, die dem Verordnungsmuster der jeweiligen Facharztgruppe entsprechen. Auf Basis der im „Arzneiverordnungs-Report 2005" angegebenen Informationen über die Verordnungshäufigkeiten von Arzneimittel-Indikationsgruppen innerhalb der verschiedenen Facharztgruppen konnte eine entsprechende Zuordnung erfolgen.[340] Somit ergab sich insgesamt die folgende Aufteilung:

Facharztgruppe	Anzahl der Fragebogen- varianten	Gesamtzahl der zu bewertenden Arzneimittel in den Fragebogenvarianten	Aufteilung
Allgemeinmediziner und Praktische Ärzte	7	34	1 Fragebogen à 4 Arzneimittel 6 Fragebögen à 5 Arzneimittel
Augenärzte	1	5	1 Fragebogen à 5 Arzneimittel
Gynäkologen	2	8	2 Fragebögen à 4 Arzneimittel
Hautärzte	2	9	1 Fragebogen à 4 Arzneimittel 1 Fragebogen à 5 Arzneimittel
Internisten	7	36	6 Fragebögen à 5 Arzneimittel 1 Fragebogen à 6 Arzneimittel
Nervenärzte	3	12	3 Fragebögen à 4 Arzneimittel
Urologen	1	6	1 Fragebogen à 6 Arzneimittel
Gesamtzahl	23	110	

Tab. 20:   Aufteilung der 110 Arzneimittel auf 23 Fragebögen

Im Interesse eines kurzen Fragebogens (bzw. eines begrenzten zeitlichen Aufwands für die Ärzte) wurden dabei möglichst wenige Arzneimittel pro Fragebogen (maximal 6) zur Bewertung dargestellt. Bei jeder Frage und jedem Arzneimittel konnte dabei stets eine „Ich weiß nicht" Antwortoption durch die Ärzte gewählt werden.

6.3.2 Auswahl und Kontaktierung der Ärzte

Die Bewertung der insgesamt 110 Arzneimittel in den Fragebögen erfolgte durch niedergelassene Vertragsärzte im gesamten Bundesgebiet im Zeitraum zwischen Oktober 2005 und Februar 2006. Die Adressen und Kontaktdaten der Ärzte wurden dabei aus den öffentlich frei zugänglichen Arztregistern der Kassenärztlichen Vereinigungen extrahiert. Die Ärzte erhielten daraufhin per Email oder Brief ein Einladungsschreiben für die Befragung, in dem jeweils ein Internetlink zu einem der 23 Fragebögen (je nach Fachrichtung des Arztes) sowie ein persönliches Passwort angegeben war. Als Anreiz für die Teilnahme wurde eine Spende an die UNICEF sowie eine Internet-Link-Liste zu interessanten Medizin-Homepages am Ende des Fragebogens angeboten.

---

[340] Vgl. Nink, K., Schröder, H. (2005b), S. 976-977.

Die Auswahl der Ärzte innerhalb der Arzt-Datenbanken der Kassenärztlichen Vereinigungen erfolgte zufällig. Insgesamt konnten durch die Kontaktierung von 3.211 niedergelassenen Vertragsärzten 404 valide Antworten generiert werden (Responder-Quote: 12,6 %). Die folgende Tabelle stellt die wichtigsten Kennzahlen der Befragung zusammen.

Kriterien	Kennzahlen
Gesamtzahl kontaktierter niedergelassener Vertragsärzte	3.211
- davon: Kontaktierung per Brief (1x)	980
- davon: Kontaktierung per Email (maximal 2x)	2.231
- davon: gültige Email-Adressen (Schätzwert)	1.900
Responder-Quoten	
- insgesamt	12,6%
- Kontaktierung per Brief	6,1%
- Kontaktierung per Email	15,4%
Durchschnittliche Anzahl an gültigen Bewertungen durch Ärzte pro Fragebogen	17,6 Ärzte

Tab. 21:   Kennzahlen der Arztbefragung

Auffällig ist bei diesen Kennzahlen die schwache Responderquote bei Briefkontakten im Vergleich zu Emailkontakten. Es scheint, als ob die mediale Homogenität (elektronische Kontaktaufnahme und elektronische Fragebogenausfüllung) im Gegensatz zur medialen Heterogenität (Kontaktaufnahme mittels Brief und elektronische Fragebogenausfüllung) zu einem deutlich besseren Responderverhalten führt. Aus diesem Grunde fokussierte sich die weitere Kontaktaufnahme (nach der erstmaligen Feststellung der schwachen Brief-Response) aus forschungsökonomischen Gründen auf den Email-Verkehr. Da jedoch nur in einigen Adressdatenbanken der Kassenärztlichen Vereinigungen (KV) die Email-Adressen von Ärzten angegeben sind, musste die ursprüngliche Intention einer geografischen Gleichverteilung der Arztantworten in der Befragung (entsprechend der Gesamtverteilung von Ärzten im Bundesgebiet) aufgegeben werden. Somit wurden in KV-Regionen, in denen die Email-Adressen für niedergelassene Ärzte verfügbar waren, relativ mehr Antworten generiert. Die folgende Abbildung stellt die Ärzte-Verteilungen nach KV-Regionen dar.

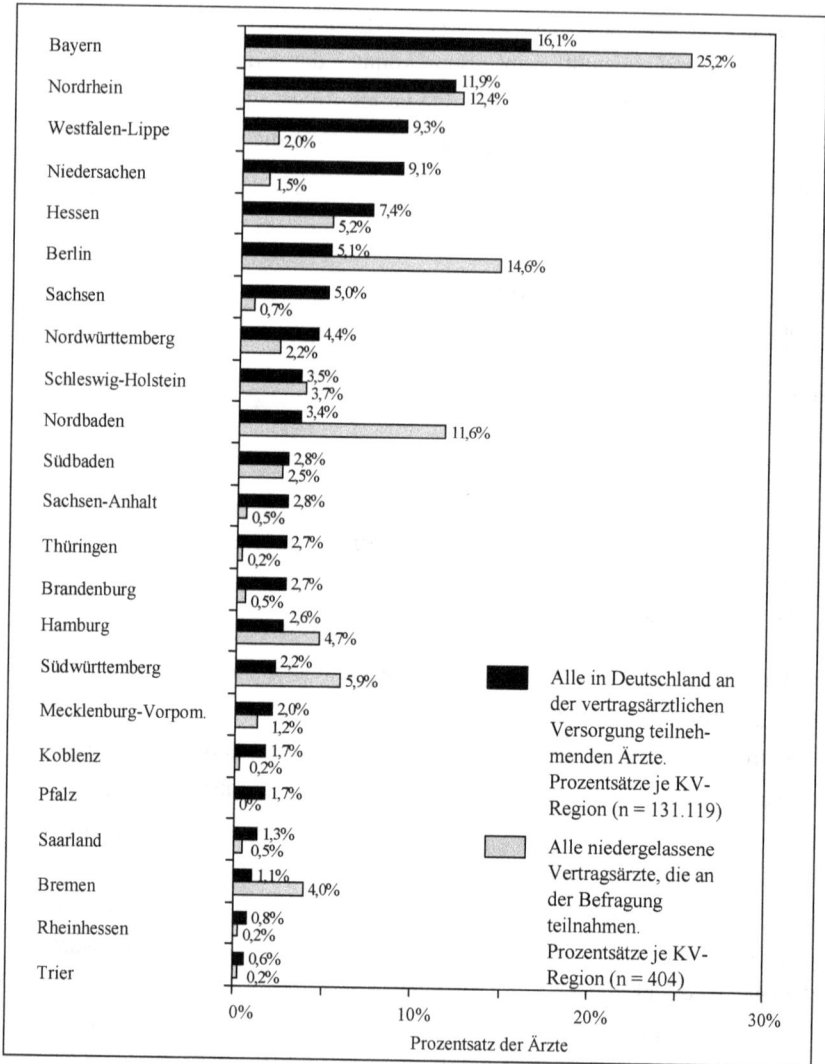

Abb. 31: Geografische Verteilung der Responder nach KV-Regionen

Es zeigt sich, dass im Rahmen der erhobenen Arzt-Antworten einige KV-Regionen über- und andere Regionen unterrepräsentiert sind. Allerdings ist zu bedenken, dass hinsichtlich der Repräsentativität der empirischen Analyse einzig die Auswahl der Arzneimittel relevant ist, da diese (mit ihren durch Ärzte bewerteten

Eigenschaften) die Analysebasis darstellen. Die Befragung der Ärzte dient daher nur als „Messung" dieser Eigenschaften. Insofern spielt auch die geographische Repräsentativität der befragten Ärzte keine Rolle, solange deren Bewertung zu einer validen Messung der Arzneimitteleigenschaften führt. Da nicht anzunehmen ist, dass z. B. die Wirksamkeitsbewertung eines Arzneimittels nur aufgrund der Ortsansässigkeit der befragten Ärzte im Bundesgebiet unterschiedlich bewertet wird, kann diese geografische Unausgewogenheit in Kauf genommen werden. In jedem Falle ist eine ausreichende geografische Mischung - wenn auch nicht entsprechend der Gesamtverteilung der Vertragsärzte - gewährleistet.

6.3.3 Durchschnittsbildung der Antworten

Zielsetzung der durchgeführten Befragung ist die Ermittlung von Arzneimitteleigenschaften, wie sie aus der Sicht von Ärzten wahrgenommen werden. Zu diesem Zweck erfolgt pro Arzneimittel und pro bewertetem Merkmal (z. B. die wahrgenommene Wirksamkeit von Arzneimittel X) eine Durchschnittsbildung über die gesammelten Bewertungen der Ärzte. Eine analoge Vorgehensweise findet sich in der Literatur z. B. auch bei *Hennig-Thurau/Henning*, die für ihr Hypothesenmodell zur Identifikation von ökonomischen Erfolgsfaktoren bei 1.037 Spielfilmen den jeweiligen filmbezogenen Bewertungsdurchschnitt von mehreren Filmkritikern aus dem Internet heranziehen.[341] Im Hinblick auf die Analyse bei den Arzneimitteln stellt sich die Frage, wie viele Arzt-Bewertungen pro Arzneimittel und pro Merkmal notwendig sind, um von einer hinreichend validen Messung auszugehen. Dabei ist zu beachten, dass in den Fragebögen fast alle Arzneimittelmerkmale auf einer 5-Punkte Skala zu bewerten sind. Die Frage, ab welcher Bewertungsanzahl der Durchschnitt der Bewertungen zu einem „stabilen Wert" hin konvergiert und eine weiter erhöhte Anzahl von Bewertungen keine nennenswerten Durchschnittsveränderungen mehr verursacht, sei anhand des folgenden Beispiels illustriert.

---

[341] Vgl. Hennig-Thurau, T., Henning, V. (2005), S. 218.

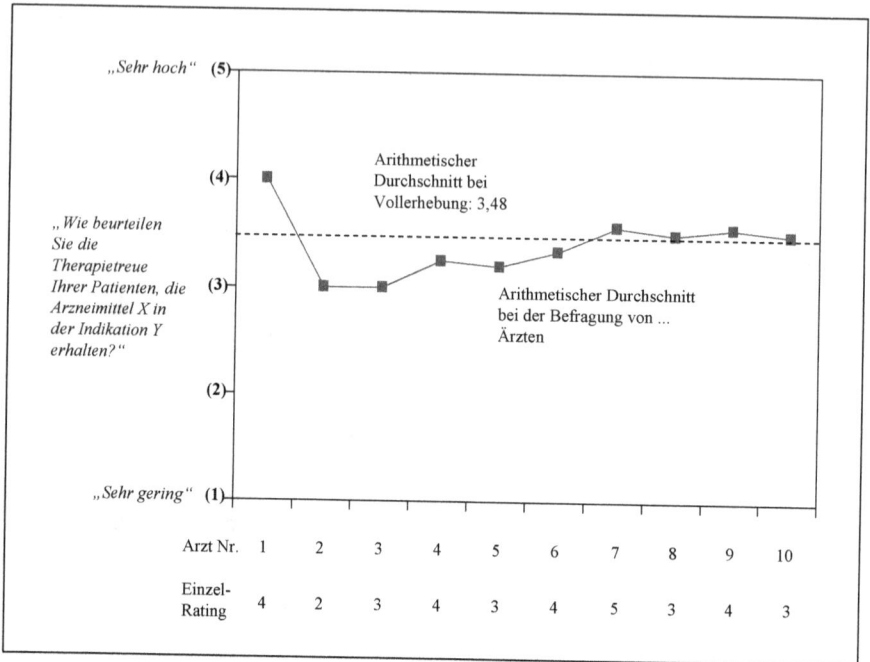

Abb. 32:   Beispiel für die Durchschnittsentwicklung auf einer Rating-Skala

In diesem fiktiven Zahlenbeispiel zur Bewertung der Therapietreue bei einem Arzneimittel X würde sich bei der Befragung von allen Ärzten (und einem entsprechend großem Befragungsaufwand) ein Durchschnittswert von 3,48 ergeben. Wird dieser Sachverhalt durch nur 10 Ärzte bewertet, so wäre in diesem Beispiel schon ab einer Befragung von n=6 Ärzten eine relativ genaue Messung erfolgt. Es ist also anzunehmen, dass bei der Durchschnittsbildung von Rating-Antworten Grenzwerte existieren, ab dem die Nachteile eines erhöhten Befragungsaufwands die Vorteile einer noch genaueren Messung (unter Einbeziehung von noch mehr Befragten) überkompensieren.

Ein Blick in die Praxis der Arztbefragungen kann einen Aufschluss darüber geben, ob Durchschnittbildungen von Rating-Antworten bei kleinen Stichproben zu validen Messungen führen. Die folgende Tabelle ist der Projektdatenbank der Unternehmensberatung Simon-Kucher & Partners entnommen und stellt die anonymisierten Ergebnisse der durch Ärzte bewerteten therapeutischen Verbesserung von verschiedenen Arzneimitteln dar. Jeweils eine kleine Ärztegruppe (qualitative Phase) und eine große Ärztegruppe (quantitative Phase) haben einen identischen Sachverhalt in unterschiedlichen Phasen von Beratungsprojekten bewertet - nämlich die therapeutische Verbesserung eines Arzneimittels gegenüber dem jeweiligen Behandlungsstandard in einer Indikation auf einer 5-Punkte Skala. Es handelt sich dabei um einen Ausschnitt aus Beratungsprojekten aus den Jahren 2003/2004, bei denen eine solche vergleichende Analyse unter Konstanthaltung aller anderen Befragungsparameter (z. B. gleiche Gruppe von Befragten, Bewertung der identischen klinischen Daten, etc.) möglich war.

Indikation des betreffenden Arzneimittels	Befragte Ärztegruppen	Qualitative Phase		Quantitative Phase	
		Anzahl befragter Ärzte	Durch-schnitt-liches Rating	Anzahl befragter Ärzte	Durch-schnitt-liches Rating
		Skala: Von 1 (=keine therapeutische Verbesserung) bis 5 (=bedeutende therapeutische Verbesserung) gegenüber dem Behandlungsstandard			
Darmkrebs	Onkologen und Gastroenterologen in Krankenhäusern	12	3,9	80	4,0
	Niedergelassene Onkologen	5	3,6	44	4,1
Lungenkrebs	Krankenhaus-Pneumologen	8	3,4	37	3,2
	Krankenhaus-Onkologen	5	3,0	35	2,6
Asthma	Allgemeinmediziner, Internisten, Pneumologen	8	3,6	136	3,3
Hypertonie	Allgemeinmediziner, Kardiologen	6	3,0	165	3,3
HIV	HIV-Spezialisten, Internisten, Allgemeinmediziner	12	4,3	183	4,0
Schlaganfall	Neurologen, Neurochirurgen	13	3,9	39	3,9
Traumatische Verletzungen	Anästhesisten, Chirurgen, Notfallmediziner	16	4,3	32	4,1

Tab. 22:   Wiederholte Messungen bei unterschiedlichem Stichprobenumfang[342]

Wie aus der Tabelle ersichtlich, variiert der Stichprobenumfang in der qualitativen Phase der Befragung zwischen 5 bis 16 während der Stichprobenumfang in der quantitativen Phase der Projekte zwischen 32 und 183 beträgt. Bei Befragungen, bei denen in der qualitativen Phase 8 oder mehr Ärzte befragt wurden, be-

---

[342]   Quelle: Projektdatenbank der Unternehmensberatung Simon-Kucher & Partners, Bonn.

trägt die Differenz der Durchschnittsmessung zwischen qualitativer und quantitativer Messung maximal 0,3 (auf der 5-Punkte Skala). Auch wenn diese Beispiele nicht auf andere Fälle übertragbar sind, so geben sie dennoch einen Anhaltspunkt dafür, dass bei Befragungen von Ärzten ab einem Stichprobenumfang von ca. n=8 die gemittelten Antworten zu einem relativ stabilen Wert hin konvergieren und man in den meisten Fällen von ausreichend verlässlichen Messungen ausgehen kann.

Im Folgenden soll definiert werden, dass für eine gültige Messung der wahrgenommenen Eigenschaften eines Arzneimittels mindestens 9 Bewertungen durch unterschiedliche Ärzte notwendig sind. Im Hinblick auf die 404 gültigen Arzt-Antworten zeigt sich allerdings, dass nur 106 der 110 zur Bewertung gestellten Arzneimittel diese Mindest-Messanforderung erfüllen. Zwar wurde ein Fragebogen im Durchschnitt von 17,6 Ärzten ausgefüllt, allerdings konnte nicht jeder Arzt jedes der aufgeführten Arzneimittel im Fragebogen bewerten.[343] 2 der 4 Arzneimittel, für die nur weniger als 9 Arzt-Bewertungen generiert werden konnten, stammen aus der Gruppe der definierten „Spezial-Arzneimittel"[344] (ein Zytostatikum und ein HI-Virostatikum).

Die gesamte weitere Analyse soll sich daher auf die 106 Arzneimittel mit einer ausreichenden Eigenschaftsmessung beschränken. Im Durchschnitt wurde dabei ein Arzneimittel durch 13,8 verschiedene Ärzte bewertet und somit die Mindestanforderung von 9 Bewertungen deutlich übertroffen. Eine genaue Beschreibung der Charakteristika dieser Arzneimittel findet sich in Kapitel 6.5.

6.4 Auswahl eines Analyseverfahrens

6.4.1 Das Prinzip der multiplen Regressionsanalyse

Ist es im Rahmen von statistischen Analysen das Ziel, die Bedeutung von mehreren unabhängigen Einflussgrößen auf eine (abhängige) Zielvariable zu erklären, so stellt die multiple Regressionsanalyse das Basismodell für eine solche Unter-

---

[343] Ein Arzt konnte, wenn er bisher noch keine Erfahrungen mit einem Arzneimittel gesammelt hatte, jeweils die „Ich weiß nicht" Option bei jeder der 20 Fragen im Fragebogen wählen.

suchung dar. Zur Überprüfung des in dieser Arbeit hergeleiteten Hypothesenmodells kann die multiple Regressionsanalyse allerdings nicht verwendet werden, da
sie nur den Einfluss von mehreren unabhängigen Variablen (X_J) auf eine einzige
abhängige Variable (Y) erklären kann, sich in ihr keine komplexen Kausalstrukturen abbilden lassen und die Berechnung ohne die Verwendung von hypothetischen Konstrukten (unter der Verwendung von mehreren Indikatoren) erfolgen
muss. Dennoch liefert ein Blick auf die Struktur der multiplen Regressionsanalyse
grundlegende Erkenntnisse darüber, wie die Ergebnisse des mittels des PLS-Verfahrens berechneten Hypothesenmodells zu interpretieren sind (siehe dazu auch
Kapitel 6.5.2).

Mittels der multiplen Regressionsanalyse wird der Einfluss von mehreren unabhängigen Variablen (Regressoren, z. B. Anzahl von Außendienstbesuchen oder
Ausgaben für Werbung) auf eine abhängige Variable (Regressand, z. B. Anzahl
der Verschreibungen eines Arzneimittels) empirisch bestimmt. Allgemein gilt dafür bei dem linearen Modell der in der nachstehenden Abbildung beschriebene
Ansatz.

---

[344] „Bedeutsame" Arzneimittel mit weniger als 5 Mio. verordneten DDD im Jahre 2004.

Multiple Regressionsfunktion:

$$Y = b_0 + b_1 X_1 + b_2 X_2 + \ldots + b_J X_J + e$$

Zielfunktion der multiplen Regressionsfunktion:

$$\sum_{k=1}^{K} e_k^2 = \sum_{k=1}^{K} \left[y_k - \left(b_0 + b_1 X_{1k} + b_2 X_{2k} + \ldots + b_J X_{Jk} \right) \right]^2 \rightarrow \min$$

mit:

Y	= Beobachteter Wert der abhängigen Variablen
b_0	= konstantes Glied
b_J	= Regressionskoeffizienten (j=1, 2, ... J)
X_J	= Wert der unabhängigen Variablen (j=1, 2, ... J)
e	= Residualgröße
e_k	= Residualgröße bei der k-ten Beobachtung (k=1, 2, ... K)
y_k	= Wert der abhängigen Variablen bei der k-ten Beobachtung
X_{Jk}	= Wert der j-ten unabhängigen Variablen bei der k-ten Beobachtung
J	= Zahl der unabhängigen Variablen
K	= Zahl der Beobachtungen

Abb. 33:   Regressions- und Zielfunktion der multiplen Regressionsanalyse[345]

Der beobachtete Wert der abhängigen Variablen Y setzt sich somit zusammen aus
der additiven Verknüpfung des konstanten Glieds, der um die jeweiligen Regressionskoeffizienten adjustierten Werte der unabhängigen Variablen sowie einer
Residualgröße, die die sonstigen im Regressionsmodell nicht berücksichtigten
Einflüsse auf die abhängige Variable repräsentiert. Mittels der Zielfunktion und
den K-Beobachtungen (Y und X_J Beobachtungen) werden die Regressionskoeffizienten (b_J) und das konstante Glied (b_0) der Regressionsfunktion geschätzt.
Dabei ergibt sich die Zielfunktion aus der Verwendung der „Methode der kleinsten Quadrate", bei der die Summe der quadrierten Residuen (e) minimiert wird.
Die Güte der Regressionsfunktion mit den identifizierten Parametern b_J und b_0
lässt sich nun mittels globaler Gütemaße (R^2, F-Statistik und Standardfehler)
sowie den Maßen zur Bewertung der Regressionskoeffizienten (Beta-Werte und t-

---

[345]   Quelle: In Anlehnung an Backhaus, K., Erichson, B., Plinke, W., Weiber, R. (2003), S. 60.

Test) überprüfen.[346] Dabei gibt das Bestimmtheitsmaß (R^2) den Anteil der durch die unabhängigen Variablen erklärten Streuung der abhängigen Variablen an. Je höher R^2 ausfällt, desto besser erklären die Regressoren die abhängige Variable. Mit Hilfe der standardisierten Regressionskoeffizienten (Beta-Werte) lässt sich die Wirkungsrichtung und die relative Wirkungsstärke der unabhängigen Variablen (X_J) auf die abhängige Variable (Y) direkt miteinander vergleichen. Im Zuge des t-Tests kann bei einer gegebenen Irrtumswahrscheinlichkeit der statistisch signifikante Einfluss einer unabhängigen Variablen auf die abhängige Variable überprüft werden.

Bezogen auf das in den vorherigen Kapiteln hergeleitete Hypothesenmodell erfolgt die Interpretation der Ergebnisse für ein endogenes („abhängiges") Konstrukt (z. B. „Gesamteinstellung") analog: R^2, die standardisierten Regressionskoeffizienten und der t-Test zur Überprüfung der statistischen Signifikanz der Pfadkoeffizienten stellen auch hier die zentralen Bewertungskriterien zur Beurteilung der Zusammenhangsbeziehungen dar. Die Berechnung des Hypothesenmodells muss jedoch aufgrund der genannten Einschränkungen bei der multiplen Regressionsanalyse durch ein Strukturgleichungsmodell erfolgen.

6.4.2 Das Prinzip von Strukturgleichungsmodellen

In einem Strukturgleichungsmodell können - basierend auf zuvor theoretisch abgeleiteten Zusammenhängen - die kausalen Beziehungen von mehreren latenten Variablen untereinander dargestellt werden und einer empirischen Prüfung unterzogen werden.[347] Latente Variablen können dabei hypothetische Konstrukte abbilden, die abstrakte Sachverhalte beschreiben und sich einer direkten Messung entziehen.[348] Jede latente Variable wird dabei mittels eines Messmodells operationalisiert. Innerhalb der latenten Variablen wird dabei zwischen exogenen (ξ) und

---

[346] Vgl. Backhaus, K., Erichson, B., Plinke, W., Weiber, R. (2003), S. 63. Mittels des F-Tests kann bei einer gegebenen Irrtumswahrscheinlichkeit und Verwerfung der Nullhypothese auf einen Zusammenhang zwischen der abhängigen und den unabhängigen Variablen geschlossen werden. Der Standardfehler der Schätzung gibt den durchschnittlichen Fehler bei der Verwendung der ermittelten Regressionsfunktion an.

[347] Vgl. Betzin, J., Henseler, J. (2005), S. 50.

[348] Vgl. Backhaus, K., Erichson, B., Plinke, W., Weiber, R. (2003), S. 335.

endogenen (η) latenten Variablen unterschieden.[349] Exogene latente Variablen (ξ) werden in einem Strukturgleichungsmodell selbst nicht erklärt und bilden somit das Äquivalent zu den unabhängigen Variablen der Regressionsanalyse. Endogene latente Variablen (η) werden in einem Strukturgleichungsmodell erklärt (durch die exogenen latenten Variablen (ξ)) und bilden somit das Äquivalent zu der abhängigen Variablen (Y) der Regressionsanalyse.

Gemäß dieser Definition handelt es sich bei dem in den vorherigen Kapiteln spezifizierten Hypothesenmodell z. B. bei dem Konstrukt „Kommunikations-Intensität" um ein exogenes latentes Konstrukt und bei der „Gesamteinstellung" um ein endogenes latentes Konstrukt. In Strukturgleichungsmodellen sind dabei prinzipiell komplexe Kausalstrukturen zwischen einer Vielzahl von latenten Variablen darstellbar. In der folgenden Abbildung ist dazu ein vereinfachtes, schematisches Modell dargestellt.

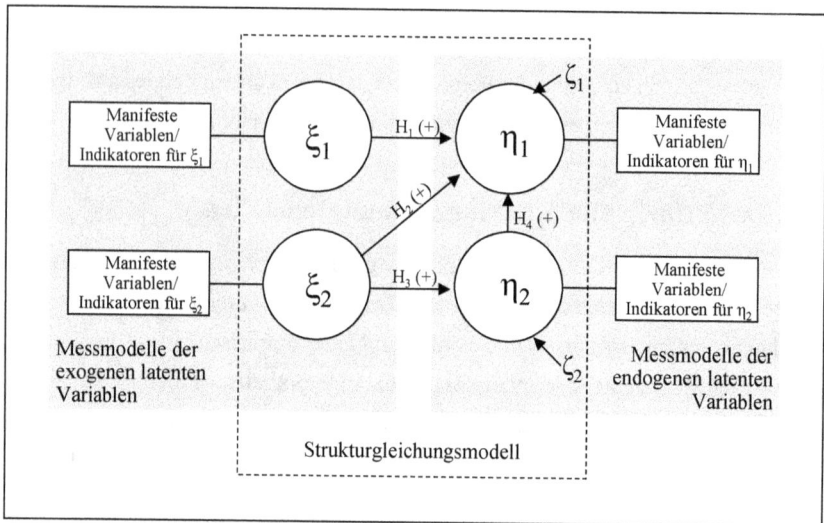

Abb. 34:   Schematische Darstellung eines Strukturgleichungsmodells[350]

Die Pfeile zwischen den latenten Variablen repräsentieren die gemäß von Beispielhypothesen H_1 - H_4 postulierten positiv (+) oder negativ (-) gerichteten Zu-

[349] Vgl. Backhaus, K., Erichson, B., Plinke, W., Weiber, R. (2003), S. 344.
[350] Quelle: In Anlehnung an Backhaus, K., Erichson, B., Plinke, W., Weiber, R. (2003), S. 337.

sammenhangsbeziehungen. Die in dem obigen Beispiel für ein Strukturgleichungsmodell dargestellten Beziehungen stellen sich (bei einem angenommenen
linearen Zusammenhang) mathematisch wie folgt dar:

Strukturgleichungssystem:

$$\eta_1 = \gamma_{11} \cdot \xi_1 + \gamma_{12} \cdot \xi_2 + \beta_{12} \cdot \eta_2 + \zeta_1$$
$$\eta_2 = \qquad\qquad \gamma_{22} \cdot \xi_2 \qquad\qquad + \zeta_2$$

Matrizenschreibweise:

$$\begin{bmatrix} \eta_1 \\ \eta_2 \end{bmatrix} = \begin{bmatrix} \gamma_{11} & \gamma_{12} \\ 0 & \gamma_{22} \end{bmatrix} \cdot \begin{bmatrix} \xi_1 \\ \xi_2 \end{bmatrix} + \begin{bmatrix} 0 & \beta_{12} \\ 0 & 0 \end{bmatrix} \cdot \begin{bmatrix} \eta_1 \\ \eta_2 \end{bmatrix} + \begin{bmatrix} \zeta_1 \\ \zeta_2 \end{bmatrix}$$

Verkürzte Matrizenschreibweise:

$$\eta = \Gamma \cdot \xi + B \cdot \eta + \zeta$$

Koeffizienten:
η = Latente endogene Variablen/hypothetische Konstrukte
ξ = Latente exogene Variablen/hypothetische Konstrukte
γ = Pfadkoeffizienten der Beziehungen zwischen exogenen und endogene Variablen
β = Pfadkoeffizienten der Beziehungen zwischen endogenen Variablen untereinander
ζ = Residualgröße/Messfehlervariable

Matrizen und Vektoren:
η = Vektor der latenten endogenen Variablen η
Γ = Matrix der Pfadkoeffizienten γ
ξ = Vektor der exogenen Variablen ξ
B = Matrix der Pfadkoeffizienten β
ζ = Vektor der Residualgrößen/Messfehlervariablen ζ

Abb. 35:   Ein Strukturgleichungssystem in Matrizenschreibweise[351]

Die Werte der endogenen Variablen (η) werden demnach erklärt aus einer additiven Verknüpfung der (um die Pfadkoeffizienten γ adjustierten) exogenen Variablen (ξ), der (um die Pfadkoeffizienten β adjustierten) endogenen Variablen (η)
(sofern hier eine Beziehung unterstellt ist) sowie der Messfehlervariablen ζ. Bei
der Indexschreibweise der Pfadkoeffizienten γ und β gibt die erste Ziffer den Index der Zielvariablen und die zweite Ziffer den Index der Ursprungsvariablen

---

[351]   Quelle: In Anlehnung an Backhaus, K., Erichson, B., Plinke, W., Weiber, R. (2003), S. 387.

an.[352] Die mathematische Lösung eines Strukturgleichungsmodells erfordert die Überführung der Zusammenhänge in Matrizenschreibweise. Insbesondere für die weitere Darstellung und Diskussion ist die verkürzte Matrizenschreibweise von Vorteil.

Die Verwandtschaft dieses Ansatzes zu multiplen Regressionsanalyse ist evident. Neben einer Vielzahl von unabhängigen (exogenen) Variablen (ξ) können nun auch die abhängigen (endogenen) Variablen (η) selbst einen Beitrag zur Erklärung einer anderen abhängigen Variablen leisten (sofern ein theoretischer Zusammenhang unterstellt ist). Das Hauptziel bei der mathematischen Lösung dieses Ansatzes ist es, die Pfadkoeffizienten γ und β in den Matrizen Γ und B zu bestimmen. Mit diesen Ergebnissen können dann eine Reihe von Tests zur Gütebeurteilung eines Strukturmodells und der geschätzten Parameter durchgeführt werden.[353] Sofern eine gewisse empirische „Qualität" des postulierten Strukturmodells/Hypothesengerüsts vorliegt, können die einzelnen kausalen Beziehungen in dem Modell auf ihre statistische Signifikanz überprüft werden sowie die relative Wirkungsstärke zwischen den verschiedenen latenten Variablen verglichen werden.

Während im Strukturgleichungsmodell die Beziehungen der latenten Variablen mittels eines regressionsanalytischen Ansatzes abgebildet werden, so werden in den jeweiligen Messmodellen die Beziehungen einer latenten Variablen zu ihren manifesten Variablen (= Indikatoren) beschrieben, die entweder einem faktoren- oder einem regressionsanalytischen Ansatz folgen.[354] Der Sinn der Messmodelle ist es, die jeweilige latente (d. h. oft nicht direkt beobachtbare) Variable durch Indikatoren[355], die direkt beobachtbare Sachverhalte repräsentieren, möglichst zuverlässig und valide zu messen.[356] Die Werte dieser Messungen dienen dann dazu, die Beziehungsstärken der latenten Variablen im Strukturmodell untereinander zu

[352] Vgl. Backhaus, K., Erichson, B., Plinke, W., Weiber, R. (2003), S. 402. Diese Konvention findet sowohl in Strukturgleichungsmodellen als auch in den Messmodellen Anwendung.
[353] Für die Gütemaße bei kovarianzstrukturbasierten Verfahren vgl. Backhaus, K., Erichson, B., Plinke, W., Weiber, R. (2003), S. 372-376. Für die Gütemaße beim PLS-Ansatz vgl. Krafft, M., Götz, O., Liehr-Gobbers, K. (2005), S. 85.
[354] Vgl. Betzin, J., Henseler, J. (2005), S. 50.
[355] Vgl. Kroeber-Riel, W., Weinberg, P. (2003), S. 31.
[356] Vgl. Fassott, G., Eggert, A. (2005), S. 33.

bestimmen. Bei den Messmodellen wird dabei grundsätzlich zwischen reflektiven und formativen Messmodellen unterschieden, die latente Variablen auf unterschiedliche Weise operationalisieren. Die folgende Abbildung stellt die beiden unterschiedlichen Messmodelltypen dar.[357]

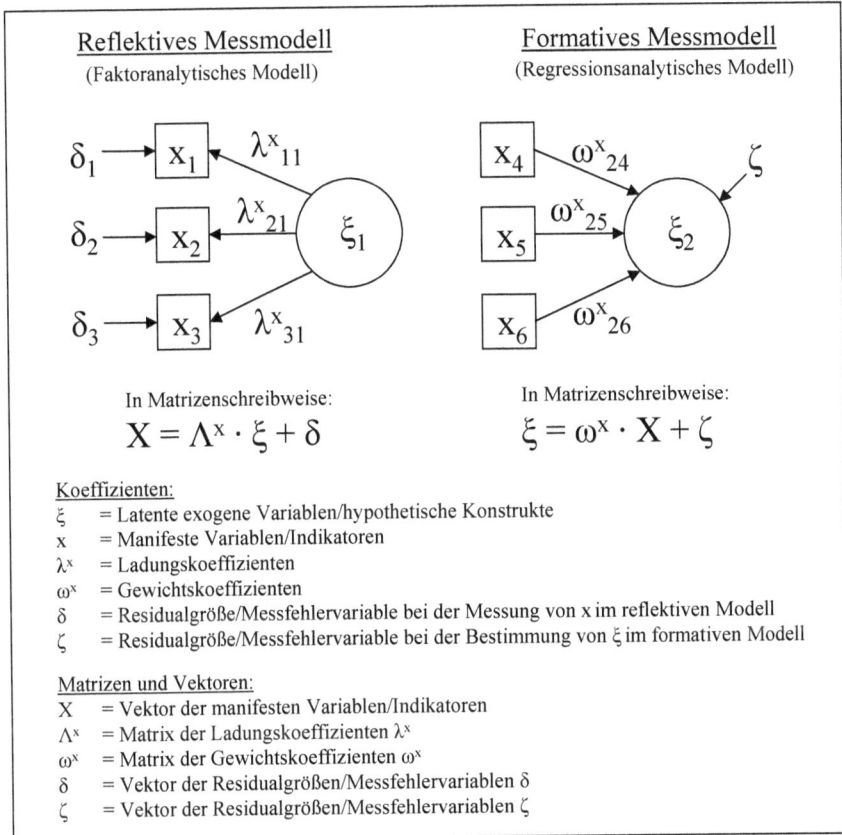

Reflektives Messmodell
(Faktoranalytisches Modell)

Formatives Messmodell
(Regressionsanalytisches Modell)

$$\delta_1 \rightarrow \boxed{x_1} \leftarrow \lambda^x_{11}$$
$$\delta_2 \rightarrow \boxed{x_2} \quad \lambda^x_{21} \quad \xi_1$$
$$\delta_3 \rightarrow \boxed{x_3} \quad \lambda^x_{31}$$

$$\boxed{x_4} \quad \omega^x_{24} \qquad \zeta$$
$$\boxed{x_5} \quad \omega^x_{25} \quad \xi_2$$
$$\boxed{x_6} \quad \omega^x_{26}$$

In Matrizenschreibweise:

$$X = \Lambda^x \cdot \xi + \delta$$

In Matrizenschreibweise:

$$\xi = \omega^x \cdot X + \zeta$$

Koeffizienten:
ξ = Latente exogene Variablen/hypothetische Konstrukte
x = Manifeste Variablen/Indikatoren
λ^x = Ladungskoeffizienten
ω^x = Gewichtskoeffizienten
δ = Residualgröße/Messfehlervariable bei der Messung von x im reflektiven Modell
ζ = Residualgröße/Messfehlervariable bei der Bestimmung von ξ im formativen Modell

Matrizen und Vektoren:
X = Vektor der manifesten Variablen/Indikatoren
Λ^x = Matrix der Ladungskoeffizienten λ^x
ω^x = Matrix der Gewichtskoeffizienten ω^x
δ = Vektor der Residualgrößen/Messfehlervariablen δ
ζ = Vektor der Residualgrößen/Messfehlervariablen ζ

Abb. 36:   Reflektive und formative Messmodelle[358]

---

[357] Reflektive und formative Messmodelle können zur Operationalisierung sowohl von exogenen latenten Variablen (ξ) als auch endogenen latenten Variablen (η) eingesetzt werden. Im Falle der endogenen latenten Variablen (η) werden dann die manifesten Variablen/Indikatoren mit dem Buchstaben Y notiert und die Ladungskoeffizienten und Gewichtskoeffizienten tragen die Bezeichnung λ^y bzw. ω^y.

[358] Quelle: In Anlehnung an Fassott, G., Eggert, A. (2005), S. 36-39 und Betzin, J., Henseler, J. (2005), S. 53-54.

In dem reflektiven Messmodell wird davon ausgegangen, dass die latente Variable (ξ_1) durch die direkt beobachtbaren Indikatoren x_1, x_2 und x_3 beschrieben werden kann. Per Annahme jedoch sind alle Ausprägungen von x_1, x_2 und x_3 ursächlich auf den Einfluss von ξ_1 zurückzuführen; ξ_1 ist also „verantwortlich" für die gemessenen Indikatorenwerte.[359] Ein prominentes Beispiel für eine solche Art des Messmodells ist das latente Konstrukt „Trunkenheit" (ξ_1): Diese latente Variable könnte z. B. über die Indikatoren „Fähigkeit zum Geradeauslauf" (x_1), „Fähigkeit zum Stillstehen auf einem Bein" (x_2) und „Fähigkeit zur Fixierung der Augen auf einen Punkt" (x_3) operationalisiert werden. Sofern sich der Grad der Trunkenheit ändern sollte, hätte dies einen unmittelbaren Einfluss auf alle diese gemessenen Indikatorenwerte. Dieser Logik folgend stellen die Indikatoren austauschbare Messungen des gleichen Sachverhaltes („Trunkenheit") dar.[360] Die Faktorladungen (λ^x) geben dabei Auskunft über die „Stärke des Zusammenhangs" zwischen latenter und manifester Variable und entsprechen dem jeweiligen Korrelationskoeffizienten zwischen beiden Variablen.[361] Des Weiteren wird von einer fehlerbehafteten Messung der manifesten Variablen ausgegangen, was durch die Residualgröße δ berücksichtigt wird. Dies erlaubt die Gesamtvarianz der Messung eines Indikators in einen Bereich aufzuteilen, der durch die latente Variable erklärt wird („erklärter Varianzanteil"), und in einen Bereich, der auf Messfehler oder Drittvariableneffekte zurückzuführen ist („unerklärter Varianzanteil").[362]

Grundsätzlich gilt bei der Auswahl der Indikatoren zur Messung einer latenten Variablen weitgehende Wahlfreiheit.[363] Entscheidend ist hier die gemessene Faktorladung (Korrelation) zwischen latenter und manifester Variable, die allerdings bei Indikatoren, die die latente Variable inhaltlich besonders gut repräsentieren, relativ hoch sein dürfte. Aus diesem Grunde sollten auch Indikatoren, die nur eine geringe Faktorladung zu der latenten Variablen aufweisen, aus einem ursprüng-

[359] Vgl. Backhaus, K., Erichson, B., Plinke, W., Weiber, R. (2003), S. 346.
[360] Vgl. Bollen, K., Lennox, R. (1991), S. 308.
[361] Vgl. Backhaus, K., Erichson, B., Plinke, W., Weiber, R. (2003), S. 276 und 368.
[362] Vgl. Backhaus, K., Erichson, B., Plinke, W., Weiber, R. (2003), S. 266, 368, 369. Der erklärte Varianzanteil errechnet sich aus dem Quadrat der Faktorladung (= Kommunalität), während der unerklärte Varianzanteil aus 1 - erklärtem Varianzanteil resultiert.
[363] Vgl. Fassott, G., Eggert, A. (2005), S. 38.

lich konzipierten Messmodell herausgenommen werden.[364] Generell ist aber die Messung einer latenten Variablen von mehreren Indikatoren mit hohen Faktorladungen von Vorteil, da somit die möglichen Messfehler einzelner Indikatoren besser kompensiert werden können.[365] Für die Beurteilung der Güte von reflektiven Messmodellen stehen eine Reihe von Kriterien zur Verfügung, die in Kapitel 6.5.2.2 näher dargestellt werden. Im Hypothesenmodell, das in den vorangegangenen Kapiteln hergeleitet wurde, ist nur das Konstrukt „Gesamteinstellung" reflektiv operationalisiert.

In einem formativen Messmodell formen bzw. begründen die Indikatoren eine latente Variable.[366] Demnach berechnet sich im obigen Beispiel der Wert der latenten Variablen ξ_2 aus der additiven Verknüpfung der (um die jeweiligen Gewichte ω adjustierten) Ausprägungen der Indikatoren x_4, x_5 und x_6 sowie der Residualvariablen ζ. Eine Änderung der Messung eines Indikators hätte, anders als im reflektiven Messmodell, eine unmittelbare Veränderung des Wertes der latenten Variablen zur Folge. Übertragen auf das bereits geschilderte Beispiel, bei dem „Trunkenheit" als eine latente Variable angenommen wird, könnte diese in einem formativen Messmodell z. B. durch die Indikatoren „Anzahl getrunkener Biere", „Anzahl getrunkener Schnäpse" u. ä. operationalisiert werden. Dadurch wird zum einen deutlich, dass u. U. latente Variablen sowohl durch reflektive als auch durch formative Messmodelle gemessen werden können (je nach Art der Indikatoren). Zum anderen zeigt sich aber auch, dass in einem formativen Messmodell hohe Anforderungen an eine sorgfältige Auswahl der Indikatoren gestellt werden. Die Art und Anzahl der gewählten Indikatoren sollten dabei die latente Variable inhaltlich umfassend beschreiben.[367] Eine nachträgliche Eliminierung von Indikatoren, die - wie sich durch die Berechnung des Modells herausstellt - nur in einem schwachen Zusammenhang zur latenten Variablen stehen, könnte im formativen Messmodell zu schweren inhaltlichen Fehlspezifikationen führen.[368] Allerdings sollten im Falle von sehr hoher Multikollinearität der manifesten Variablen unter-

---

[364]   Vgl. Krafft, M., Götz, O., Liehr-Gobbers, K. (2005), S. 73.
[365]   Vgl. Homburg, C., Dobratz, A. (1998), S. 450.
[366]   Vgl. Krafft, M., Götz, O., Liehr-Gobbers, K. (2005), S. 76.
[367]   Vgl. Fassott, G., Eggert, A. (2005), S. 40.
[368]   Vgl. Helm, S. (2005), S. 250, 251.

einander linear abhängige Indikatoren aus dem formativen Messmodell herausgenommen werden, da sonst u. U. die rechnerische Bestimmung der Gewichtskoeffizienten nicht mehr möglich ist.[369] Für die Identifikation der Multikollinearität existieren verschiedene Prüfgrößen, die in Abschnitt 6.5.2.2 erläutert werden.

Wird eine latente Variable nur durch einen einzigen Indikator operationalisiert, so wird von einer fehlerfreien Messung ausgegangen und das Konstrukt wird vollständig durch die betreffende Indikatormessung repräsentiert. In diesem Fall kann frei zwischen einer formal reflektiven oder formativen Operationalisierung gewählt werden. Sowohl die Faktorladung als auch das Gewicht des Indikators nehmen den Wert 1 an.

Im spezifizierten Hypothesenmodell wurde bereits die „Gesamteinstellung" als reflektiv operationalisierte latente Variable und der „Relative therapeutische Nutzen", die „Vorhersagbarkeit der Effekte", die „Unsicherheitsabbauende Kommunikation" und die „Kommunikations-Intensität" als formativ operationalisierte latente Variablen definiert. Betrachtet man die gewählten Indikatoren für diese Konstrukte sowie die Kausalitätsbeziehungen im reflektiven Modell („eine Änderung der latenten Variablen führt zu einer Änderung von allen Indikatoren") und im formativen Modell („eine Änderung eines Indikators führt zur Änderung der latenten Variablen, nicht aber zur Änderung der anderen Indikatoren"), so ist unmittelbar einleuchtend, warum die jeweiligen Operationalisierungsformen für die latenten Variablen gewählt wurden.

6.4.3 Die Kovarianzstrukturanalyse und der PLS-Ansatz

Zur Analyse und Lösung von Strukturgleichungsmodelle existieren zwei unterschiedliche Ansätze, die auf unterschiedlichen Annahmen beruhen und denen unterschiedliche Lösungsalgorithmen zugrunde liegen:

1) Die Kovarianzstrukturanalyse (z. B. realisierbar mit den Softwarepaketen LISREL und AMOS) und

---

[369] Vgl. Krafft, M., Götz, O., Liehr-Gobbers, K. (2005), S. 78.

2) der Partial Least Squares (PLS)-Ansatz (z. B. realisierbar mit den Softwarepaketen PLS-Graph und SmartPLS).[370]

Auf die in der Literatur intensiv geführte Diskussion über die Vor- und Nachteile
der beiden Ansätze wird im Folgenden nur kurz eingegangen. Bei der Kovarianzstrukturanalyse erfolgt die Schätzung der Parameter in den Struktur- und Messmodellen mittels Minimierung der Diskrepanz zwischen der empirisch ermittelten
Kovarianzmatrix der Indikatorvariablen und der vom Modell generierten Kovarianzmatrix der Indikatorvariablen - und zwar simultan über alle Elemente hinweg.[371] Im Gegensatz dazu erfolgt bei PLS eine lokale Optimierung: Für jede
Strukturgleichung wird getrennt die Abweichung zwischen dem durch das Messmodell geschätzten und dem durch das Strukturmodell geschätzten Wert einer latenten Variablen minimiert.[372] Das Ziel ist dabei, eine maximale Varianzaufklä-
rung der abhängigen Variablen zu erreichen (siehe dazu auch die Beschreibung
des PLS-Algorithmus in Kapitel 6.4.4).[373]

Die Kovarianzstrukturanalyse, die per Annahme eine multivariate Normalver-
teilung aller Variablen voraussetzt, erlaubt eine umfassende inferenzstatistische
Überprüfung der meisten relevanten Fragestellungen innerhalb eines Modells
(z. B. Modellanpassungstests, Tests für Modellvergleiche und spezifische Tests
für alle Modellparameter) und ist somit insbesondere zum Test eines gesamten
Modellkomplexes (Theorietest) geeignet.[374] Im Gegensatz dazu erfolgt die Schätzung der Parameter bei dem PLS-Ansatz mit der Maßgabe, dass sie die Rohdaten-
matrix möglichst optimal reproduzieren bzw. die beste Prädiktion leisten.[375] Zwar
kann bei PLS nicht eine Gütebeurteilung der Gesamtstruktur eines Modells erfolgen, jedoch sind aber auch hier Hypothesentests bei einer gegebenen Irrtumswahrscheinlichkeit im Hinblick auf die einzelnen Wirkungszusammenhänge mit

---

[370] Vgl. Bliemel, F., Eggert, A., Fassott, G., Henseler, J. (2005), S. 10. Für die „Urschrift" der Kovarianzstrukturanalyse siehe Jöreskog (1970), für den PLS-Ansatz siehe Wold (1966).
[371] Vgl. Backhaus, K., Erichson, B., Plinke, W., Weiber, R. (2000), S. 448 und Scholderer, J., Balderjahn, I. (2005), S. 92.
[372] Vgl. Betzin, J., Henseler, J. (2005), S. 60-61.
[373] Vgl. Scholderer, J., Balderjahn, I. (2005), S. 92.
[374] Vgl. Scholderer, J., Balderjahn, I. (2005), S. 91.
[375] Vgl. Fassott, G. (2005), S. 26.

Hilfe eines Resampling-Verfahrens möglich.[376] Die folgende Tabelle fasst die wichtigsten Unterschiede der beiden Ansätze zusammen.

Kriterium	PLS-Ansatz	Kovarianzstrukturanalyse
Hauptziel	Prognoseorientiert: Erklärung latenter und/oder Indikatorvariablen	Parameterorientiert: Erklärung empirischer Datenstrukturen
Methodenansatz	Varianzbasiert	Kovarianzbasiert
Verteilungsannahmen der Variablen	Keine	Multinormalverteilung aller Variablen
Latente Variablen	Werte explizit geschätzt	Werte nicht determiniert
Theorietests	Einzelbeziehungen der latenten Variablen	Gesamtmodell und Einzelbeziehungen der latenten Variablen
Messmodell	Reflektiv und/oder formativ	Reflektiv (formative Modelle nur eingeschränkt)
Modellkomplexität	Hochkomplexe Modelle analysierbar (z. B. 100 latente Variablen, 1000 Indikatoren)	Begrenzt
Stichprobengröße	Auch für kleine Strichproben geeignet	Hoch (200 und mehr)
Empfohlene Datentypen	Aggregierte, „objektive" oder individuelle Daten	Individualdaten
Implikationen	Optimal für Prognosegenauigkeit	Optimal für Parametergenauigkeit

Tab. 23: Methodenvergleich des PLS-Ansatzes und der Kovarianzstrukturanalyse[377]

Während also die Kovarianzstrukturanalyse in erster Linie als ein konfirmatorisches Verfahren für umfassende Theorietests zu betrachten ist, liegt die Stärke des PLS-Ansatzes in der Fähigkeit, die Ausprägungen der abhängigen (endogenen) latenten Variablen möglichst gut zu prognostizieren. Dabei ist die Verwendung der Kovarianzstrukturanalyse neben Einschränkungen bei der Modellkomplexität an eine Reihe von weiteren Anwendungsvoraussetzungen geknüpft, bei deren Verletzung die Gefahr einer Ungültigkeit der Ergebnisse besteht:

- **Annahme der Multinormalverteilung der Variablen**

  Das Problem besteht darin, dass entweder viele der in den Wirtschafts- und Sozialwissenschaften interessierenden Variablen nicht annähernd normal-

---

[376] Vgl. Scholderer, J., Balderjahn, I. (2005), S. 91.

[377] Quelle: Vgl. Bliemel, F., Eggert, A., Fassott, G., Henseler, J. (2005), S. 10 und Scholderer, J., Balderjahn, I. (2005), S. 97 und Fassott, G. (2005), S. 29.

verteilt sind oder dass keine gesicherten Erkenntnisse über die Verteilung der Grundgesamtheit dieser Variablen vorliegen.[378]

- **Eingeschränkte Verwendung formativer Messmodelle**
  Bei der Kovarianzstrukturanalyse wird grundsätzlich von reflektiven Messmodellen ausgegangen und es können aufgrund der besonderen Identifikationsproblematik bei diesem Verfahren (hinsichtlich der eindeutigen Lösbarkeit[379] der aufgestellten Gleichungen) nur sehr eingeschränkt formative Messmodelle verwendet werden.[380] Die Messung von latenten Variablen verlangt jedoch sehr häufig eine formative Operationalisierung.[381] *Fassott/ Eggert* haben in einer Literaturdurchsicht die umfangreiche Verwendung von reflektiven Messmodellen in Kovarianzstrukturanalysen auf ihre inhaltlich richtige Spezifikation hin überprüft und kamen dabei zu dem Ergebnis, dass bei über 80 % von 135 untersuchten latenten Variablen eigentlich formative (statt reflektive) Messmodelle hätten verwendet werden müssen.[382]

- **Hoher Stichprobenumfang**
  Bei der Definition eines Mindeststichprobenumfangs für die Kovarianzstrukturanalyse existieren in der Literatur unterschiedliche Angaben, die z. T. abhängig sind von der Anzahl der zu schätzenden Parameter.[383] Als eine hinreichende Untergrenze wird jedoch eine Anzahl von mindestens 200 Fällen von verschiedenen Autoren angenommen.[384] Bei dem Stichprobenumfang für PLS-Analysen gilt die Heuristik, dass die Stichprobe mindestens das 10-fache der maximalen Indikatorenanzahl eines formativen Messmodells betragen muss oder das 10-fache der maximalen Anzahl von latenten Konstrukten, die eine endogene Variable erklären (jeweils der

---

[378] Vgl. Scholderer, J., Balderjahn, I. (2005), S. 91.
[379] Vgl. Backhaus, K., Erichson, B., Plinke, W., Weiber, R. (2003), S. 360.
[380] Vgl. Temme, D., Kreis, H. (2005), S. 195, und Scholderer, J., Balderjahn, I. (2005), S. 93.
[381] Vgl. Fassott, G., Eggert, A. (2005), S. 42.
[382] Vgl. Fassott, G., Eggert, A. (2005), S. 44. Diese Fehlspezifikation der Messmodelle kann in vielen Fällen der untersuchten Studien eine Ungültigkeit der ermittelten Ergebnisse zur Folge haben.
[383] Vgl. Backhaus, K., Erichson, B., Plinke, W., Weiber, R. (2003), S. 364.
[384] Vgl. Backhaus, K., Erichson, B., Plinke, W., Weiber, R. (2000), S. 493, und Bliemel, F., Eggert, A., Fassott, G., Henseler, J. (2005), S. 11.

größere Wert).[385] Bezogen auf das entwickelte Hypothesenmodell stellen diesen Maximalwert die 10 auf das Konstrukt „Relativer Therapeutischer Nutzen" wirkenden Einflussfaktoren dar. Aus diesem Grund muss der Stichprobenumfang für die Analyse mindestens n=100 betragen.

- **Verwendung Individualdaten**
  Werden aggregierte oder objektive Daten (z. B. Unternehmens- oder Produktindikatoren) in der Analyse berücksichtigt, so wird der Einsatz von PLS empfohlen.[386] Die Stärke der Kovarianzstrukturanalyse liegt dabei aufgrund der Nähe zur psychometrischen Messfehlertheorie eher in der Verarbeitung von Individualdaten.[387]

Trotz dieser Einschränkungen hat sich die Kovarianzstrukturanalyse in den Forschungsprojekten der vergangenen Jahre zu einem Quasi-Standard entwickelt.[388] Allerdings lassen zahlreiche jüngere Publikationen[389] erkennen, dass der bereits 1966 von *Wold*[390] entwickelte PLS-Ansatz eine „Renaissance"[391] erfährt. Diese Entwicklung wird u. a. damit erklärt, dass in den vergangenen 20 Jahren vornehmlich die Weiterentwicklung von Computerprogrammen im Bereich der Kovarianzstrukturanalyse (mit Programmen wie LISREL oder AMOS) vorangetrieben wurde.[392] Erst in den letzten Jahren sind anwendungsfreundliche Applikationen für PLS verfügbar geworden (insbesondere mit „PLS-Graph" und „SmartPLS").[393] Diese Entwicklung hin zur Verwendung des PLS-Ansatzes wird flankiert durch eine in der Literatur vermehrt geäußerte Kritik an dem Ansatz und der praktischen Durchführbarkeit von Kovarianzstrukturanalysen. Neben der oben beschriebenen Kritik an der häufigen Fehlspezifikation von Messmodellen[394]

---

[385] Vgl. Chin, W. (2000).
[386] Vgl. Scholderer, J., Balderjahn, I. (2005), S. 88.
[387] Vgl. Scholderer, J., Balderjahn, I. (2005), S. 97.
[388] Vgl. Scholderer, J., Balderjahn, I. (2005), S. 87 und Fassott, G. (2005), S. 20.
[389] Vgl. Fassott, G. (2005), S. 23 und S. 24. Fassott zählt mehr als 50 verschiedene Studien auf, die in den vergangenen Jahren in den Bereichen Kundenzufriedenheit, Verbraucherverhalten, B2B-Marketing, Wirtschaftsinformatik und strategisches Management mit dem PLS-Ansatz durchgeführt wurden.
[390] Vgl. Wold (1966).
[391] Vgl. Scholderer, J., Balderjahn, I. (2005), S. 88 und Fassott, G. (2005), S. 23.
[392] Vgl. Fassott, G. (2005), S. 21.
[393] Für eine Übersicht der PLS-Softwareprogramme vgl. Temme, D., Kreis, H. (2005), S. 201.
[394] Vgl. Fassott, G., Eggert, A. (2005), S. 44.

stellen einige Autoren auch die Überlegenheit der Kovarianzstrukturanalyse bei Theorietests in Frage: So müsste bei nur einer einzigen empirisch verworfenen Zusammenhangsbeziehung in einem Strukturgleichungsmodell die zugrunde liegende Theorie abgelehnt werden bzw. diese einer Replikationsstudie unterworfen werden - was aber nur sehr selten in der Forschungspraxis geschieht.[395]

Auf der anderen Seite können bei Kovarianzstrukturanalysen Ergebnisse auftreten, bei denen die Gesamtmodellstruktur mittels der verschiedenen Anpassungsmaße („Fit-Maße") zwar gut erklärt werden kann, die Erklärungskraft (R^2) für die einzelnen abhängigen (endogenen) Variablen jedoch relativ gering bleibt.[396] In einem solchen Fall, in dem die Modellstruktur insgesamt zwar nicht zurückgewiesen werden kann, die abhängigen Variablen jedoch nur zu einem geringen Teil durch die unabhängigen Variablen erklärt werden können, stellt sich insgesamt die Frage nach der Sinnhaftigkeit und dem Nutzwert eines solchen Modells.

Aufgrund der oben dargestellten Diskussion findet für die weitere empirische Analyse im Rahmen dieser Arbeit der PLS-Ansatz Verwendung. Mit ihm kann sowohl eine Überprüfung der Zusammenhangsbeziehungen zwischen den latenten Variablen als auch die Ermittlung der relativen Stärke der verschiedenen Einflussgrößen erfolgen. Begünstigend auf diese Entscheidung wirken sich auch die geringen Anwendungsvoraussetzungen sowie die große Flexibilität bei der Modellgestaltung aus. Insbesondere die Verwendung von aggregierten bzw. produktbezogenen Daten (die Basis der Analyse stellen 106 Arzneimittel dar) legt den Einsatz des PLS-Verfahrens nahe.

6.4.4 Eine Kurzbeschreibung des PLS-Algorithmus

Die folgende Darstellung des PLS-Algorithmus lehnt sich an *Betzin/Henseler*[397] an und geht von den folgenden Annahmen aus:

- Die manifesten Variablen sind intervallskalierte Zufallsvariablen.

---

[395] Vgl. Fassott, G. (2005), S. 27.
[396] Vgl. Fassott, G. (2005), S. 28, und dazu auch das Beispiel von Weiber, R., Adler, J. (2002), S. 12.
[397] Vgl. Betzin, J., Henseler, J. (2005), S. 49-69.

- Ein Indikator dient jeweils nur zur Messung einer einzigen latenten Variablen.
- Es liegen standardisierte Daten mit einem Mittelwert von 0 und einer Standardabweichung von 1 vor.
- Der Erwartungswert der Residualgrößen (Messfehler) beträgt jeweils 0.
- Es liegen keine direkten oder indirekten Beziehungen von latenten Variablen auf sich selbst vor.

Der PLS-Algorithmus besteht dabei aus 2 Hauptstufen: In der ersten Stufe werden in einem iterativen Verfahren Werte für alle latenten Variablen (ξ und η) sowie die Gewichtskoeffizienten ω[398] geschätzt. In der zweiten Stufe berechnen sich dann aufgrund dieser Schätzungen die Werte für die Ladungskoeffizienten (λ) der reflektiven Messmodelle und für die Pfadkoeffizienten (γ) mittels Kleinst-Quadrat-Regressionen.

Als Hauptziel versucht der PLS-Algorithmus in der ersten Stufe Werte für die latenten Variablen zu schätzen, die sowohl einen möglichst guten Zusammenhang[399] zwischen ihnen und ihren manifesten Variablen herstellen als auch eine möglichst hohe Korrelation zwischen ihnen und anderen verknüpften latenten Variablen erzeugen. Die folgende Abbildung beschreibt den PLS-Algorithmus in der ersten Stufe, wobei vereinfacht alle exogenen und endogenen latenten Variablen mit dem Buchstaben ξ dargestellt werden und der Buchstabe C die Menge der Indizes der mit einer latenten Variablen ξ direkt verbundenen anderen latenten Variablen darstellt. Die Notation (m) steht dabei für die „Blöcke" von manifesten Variablen (m = 1, 2, ..., M), die jeweils eine latente Variable messen. M entspricht dabei der gesamten Anzahl von Messmodellen. Der Laufindex [k] in eckigen Klammern repräsentiert den jeweiligen Iterationsschritt.

---

[398] Die Schätzung der Gewichtskoeffizienten geschieht hier sowohl für formative als auch für reflektive Messmodelle.

[399] Ein „möglichst guter Zusammenhang" zwischen einer latenten Variablen und ihren Indikatoren ergibt sich dann, wenn die Indikatoren einen möglichst hohen Anteil der Varianz der latenten Variablen erklären.

Erste Stufe des PLS-Algorithmus: Bestimmung von ξ und ω

Start: Bereitstellung beliebiger Startgewichte ω in k=0 zur Bestimmung von ξ

$$\xi_{(m)\,[0]} = \omega_{(m)\,[0]} \cdot X_{(m)} \cdot h_{(m)\,[0]}$$

Schritt 1: Bestimmung der Umgebungsvariablen ξ^* als gewichtete Summe benachbarter ξ

$$\xi^*_{(m)\,[k]} = |C_{(m)}|^{-1} \cdot \sum_{l\,\in\,C_{(m)}} \xi_{(l)\,[k]} \cdot \rho_{(ml)\,[k]}$$

Schritt 2: Bestimmung der Gewichtskoeffizienten ω mit Hilfe der Umgebungsvariablen ξ^*

$$X_{(m)} = \xi^*_{(m)\,[k]} \cdot \omega'_{(m)\,[k+1]} + u_{(m)} \qquad \text{(Reflektives Messmodell)}$$

$$\xi^*_{(m)\,[k]} = X_{(m)} \cdot \omega_{(m)\,[k+1]} + u_{(m)} \qquad \text{(Formatives Messmodell)}$$

Schritt 3: Bestimmung neuer Werte für die latente Variable ξ mit Hilfe von ω

$$\xi_{(m)\,[k+1]} = \omega_{(m)\,[k+1]} \cdot X_{(m)} \cdot h_{(m)\,[k+1]}$$

Konvergenztest: Bei Nichterfüllung des Kriteriums α weiter mit Schritt 1

$$\sum_{m=1}^{M} \| \xi_{(m)\,[k+1]} - \xi_{(m)\,[k]} \|^2 < \alpha$$

Mit dem Normierungsfaktor: $h_{(m)\,[k+1]} = (\omega'_{(m)\,[k+1]} \cdot X'_{(m)} \cdot X_{(m)} \cdot \omega'_{(m)\,[k+1]})^{-1/2}$

Notation:
ξ = Matrix der latenten Variablen
ω = Matrix der Gewichtskoeffizienten
X = Matrix der manifesten Variablen/Indikatoren
h = Normierungsfaktor
ξ^* = Matrix der Umgebungsvariablen
$C_{(m)}$ = Menge der Indizes der mit $\xi_{(m)}$ direkt verbundenen latenten Variablen
ρ = Matrix der Gewichtskoeffizienten ρ zur Bestimmung der Umgebungsvariablen
ω' = Transponierte Matrix der Gewichtskoeffizienten
u = Matrix der Residualgrößen der Messmodelle
X' = Transponierte Matrix der manifesten Variablen/Indikatoren
α = Konvergenzkriterium
(m) = Index der Variablenblöcke, die eine latente Variable messen (m = 1,2,..., M)
$[k]$ = Iterationszähler (k = 1,2,..., K)

Abb. 37:   Die erste Stufe des PLS-Algorithmus[400]

In jedem der in der obigen Abbildung dargestellten Schritte wird die jeweilige Rechenoperation „partiell" für jeden Variablenblock (d. h. für jede latente Variable mit ihren Indikatoren) durchlaufen. Nach der Bereitstellung von beliebigen Startgewichten ω (mit $\omega_{(m)\,[0]} \neq 0$) ergeben sich erste Werte für die latenten Variablen $\xi_{(m)}$. Der Normierungsfaktor h verhindert dabei unerwünschte triviale Lö-

---

[400]   Quelle: Betzin, J., Henseler, J. (2005), S. 60-61.

sungen. Im ersten Schritt werden dann mit Hilfe der ersten Werte der latenten Variablen $\xi_{(m)}$ die Werte der so genannten Umgebungsvariablen $\xi^*_{(m)}$ berechnet, die sich als gewichtete Summen der im Strukturmodell benachbarter latenter Variablen berechnen. Dieser Schritt trägt damit den in dem Strukturmodell postulierten Beziehungen Rechnung. Die Umgebungsvariablen repräsentieren somit eine Näherung der latenten Variablen aus dem Strukturmodell heraus. Im Falle der (durch den Forscher wählbaren) Korrelationsgewichtung entspricht der Gewichtskoeffizient ρ dabei genau dem Korrelationskoeffizienten zwischen 2 in Beziehung stehenden latenten Variablen.[401] Wie im Zusammenhang mit der Kanonischen Korrelationsanalyse gezeigt werden kann (hier nicht dargestellt), wird die Summe der quadrierten Abweichung zwischen der äußeren Approximation (durch die Messmodelle bzw. die manifesten Variablenblöcke) und der inneren Approximation (durch das Strukturmodell) zweier latenter Variablen dann minimal, wenn Werte für die latenten Variablen gefunden werden, die deren Korrelation maximieren. Aus diesem Grund werden im Fall der Korrelationsgewichtung bei der Berechnung der Umgebungsvariablen $\xi^*_{(m)}$ jene Werte der anderen latenten Variablen $\xi_{(l)}$ stärker gewichtet, die eine höhere Korrelation zu $\xi_{(m)}$ aufweisen.

Im zweiten Schritt werden dann mit Hilfe der ermittelten Umgebungsvariablen $\xi^*_{(m)}$ die Gewichtskoeffizienten ω bestimmt. Die Berechnung erfolgt regressionsanalytisch über die Minimierung der Residualgrößen (u) im Zuge einer Kleinst-Quadrat-Verlustminimierung (hier nicht dargestellt). Dabei wird jeweils unterschieden, ob ein reflektives oder formatives Messmodell vorliegt. Im dritten Schritt werden neue Werte für die latenten Variablen $\xi_{(m)}$ mit Hilfe der im vorherigen Schritt gewonnenen Gewichtskoeffizienten ω berechnet. $\xi_{(m)}$ ergibt sich dann als eine gewichtete Summe ihrer zugehörigen manifesten Variablen.

Am Ende jedes Iterationsschritts der Stufe 1 wird dann im Zuge des Konvergenztests überprüft, inwieweit sich die neu berechneten latenten Variablen $\xi_{(m)}$ von den im vorherigen Iterationsschritt berechneten latenten Variablen $\xi_{(m)}$ unterscheiden. Ist die quadrierte Summe dieser Veränderungen kleiner als das Konvergenzkriterium α, so wird der Iterationsprozess abgebrochen und die Werte für $\xi_{(m)}$

---

[401] Im anderen Fall der „Vorzeichengewichtung" geht nur das Vorzeichen des Korrelationskoeffizien-

und $\omega_{(m)}$ sind determiniert. Nach Abschluss dieser ersten Stufe des PLS-Algorithmus werden dann in der zweiten Stufe die Werte für die Ladungskoeffizienten λ der reflektiven Messmodelle und die Pfadkoeffizienten γ mittels Kleinst-Quadrat-Regressionen (die Herleitung wird hier nicht dargestellt) geschätzt.

Zweite Stufe des PLS-Algorithmus: Bestimmung von λ und γ

Berechnung der Ladungskoeffizienten λ der reflektiven Messmodelle:

$$\lambda_{(m)} = (\xi'_{(m)} \cdot \xi_{(m)})^{-1} \cdot \xi'_{(m)} \cdot X_{(m)}$$

Berechnung der Pfadkoeffizienten γ des Strukturmodells:

$$\gamma_{C_m^P} = (\xi'_{C_m^P} \cdot \xi_{C_m^P})^{-1} \cdot \xi'_{C_m^P} \cdot \xi_{(m)}$$

Notation:
λ = Matrix der Ladungskoeffizienten der reflektiven Messmodelle
ξ = Matrix der latenten Variablen
ξ' = Transponierte Matrix der latenten Variablen
X = Matrix der manifesten Variablen/Indikatoren
γ = Matrix der Pfadkoeffizienten des Strukturmodells
(m) = Index der Variablenblöcke, die eine latenten Variable messen ($m = 1,2,..., M$)
C_m^P = Menge der Indizes aller latenten Variablen, die mit anderen ξ direkt verbunden sind und die durch diese erklärt werden (P = „predecessors")

Abb. 38:   Die zweite Stufe des PLS-Algorithmus[402]

Somit sind dann alle Parameter durch den PLS-Algorithmus geschätzt. Die Gewichtskoeffizienten der formativen Messmodelle (ω) entsprechen dabei den in dem letzten Iterationszyklus der ersten Stufe ermittelten Gewichtskoeffizienten. Die berechneten Koeffizienten müssen in einem nächsten Schritt mittels verschiedener Gütemaße hinsichtlich ihrer Reliabilität und Validität überprüft werden (siehe Kapitel 6.5.2.2 und 6.5.2.3).

---

ten von zwei in Verbindung stehenden latenten Variablen in die Berechnung ein ($\rho = +1$ oder -1).
[402]   Quelle: Betzin, J., Henseler, J. (2005), S. 69.

6.5 Statistische Ergebnisanalyse

6.5.1 Charakteristika der Arzneimittel-Stichprobe

Wie bereits bei der Erläuterung der Ärztebefragung dargestellt wurde, konnte für 106 der 110 zur Bewertung gestellten Arzneimittel eine ausreichend verlässliche Messung erzielt werden. Alle diese Produkte sind im Anhang dieser Arbeit mit Detailinformationen aufgeführt. Die 106 Arzneimittel verteilen sich entsprechend der nachstehenden Abbildung auf die verschiedenen Indikationsgruppen (Klassifikationsschema der Roten Liste). Gemäß der Systematik zur Auswahl der Arzneimittel wurden nur die Top-25 Indikationsgruppen (nach GKV-Umsatz mit verschreibungspflichtigen Arzneimitteln im Jahre 2004) betrachtet.

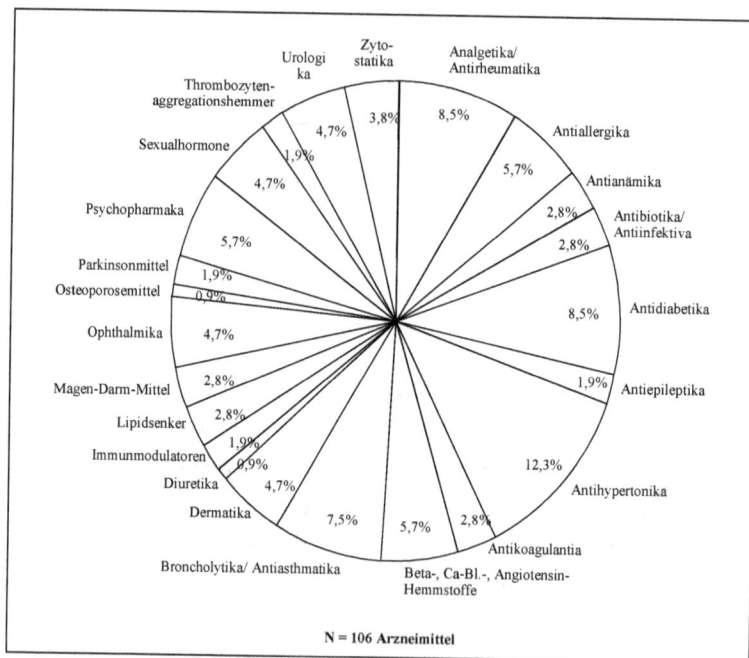

Zyto-statika 3,8%
Urologika 4,7%
Thrombozyten-aggregationshemmer 1,9%
Analgetika/ Antirheumatika 8,5%
Sexualhormone 4,7%
Antiallergika 5,7%
Psychopharmaka 5,7%
Antianämika 2,8%
Parkinsonmittel 1,9%
Antibiotika/ Antiinfektiva 2,8%
Osteoporosemittel 0,9%
Ophthalmika 4,7%
Antidiabetika 8,5%
Magen-Darm-Mittel 2,8%
Antiepileptika 1,9%
Lipidsenker 2,8%
Immunmodulatoren 1,9%
Diuretika 0,9%
Antihypertonika 12,3%
Dermatika 4,7%
Broncholytika/ Antiasthmatika 7,5%
Beta-, Ca-Bl.-, Angiotensin-Hemmstoffe 5,7%
Antikoagulantia 2,8%

N = 106 Arzneimittel

Abb. 39:   Anteile der Indikationsgruppen in der Arzneimittel-Stichprobe

Die Abbildung zeigt eine relativ ausgewogene Verteilung der Arzneimittel über die verschiedenen Gruppen. Arzneimittel zur Behandlung von Bluthochdruck sind dabei leicht überproportional vertreten, da diese sowohl in der Gruppe der „Anti-

hypertonika" als auch aus der Gruppe der „Beta-, Ca-Blocker und Angiotensin-
Hemmstoffe" vertreten sind. Zu beachten ist, dass insgesamt aber nur Arzneimittel aus 23 der Top-25 Indikationsgruppen in der Stichprobe repräsentiert sind.
In der Gruppe der „Hypophysen-/ Hypothalamushormone" (Rang 22) übertraf
keines der Arzneimittel die 5 Mio. DDD Grenze. Zusätzlich sind auch hier bei
vielen Produkten zur künstlichen Befruchtung Einschränkungen bei der Kostenübernahme durch GKV zu beachten, was ebenfalls zu einem Ausschluss aus der
Analyse führt („Erstattungsfähigkeits-Filter"). Weiterhin fehlen auch Arzneimittel
aus der Gruppe der „Schilddrüsentherapeutika" (Rang 25). Hier scheiterte eine
Auswahl von Arzneimitteln daran, dass nur generische Wirkstoffe oder Wirkstoff-
Kombinationen zur Auswahl standen („Exklusivitäts-Filter"). Im Bereich der
Antiallergika wurden aufgrund ihrer großen Bedeutung 3 Hyposensibilisierungs-
mittel mit in die Stichprobe aufgenommen. Obwohl es sich bei diesen Arzneimitteln um Allergene bzw. Allergenextrakte aus natürlichen Verbindungen
handelt (z. B. Gräserpollen), ist davon auszugehen, dass diese Produkte aufgrund
ihrer variierenden Herstellungsprozesse auch unterschiedliche klinische Eigenschaften aufweisen und somit die Kriterien für ein exklusiv verfügbares Arzneimittels erfüllen.[403]

Eine Verteilung der 106 Arzneimittel nach Zulassungsjahr (formal korrekt: „Ausbietungsdatum") stellt die folgende Abbildung dar. Betrachtet wird dabei das
frühste angegebene Zulassungsdatum der ersten Dosierungs- und Darreichungsform einer Arzneimittelmarke.[404]

---

[403]   Die Deutsche Gesellschaft für Allergologie und klinische Immunologie (DGAKI) stellt in ihren
        Leitlinien fest, dass sich die durch herstellerspezifische Prozesse entstehenden Allergenextrakte in
        der Zusammensetzung und Allergenaktivität unterscheiden und nicht direkt vergleichbar sind.
        Weiterhin fordert die DGAKI eine bessere Vergleichbarkeit der Allergenpräparate von verschie-
        denen Herstellern (Deutsche Gesellschaft für Allergologie und klinische Immunologie (2006),
        AWMF-Leitlinien-Register, Nr. 061/004).
[404]   Datenquelle für die Zulassungsdaten: DIMDI-Datenbank im Internet (Stand: Oktober 2005).

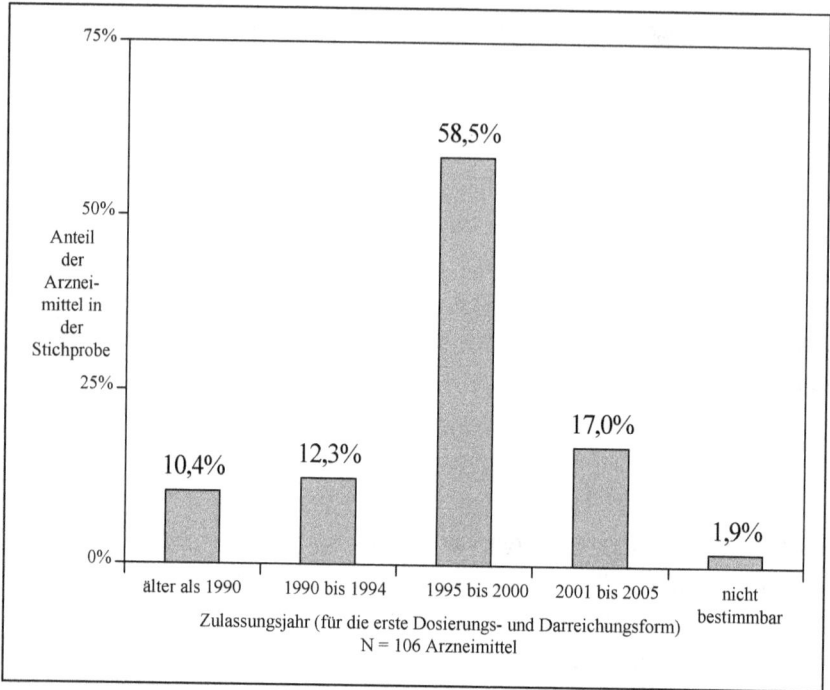

Abb. 40:   Verteilung der Arzneimittel nach erstmaligem Zulassungsjahr

Ca. 3/4 aller betrachteten Arzneimittel in der Stichprobe wurden ab dem Jahre 1995 erstmalig in den Verkehr gebracht. Für 2 Arzneimittel wurde dabei in der DIMDI-Datenbank kein Zulassungsdatum angegeben. Es ist jedoch auch in diesen Fällen wahrscheinlich, dass diese Produkte erst seit relativ kurzer Zeit auf dem Markt verfügbar sind. Insgesamt werden die Produkte von 40 verschiedenen Herstellern in der Stichprobe analysiert. Weitere Merkmale der Stichprobe sind zusammenfassend in der folgenden Tabelle abgebildet.

Kenngrößen	Kennzahl
Anteil von Arzneimitteln in der Stichprobe (n=106), ...	
die mehr als einen Wirkstoff enthalten (Kombinationspräparate):	20,8%
für die im Rahmen von Co-Marketing-Vereinbarungen „Schwesterprodukte" existieren:	27,4%
die festbetragsgeregelt sind:	24,5%
für die umfassende deutschsprachige Informationen durch den Hersteller im Internet bereitgestellt werden:	70,6%
für die G-BA Therapiehinweise vorliegen („Empfehlungen für eine wirtschaftliche Verordnungsweise" (Anlage 4) oder „Hinweise zu Analogpräparaten" (Anlage 6)):	17,9%

Tab. 24:   Merkmale der Arzneimittel-Stichprobe

Für über 1/4 aller betrachteten Wirkstoffe (bzw. Wirkstoffkombinationen) existieren Co-Marketing Vereinbarungen zwischen verschiedenen Herstellern. Somit stellt diese Kooperationsformen zur Vermarktung von patentgeschützten Arzneimitteln eine mittlerweile etablierte geschäftspolitische Maßnahme dar. Ein überraschendes Ergebnis liefert eine Analyse des (deutschsprachigen) Internetauftritts der 106 verschiedenen Arzneimittel. Bei nur ca. 70 % der Produkte wurden „umfassende" medizinische Informationen über ein Produkt dargestellt. Das Mindestkriterium dafür war, dass auf der Internetseite Informationen aus klinischen Studien oder sonstige Wirksamkeitsinformationen dargestellt werden; die bloße Angabe des Markennamens und der verschiedenen Dosierungs- und Darreichungsformen wurde dabei nicht als ein „umfassender" Internetauftritt gewertet. Dabei fiel auf, dass insbesondere große Arzneimittelhersteller dem professionellen und informativen Internetauftritt ihrer „nicht-mehr-strategischen" Produkte oft nur noch eine geringe Bedeutung beimessen.

Die Internetauftritte jener Arzneimittel, die umfassende medizinische Informationen bereitstellen (n=75), wurden einer genauen Analyse hinsichtlich der verschiedenen angebotenen Informationen und Services unterzogen.[405] Dabei wurden die verschiedenen Häufigkeiten für die nachfolgend dargestellten Merkmale ermittelt:

---

[405] Arzneimittel-Homepages mit Informationen für medizinische Fachkreise sind typischerweise nicht frei zugänglich bzw. passwortgeschützt. Bei der Analyse wurde jedoch sichergestellt, dass die in diesem geschützten Bereich angebotenen Informationen und Services für Ärzte bewertet werden.

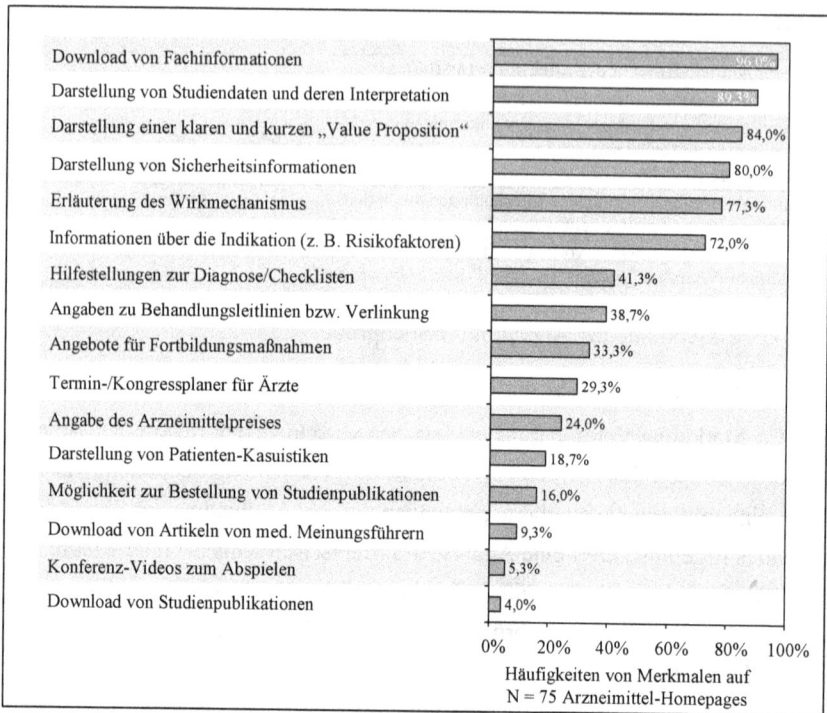

Abb. 41:   Merkmalshäufigkeiten bei Internetauftritten von Arzneimitteln

In dem meisten Fällen können dabei die (in ihrer Darstellung gesetzlich[406] geregelten) „Fachinformationen" von den Internetseiten heruntergeladen werden. Bei
84 % der betrachteten Internetauftritte konnte eine kurze und klare Produktbeschreibung identifiziert werden, die in einfachen Worten die Vorzüge eines Arzneimittels zusammenfasst („Value Proposition"). Aufgrund der Fülle von Studien-
Informationen über ein Arzneimittel ist es aus kommunikationspolitischer Sicht
wichtig, dass die zentralen Vorteile eines Produktes in einfachen, kurzen und
leicht einprägsamen Worten zusammengefasst werden. Bei 16 % der betrachteten
Produkte konnte eine solche „Value Proposition" nicht identifiziert werden. Diese
Internetauftritte sind auch in vielen Fällen durch einen Überfluss von Detailinfor-
mation gekennzeichnet.

---

[406]   Vgl. § 11a AMG.

Weiterhin wird auch in der Internet-Darstellung nur bei 80 % der Produkte auf Sicherheitsaspekte (Nebenwirkungen, Wechselwirkungen) eingegangen und bei weniger als 40 % auf indikationsspezifische Behandlungsleitlinien verwiesen. Angaben zu dem Preis eines Arzneimittels werden nur bei weniger als 1/4 aller Internetauftritte gegeben. Dabei konzentriert sich die Angabe von Preisen im Wesentlichen auf die Produkte von Pfizer, Boehringer-Ingelheim, Novo Nordisk und Alcon. Maßnahmen, die zur Unterstützung der Leistungsbehauptungen von Herstellern dienen und zudem zum Abbau der Unsicherheit bei Arzneimitteleigenschaften geeignet sind (z. B. Download oder postalische Bestellung von Studienpublikationen, Artikel oder Konferenz-Videos von medizinischen Meinungsführern, Patienten-Kasuistiken), sind nur selten im Rahmen von Internet-Auftritten implementiert.

Einige Merkmale der Internetauftritte von Produkten werden dabei mit in die Berechnung des Strukturmodells aufgenommen (Indikatoren für das Konstrukt „Unsicherheitsabbauende Kommunikation"). Dabei wird die (durchaus kritisch zu beurteilende) Annahme getroffen, dass die qualitativen Merkmale eines Internetauftritts repräsentativ für die gesamten Kommunikationsmaßnahmen für ein Produkt sind. Arzneimittel in der Stichprobe, denen kein umfassender Internetauftritt bescheinigt werden kann (n=31), werden dabei bei der Schätzung der betreffenden (partiellen) Modellparameter nicht berücksichtigt. Dabei wird die Frage verfolgt, wie stark die verschiedenen (durch den Internetauftritt gemessenen) Kommunikationsmerkmale die Einstellungsbildung gegenüber einem Arzneimittel beeinflussen.

Eine zusammenfassende, deskriptive Auswertung der Ergebnisse der Ärztebefragung ist in der nachstehenden Abbildung dargestellt. Dabei wurden zuerst die Arztbewertungen je einzelnem Arzneimittel gemittelt (ein Arzneimittel wurde im Schnitt von 13,8 Ärzten bewertet) und dann der Durchschnitt (je Merkmal) über alle 106 Arzneimittel gebildet.

Therapietreue der Patienten (9) — Sehr schlecht / Sehr gut

Empfehlungen auf Veranstaltungen (15)* — Gegen Verwendung / Für Verwendung

Expertenvotum/Empfehlungen in Leitlinien (14)* — Gegen Verwendung / Für Verwendung

Rel. Anwendungsfreundlichkeit (6) — Sehr gering / Sehr hoch

Vorhersagbarkeit der Nebenwirkungen (11) — Ungenau vorhersagbar / Genau vorhersagbar

Rel. Wirksamkeit (4) — Sehr gering / Sehr hoch

Vorhersagbarkeit der Wirksamkeit (10) — Ungenau vorhersagbar / Genau vorhersagbar

Bewertete Datenlage (2) — Sehr schwach / Exzellent

Verfügbarkeit von relevanten Wettbewerbern (8) — Wenige/keine / In großem Umfang

Zufriedenheit mit Produkt (1) — Sehr unzufrieden / Sehr zufrieden

Weiterempfehlungsbereitschaft (12) — Nicht weiterempfehlen / Ausdrücklich weiterempfehlen

Sympathie mit Vermarktung (16) — 'Sehr unsympathisch / Sehr sympathisch

Intensität der offenen Werbemaßnahmen (19) — 'Sehr gering / Sehr hoch

Häuf. der Besuchswünsche von Pharmaberatern (18) — 'Sehr gering / Sehr hoch

Authentizität der Kommunikation (17)* — Tats. Leistung < Versprechen / Tats. Leistung > Versprechen

Angemessenheit des Preises (7) — Preis ist viel zu hoch für Nutzen / Preis ist für Nutzen angemessen

Intensität des Mustereinsatzes (20) — Gar nicht/sehr eingeschränkt / Ausgiebiger Einsatz

Rel. Ausmaß der Nebenwirkungen (5) — Sehr gering / Sehr schwerwiegend

Patienten-Wunsch für Produkt (3) — Sehr selten/gar nicht / Sehr häufig

Skala:

1	2	3	4	5
-	-1	0	+	+2

Durchschnittsbildung von
N = 106 Arzneimittelbewertungen

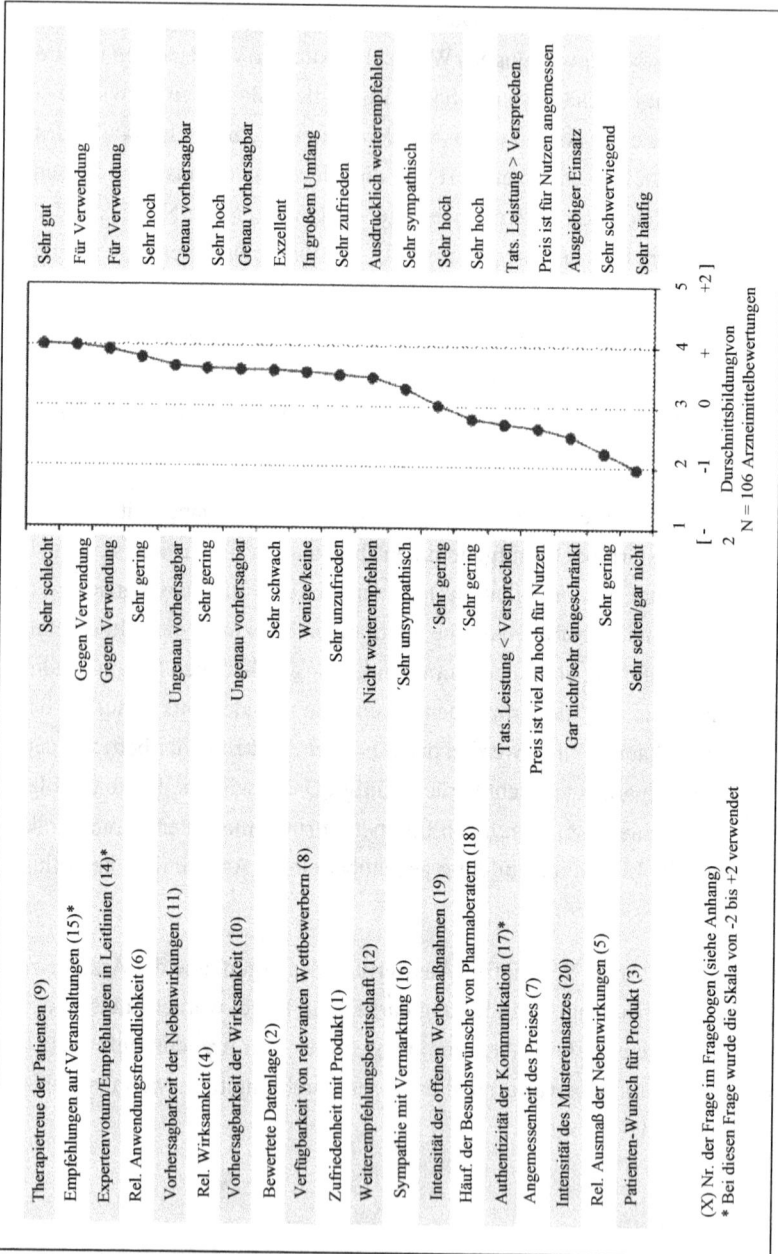

(X) Nr. der Frage im Fragebogen (siehe Anhang)
* Bei dieser Frage wurde die Skala von -2 bis +2 verwendet

Abb. 42:   Wahrgenommene Arzneimittelmerkmale (im Durchschnitt)

Diese aggregierte Analyse zeigt, dass die „Vorhersagbarkeit" von Wirksamkeit und Nebenwirkungen im Durchschnitt über alle betrachteten Arzneimittel hinweg als eher unproblematisch empfunden wird. Dennoch kann auf produktindividueller Basis diese Bewertung stark variieren (z. B. bei „Vorhersagbarkeit der Wirksamkeit": Minimum = 2,38; Maximum = 4,17). Die hohen Bewertungen von „Empfehlungen auf Veranstaltungen" und „Expertenvotum/Empfehlungen in Leitlinien" sind u. a. auf die Verwendung einer abweichenden Skala zurückzuführen (von -2 bis +2). Diese Merkmale wurden, ebenso wie die „Authentizität der Kommunikation", aus Gründen der Vollständigkeit mit in diese Darstellung aufgenommen (trotz einer abweichenden Skala). Bei der „Authentizität der Kommunikation" ist zudem bemerkenswert, dass bei nur 8 von 106 Arzneimitteln die in der klinischen Praxis mit einem Arzneimittel gewonnenen Erfahrungen der Ärzte gleich gut oder besser sind als die durch den Hersteller kommunizierten Leistungseigenschaften (d. h. Bewertungen ≥ 0). Dies bedeutet, dass sich die Leistungsversprechen von Herstellern in der Praxis meist nicht in vollem Umfang bestätigen. Es stellt sich die Frage, welche Bedeutung dem Auseinanderdriften von Leistungsbehauptung und Leistungsfeststellung („Kommunikations-Authentizität") bei der Einstellungsbildung gegenüber einem Arzneimittel zuteil wird. Dieser Sachverhalt wird im Rahmen der Überprüfung des Hypothesenmodells erörtert. Weiterhin ist anzumerken, dass die auffallend günstige Bewertung des „Ausmaßes der Nebenwirkungen" bei einer Umkehrung der Skala relativiert werden würde und sich in einem ähnlichen Bewertungsbereich wie z. B. die „Relative Wirksamkeit" oder die „Relative Anwendungsfreundlichkeit" befinden würde.

Die Ergebnisse der Arztbefragung lassen sich auch unterteilt nach den verschiedenen Indikationsgruppen der Arzneimittel analysieren. Aufgrund der geringen Anzahl von Arzneimitteln je Indikationsgruppe (maximal 13 Arzneimittel in der Gruppe der „Antihypertonika") ist eine solche Subanalyse aber nur begrenzt aussagefähig. Beschränkt man sich dabei nur auf jene Gruppen, die mindestens 5 % der gesamten Stichprobe (n=106) repräsentieren, so lassen sich die größten Abweichungen von den Gesamtmittelwerten bei den Merkmalen „Patientenwunsch", „Wettbewerber", Häufigkeit der Besuchswünsche der Pharmaberater" und bei der

„Intensität der Musteranbietung" feststellen. Demnach ist der Patientenwunsch bei „Broncholytika/Antiasthmatika" relativ stärker als in anderen Indikationsgruppen ausgeprägt (durchschnittliches Rating von 2,36). Dies korrespondiert mit der ein Kapitel 3.1.2 aufgestellten Vermutung, dass bei chronischen Erkrankungen mit einer starken wahrgenommenen Nutzenwirkung durch Arzneimittel die Patienten zu einem höhern Maße im Verordnungsentscheidungsprozess involviert sind. Bei dem Merkmal „Verfügbarkeit von relevanten Wettbewerbern" werden insbesondere bei „Antihypertonika" und „Beta-, Ca-Blocker und Angiotensin-Hemmstoffe" höhere Subgruppen-Durchschnitte gemessen (4,28 bzw. 4,49). Auch diese Ergebnisse sind im Hinblick auf die mittlerweile immense Zahl von Mitteln zu Blutdruckkontrolle wenig erstaunlich. Folgerichtig werden auch in diesen beiden Indikationsgruppen am intensivsten Arzneimittel-Muster angeboten (Rating von 3,04 bzw. 2,94). Für „Analgetika/Antirheumatika" werden hingegen nur relativ selten Arzneimittel-Muster angeboten (1,62). Auch die „Häufigkeit der Besuchswünsche von Pharmareferenten" zur Diskussion dieser schmerzstillenden Mittel ist nur sehr schwach ausgeprägt (2,21), während bei dem Einsatz der Pharmaberater die Gruppe der „Psychopharmaka" die Rangliste anführt (3,37).

Nach dieser Beschreibung der Charakteristika der Arzneimittel-Stichprobe folgt nun die Überprüfung des Hypothesenmodells. Dabei werden zunächst die Messmodelle und das Strukturmodel hinsichtlich verschiedener Gütekriterien überprüft, ehe die einzelnen Wirkungszusammenhänge und Totaleffekte im Modell diskutiert werden.

6.5.2 Überprüfung des Hypothesenmodells

6.5.2.1 Übersicht über das gesamte Hypothesenmodell

In der folgenden Abbildung ist das gesamte Hypothesenmodell mit allen Wirkungszusammenhängen abgebildet. Die Konzeption der Messmodelle für die jeweiligen Konstrukte ist dabei nur in den dunklen Kästen angedeutet. „S" oder „O" deuten auf subjektiv (im Zuge der Arztbefragung) oder objektiv (Produkt-Homepages, DIMDI-Datenbank) gemessene Indikatoren hin. „R" oder „F" stehen für die reflektive oder formative Operationalisierung eines Konstruktes (nur bei Konstrukten mit mehr als einem Indikator relevant). Die Ziffern in den dunklen Käs-

ten geben dabei Anzahl der Indikatoren je Konstrukt an. Die genaue Operationalisierung der Konstrukte wurde bereits in den Kapiteln 3.3.2, 4.4.2 und 5.5.2 dargestellt.

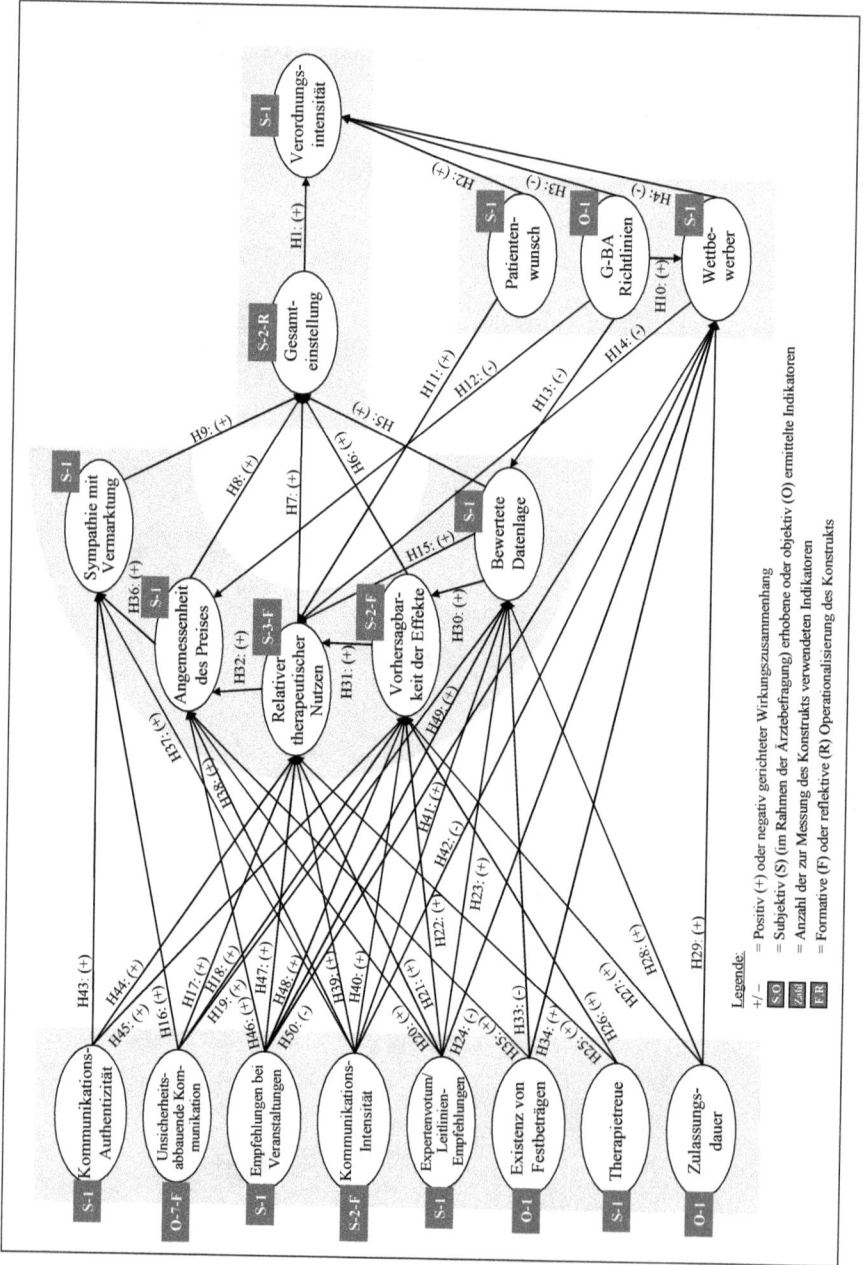

Abb. 43:   Gesamtübersicht des Hypothesenmodells

6.5.2.2 Beurteilung der Messmodelle

Unabhängig davon, ob ein Messmodell formativ oder reflektiv operationalisiert ist, schätzt der PLS-Algorithmus für jeden Indikator im Modell einen Gewichtskoeffizienten. Je höher dabei ein Gewichtskoeffizient geschätzt wird, desto stärker ist der Beitrag des betreffenden Indikators zur Bildung des Konstruktes.[407] An dieser Stelle sei daran erinnert, dass die Beziehung zwischen Indikatoren und einem Konstrukt (bzw. einer latenten Variablen) weitestgehend einem regressionsanalytischen Ansatz gleicht und Gewichtskoeffizienten entsprechend als Regressionskoeffizienten interpretiert werden können. Bei der Beurteilung der Indikatoren von reflektiven Konstrukten spielen allerdings weniger die Gewichtskoeffizienten als vielmehr die Faktorladungen eine Rolle, da diese Messmodelle einem faktoranalytischen Ansatz folgen. Wird ein Konstrukt nur durch einen einzigen Indikator gemessen, so nimmt das Gewicht (und auch die Faktorladung) den Wert 1 an. Die folgende Tabelle stellt die durch PLS ermittelten Gewichtskoeffizienten zwischen den Indikatoren und den latenten Variablen dar (n=106 Arzneimittel). Dafür wurde, wie auch für alle anderen Berechnungen im Rahmen der PLS-Analyse, die Software „PLS-Graph 3.0" verwendet.

Konstrukt	Nr.	Name des Indikators	Nr. im Fragebogen	Gewichtskoeffizienten und Signifikanz der Schätzung *p<0,05 **p<0,01	t-Wert (Bootstraping)
Gesamteinstellung (reflektiv)	x_1	**Gesamtzufriedenheit** mit Arzneimittel X in der Hauptindikation	1	0,517** (Ladung= 0,885)	29,69
	x_2	**Weiterempfehlungsbereitschaft** für Arzneimittel X zur Verwendung in der in Hauptindikation	12	0,593** (Ladung= 0,914)	24,55
Verordnungsintensität	x_3	Anzahl der **nächsten 10** typischen **Patienten** in der Hauptindikation, die Arzneimittel X erhalten würden	13	1,000	--
Patientenwunsch	x_4	Intensität des **Patientenwunschs** zur Behandlung mit Arzneimittel X in der Hauptindikation	3	1,000	--
G-BA Richtlinien	x_5	Existenz von **G-BA Therapierichtlinien** für Arzneimittel X zur Verwendung in der Hauptindikation (Stand: Oktober 2005)	--	1,000	--

---

[407] Vgl. Krafft, M., Götz, O., Liehr-Gobbers, K. (2005), S. 77.

Konstrukt	Nr.	Name des Indikators	Nr. im Fragebogen	Gewichtskoeffizienten und Signifikanz der Schätzung * $p<0{,}05$ ** $p<0{,}01$	t-Wert (Bootstraping)
Wettbewerber	x_6	Verfügbarkeit von **leistungsäquivalenten oder überlegenen Behandlungsalternativen** zu Arzneimittel X (zur Behandlung von Patienten in der Hauptindikation)	8	1,000	--
Sympathie mit der Vermarktung	x_7	Bewertung der **Sympathie** mit der Herstellerpolitik zur Vermarktung des Arzneimittels X	16	1,000	--
Angemessenheit des Preises	x_8	Bewertung des Verhältnisses von **klinischem Nutzen** in der Hauptindikation zu den **Kosten** des Arzneimittels X	7	1,000	--
Relativer therapeutischer Nutzen (formativ)	x_9	Bewertung der **Wirksamkeit** des Arzneimittels X verglichen mit den wichtigsten alternativen Behandlungsmöglichkeiten in der Hauptindikation	4	0,914**	14,48
	x_{10}	Bewertung des Ausmaßes der **Nebenwirkungen** von Arzneimittel X verglichen mit den wichtigsten alternativen Behandlungsmöglichkeiten in der Hauptindikation	5	-0,270**	2,91
	x_{11}	Bewertung der **Anwendungsfreundlichkeit** des Arzneimittels X verglichen mit den wichtigsten alternativen Behandlungsmöglichkeiten in der Hauptindikation	6	0,018	0,18
Vorhersagbarkeit der Effekte (formativ)	x_{12}	**Vorhersagbarkeit** der zu erwartenden **Wirksamkeit** von Arzneimittel X bei dem nächsten typischen Patienten in der Hauptindikation	10	0,935**	6,20
	x_{13}	**Vorhersagbarkeit** der zu erwartenden **Nebenwirkungen** von Arzneimittel X bei dem nächsten typischen Patienten in der Hauptindikation	11	0,125	0,56
Bewertete Datenlage	x_{14}	Bewertung der **klinischen Datenlage** des Arzneimittels X zur Behandlung von Patienten in der Hauptindikation	2	1,000	--
Expertenvotum/ Leitlinien-Empfehlungen	x_{15}	Bewertung der in den wichtigsten **Leitlinien** geäußerten Empfehlungstendenz zur Verwendung von Arzneimittel X in der Hauptindikation	14	1,000	--
Therapietreue	x_{16}	Bewertung der Therapietreue („**Compliance**") der meisten Patienten, die Arzneimittel X in der Hauptindikation erhalten	9	1,000	--

Konstrukt	Nr.	Name des Indikators	Nr. im Fragebogen	Gewichtskoeffizienten und Signifikanz der Schätzung * p<0,05 **p<0,01	t-Wert (Bootstraping)
Zulassungsdauer	x_{17}	Dauer seit dem **erstmaligen Ausbietungsdatum** eines Arzneimittels X gemäß DIMDI Datenbank bis Oktober 2005 (erste zugelassene Dosierungs- und Darreichungsform einer Arzneimittelmarke)	--	1,000	--
Unsicherheitsabbauende Kommunikation (formativ)	x_{18}	Darstellung von **Nebenwirkungs- und Sicherheitsinformationen** von Arzneimittel X durch den Hersteller	--	0,331	1,05
	x_{19}	**Ausführlichkeit der Darstellung von Informationen und Hilfen**, die geeignet sind, um Unsicherheiten bei der Behandlung mit Arzneimittel X zu reduzieren	--	-0,086	0,29
	x_{20}	Darstellung von **Patienten-Kasuistiken** („Patienten-Fälle"), die mit Arzneimittel X behandelt wurden	--	-0,344	0,83
	x_{21}	Darstellung und Erläuterung des **Wirkmechanismus** von Arzneimittel X	--	0,604	1,76
	x_{22}	Darstellung von Produkt-Bewertungen und Kommentaren von **medizinischen Meinungsführern/Experten** zu Arzneimittel X	--	0,245	0,81
	x_{23}	Darstellung/Verfügbarkeit von **Studienpublikationen**	--	0,495	1,60
	x_{24}	Darstellungen von **Artikeln aus Medizinjournalen**, die das betreffende Produkt oder die Indikation thematisieren (verfasst durch Medizinjournalisten)	--	0,151	0,43
Kommunikations-Authentizität	x_{25}	Abgleich von a) dem durch Hersteller und medizinische Meinungsführer **postulierten Leistungen** von Arzneimittel X zur Behandlung von Patienten in der Hauptindikation - und -b) den **persönlich gesammelten Erfahrungen** mit Arzneimittel X zur Behandlung von Patienten in der Hauptindikation	17	1,000	--
Kommunikations-Intensität (formativ)	x_{26}	Bewertung der **Häufigkeit der Besuchswünsche von Pharmaberatern** zur Besprechung des Arzneimittels X	18	0,539	1,20
	x_{27}	Bewertung der **Intensität der offenen Werbemaßnahmen** zur Bekanntmachung von Arzneimittel X (alle Maßnahmen außer Pharmaberatern)	19	0,562	1,18

Konstrukt	Nr.	Name des Indikators	Nr. im Fra- gebo- gen	Gewichts- koeffizien- ten und Signifikanz der Schätzung * p<0,05 **p<0,01	t-Wert (Boot- strap- ing)
Empfehlungen bei Veranstaltun- gen	x28	Bewertung der in den wichtigsten **Fort- bildungsveranstaltungen** und Kongressen geäußerten **Empfehlungstendenz** zur Verwendung von Arzneimittel X in der Hauptindikation	15	1,000	--
Existenz von Festbeträgen	x29	Überprüfung der Existenz von Fest- beträgen für Arzneimittel X (Stand: Oktober 2005)	--	1,000	--

Tab. 25:   Gewichtskoeffizienten der Messmodelle

Im Rahmen des Bootstapping-Verfahrens kann durch PLS die statistische Signifikanz von allen geschätzten Modellparametern (sowohl in den Messmodellen als
auch im Strukturmodell) bestimmt werden. Bei dem Bootstapping-Verfahren handelt es sich um einen nicht-parametrischen Ansatz, der die Beurteilung der
Schätzergebnisse ohne das Treffen einer Verteilungsannahme der Variablen zu-
lässt.[408] Zu diesem Zweck werden aus der Gesamtstichprobe (hier: n=106) mittels
eines zufälligen Verfahrens x-viele Sub-Stichproben (hier spezifiziert: 200 Sub-
Stichproben) gezogen, die alle aus einer Stichprobengröße n<106 bestehen. Für
jede der 200 Sub-Stichproben werden dann alle Modellparameter berechnet (inklusive der Gewichtskoeffizienten x_1 bis x_{29}). Am Ende liegt dann für jeden Parameter eine Verteilung vor, mittels derer ein Erwartungswert und eine Standardabweichung berechnet werden kann. Dies ermöglicht wiederum die Bestimmung
von Konfidenzintervallen und die Anwendung des t-Tests zur Bestimmung der
statistischen Signifikanz bzw. der Reliabilität der Parameterschätzungen.

Allerdings ist zu beachten, dass die Höhe der Gewichtskoeffizienten und deren
statistische Signifikanz hinsichtlich der Gütebeurteilung eines Messmodells nur
eine untergeordnete Rolle spielen.[409] Keinesfalls sollten dabei nach der Meinung
mehrerer Autoren Indikatoren mit niedrigen, nicht-signifikanten oder vom Vorzeichen her umgedrehten Gewichten aus formativen Messmodellen entfernt

---

[408]   Vgl. Ringle, C. (2004), S. 18.
[409]   Vgl. Krafft, M., Götz, O., Liehr-Gobbers, K. (2005), S. 78.

werden.[410] Bei formativen Messmodellen stellen die verschiedenen Indikatoren wichtige Facetten zur inhaltlichen Abbildung eines Konstruktes im Gesamtmodell dar. Das Entfernen von Indikatoren aus einem formativen Messmodell aufgrund mangelnder empirischer Relevanz würde somit einem nicht-theoriegeleiteten Vorgehen im Sinne eines Trial-and-Error Prozesses entsprechen, das grundsätzlich abzulehnen ist.[411]

Bei der inhaltlichen Analyse der geschätzten Gewichtskoeffizienten lässt sich erkennen, dass die Messung der latenten Variablen „Relativer therapeutischer Nutzen" vornehmlich durch den Indikator „Relative Wirksamkeit" (x_9) bestimmt wird. Das „Relative Ausmaß der Nebenwirkungen" (x_{10}) weist dabei das erwartete negative Vorzeichen bei dem Gewichtskoeffizienten auf. Je stärker das Ausmaß der Nebenwirkungen von Arzneimitteln wahrgenommen wird, desto geringer fällt der gesamte bewertete therapeutische Nutzen aus (negativer Wirkungszusammenhang). Die „Relative Anwendungsfreundlichkeit" (x_{11}) leistet hingegen relativ zu den anderen beiden Faktoren kaum einen Beitrag zur Messung des Konstruktes. Auch bei der „Vorhersagbarkeit der Effekte" spiegelt sich die relativ höhere Bedeutung der Wirksamkeitskomponente bei der Messung der beiden Gewichtskoeffizienten wider. Eine ausgeglichenere Einflussnahme lässt sich hingegen bei der „Kommunikations-Intensität" beobachten, bei der beide Indikatoren („Pharmaberater" (x_{26}) und „Offene Werbemaßnahmen" (x_{27})) in etwa gleich stark zur Messung des Konstruktes beitragen.

Bei dem Konstrukt „Unsicherheitsabbauenden Kommunikation" können wiederum stark divergierende Gewichtskoeffizienten bei den einzelnen Indikatoren festgestellt werden. So leisten die „Erläuterung des Wirkmechanismus" (x_{21}) und „Darstellung und Verfügbarkeit von Studienpublikationen" (x_{23}) einen bedeutenden Beitrag zu Messung des Konstrukts während insbesondere bei dem Indikator „Patienten-Kasuistiken" (x_{20}) ein entgegen der vermuteten Richtungswirkung gerichtetes Vorzeichen auftritt. Auch in anderen PLS-Studien wird von dem Effekt eines umgekehrt gemessenen Wirkungszusammenhangs bzw. Vorzeichens bei der

---

[410] Vgl. Fassott, G., Eggert, A. (2005), S. 39; Krafft, M., Götz, O., Liehr-Gobbers, K. (2005), S. 83 und Helm, S. (2005), S. 250, 251.
[411] Vgl. Helm, S. (2005), S. 250.

Messung von formativen Konstrukten berichtet.[412] Es lässt sich an dieser Stelle die Vermutung aufstellen, dass die Kommunikation von Patienten-Kasuistiken durch Hersteller (x_{20}) u. U. mit einer derart geringen Glaubwürdigkeit bzw. Ablehnungshaltung seitens der Ärzte assoziiert ist, dass der Einsatz dieses Instrument sogar insgesamt zu einer negativeren Beurteilung der unsicherheitsabbauenden Kommunikationsinhalte von Herstellern führt. Dennoch wird im Interesse einer wissenschaftlichen Vorgehensweise dieser Indikator aufgrund dieser Vermutung nicht aus der Messung des Konstruktes ausgeschlossen.[413]

Die weitere Gütebeurteilung der Messmodelle muss anhand verschiedener Kriterien getrennt nach reflektiven und formativen Modellen erfolgen. Dabei lehnen sich die in den beiden folgenden Tabellen beschriebenen Kriterien an die Darstellung von *Krafft/Götz/Liehr-Gobbers* an.[414] Da einzig das Konstrukt „Gesamteinstellung" im vorliegenden Modell reflektiv operationalisiert ist, bezieht sich die Darstellung in der ersten folgenden Tabelle nur auf Überprüfung dieser einen latenten Variablen.

[412] Vgl. Fritz, W., Möllenberg, A., Dees, H. (2005), S. 270 und Helm, S. (2005), S. 249.
[413] Auch in einem alternativ berechneten Modell ohne den Indikator „Patienten-Kasuistiken" verändern sich die Stärken der strukturellen Wirkungszusammenhänge (Pfadkoeffizienten) nur marginal.
[414] Vgl. Krafft, M., Götz, O., Liehr-Gobbers, K. (2005), S. 73-83.

Kriterium	Beschreibung und Definition	Sollwert	Istwert
Indikator-Reliabilität	• Die Indikator-Reliabilität steht für den Anteil der Varianz eines Indikators, der durch das zugrunde liegende Konstrukt erklärt wird • Mehr als die Hälfte der Varianz eines Indikators sollte auf das Konstrukt zurückzuführen sein (d. h. Ladung $(\lambda) > 0,7$)	• $\lambda > 0,7$ (für jeden Indikator) • Bei $\lambda < 0,4$ sollten die Indikatoren aus dem Messmodell ausgeschlossen werden	λ (Zufriedenheit) $= 0,885$ λ (Weiterempfehlungsbereitschaft) $= 0,914$
Konstrukt-Reliabilität	• Überprüfung, inwiefern die einem Konstrukt zugeordneten Indikatoren ein Konstrukt messen und eine starke Beziehung untereinander aufweisen • Überprüfung mittels der „Internen Konsistenz (IK)" (synonym: Konvergenzvalidität, „Composite Reliablity") $$IK = \frac{(\Sigma_i\,\lambda_{ij})^2}{(\Sigma_i\,\lambda_{ij})^2 + \Sigma_i\,var\,(\varepsilon_{ij})}$$ λi = Ladung der Indikatorvariablen i εi = Messfehler der Indikatorvariablen i j = Laufindex über alle reflektiven Messmodelle	$IK > 0,7$	IK (Gesamteinstellung) $= 0,895$
Diskriminanz-validität	• Überprüfung, inwiefern die einem Konstrukt zugeordneten Indikatoren schwerpunktmäßig das betreffende Konstrukt und nicht andere Konstrukte im Modell messen • Die gemeinsame Varianz zwischen einem Konstrukt und seinen zugeordneten Indikatoren soll größer sein als die gemeinsame Varianz mit anderen Konstrukten • Überprüfung mittels der „Durchschnittlich Erfassten Varianz (DEV)" (synonym: „Average Variance Extracted") $$DEV = \Sigma\,\frac{\lambda_i^2}{\Sigma_i\,\lambda_i^2 + \Sigma_i\,var\,(\varepsilon_i)}$$ λi = Ladung der Indikatorvariablen i εi = Messfehler der Indikatorvariablen i	$DEV > 0,5$ und $DEV >$ quadrierte Korrelation mit jeder anderen latenten Variablen im Modell (hier: $Corr^2_{max}$ [Gesamteinstellung, Rel. th. Nutzen] = 0,630)	DEV (Gesamteinstellung) $= 0,810$

Tab. 26:   Gütekriterien zur Beurteilung von reflektiven Messmodellen

Es zeigt sich, dass die Messung des Konstruktes „Gesamteinstellung" allen erforderlichen Gütekriterien hinsichtlich Indikatorreliabilität, Konstruktreliabilität und Diskriminanzvalidität genügt. Bei formativ operationalisierten Messmodellen schlagen *Krafft/Götz/Liehr-Gobbers* für die Ermittelung von validen Indikatoren die Einbeziehung von Experten vor (die so genannte „Expertenvalidität", z. B. im Rahmen von Workshops).[415] Da im Rahmen dieser Arbeit die Indikatoren theoretisch umfassend hergeleitet wurden, wurde auf diesen Schritt verzichtet. Eine statistische Überprüfung der formativen Messmodelle muss jedoch hinsichtlich der Multikollinearität erfolgen. Darunter wird der Grad der linearen Abhängigkeit der verschiedenen unabhängigen Variablen (hier: Indikatoren) untereinander verstanden.[416] Ist die Multikollinearität sehr hoch, so wird die Parameterschätzung verzerrt und kann sogar im Extremfall zu einer Nicht-Durchführbarkeit der Schätzung führen. In einem solchen Fall müssten dann dennoch Indikatoren aus einem formativen Messmodell ausgeschlossen werden, um die Berechenbarkeit des Modells sicherzustellen. Die folgende Tabelle stellt die Überprüfung der Multikol-linearität in den 4 formativen Messmodellen anhand verschiedener Kriterien dar.[417]

Kriterium	Beschreibung und Definition	Soll-wert	Konstrukt	Istwert
Paarweise Korrelation der Indikatoren	• Weisen die einem formativen Konstrukt zugeordneten Indikatoren untereinander eine **hohe Korrelation** auf (nahe am Extremwert 1), so deutet dies auf ein hohes Maß an Multikollinearität hin. • Liegen ausschließlich niedrigere Korrelationen < 1 vor, so bedeutet dies nicht, das Multikollinearität ausgeschlossen werden kann (bei der Korrelation wird nur die paarweise Multikollinearität geprüft)	nicht genau spezifiziert	Relativer therapeutischer Nutzen	$Corr_{max}$ [Rel. Wirksamkeit, Rel. Anwendungsfreundlichkeit] = 0,39
			Vorhersagbarkeit der Effekte	$Corr_{max}$ [Vorhersagbarkeit Wirksamkeit, Vorhersagbarkeit Nebenwirkungen] = 0,49
			Kommunikationsintensität	$Corr_{max}$ [Häufigkeit der Besuchswünsche von Pharmareferenten, Intensität der offenen Werbemaßnahmen] = 0,72

---

[415] Vgl. Krafft, M., Götz, O., Liehr-Gobbers, K. (2005), S. 76-77.
[416] Vgl. Krafft, M., Götz, O., Liehr-Gobbers, K. (2005), S. 78.
[417] Die Berechnung des „Variance Inflation Factors" und des Konditionenindex erfolgte dabei in SPSS mittels einer „nachgestellten" multiplen Regressionsanalyse (Berechnung auf Basis der durch PLS berechneten Konstruktwerte (abhängige Variable) und Indikatorwerte (unabhängige Variablen) auf Fallbasis).

Kriterium	Beschreibung und Definition	Sollwert	Konstrukt	Istwert
			Unsicherheitsabbauende Kommunikation	$Corr_{max}$ [Erläuterung des Wirkmechanismus, Kommunikation von Sicherheitsinformationen] $= 0,49$
Variance Inflation Factor (VIF)	• Werden mehrere lineare Regressionen berechnet, bei denen jeweils einer der ursprünglich unabhängigen Indikatoren durch die anderen Indikatoren erklärt wird, so lassen sich Bestimmtheitsmaße (R^2) berechnen und daraus der „Variance Inflation Factor" ableiten • Der Minimalwert des VIF beträgt 1 und tritt dann auf, wenn die betrachteten Indikatoren je Konstrukt vollkommen linear unabhängig sind	VIF < 10	Relativer therapeutischer Nutzen	$VIF_{max} = 1,58$
			Vorhersagbarkeit der Effekte	$VIF_{max} = 1,32$
			Kommunikationsintensität	$VIF_{max} = 2,07$
			Unsicherheitsabbauende Kommunikation	$VIF_{max} = 1,44$
Konditionenindex (KI)	• Der Konditionenindex berechnet sich aus der Wurzel des Quotienten aus dem größten in der Schätzung vorkommenden Eigenwertes dividiert durch den jeweiligen betrachteten Eigenwert. • Bei den Eigenwerten handelt es sich dabei um Werte aus der Varianz-Kovarianz-Matrix der unstandardisierten Regressionskoeffizienten, die den Zusammenhang zwischen einem Konstrukt und seinen Indikatoren darstellt.	KI < 30	Relativer therapeutischer Nutzen	$KI_{max} = 2,04$
			Vorhersagbarkeit der Effekte	$KI_{max} = 1,72$
			Kommunikationsintensität	$KI_{max} = 2,47$
			Unsicherheitsabbauende Kommunikation	$KI_{max} = 2,09$

Tab. 27:   Kriterien zur Prüfung der Multikollinearität bei formativen - Konstrukten

Keine der Prüfungen deutet auf eine hohe Multikollinearität zwischen den Indikatoren der verschiedenen Messmodelle hin. Analog zur Diskriminazvalidität bei reflektiven Modellen fordern *Herrmann/Huber/Kressmann* bei formativen Messmodellen zusätzlich eine Korrelation der latenten Variablen untereinander von < 0,9.[418] Dies ist auch in der vorliegenden Schätzung sichergestellt, da die maximale Korrelation zwischen 2 Konstrukten im Modell 0,811 beträgt (zwischen „Expertenvotum" und „Empfehlungen in Veranstaltungen").

---

[418]   Vgl. Herrmann, A., Huber, F., Kressmann, F. (2006), S. 57, 61.

Zur Überprüfung der „externen Validität" von formativen Messmodellen schlagen *Krafft/Götz/Liehr-Gobbers* die Erhebung von redundanten reflektiven Indikatoren vor, die den inhaltlich identischen Sachverhalt von Konstrukten messen (z. B. im Rahmen eines MIMIC-Modells oder mittels Operationalisierung mit einer so genannten „Phantomvariablen").[419] Eine solche Maßnahme ist jedoch in den meisten praktischen Anwendungen mit einem unverhältnismäßig hohen zusätzlichen Erhebungsaufwand verbunden.[420] Stehen keine reflektiven Indikatoren zur „doppelten Messung" eines formativen Konstruktes zur Verfügung und existieren aber theoretisch begründete und empirisch gut belegte Zusammenhänge zwischen 2 Konstrukten, so kann bei einer Bestätigung der Zusammenhangsbeziehung im Strukturmodell implizit auf die „nomologische Validität" der Messmodelle geschlossen werden.[421] Da, wie sich in dem nachfolgenden Kapitel zeigen wird, die empirisch gemessenen Zusammenhangsbeziehungen zwischen den Konstrukten weitestgehend den theoretisch postulierten Wirkungsbebeziehungen entsprechen, kann gemäß diesem Verständnis den formativen Messmodellen eine ausreichende nomologische Validität zugesprochen werden.

Damit ist die Überprüfung der Messmodelle abgeschlossen. Insgesamt kann den Konstruktmessungen hinsichtlich der betrachteten Kriterien eine hohe statistische Güte bescheinigt werden. Im nächsten Schritt werden nun die Schätzungen für das Strukturmodell analysiert.

6.5.2.3 Beurteilung des Strukturmodells

Im Rahmen der Schätzung des Strukturmodells werden als Hauptergebnisse die Pfadkoeffizienten und die Bestimmtheitsmaße (R^2) ermittelt. Die Pfadkoeffizienten zeigen dabei die empirisch ermittelte Richtung und die Stärke des Wirkungszusammenhangs zwischen zwei latenten Variablen bzw. Konstrukten an. Dabei können diese - in Analogie zur multiplen Regressionsanalyse - als standardisierte Regressionskoeffizienten bzw. „Beta-Werte" interpretiert werden.[422] Werden zudem (wie in dieser Studie) standardisierte Daten verwendet, so zeigen die

---

[419] Vgl. Krafft, M., Götz, O., Liehr-Gobbers, K. (2005), S. 80.
[420] Prinzipiell müssten somit für jedes formative Messmodell sowohl formative als auch reflektive Indikatoren erhoben werden.
[421] Vgl. Krafft, M., Götz, O., Liehr-Gobbers, K. (2005), S. 82.
[422] Vgl. Krafft, M., Götz, O., Liehr-Gobbers, K. (2005), S. 85.

Pfadkoeffizienten außerdem den marginalen Effekt einer unabhängigen latenten Variablen auf eine abhängige latente Variable an.[423] Ein Beispiel: Wird ein Pfad-koeffizient von 0,5 zwischen zwei Konstrukten gemessen, so kann dies dahin-gehend interpretiert werden, dass eine Erhöhung der unabhängigen latenten Variablen um 10 Einheiten zu einer Erhöhung der abhängigen latenten Variablen um 5 Einheiten führt. Insbesondere der Vergleich der Einflussstärken von ver-schiedenen unabhängigen latenten Variablen lässt somit weitreichende Interpre-tationen (z. B. zur Priorisierung von Marketingmaßnahmen) zu. Vor der Bewer-tung der Pfadkoeffizienten, der sich der gesamte weitere Teil der Analyse des Strukturmodells widmet, ist jedoch eine Strukturmodell-Prüfung hinsichtlich verschiedener Gütekriterien vorgeschaltet. Diese wird in der folgenden Tabelle dargestellt.

Kriterium	Beschreibung und Definition	Sollwerte	Konstrukt	Istwert
Bestimmt-heitsmaß (R^2)	• Das Bestimmtheitsmaß zeigt den Anteil der Varianz einer abhängigen (endogenen) Variablen an, der durch die auf sie wirken-den unabhängigen Variablen erklärt wird. • R^2 kann Werte zwischen 0 und 1 annehmen. Je höher R^2 ist, desto besser erklären die spezifizierten unabhängigen Variablen die abhängige Variable (bzw. desto besser passt sich die ermittelte Regressionsfunktion an die gegebenen Daten an)	Richt-werte:[424] 0,67 = substanziell 0,45 = moderat 0,33 = schwach	Verord-nungs-intensität	0,520
			Gesamtein-stellung	0,780
			Bewertete Datenlage	0,525
			Vorhersag-barkeit der Effekte	0,450
			Relativer therapeu-tischer Nutzen	0,668
			Angemes-senheit des Preises	0,247
			Sympathie mit der Vermark-tung	0,382
			Wettbewer-ber	0,266

[423] Vgl. Backhaus, K., Erichson, B., Plinke, W., Weiber, R. (2006), S. 61-62.
[424] Vgl. Ringle, C. (2005), S. 319.

Kriterium	Beschreibung und Definition	Sollwerte	Konstrukt	Istwert
Effekt-größe (f^2) [425]	• Kennzahl zur Bestimmung des Einflusses von einer unabhängigen Variablen auf eine abhängige (endogene) Variable • Es wird überprüft, inwieweit sich das Bestimmtheitsmaß der abhängigen Variablen verändert, wenn die Berechnung einmal mit und einmal ohne die betreffende unabhängige Variable erfolgt. $$f^2 = \frac{R^2_{inkl} - R^2_{exkl}}{1 - R^2_{inkl}}$$ R^2_{inkl} = Bestimmtheitsmaß der abhängigen Variablen inklusive einer betrachteten unabhängigen Variablen R^2_{exkl} = Bestimmtheitsmaß der abhängigen Variablen exklusive einer betrachteten unabhängigen Variablen	Richt-werte: 0,35 = substanziell 0,15 = moderat 0,02 = schwach	Ergebnisse siehe folgende Tabelle	
Stone-Geisser-Test-Kriterium (Q^2) [426]	• Im Rahmen einer „Blindfolding"-Prozedur bleibt ein Teil der Daten bei der Schätzung der Parameter unberücksichtigt. • Mit den geschätzten Parametern wird dann versucht, die nicht berücksichtigten Daten zu rekonstruieren. Er erfolgt dann ein Abgleich zwischen den (mittels der geschätzten Parameter) rekonstruierten Daten und den real vorliegenden Daten, die nicht berücksichtigt wurden. • Das Q^2-Kriterium prüft somit die Prognosegüte eines Strukturmodells. $$Q_j^2 = 1 - \frac{\Sigma_k E_{jk}}{\Sigma_k O_{jk}}$$ $\Sigma_k E_{jk}$ = Quadratsumme der Prognosefehler aus der Blindfolding-Prozedur $\Sigma_k O_{jk}$ = Quadratsumme der Differenz von geschätztem Wert und Mittelwert der verbleibenden Daten aus der Blindfolding-Prozedur j = Index für ein betrachtetes Messmodell k = Laufindex über die Indikatoren des betrachteten Messmodells Hinweis: Bei der Berechnung von Q^2 in PLS-Graph 3.0 wird in diesem Zusammenhang der Modus „Redundancy Measures" gewählt.	$Q^2 > 0$	(Gesamt-modell)	0,591

Tab. 28: Gütekriterien zur Beurteilung von Strukturmodellen

---

[425] Vgl. Krafft, M., Götz, O., Liehr-Gobbers, K. (2005), S. 84.
[426] Vgl. Krafft, M., Götz, O., Liehr-Gobbers, K. (2005), S. 84-85 und Herrmann, A., Huber, F., Kressmann, F. (2006), S. 58.

Bei der Ergebnisinterpretation der Bestimmtheitsmaße (R^2) lässt sich feststellen, dass die Konstrukte „Gesamteinstellung" und „Relativer therapeutischer Nutzen" gut durch die im Modell spezifizierten Einflussfaktoren erklärt werden. Auch die „Bewertete Datenlage", die „Vorhersagbarkeit der Effekte" und die „Verordnungsintensität" weisen ein zufrieden stellendes Bestimmtheitsmaß auf. Insbesondere bei der „Angemessenheit des Preises", der „Sympathie mit der Vermarktung" und bei „Wettbewerbern" ist davon auszugehen, dass noch weitere bedeutsame Einflussfaktoren existieren, die nicht in dem Modell berücksichtigt sind und einen wichtigen Beitrag zur Erklärung der Konstrukte liefern könnten. Betrachtet man jedoch die Konstrukte „Relativer therapeutischer Nutzen", „Gesamteinstellung" und „Verordnungsintensität" als die zentralen zu erklärenden Zielkonstrukte dieser empirischen Analyse, so kann insgesamt von einem hohen Erklärungsgrad des Modells hinsichtlich der wichtigsten Konstrukte ausgegangen werden. Dieses positive Ergebnis wird auch durch das Resultat des Stone-Geisser-Tests (Q^2) unterstützt, das dem Strukturmodell insgesamt eine gute Prognosegüte bescheinigt. In einer weit gefassten Interpretation dieses Ergebnisses könnten somit für Arzneimittel, die nicht in der Stichprobe berücksichtigt waren, mit Hilfe von (neu erhobenen) Inputwerten und den geschätzten Modellparametern relativ präzise Outputwerte (z. B. das Ergebnis für die „Gesamteinstellung") prognostiziert werden.

Die Werte der Effektgröße (f^2), die Pfadkoeffizienten und deren zugehörige t-Werte sind in der folgenden Tabelle aufgeführt. Dabei gilt eine Hypothese als empirisch „unterstützt", wenn das Vorzeichen des Pfadkoeffizienten die theoretisch postulierte Wirkungsrichtung annimmt. Einige Autoren gehen dabei erst ab Pfadkoeffizienten-Werten von > 0,1 oder < -0,1 von einem bedeutungsvollen Zusammenhang aus.[427] Mit Hilfe des Bootstapping-Verfahrens (siehe Kapitel 6.5.2.2) erfolgt auch hier eine Überprüfung der Zuverlässigkeit der geschätzten Pfadkoeffizienten im Rahmen eines t-Tests.

---

[427] Vgl. Ringle, C. (2004), S. 15.

Einfluss von:	auf:	Hypothese	Pfadkoeffizient und Signifikanzniveau * p<0,05 **p<0,01	t-Wert (Boot-stapping)	Ablehnung (A) oder Unterstützung (U) der Hypothese	Effektgröße (f^2)
Gesamteinstellung	Verordnungsintensität	H1 (+)	0,462**	5,534	U	0,373
Patientenwunsch	Verordnungsintensität	H2 (+)	0,318**	4,564	U	0,192
	Relativer therapeutischer Nutzen	H11 (+)	-0,086	1,079	A	0,015
G-BA Richtlinien	Verordnungsintensität	H3 (-)	-0,273**	3,686	U	0,142
	Wettbewerber	H10 (+)	-0,173	1,724	A	0,040
	Angemessenheit des Preises	H12 (-)	-0,198	1,903	U	0,048
	Bewertete Datenlage	H13 (-)	-0,036	0,503	U	0,002
Wettbewerber	Verordnungsintensität	H4 (-)	-0,172	1,532	U	0,052
	Relativer therapeutischer Nutzen	H14 (-)	-0,298**	3,481	U	0,139
Bewertete Datenlage	Gesamteinstellung	H5 (+)	0,305**	4,639	U	0,236
	Relativer therapeutischer Nutzen	H15 (+)	0,352**	3,762	U	0,154
	Vorhersagbarkeit der Effekte	H30 (+)	-0,093	0,877	A	0,007
Vorhersagbarkeit der Effekte	Gesamteinstellung	H6 (+)	0,128**	2,619	U	0,055
	Relativer therapeutischer Nutzen	H31 (+)	0,209*	2,096	U	0,069
Relativer therapeutischer Nutzen	Gesamteinstellung	H7 (+)	0,456**	6,475	U	0,477
	Angemessenheit des Preises	H32 (+)	0,275	1,918	U	0,060
Angemessenheit des Preises	Gesamteinstellung	H8 (+)	0,011	0,202	U	0,000
	Sympathie mit der Vermarktung	H36 (+)	0,333**	3,790	U	0,160
Sympathie mit der Vermarktung	Gesamteinstellung	H9 (+)	0,236**	4,034	U	0,168
Unsicherheitsabbau-ende Kommunika-tion	Sympathie mit der Vermarktung	H16 (+)	0,235*	1,984	U	0,089
	Relativer therapeutischer Nutzen	H17 (+)	-0,057	0,677	A	0,009
	Vorhersagbarkeit der Effekte	H18 (+)	0,045	0,307	U	0,004
	Bewertete Datenlage	H19 (+)	0,131	1,218	U	0,032
Expertenvotum/ Leitlinien-Empfeh-lungen	Angemessenheit des Preises	H20 (+)	0,236	1,403	U	0,025
	Relativer therapeutischer Nutzen	H21 (+)	-0,098	0,689	A	0,006

Einfluss von:	auf:	Hypo-these	Pfadkoeffi-zient und Signifi-kanzniveau * p<0,05 **p<0,01	t-Wert (Boot-stapp-ing)	Ablehnung (A) oder Unterstüt-zung (U) der Hypothese	Effekt-größe (f²)
	Vorhersagbarkeit der Effekte	H22 (+)	-0,035	0,216	A	0,002
	Bewertete Datenlage	H23 (+)	0,615**	4,732	U	0,265
	Wettbewerber	H24 (-)	-0,082	0,476	U	0,003
Therapietreue	Relativer thera-peutischer Nutzen	H25 (+)	0,281**	3,505	U	0,133
	Vorhersagbarkeit der Effekte	H26 (+)	0,485**	5,447	U	0,287
Zulassungsdauer	Vorhersagbarkeit der Effekte	H27 (+)	0,226**	2,895	U	0,073
	Bewertete Datenlage	H28 (+)	0,114	1,597	U	0,021
	Wettbewerber	H29 (+)	-0,039	0,300	A	0,003
Existenz von Festbeträgen	Bewertete Datenlage	H33 (-)	-0,034	0,625	U	0,002
	Wettbewerber	H34 (+)	0,153*	2,173	U	0,031
	Angemessenheit des Preises	H35 (+)	-0,151	1,426	A	0,031
Kommunikations-Intensität	Sympathie mit der Vermarktung	H37 (+)	0,132	1,295	U	0,026
	Angemessenheit des Preises	H38 (+)	-0,273	1,549	A	0,076
	Relativer therapeutischer Nutzen	H39 (+)	0,202*	2,317	U	0,081
	Vorhersagbarkeit der Effekte	H40 (+)	0,120	1,278	U	0,016
	Bewertete Datenlage	H41 (+)	0,249*	2,436	U	0,093
	Wettbewerber	H42 (-)	0,158	1,146	A	0,025
Kommunikations-Authentizität	Sympathie mit der Vermarktung	H43 (+)	0,408**	5,375	U	0,262
	Relativer therapeutischer Nutzen	H44 (+)	0,121	1,298	U	0,024
	Vorhersagbarkeit der Effekte	H45 (+)	0,278**	3,275	U	0,095
Empfehlungen bei Veranstaltungen	Angemessenheit des Preises	H46 (+)	-0,317	1,689	A	0,037
	Relativer therapeutischer Nutzen	H47 (+)	0,060	0,444	U	0,000
	Vorhersagbarkeit der Effekte	H48 (+)	0,079	0,524	U	0,004

284

Einfluss von:	auf:	Hypo-these	Pfadkoeffi-zient und Signifi-kanzniveau * p<0,05 **p<0,01	t-Wert (Boot-stapp-ing)	Ablehnung (A) oder Unterstüt-zung (U) der Hypothese	Effekt-größe (f^2)
	Bewertete Datenlage	H49 (+)	-0,022	0,163	A	0,000
	Wettbewerber	H50 (-)	-0,440*	2,441	U	0,079

Tab. 29:   Schätzungen der Pfadkoeffizienten und der Effektgrößen

Bei der Interpretation der Effektgröße (f^2) ist zu beachten, dass aufgrund der Spe-zifikation des Nenners (1 - R^2_{inkl}, d. h. der Anteil der nicht erklärten Varianz bei Berücksichtigung der betreffenden unabhängigen Variablen) der Wert der Effekt-größe umso kleiner wird, je geringer insgesamt das Niveau des Bestimmtheits-maßes ausfällt. Wird z. B. eine latente Variable betrachtet, bei der ohnehin nur mittels der verwendeten unabhängigen Variablen ein geringes Erklärungsniveau erwartet wird (z. B. wenn vielfältige, nur schwer operationalisierbare Einflüsse auf die latente Variable wirken), so fallen tendenziell auch die Effektgrößen der verschiedenen (auf das abhängige Konstrukt wirkenden) unabhängigen Variablen geringer aus. Ein Beispiel dafür stellte das Konstrukt „Verordnungsintensität" dar. Hier wurde bereits schon die Vermutung angestellt, dass das tatsächliche Verord-nungsverhalten z. B. in hohem Maße von den patientenindividuellen Charakteris-tika abhängt, die nicht im Modell als erklärende Variablen dargestellt werden können. Dass die Effektgrößen der auf die „Verordnungsintensität" wirkenden Konstrukte dennoch einigermaßen passabel ausfallen, unterstreicht die hohe Vali-dität des Modells.

Im Interesse einer besseren Übersichtlichkeit werden die Ergebnisse der Schät-zungen auf den nächsten 3 Seiten wie folgt dargestellt:

1. Darstellung der als statistisch signifikant ermittelten Zusammenhangsbe-ziehungen (p<0,05)

2. Darstellung der als nicht statistisch signifikant ermittelten Zusammen-hangsbeziehungen, die das theoretisch postulierte Vorzeichen aufweisen

3. Darstellung der Zusammenhangsbeziehungen, die ein entgegen der hypothetischen Annahme gerichtetes Vorzeichen aufweisen.

Im Anschluss daran folgt im nächsten Kapitel die Diskussion der empirisch ermittelten Zusammenhangsbeziehungen.

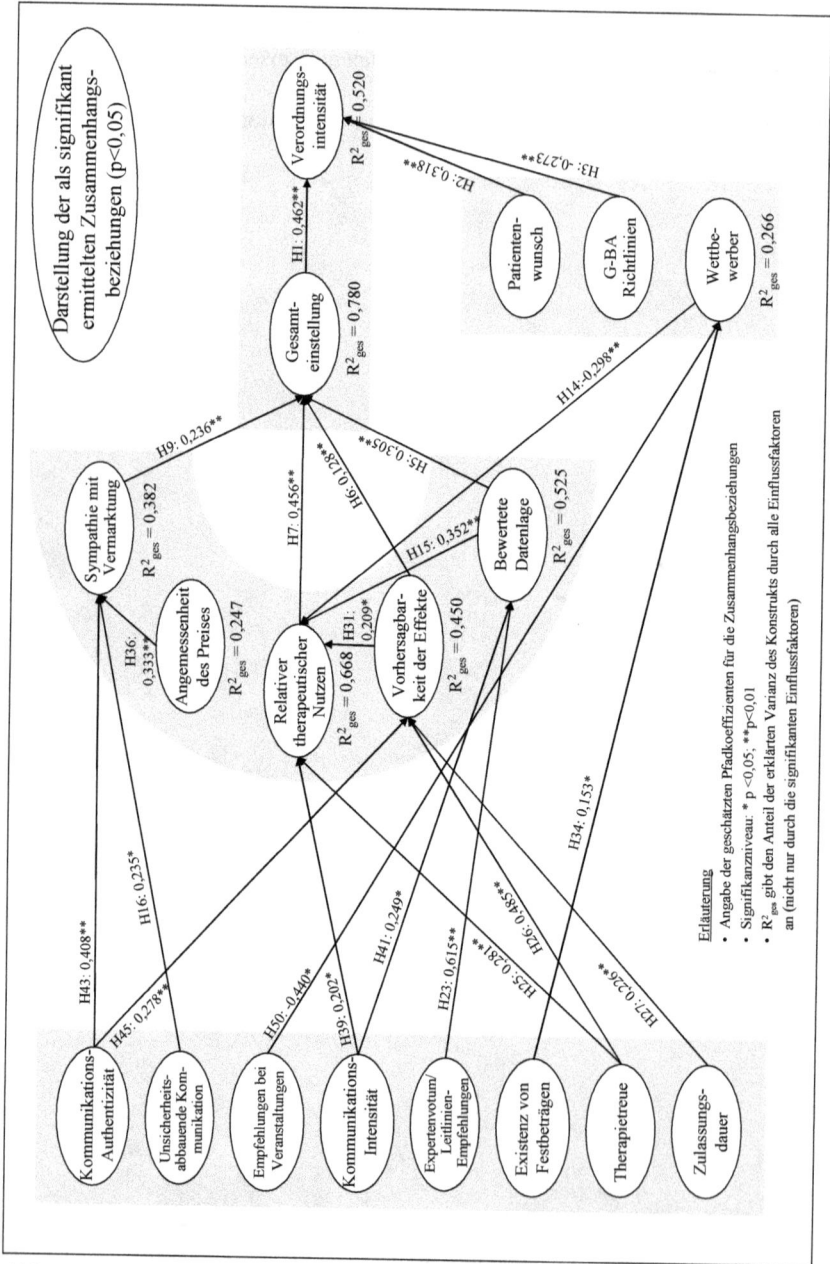

Darstellung der als signifikant ermittelten Zusammenhangsbeziehungen (p<0,05)

Verordnungs-intensität $R^2_{ges} = 0,520$

Patienten-wunsch

G-BA Richtlinien

Wett-bewerber $R^2_{ges} = 0,266$

Gesamt-einstellung $R^2_{ges} = 0,780$

Sympathie mit Vermarktung $R^2_{ges} = 0,382$

Angemessenheit des Preises $R^2_{ges} = 0,247$

Relativer therapeutischer Nutzen $R^2_{ges} = 0,668$

Vorhersagbar-keit der Effekte $R^2_{ges} = 0,450$

Bewertete Datenlage $R^2_{ges} = 0,525$

Kommunikations-Authentizität

Unsicherheits-abbauende Kommunikation

Empfehlungen bei Veranstaltungen

Kommunikations-Intensität

Expertenvotum/ Leitlinien-Empfehlungen

Existenz von Festbeträgen

Therapietreue

Zulassungs-dauer

H1: 0,462**
H2: 0,318**
H3: -0,273**
H9: 0,236**
H7: 0,456**
H6: 0,312**
H5: 0,305**
H14: -0,298***
H15: 0,352*
H31: 0,209*
H36: 0,333*
H16: 0,235*
H43: 0,408**
H45: 0,278**
H50: -0,440*
H39: 0,202*
H41: 0,249*
H23: 0,615*
H25: 0,281*
H26: 0,485**
H27: 0,226*
H34: 0,153*

Erläuterung
- Angabe der geschätzten Pfadkoeffizienten für die Zusammenhangsbeziehungen
- Signifikanzniveau: * p <0,05, **p<0,01
- R^2_{ges} gibt den Anteil der erklärten Varianz des Konstrukts durch alle Einflussfaktoren an (nicht nur durch die signifikanten Einflussfaktoren)

Abb. 44: Statistisch signifikante Zusammenhangsbeziehungen (p<0,05)

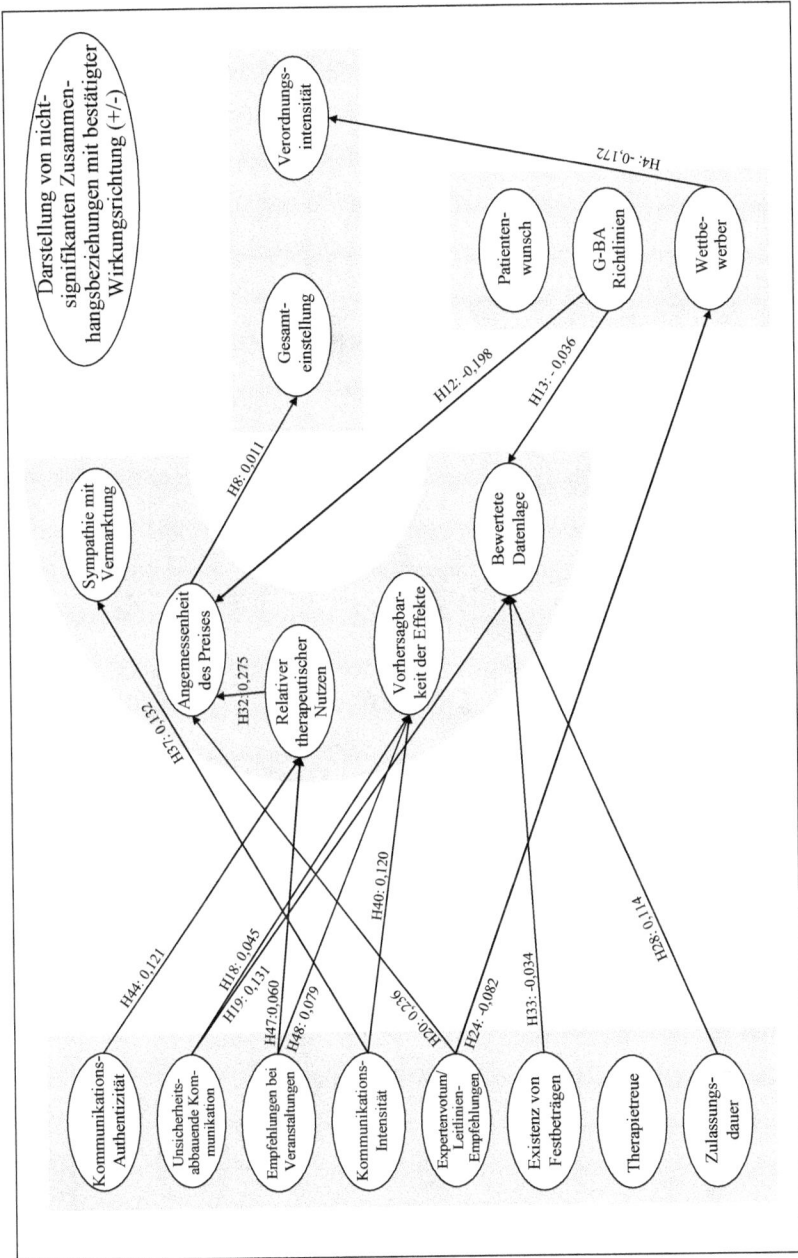

Abb. 45: Nicht-signifikante Beziehungen mit bestätigtem Vorzeichen

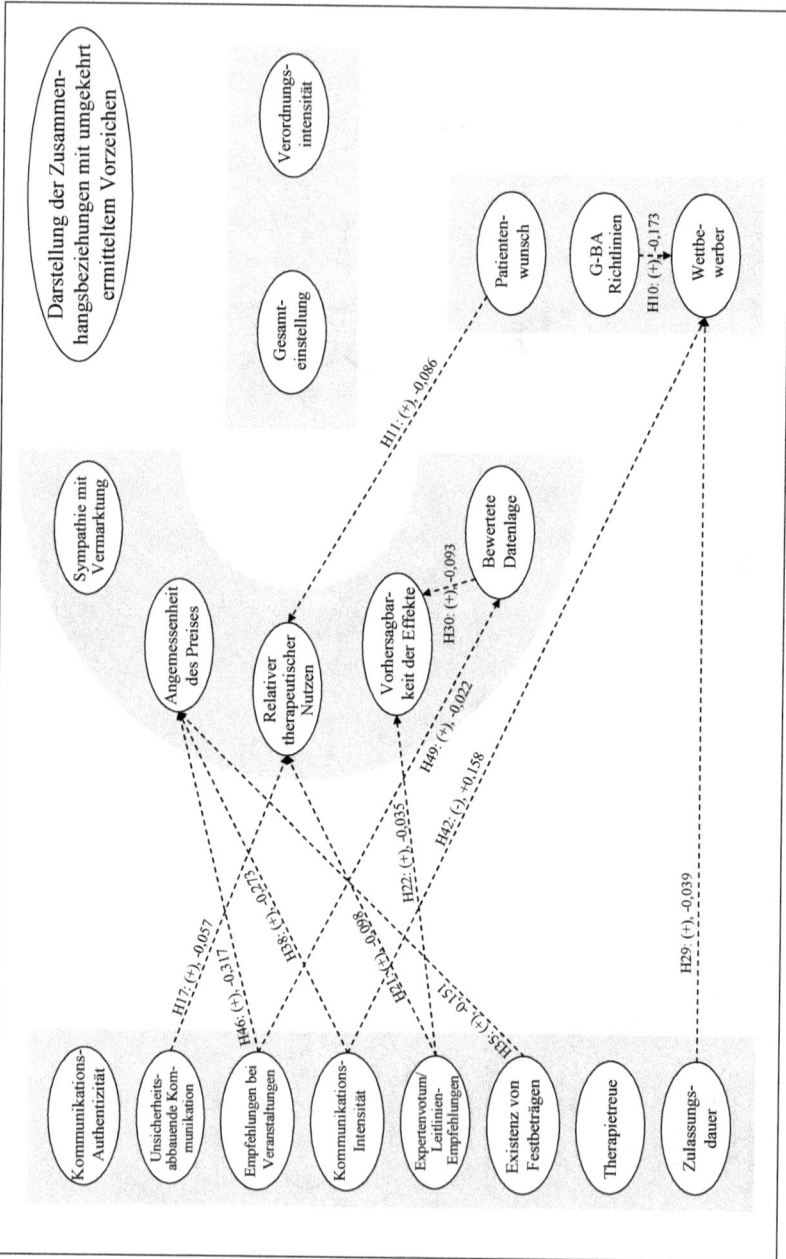

Abb. 46: Beziehungen mit umkehrt ermitteltem Vorzeichen

6.5.2.4 Diskussion der direkten Zusammenhangsbeziehungen

6.5.2.4.1 Zielkonstrukte

Bei der Analyse der direkten Zusammenhangsbeziehungen zeigt sich, dass mit Ausnahme der „Angemessenheit des Preises" (H8) alle einstellungsbeeinflussenden Konstrukte einen hochsignifikanten Einfluss auf die „Gesamteinstellung" ausüben (H5, H6, H7 und H9). Diese wiederum übt erwartungsgemäß einen bedeutsamen Einfluss auf die „Verordnungsintensität" von Ärzten aus (H1). Auch der „Patientenwunsch" und die Existenz von „G-BA Richtlinien" erklären das Verordnungsverhalten signifikant (H2, H3). Im Vergleich dazu übt die wahrgenommene Verfügbarkeit von Wettbewerbern einen geringeren Effekt auf die Verordnungsintensität aus (H4). In einem bedeutsameren Zusammenhang steht dieses Konstrukt hingegen mit dem „Relativen therapeutischen Nutzen" (H14): Je mehr relevante Wettbewerbsprodukte aus der Sicht der Ärzte zur Verfügung stehen, desto tendenziell geringer wird die relative Wirksamkeit, das relative Ausmaß der Nebenwirkungen und die relative Anwendungsfreundlichkeit von Arzneimitteln bewertet (relativ zu den übrigen Behandlungsmöglichkeiten in der Indikation).

In einer positiven Wirkungsrichtung wird der „Relative therapeutische Nutzen" von Arzneimitteln weiterhin signifikant durch die Konstrukte „Bewertete Datenlage", „Vorhersagbarkeit der Effekte", „Kommunikations-Intensität" und „Therapietreue" erklärt (H15, H31, H39 und H25). „Empfehlungen bei Veranstaltungen" (H47), das Instrumentarium der „Unsicherheitsabbauenden Kommunikation" (H17) und die Stellungnahmen von Experten bzw. Leitlinien-Empfehlungen (H21) üben hingegen einen überraschend geringen direkten Einfluss auf den wahrgenommenen relativen therapeutischen Nutzen aus. Bei H17 und H21 wird sogar ein (schwach) negativer Wirkungszusammenhang gemessen. Wie später noch gezeigt wird, relativiert sich aber dieser Befund bei der Berücksichtigung der mediierenden (indirekten) Effekte. Interessant ist auch in diesem Zusammenhang, dass der wahrgenommene therapeutische Nutzen eines Arzneimittels durch Ärzte weitestgehend unbeeinflusst bleibt von dem Wunsch der Patienten, mit einem Arzneimittel behandelt zu werden (H11). Es scheint, als ob Ärzte bei der Arzneimittelbewertung dem Urteil ihrer Patienten nur wenig Bedeutung beimessen.

6.5.2.4.2 Bewertete Datenlage

Das Konstrukt der „Bewerteten Datenlage" wird in dem Modell mit einem R^2 von 0,525 relativ gut durch die verschiedenen Einflussfaktoren erklärt. Insbesondere das Expertenvotum bzw. Leitlinien-Empfehlungen üben einen sehr starken Einfluss auf die wahrgenommene Datenlage für Arzneimittel aus (H23). Der Pfadkoeffizient zwischen diesen beiden Konstrukten (0,615) ist die stärkste gemessene Zusammenhangsbeziehung im gesamten Strukturmodell. Aber auch der Einsatz von Pharmaberatern und offene Werbemaßnahmen („Kommunikations-Intensität") tragen bedeutsam zu einer positiveren Wahrnehmung der klinischen Datenlage von Arzneimitteln bei (H41). In etwa nur halb so stark fällt der direkte Einfluss der unsicherheitsabbauenden Kommunikationsmaßnahmen auf die Datenlage aus (H19). Ferner beeinflussen weder die Existenz von G-BA Richtlinien noch die Festbetragsregleung für Arzneimittel die durch Ärzte wahrgenommene Datenlage (H13, H33) in nennenswertem Maße. Offensichtlich hat die Bildung von Festbetragsgruppen, von denen therapeutische Innovationen per Gesetz ausgeschlossen werden können, kaum einen Ausstrahlungseffekt auf die wahrgenommene Datenlage der betreffenden Arzneimittel.[428]

Während eine längere Zulassungsdauer eines Arzneimittels nur moderat mit einer positiveren Wahrnehmung der Datenlage assoziiert ist (H28), überrascht die weitestgehende Wirkungslosigkeit von Verwendungsempfehlungen in (Fortbildungs-)veranstaltungen auf die wahrgenommene Datenlage (H49). Offensichtlich führen die in solchen Veranstaltungen diskutierten Inhalte nicht zu einem besseren Verständnis und zu einer positiveren Bewertung der relevanten klinischen Studien. Die „Bewertete Datenlage" erklärt ihrerseits per Annahme noch 2 weitere einstellungsbeeinflussende Konstrukte. Während die wahrgenommene Datenlage einen erwartet deutlichen Einfluss auf den therapeutischen Nutzen eines Arzneimittels ausübt (H15), kann die Hypothese des positiven Einflusses der Datenlage auf die „Vorhersagbarkeit der Effekte" von Arzneimitteln nicht bestätigt werden (H30). Aus Sicht der Ärzte bietet also eine als „gut" bewertete Datenlage keine Hilfestellung für die Prognose von patientenindividuellen Behandlungsergebnissen.

---

[428] Vgl. Nr. 2 a) AVWG und § 35 Abs. 1 Satz 3 SGB V in der neuen Fassung.

6.5.2.4.3 Vorhersagbarkeit der Effekte

Die bedeutendsten Beiträge zur Varianzerklärung des Konstruktes „Vorhersagbarkeit der Effekte" stammen von der „Therapietreue", der „Kommunikations-Authentizität" und der „Zulassungsdauer" (H26, H45, H27). Je stärker die einem Arzneimittel beigemessene Patienten-Compliance ist, je länger ein Arzneimittel zur Verwendung bereits zur Verfügung steht und je „richtiger" die durch einen Hersteller kommunizierten Leistungsversprechen sind, desto besser glauben Ärzte die Behandlungseffekte bei einem Arzneimittel vorhersagen zu können. Während die „Kommunikations-Intensität" hier ebenfalls einen moderaten Erklärungsbeitrag liefern kann (H40), enttäuschen die Instrumente der „Unsicherheitsabbauenden Kommunikation" (H18) hinsichtlich ihres Einflusses. Mit einem Pfadkoeffizienten von 0,045 und einer Effektgröße von 0,004 vermögen sie es nicht, bei Ärzten ein stärkeres Gefühl der Sicherheit bei den zu prognostizierenden Behandlungseffekten zu generieren. Auch Empfehlungen für die Verwendung von Arzneimitteln in Veranstaltungen und in Leitlinien üben kaum einen Einfluss auf die durch Ärzte wahrgenommene Vorhersagbarkeit der Behandlungseffekte aus (H48, H22).

6.5.2.4.4 Angemessenheit des Preises

Für die Erklärung der Preiswahrnehmung konnten keine statistisch signifikanten Einflussfaktoren gemessen werden. Folgerichtig resultiert daraus ein relativ geringes Bestimmtheitsmaß von R^2 =0,247. Allerdings verfehlen die Zusammenhänge H32 (Einfluss des „Relativen therapeutischen Nutzens") und H12 (Einfluss von „G-BA Richtlinien") nur knapp die statistische Signifikanz. Auch weist die Beziehung zum Konstrukt „Expertenvotum/Leitlinien-Empfehlungen" einen hohen Pfadkoeffizienten auf (H20). Somit lassen sich gemäß den Hypothesenformulierungen die Aussagen bestätigen, dass Ärzte die Preise von Arzneimitteln umso angemessener empfinden, je höher deren relativer therapeutischer Nutzen empfunden wird, je eher in Leitlinien die Verwendung von Arzneimitteln empfohlen wird und je eher keine G-BA Richtlinien für Arzneimittel vorliegen. Umgekehrt bedeutet dies für die letzte Aussage, dass das Vorliegen von G-BA Richtlinien (die meist bei teueren oder aus Sicht des G-BAs unwirtschaftlichen Arzneimitteln ausgesprochen werden) durchaus zu einer ungünstigeren Kostenbewertung durch Ärzte führen kann.

Sehr interessant ist auch in diesem Zusammenhang die Interpretation jener Einflussfaktoren, die mit einem umgekehrt geschätzten Vorzeichen (des Pfadkoeffizienten) auf die Preiswahrnehmung wirken. Im Rahmen der Hypothesen H38 und H46 wurde angenommen, dass durch eine intensive Herstellerkommunikation und durch Verwendungsempfehlungen in (Fortbildungs-)Veranstaltungen eine günstigere Preis/Leistungswahrnehmung von Arzneimitteln erzeugt werden kann. Die hohen gemessenen negativen Wirkungsstärken bei H38 und H46 widerlegen allerdings klar diese Annahme. Dafür gibt es die folgenden Erklärungsansätze:

- Ärzte assoziieren eine intensive Herstellerkommunikation und ausdrückliche Verwendungsempfehlungen in (Fortbildungs-)Veranstaltungen intuitiv mit hochpreisigen bzw. „überteuerten" Produkten („Ein großer Marketingwirbel deutet stets auf ein teueres Produkt hin.").

- Es liegt eine erweiterte Kausalstruktur mit weiteren bedeutsamen Hintergrundfaktoren vor, die nicht im Hypothesenmodell berücksichtigt werden und direkt unterstellte Wirkungseffekte überkompensieren

Einen möglichen „Hintergrundfaktor" kann im vorliegenden Fall der „objektive Preis" eines Arzneimittels darstellen. Danach würde ein hoher objektiver Preis z. B. direkt zu einer ungünstigeren Preiswahrnehmung der Ärzte und zu intensiveren Kommunikationsmaßnahmen der Hersteller führen (unter der Annahme, dass den Ärzten stets die Preise bekannt sind und mit teueren Produkten stets intensivere Kommunikationsmaßnahmen verbunden sind). Zwar würden die Kommunikationsbemühungen von Herstellern darauf abzielen, eine günstigere Preiswahrnehmung für ein Arzneimittel bei Ärzten zu bewirken (wie gemäß H38 und H46 unterstellt), jedoch wäre der Hintergrundfaktor des objektiven Preises so stark, dass diese Effekte bei weitem überkompensiert werden würden. Die folgende Abbildung stellt diesen Effekt in der linken Dreiecksbeziehung dar (Z1).

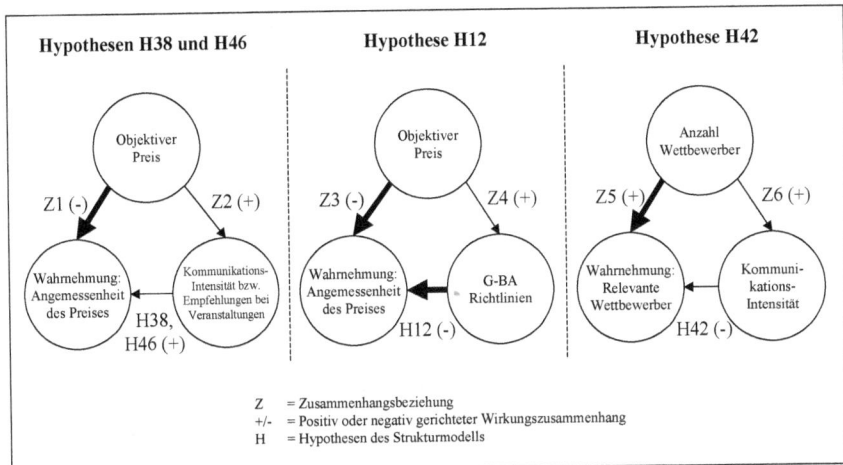

Abb. 47: Der Einfluss von Hintergrundfaktoren

Somit sind die negativen Pfadkoeffizienten für H46 und H38 dahingehend zu interpretieren, dass es bei teuren Arzneimitteln durch Kommunikationsmaß-nahmen von Herstellern kaum gelingt, eine günstigere Preiswahrnehmung bei Ärzten zu erzeugen. Im Gegenteil: Sie selbst können sogar ein Signal für einen unangemessen hohen Arzneimittelpreis sein. Günstig wirkt sich dabei für das Arzneimittel-Marketing der Umstand aus, dass die Preiswahrnehmung bei den betrachteten Arzneimitteln insgesamt kaum einen Einfluss auf die Gesamtbewer-tung eines Arzneimittels ausübt (H8).

Das Konzept des „starken Hintergrundfaktors" (in Form des objektiven Arznei-mittel-Preises) kann dabei auch auf den Zusammenhang H12 (G-BA Richtlinien) übertragen werden (mittlere Dreiecksbeziehung in der obigen Abbildung). Da hier die Wirkungsrichtungen von H12 und Z3 gleichgerichtet sind, lassen sich die Ef-fekte auf die Preiswahrnehmung nicht mehr trennen. Dies kann dazu führen, dass die Wirkungsstärke von H12 tendenziell überschätzt wird. Im Vorgriff auf die Diskussion zu den Einflussfaktoren auf das Konstrukt „Wettbewerber" sei schon angemerkt, dass das Konzept des Hintergrundfaktors auch hier Anwendung fin-den kann, um umgekehrte Vorzeichen der Pfadkoeffizienten zu interpretieren (rechte Dreiecksbeziehung in der Abbildung).

Hingegen ist bei der Interpretation des Einflusses von Festbeträgen auf die Preiswahrnehmung (H35) nicht davon auszugehen, dass hier ein „starker Hintergrundfaktor" für das umgekehrt gemessene Vorzeichen des Pfadkoeffizienten verantwortlich ist. Wie in Kapitel 5.3 gezeigt werden konnte, führt die Einführung von
Festbeträgen im Durchschnitt tatsächlich zu einer Senkung der Arzneimittelpreise. Auch wurden bei dieser Analyse nur Arzneimittel betrachtet, die entweder
nicht festbetragsgeregelt sind oder einen Abgabepreis auf oder unterhalb ihres
Festbetragsniveaus aufweisen. Dennoch ist in der Wahrnehmung der Ärzte die
Existenz von Festbeträgen für Arzneimittel offenbar mit einer ungünstigeren
Preiswahrnehmung verknüpft. Ein möglicher Grund dafür kann sein, dass Ärzte
schlichtweg die Notwendigkeit zu einer Einführung von Festbetragsgruppen als
ein Signal für hohe Produktpreise verstehen - und ihre Wahrnehmung dazu unver-
ändert bleibt, auch wenn in der darauf folgenden Zeit die Arzneimittelpreise gesenkt werden.

6.5.2.4.5 Sympathie mit Vermarktung

Das Konstrukt der „Sympathie mit der Vermarktung" wird signifikant durch die
„Kommunikations-Authentizität" (H43), die „Unsicherheitsabbauende Kommunikation" (H16) und durch die „Angemessenheit des Preises" (H36) erklärt. Somit
führt in der Wahrnehmung von Ärzten die Richtigkeit von Leistungsversprechen,
eine unsicherheitsabbauende Herstellerkommunikation und eine „faire" Preispolitik zu einer wohlwollenderen Bewertung der Vermarktungsaktivitäten. Auch vermag eine intensivere Herstellerkommunikation eine moderat gesteigerte Sympathiewahrnehmung zu bewirken (H37). Dass diese gesamte „Sympathiewahrnehmung" wiederum einen deutlichen Einfluss auf die „Gesamteinstellung" gegenüber Arzneimitteln ausübt, zeigt der Pfadkoeffizient von 0,236 (H9).

6.5.2.4.6 Wettbewerber

Bei der Betrachtung der Messungen für das Konstrukt „Wettbewerber" fällt auf,
dass die Verwendungsempfehlungen für Arzneimittel in (Fortbildungs-)Veran-
staltungen einen massiven Einfluss auf die wahrgenommene Verfügbarkeit von
relevanten Wettbewerbern ausüben (H50). Da das Konstrukt „Wettbewerber" insgesamt einen eher niedrigen R^2-Wert aufweist, wird dieser Einfluss bei der Be-

trachtung seiner Effektgröße (f^2=0,079) sogar noch tendenziell unterschätzt. Wie sich bei der Betrachtung der Totaleffekte zeigen wird, übt das Konstrukt „Empfehlungen bei Veranstaltungen" maßgeblich über den „Umweg" der „Wettbewerber" einen bedeutenden Einfluss auf den wahrgenommenen therapeutischen Nutzen von Arzneimitteln aus. Offensichtlich besteht also ein Wert der in Fortbildungsveranstaltungen vermittelten Inhalte darin, dass auf effektive Weise ein schwächeres Leistungsniveau der übrigen Wettbewerbsprodukte (relativ zu dem betreffenden Arzneimittel) dargestellt wird, was insgesamt zu einer höheren relativen Nutzenbewertung eines Arzneimittels führt.

Weiterhin lässt sich erkennen, dass Ärzte für festbetragsgeregelte Arzneimittel tatsächlich einen intensiveren Wettbewerb (bzw. eine stärkere Austauschbarkeit) in den Indikationen wahrnehmen (H34). Verwendungsempfehlungen für Arzneimittel durch Experten/Leitlinien beeinflussen dabei nur gering die wahrgenommene Konkurrenzsituation (H24). Bei dem umgekehrt gemessenen Vorzeichen der Hypothese 42 (der Einfluss von „Kommunikations-Intensität" auf „Wettbewerber") lässt sich wiederum auf die Abbildung 47 und die Existenz eines „Hintergrundfaktors" verweisen. Liegt eine intensive Konkurrenzsituation mit einer „objektiv" hohen Anzahl von relevanten Arzneimitteln vor, so kann dies zum einen die Wahrnehmung der Ärzte direkt beeinflussen (Z5) und auch die Kommunikationsmaßnahmen der Hersteller erhöhen (Z6). Obwohl im Rahmen von Marketingaktivitäten per Annahme Alleinstellungsmerkmale von Produkten kommuniziert werden, die zu einer geringeren wahrgenommenen Austauschbarkeit von Arzneimitteln in den Indikationen führen (gemäß H42), können dennoch die Effekte dieser Maßnahmen durch den starken Hintergrundfaktor (die Anzahl an Konkurrenzprodukten) überkompensiert werden. Der positiv gemessene Wirkungszusammenhang in H42 könnte somit erklärt werden.

6.5.3 Die Bedeutung von Totaleffekten

6.5.3.1 Die Wirkungen auf die Gesamteinstellung

Im vorherigen Kapitel wurden die direkten Zusammenhangsbeziehungen im Modell entsprechend der formulierten Hypothesen diskutiert. Allerdings ist zu beachten, dass aufgrund der komplexen Modellstruktur vielfältige indirekte (mediierende) Wirkungseffekte vorliegen, die die Gesamtbedeutung von einem Einflussfaktor im Modell weiter erhöhen oder senken können (durch Suppressoreffekte).[429] Ein Beispiel für einen mediierenden Effekt wurde schon im vorherigen Kapitel mit dem starken indirekten Effekt der „Empfehlungen bei Veranstaltungen" über „Wettbewerber" auf den „Relativen therapeutischen Nutzen" beschrieben. Aber auch bei den 5 einstellungsbeeinflussenden Konstrukten untereinander liegen verschiedene, theoretisch postulierte „Querbeziehungen" vor, die zu mediierenden Effekten auf die „Gesamteinstellung" führen (H15, H30, H31, H32, H36). Beispielsweise kann eine positiv „Bewertete Datenlage" über H15 auf den „Relativen therapeutischen Nutzen" einwirken, der seinerseits wiederum über H7 die „Gesamteinstellung" beeinflusst. Somit liegt bei der „Bewerteten Datenlage" neben der direkten Beziehung auf die „Gesamteinstellung" (H5) auch ein indirekter Effekt über H15 und H7 auf dieses Zielkonstrukt vor. Der Einfluss der „Bewerteten Datenlage" auf die „Gesamteinstellung" kann aber noch weiter modelliert werden: Ein hoher therapeutischer Nutzen strahlt wiederum auf die „Angemessenheit des Preises" aus (H32), die ihrerseits wieder über H36 zu einer höheren „Sympathie mit der Vermarktung" führt. Somit lässt sich sogar ein (auch theoretisch nachvollziehbarer) der Effekt der „Bewerteten Datenlage" über H9 auf die „Gesamteinstellung" konstruieren.

Die Berechnung dieser indirekten Effekte erfolgt dabei mittels Multiplikation der betreffenden Pfadkoeffizienten.[430] Insofern wird auch sichergestellt, dass der Einfluss eines Faktors tendenziell immer weiter abnimmt, je länger eine Wirkungskaskade konstruiert wird. Die Summe von direktem Effekt und allen indirekten Effekten zeigt den Totaleffekt von einem Konstrukt auf ein anderes Konstrukt an. Dabei können auch die Gewichtskoeffizienten der Indikatoren aus formativen Messmodellen mit in diese Multiplikation (bzw. in die Berechnung der Totaleffekte) aufgenommen werden.[431] Dies erlaubt eine quantitative Bestimmung des Einflusses einzelner Indikatoren (z. B. die „Intensität der offenen Werbemaßnahmen") auf Zielkonstrukte (wie z. B. die „Gesamteinstellung"). Die folgende Ab-

---

[429] Vgl. Eggert, A., Fassott, G., Helm, S. (2005), S. 105.
[430] Vgl. Eggert, A., Fassott, G., Helm, S. (2005), S. 106.
[431] Vgl. Fritz, W., Möllenberg, A., Dees, H. (2005), S. 272.

bildung zeigt die Totaleffekte der verschiedenen Einflussfaktoren auf die „Gesamteinstellung" bei Arzneimitteln an.

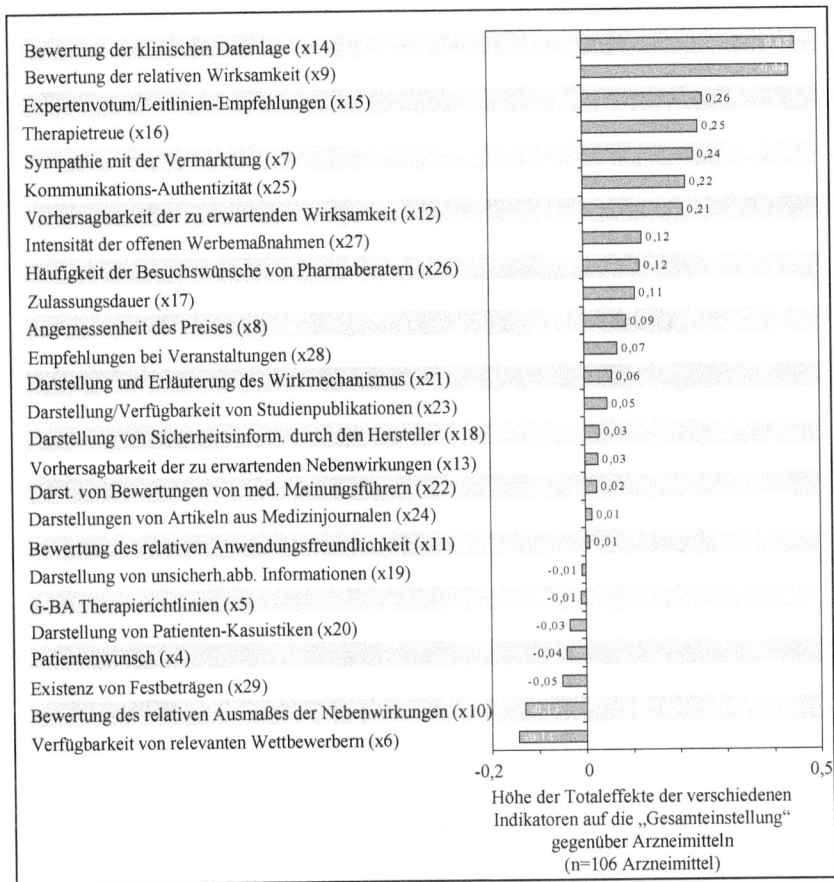

Abb. 48:   Die Totaleffekte auf die „Gesamteinstellung"

Ähnlich wie bei den Pfadkoeffizienten zeigen auch die Totaleffekte die marginalen Auswirkungen der Veränderungen von beeinflussenden Größen an. Verbessert
sich z. B. die wahrgenommene Datenlage für ein Arzneimittel um 100 standardisierte Einheiten, so wirkt sich das gemäß der Modellschätzungen auf eine Erhöhung der „Gesamteinstellung" um 45 standardisierte Einheiten aus.

Die obige Abbildung zeigt deutlich, dass die Gesamteinstellung gegenüber Arzneimitteln stark durch 2 Faktoren bestimmt wird: Die wahrgenommene Datenlage sowie die wahrgenommene relative Wirksamkeit (im Vergleich zu den relevanten Wettbewerbsprodukten). Dabei fließen in die wahrgenommene Wirksamkeit auch die Erfahrungen aus praktischen klinischen Anwendungen mit ein. Einen in etwa halb so starken Einfluss auf die „Gesamteinstellung" üben jeweils die Indikatoren aus einer nachfolgenden 5er-Gruppe aus, deren Totaleffekte sich zwischen 0,26 und 0,21 bewegen. Dazu zählen das „Expertenvotum/Leitlinien-Empfehlungen" für Arzneimittel, die mit einem Produkt assoziierte Therapietreue der Patienten, die Sympathie mit den Vermarktungsaktivitäten, die „Kommunikations-Authentizität" sowie die „Vorhersagbarkeit der zu erwartenden Wirksamkeit". Das aktive Management dieser 7 bedeutendsten Einflussfaktoren stellt somit eine zentrale Aufgabe für das Pharma-Marketing dar.

Die Wahrnehmung der Datenlage und der relativen Wirksamkeit eines Arzneimittels sollte durch die Wahl geeigneter Maßnahmen beeinflusst werden (z. B. durch ein aussagekräftiges Design von klinischen Studien mit sinnvollen „Comparators", Patientenpopulationen und Endpunkten; durch die Abgrenzung in Wirksamkeitsaspekten zu anderen Wettbewerbern (Kommunikation von „competitive advantages") und z. B. durch die Entwicklung von Betreuungs- bzw. Kommunikationskonzepten für Ärzte, im Zuge derer die Wirksamkeitsbeobachtungen bei eigenen Patienten diskutiert und eingeordnet (d. h. kommunikativ beeinflusst) werden können). Auffällig ist weiterhin, dass bei der Analyse der Totaleffekte nicht so sehr die quantitativen Marketing-Instrumente (z. B. Intensität von offenen Werbemaßnahmen und Häufigkeit der Besuche von Pharmaberatern) die Einstellungsbildung beeinflussen, sondern eher die qualitative Kommunikation seitens des Herstellers und der medizinischen Fachwelt (z. B. Behandlungsempfehlungen und die Richtigkeit der kommunizierten Leistung eines Arzneimittels). Aber auch bei der mit einem Arzneimittel assoziierten Therapietreue der Patienten können sich für das Arzneimittel-Marketing Handlungsansätze ergeben. So können ggf. Produkte einen relevanten Wettbewerbsvorteil erlangen, wenn sie gegenüber anderen Wettbewerbern eine höhere Therapietreue der Patienten sicherstellen können (z. B. mittels anwendungsfreundlicherer Darreichungsformen, Einnahme-

zyklen und geringerer Nebenwirkungen). Für eine Verbesserung der Therapietreue könnten aber auch die Arzneimittelhersteller neue Wege in der Zusammenarbeit mit Zulassungsbehörden und Krankenkassen beschreiten. Denkbar wären
z. B. Bonus-Programme bei nachgewiesener Arzneimitteleinnahme, elektronische
Einnahme-Aufzeichnungstechniken in Verpackungen, Packungsbeileger mit grafischen Illustrationen (die über die Gefahren der Nicht-Einnahme von Arzneimitteln informieren), öffentliche Kampagnen für eine verbesserte Compliance, etc.

Ein Blick auf die obige Abbildung zeigt auch, dass die Dauer der Zulassung einen
moderaten positiven Einfluss auf die Einstellung gegenüber Arzneimitteln ausübt.
Dieser erfreuliche Befund für etablierte Arzneimittel stellt jedoch eine Herausforderung für neu eingeführte Arzneimittel dar. Je kürzer erst ein Arzneimittel auf
dem Markt zugelassen ist, desto skeptischer wird es durch die Ärzte beurteilt.
Hier ist das Produktmanagement gefordert, frühzeitig bei jungen Produkten mit
Hilfe der wichtigsten einstellungsbeeinflussenden Instrumente gegenzusteuern.

Hinsichtlich der Indikatoren, die einen bedeutsamen negativen Effekt auf die Gesamteinstellung ausüben, können das wahrgenommene „Ausmaß der Nebenwirkungen" und die „Verfügbarkeit von relevanten Wettbewerbern" identifiziert
werden. Dabei weist das letztgenannte Konstrukt einen ähnlich hohen absoluten
Totaleffekt auf wie z. B. die das Instrument der „Pharmaberater". Dieser Befund
unterstreicht die Bedeutung der Abgrenzung von Arzneimittelprodukten zu anderen relevanten Wettbewerbern. Gelingt es in der Wahrnehmung der Ärzte ein
Produkt erfolgreich von den übrigen Wettbewerbern zu differenzieren, so wirkt
sich dies unmittelbar positiv auf die Einstellungsbildung und auf die Verwen-
dungsintensität eines Arzneimittels aus (siehe dazu auch das folgende Kapitel).

6.5.3.2 Totaleffekte in der Übersicht

6.5.3.2.1 Verordnungsintensität

In Kapitel 6.5.3.2 werden überblicksartig die bedeutsamsten Totaleffekte auf die 5
einstellungsbeeinflussenden Konstrukte sowie auf die „Verordnungsintensität"
dargestellt. Diese Subanalyse ermöglicht es, die Wirkungszusammenhänge unter
der Beachtung aller direkten und indirekten Effekte noch differenzierter zu beur-

teilen. Die Totaleffekte auf die „Verordnungsintensität" sind in der folgenden Abbildung dargestellt.

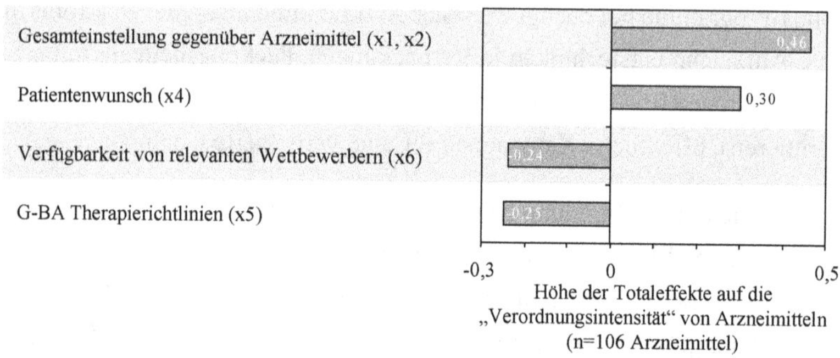

Gesamteinstellung gegenüber Arzneimittel (x1, x2) — 0,46

Patientenwunsch (x4) — 0,30

Verfügbarkeit von relevanten Wettbewerbern (x6) — -0,24

G-BA Therapierichtlinien (x5) — -0,25

-0,3   0   0,5

Höhe der Totaleffekte auf die „Verordnungsintensität" von Arzneimitteln (n=106 Arzneimittel)

Abb. 49:   Die Totaleffekte auf die „Verordnungsintensität" (nur direkte Faktoren)

In der obigen Abbildung werden dabei aus Vereinfachungsgründen nur die Totaleffekte jener Einflussfaktoren aufgeführt, die gemäß der Modellspezifikation einen direkten Einfluss auf die „Verordnungsintensität" ausüben.[432] Es zeigt sich, dass die „Gesamteinstellung" gegenüber einem Arzneimittel ca. 1,5 mal so stark die „Verordnungsintensität" beeinflusst wie jeder der 3 übrigen Einflussfaktoren, die alle in etwa eine ähnlich hohe (absolute) Wirkungsstärke aufweisen. Bei der Interpretation dieser Ergebnisse ist zu beachten, dass als Dateninput für die Messung der Verordnungsintensität lediglich die „beabsichtigte Verordnungsintensität für die nächsten 10 typischen Patienten" in der betreffenden Indikation diente (erhoben im Rahmen der Arztbefragung). Es kann nicht unmittelbar festgestellt werden, wie Ärzte bei der Beantwortung dieser Frage situative Faktoren bei der Verordnungsentscheidung (wie z. B. den Patientenwunsch nach einem Arzneimittel) antizipieren. Eine validere Messung hätte sich bei der Verwendung von realen Verordnungsdaten ergeben, die aber für diese Studie nicht zur Verfügung standen.[433] In der Literatur wird dabei nachdrücklich die Verwendung von objektiv-

---

[432]   Für das Konstrukt der „Gesamteinstellung" wurden bereits im vorangegangenen Kapitel die Totaleffekte der Einflussfaktoren diskutiert.

[433]   Notwendig wären in diesem Zusammenhang Verordnungsdaten bzw. Marktanteile auf Indikationsbasis, die aufgrund der Verwendung von Arzneimitteln in mehreren Indikationen nur mit Hilfe eines Panels erhoben werden können.

ökonomischen Wirkungsgrößen in Kausalmodellen gefordert.[434] Inhaltlich legen die oben dargestellten Ergebnisse nahe, dass das Produktmanagement – neben einer expliziten Produktdifferenzierung - auch im Rahmen der gesetzlichen Grenzen den Dialog mit den Patienten forcieren sollte. Die Möglichkeiten einer effektiven Patientenkommunikation für verschreibungspflichtige Arzneimittel variieren dabei allerdings stark von Indikation zu Indikation (z. B. chronische vs. nicht-chronische Erkrankungen, Organisationsgrad von Patienten in Verbänden, etc.), so dass hier keine allgemeingültigen Empfehlungen gegeben werden können. Hinsichtlich der Verhinderung oder inhaltlichen Abschwächung von G-BA Therapierichtlinien verbleiben Herstellern nur die Instrumente des Dialogs (Lobbying), die Aktivierung der medizinischen Fachwelt gegen geplante Richtlinien und juristische Gegenmaßnahmen. Grundsätzlich sollte dabei aber im Interesse einer langfristigen Beziehungsgestaltung zu den betreffenden Institutionen (G-BA, IQWiG, Gesundheitsministerium) kooperativen Lösungen stets der Vorrang eingeräumt werden.

6.5.3.2.2 Relativer therapeutischen Nutzen

Bei dem Konstrukt des wahrgenommenen „Relativen therapeutischen Nutzens" wurde bereits im Rahmen der Darstellung der Messmodelle aufgezeigt, dass dieses vornehmlich durch die wahrgenommene relative Wirksamkeit (Gewichtkoeffizient = 0,914) und das relative Ausmaß der Nebenwirkungen (-0,270) gebildet wird. Die Totaleffekte der externen Einflüsse, die auf diese Wahrnehmungen wirken, sind in der folgenden Abbildung aufgeführt. (Hinweis: In allen nachfolgenden Abbildungen des Kapitels 6.5.3.2 werden nur noch Indikatoren dargestellt, deren Totaleffekte einen Absolutwert von >0,05 aufweisen.)

---

[434] Vgl. Diller, H. (2004), S. 177.

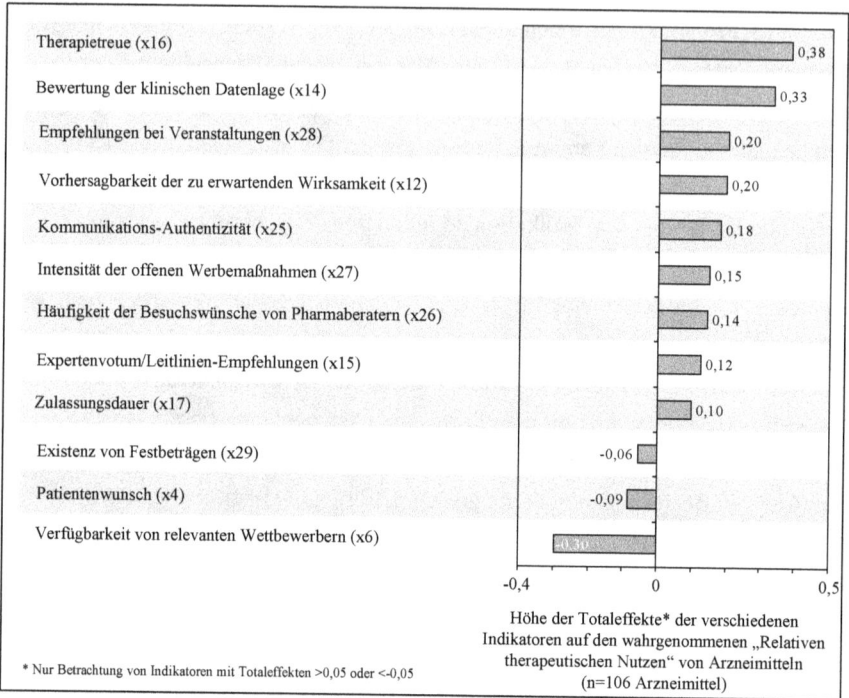

Abb. 50:   Die Totaleffekte auf den „Relativen therapeutischen Nutzen"

Der durch Ärzte wahrgenommene, relative therapeutische Nutzen von Arzneimitteln wird demnach stark durch die klinische Datenlage und durch die einem Arzneimittel beigemessene Therapietreue der Patienten beeinflusst. Offensichtlich
können Arzneimittel, denen Ärzte eine hohe Therapietreue seitens der Patienten
beimessen, mindestens ebenso stark den wahrgenommenen Nutzen eines Arzneimittels beeinflussen wie eine gute klinische Datenlage. In diesem Ergebnis spiegelt sich auch die in der Praxis häufig beobachtete Verhaltenstendenz der Ärzte
wider, im Zweifel lieber wirkungsschwächere Arzneimittel zu verordnen, mit
denen „Patienten gut klar kommen", statt (gemäß der Datenlage) wirkungsstär-
kere Arzneimittel zu verordnen, die in der Anwendung komplexer sind und ggf.
stärkere Nebenwirkungen nach sich ziehen. Dieser Befund unterstreicht einmal
mehr die große Bedeutung der „Patienten-Compliance" in der Wahrnehmung der
Ärzte, die das Produktmanagement durch geeignete Maßnahmen entsprechend
fördern sollte (siehe auch Kapitel 6.5.3.1).

Im Rahmen der Darstellung der Totaleffekte wird auch der Einfluss der Verwendungsempfehlungen bei (Fortbildungs-)veranstaltungen auf den wahrgenommenen Produktnutzen aufgewertet. Wie schon bereits angesprochen, wirkt dieser Einfluss maßgeblich auf indirektem Wege über die Wahrnehmung der Verfügbarkeit von relevanten Wettbewerbern (siehe dazu die Pfadkoeffizienten von H47, H50 und H14). Diese empirischen Befunde legen nahe, dass in solchen Veranstaltungen die relative Wahrnehmung eines Produktes verbessert wird, indem andere Wettbewerber - salopp formuliert - „schlecht gemacht" werden. Hierin liegen für das Arzneimittel-Marketing zugleich Chancen und Risiken. Offensichtlich dienen solche Veranstaltungen als ideale Plattform für eine effektive Kommunikation von eigenen Produkt-Differenzierungsmerkmalen. Auf der anderen Seite kann die intensive Nutzung des Veranstaltungs- und Fortbildungsinstrumentes durch Wettbewerber die Position des eigenen Produktes gefährden. Insofern empfiehlt sich eine genaue Beobachtung und Analyse der durch Wettbewerber in solchen Veranstaltungen thematisierten Inhalte.

Auch die größere wahrgenommene Sicherheit über die zu prognostizierenden Wirksamkeitseffekte („Vorhersagbarkeit der zu erwartenden Wirksamkeit") spielt eine wichtige Rolle bei der Bewertung des gesamten therapeutischen Nutzens eines Arzneimittels. Umgekehrt bedeutet dies, dass bei Arzneimitteln, die eine hohe patientenindividuelle Varianz im Behandlungsergebnis aufweisen, durch das Produktmanagement geeignete Maßnahmen getroffen werden sollten, um diesen ungünstigen Effekten entgegenzuwirken. Welche Faktoren wiederum diese „Vorhersagbarkeit der Effekte" beeinflussen, ist in Kapitel 6.5.3.2.4 aufgeführt. In etwa ähnlich stark wie der eben genannte Faktor wirkt die „Kommunikations-Authentizität", also die wahrgenommene Richtigkeit der Leistungsversprechen, auf den wahrgenommenen therapeutischen Nutzen. Es zeigt sich, dass die durch den Hersteller (und durch die mit ihm involvierten medizinischen Meinungsführer) erzeugte Erwartungshaltung hinsichtlich der Leistung eines Arzneimittels unmittelbar den wahrgenommenen Nutzen beeinflussen kann. In der Konsequenz sollten also Arzneimittel-Hersteller die Leistung ihrer Produkte nicht unangemessen „in den Himmel heben". Im Gegenteil: Die Ergebnisse legen nahe, dass die Erzeugung von positiven Überraschungseffekten bei Ärzten (d. h. eine bessere

Leistung als erwartet) den wahrgenommenen Nutzen und auch die Gesamteinstellung gegenüber einem Produkt stark verbessern kann. Zu diesem Zweck müssen Ärzten natürlich allerdings zunächst Anreize und Argumente zum Einsatz eines Produktes geliefert werden. In diesem Zusammenhang ist insbesondere bei Produktneueinführungen ein umfassender Mustereinsatz zu empfehlen.

Die „Intensität von offenen Werbemaßnahmen" und die „Häufigkeit der Besuche von Pharmaberatern" üben nur einen moderaten Einfluss auf den wahrgenommenen therapeutischen Nutzen von Arzneimitteln aus. Diese Maßnahmen sind jedoch die Trägermedien für wichtige qualitative Kommunikationsinhalte wie z. B. für Positionierungs- und Differenzierungsaussagen. Aufgrund der hohen Erklärungsbedürftigkeit von Produkteigenschaften bzw. klinischen Daten ist auch in der Zukunft nicht davon auszugehen, dass eine effektive Kommunikationsstrategie ohne den umfassenden Einsatz von Pharmaberatern umgesetzt werden kann.

6.5.3.2.3 Bewertete Datenlage
Bei der Analyse der Totaleffekte auf die wahrgenommene Datenlage zeigt sich, dass der Indikator „Expertenvotum/Leitlinien-Empfehlungen" den bedeutsamsten aller untersuchten Einflussfaktoren auf dieses Konstrukt darstellt.

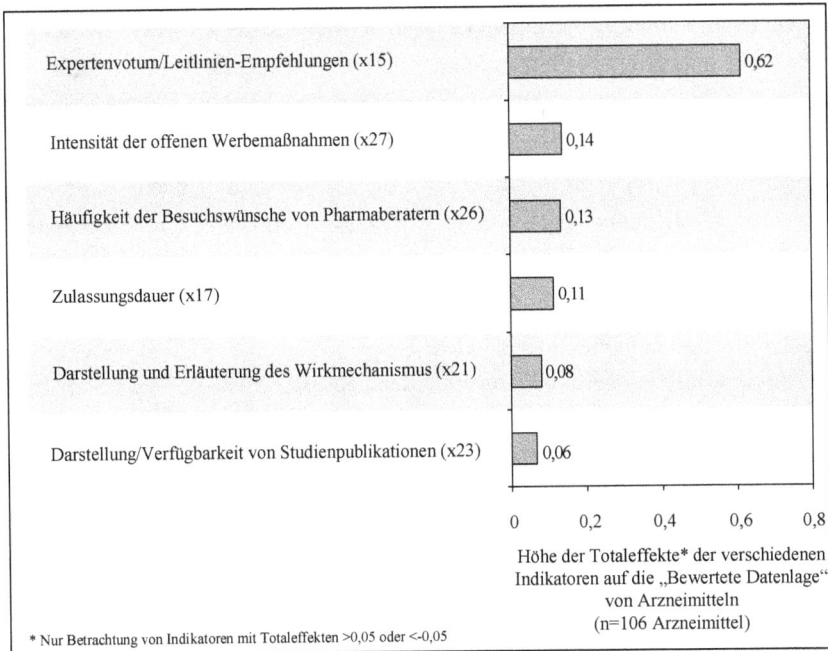

Abb. 51:   Die Totaleffekte auf die „Bewertete Datenlage"

Verglichen mit den Effekten, die Pharmareferenten und offene Werbemaßnahmen auf die wahrgenommene Datenlage von Ärzten ausüben können, ist der Einfluss von Leitlinien-Empfehlungen ca. 4-mal höher einzuschätzen. Für die eine Verbesserung der wahrgenommenen Datenlage um eine Standardeinheit müsste sich demnach die wahrgenommene Verbesserung des Expertenvotums um 1,6 Standardeinheiten verbessern, während sich die Intensität von offenen Werbemaßnahmen und Pharmareferenten-Besuchen um 7,1 bzw. 7,7 Standardeinheiten erhöhen müsste.

Eine breite Unterstützung eines Arzneimittels durch die wichtigsten medizinischen Meinungsführer sowie eine Aufnahme in die bedeutendsten Behandlungsleitlinien stellt somit den Goldweg für die erfolgreiche Vermarktung von Arzneimittelprodukten dar. Auch bei der Betrachtung der Totaleffekte auf die „Gesamteinstellung" lässt sich die Bedeutung des Expertenvotums ablesen. Allerdings wurde im Modell zwischen „Expertenvotum" und „Relativer therapeutischer Nutzen" ein (schwach) negativer direkter Zusammenhang gemessen (H21), der aber durch starke indirekte Effekte überkompensiert wird (Totaleffekt = 0,12; siehe Abbildung 50). Es scheint, als ob Expertenmeinungen und Leitlinien-Empfehlungen vornehmlich zu einer verbesserten Interpretation und Einordnung der Datenlage dienen und weniger die Ärzte bei einer direkten Bewertung der Wirksamkeit, der Nebenwirkungen und der Anwendungsfreundlichkeit von einem Arzneimittel beeinflussen.

6.5.3.2.4 Vorhersagbarkeit der Effekte
Im Hypothesenmodell wird das Konstrukt der „Vorhersagbarkeit der Effekte" bei der Verordnung eines Arzneimittels maßgeblich durch 3 Faktoren erklärt. Die folgende Abbildung stellt die größten gemessenen Einflussfaktoren dar.

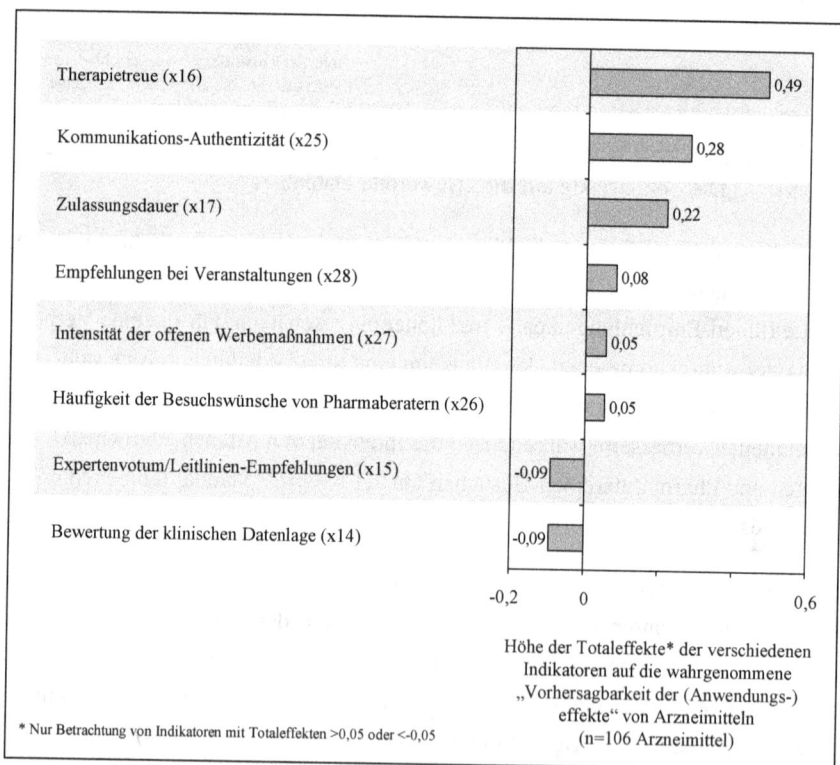

* Nur Betrachtung von Indikatoren mit Totaleffekten >0,05 oder <-0,05

Höhe der Totaleffekte* der verschiedenen Indikatoren auf die wahrgenommene „Vorhersagbarkeit der (Anwendungs-) effekte" von Arzneimitteln (n=106 Arzneimittel)

Abb. 52:   Die Totaleffekte auf die „Vorhersagbarkeit der Effekte"

Danach spielt die mit einem Arzneimittel assoziierte Therapietreue der Patienten die größte Rolle bei der Abschätzung der mit einer Arzneimitteltherapie verbundenen Effekte. Auch die „Kommunikations-Authentizität" des Herstellers und die Dauer der Zulassung eines Arzneimittels begünstigen deutlich die Abschätzbarkeit der Arzneimittelwirkungen aus Sicht der Ärzte. Insbesondere eine stärkere Übereinstimmung von versprochener und tatsächlich wahrgenommener Arzneimittelleistung führt offensichtlich zu einem größeren Vertrauen in die Prognose der Effekte von zukünftigen Arzneimittelanwendungen. Klassische Marketingmaßnahmen, Arzneimittelbewertungen durch andere Mediziner und auch die klinische Datenlage eines Arzneimittels beeinflussen die durch Ärzte wahrgenommene Effekt-Vorhersagbarkeit hingegen nur schwach.

6.5.3.2.5 Angemessenheit des Preises

Die Empfehlung eines Arzneimittels in Behandlungsleitlinien sowie eine hohe wahrgenommene (relative) Wirksamkeit sind die wichtigsten Gründe, die zu einer wohlwollenderen Preis-/Leistungsbewertung von Arzneimittelprodukten durch Ärzte führen. Die mit einem Arzneimittel assoziierte Therapietreue trägt immerhin noch mit einem Totaleffekt von 0,11 zur wahrgenommenen „Angemessenheit des Preises" bei.

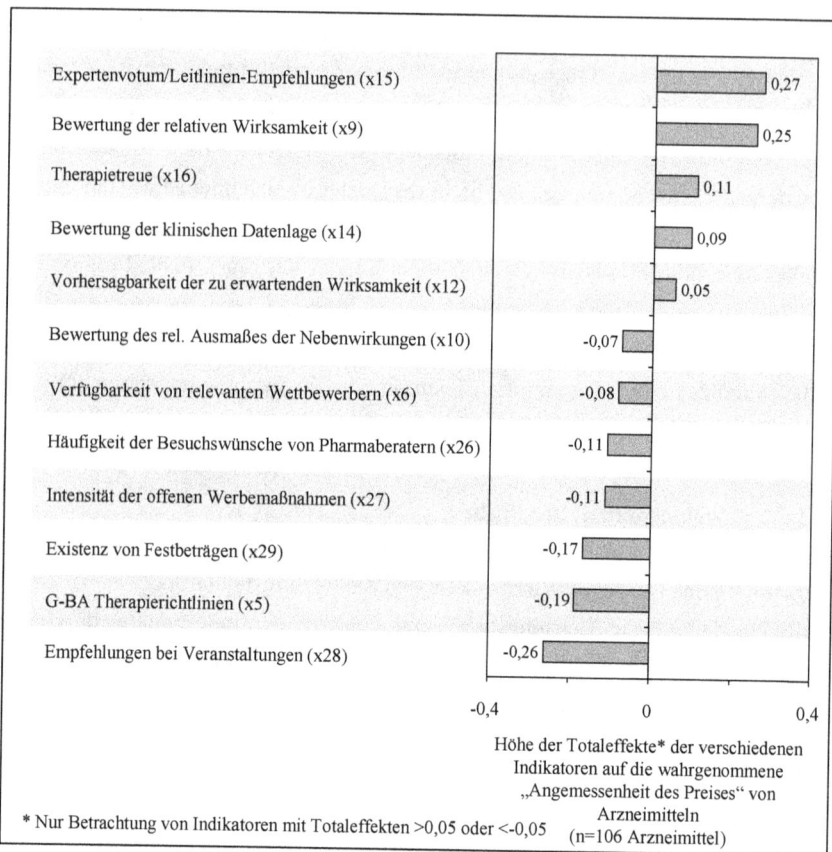

Indikator	Wert
Expertenvotum/Leitlinien-Empfehlungen (x15)	0,27
Bewertung der relativen Wirksamkeit (x9)	0,25
Therapietreue (x16)	0,11
Bewertung der klinischen Datenlage (x14)	0,09
Vorhersagbarkeit der zu erwartenden Wirksamkeit (x12)	0,05
Bewertung des rel. Ausmaßes der Nebenwirkungen (x10)	-0,07
Verfügbarkeit von relevanten Wettbewerbern (x6)	-0,08
Häufigkeit der Besuchswünsche von Pharmaberatern (x26)	-0,11
Intensität der offenen Werbemaßnahmen (x27)	-0,11
Existenz von Festbeträgen (x29)	-0,17
G-BA Therapierichtlinien (x5)	-0,19
Empfehlungen bei Veranstaltungen (x28)	-0,26

Höhe der Totaleffekte* der verschiedenen Indikatoren auf die wahrgenommene „Angemessenheit des Preises" von Arzneimitteln (n=106 Arzneimittel)

* Nur Betrachtung von Indikatoren mit Totaleffekten >0,05 oder <-0,05

Abb. 53: Die Totaleffekte auf die „Angemessenheit des Preises"

Auf der anderen Seite können eine Reihe von Faktoren identifiziert werden, die zu einer ungünstigeren „Angemessenheitsbewertung des Preises" führen. Dazu gehören ein stärker wahrgenommenes „Ausmaß der Nebenwirkungen", eine größere „Verfügbarkeit von relevanten Wettbewerbern" sowie die Signalwirkung bei dem Vorliegen von „G-BA Richtlinien". Hinsichtlich der Faktoren „Pharmaberater", „offene Werbemaßnahmen" und „Empfehlungen bei Veranstaltungen" konnte schon in Kapitel 6.5.2.4.4 gezeigt werden, dass deren positive Effekte auf die Wahrnehmung der Preise möglicherweise durch den starken „Hintergrundfaktor" des objektiven Preises überkompensiert werden. Bei dem Einfluss einer Festbetragsregelung auf die Preiswahrnehmung wurde ebenfalls schon die Vermutung aufgestellt, dass diese Eigenschaft durch die Ärzte als ein Signal für ein hohes Preisniveau verstanden wird. Zu beachten ist weiterhin, dass die wahrgenommene „Angemessenheit des Preises" maßgeblich über die „Sympathie mit der Vermarktung" einen Einfluss auf die „Gesamteinstellung" gegenüber einem Arzneimittel ausübt (im Vergleich zum direkten Effekt (H8), siehe dazu auch H36 und H9).

6.5.3.2.6 Sympathie mit der Vermarktung

Die Berechnung der Totaleffekte zeigt, dass die „Kommunikations-Authentizität" und die „Angemessenheit des Preises" die beiden maßgeblichen Einflussgrößen auf die Sympathie der Ärzte mit den Vermarktungsmaßnahmen von Arzneimittelherstellern darstellen (siehe nachfolgende Abbildung). Dabei ist der Zusammenhang zwischen der „wahrgenommenen Richtigkeit" der kommunizierten Inhalte und einer positiven Einstellung der Vermarktung gegenüber intuitiv einleuchtend.

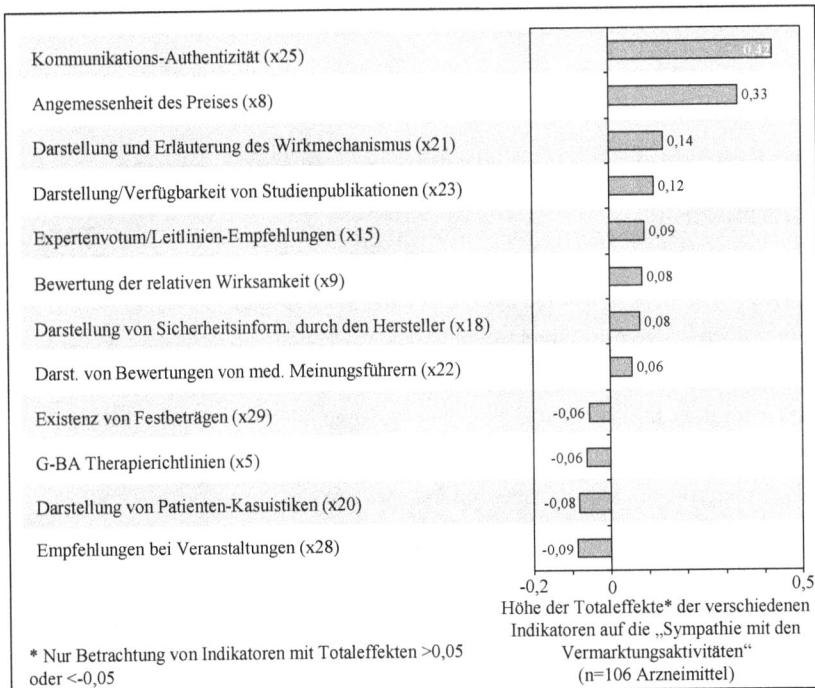

Indikator	Totaleffekt
Kommunikations-Authentizität (x25)	0,42
Angemessenheit des Preises (x8)	0,33
Darstellung und Erläuterung des Wirkmechanismus (x21)	0,14
Darstellung/Verfügbarkeit von Studienpublikationen (x23)	0,12
Expertenvotum/Leitlinien-Empfehlungen (x15)	0,09
Bewertung der relativen Wirksamkeit (x9)	0,08
Darstellung von Sicherheitsinform. durch den Hersteller (x18)	0,08
Darst. von Bewertungen von med. Meinungsführern (x22)	0,06
Existenz von Festbeträgen (x29)	-0,06
G-BA Therapierichtlinien (x5)	-0,06
Darstellung von Patienten-Kasuistiken (x20)	-0,08
Empfehlungen bei Veranstaltungen (x28)	-0,09

* Nur Betrachtung von Indikatoren mit Totaleffekten >0,05 oder <-0,05

Höhe der Totaleffekte* der verschiedenen Indikatoren auf die „Sympathie mit den Vermarktungsaktivitäten" (n=106 Arzneimittel)

Abb. 54:   Die Totaleffekte auf die „Sympathie mit der Vermarktung"

Bedingt durch den starken Einfluss der „Angemessenheit des Preises" auf die „Sympathie" werden viele der durch die Preiswahrnehmung vermittelten Effekten auf das letztgenannte Konstrukt „durchgereicht". So lassen sich sogar für die Faktoren „Expertenvotum", „Festbeträge", „G-BA Richtlinien" und „Empfehlungen bei Veranstaltungen", die kaum oder gar nicht in einem direkten kausalen Zusammenhang mit der wahrgenommenen Sympathie von Vermarktungsaktivitäten stehen, relativ schwache Totaleffekte berechnen. Auch wird der als „moderat" gemessene positive direkte Effekt der „Kommunikations-Intensität" auf die „Sympathie" (H37) durch den indirekten Effekt über den „Preis" (H38, H36) bei der Berechnung des Totaleffektes überlagert. Verschiedene Instrumente der „Unsicherheitsabbauenden Kommunikation" üben z. T. einen moderaten Effekt auf die „Sympathie" aus. Insbesondere die „Erläuterung des Wirkmechanismus" und das Anbieten von „Studienpublikationen" sind hier zu nennen. Hinsichtlich der Interpretation des negativen Effektes der Patienten-Kasuistiken sei auf Kapitel 6.5.2.2 verwiesen.

6.6   Abschließende Betrachtung

6.6.1   Kritische Bewertung der empirischen Untersuchung

6.6.1.1 Objektivität

In Kapitel 6.6.1 wird nun insgesamt die Güte der empirischen Untersuchung hinsichtlich der typischen Kriterien „Objektivität", „Reliabilität" und „Validität" diskutiert. Dabei hebt die „Objektivität" einer Messung darauf ab, dass die Analyseergebnisse unbeeinflusst durch die Person des Forschers zustande kommen. Anders formuliert müssten also 2 Forscher, die eine identische Untersuchung durchführen, zu den gleichen Ergebnissen kommen. Betrachtet man das Design der Untersuchung, die Auswahl der untersuchten Arzneimittel und die Zusammenhänge im Hypothesenmodell als gegeben, so ist der Messung der Daten und Durchführung der Analyse durchaus ein hohes Maß an Objektivität zuzuschreiben. Durch die Internetbefragung waren die Ärzte weitestgehend frei von einer persönlichen Beeinflussung durch den Forscher. Bei der Auswertung der Daten flossen lediglich bei der Datenbereinigung (Aussortierung von ungültigen Antworten) in geringem Maße subjektive Einschätzungen mit ein. Die Interpretation der Ergebnisse hingegen unterliegt naturgemäß einem stärkeren subjektiven Einfluss. Allerdings zeichnen auch hier die quantitativen Ergebnisse ein relativ klares Bild (z. B. Signifikanz der Wirkungszusammenhänge, Totaleffekte, etc.), die nur geringe Interpretationsspielräume zulassen.

6.6.1.2 Reliabilität

Unter der Reliabilität der Messung wird die formale Genauigkeit einer Messung verstanden. Demnach müsste eine wiederholte Messung unter identischen Bedingungen zu gleichen Ergebnissen führen. Dieses Kriterium hebt insbesondere auf die mit einer Messung verbundenen zufälligen Fehler ab. In diesem Zusammenhang ist zu beachten, dass der Faktor „Zeit" bei der Messung der Daten für diese Studie eine wichtige Rolle spielt. In dem vorliegenden Fall wurden die Daten für die Arzneimittel im Zeitraum zwischen Oktober 2005 bis Februar 2006 erhoben. Würde die Untersuchung z. B. ein Jahr später erneut wiederholt werden, so müssten einige Arzneimittel aufgrund ihres bereits ausgelaufenen Patentschutzes (bzw. ihrer nicht mehr vorhandenen Marktexklusivität) aus der Studie ausgeschlossen werden. Wären jedoch 2 Datenerhebungen zur gleichen Zeit durchgeführt worden, so wäre auch hier insgesamt von einer akzeptablen Reliabilität der Messung auszugehen. Die objektiven Arzneimittelmerkmale wurden entweder aus der DIMDI-Datenbank extrahiert oder auf den Produkt-Homepages im Internet anhand fest definierter Kriterien erhoben. Bei den subjektiven, durch die Ärzte wahrgenommenen Arzneimittelmerkmalen stellt sich hingegen die Frage, inwiefern diese Messungen und die Durchschnittsbildung der Bewertungen tatsächlich eine verlässliche Messung der „Marktwahrnehmung" von Arzneimitteln darstellen. Diese Thematik wurde bereits in Kapitel 6.3.3 ausführlich thematisiert. Auch hätte bei einigen Arzneimitteln die Möglichkeit bestanden, diese durch verschiedene Arztgruppen bewerten zu lassen.[435] Es ist nicht auszuschließen, dass im

---

[435] Beispielsweise werden Broncholytika/Antiasthamtika in etwa ähnlich intensiv von einem durchschnittlichen Allgemeinmediziner oder Internist verordnet. Aufgrund der Konzeption der 23 Fragebögen erfolgte die Bewertung für ein betrachtetes Arzneimittel aber nur durch eine Facharztgruppe. So wurden z. B. einige Broncholytika/Antiasthamtika nur durch Allgemeinmediziner, andere nur durch Internisten bewertet. (Siehe dazu auch Nink, K., Schröder, H. (2005b), S. 976-977, und den Anhang für eine Übersicht der Arzneimittel und der befragten Facharztgruppen). Dieser

Zuge einer hypothetischen Paralleluntersuchung bei der Befragung anderer Ärzte abweichende Messungen für die Arzneimittelmerkmale hätten ermittelt werden können. Dennoch gibt es Anhaltspunkte dafür, dass eine mittlere Bewertungsanzahl von 13,8 Ärzten pro Arzneimittel eine ausreichend verlässliche Basis zur Wahrnehmungsmessung von einem Arzneimittel darstellt.

6.6.1.3 Validität

6.6.1.3.1 Interne Validität

Die Validität einer Messung bzw. Analyse hebt auf ihre inhaltliche Genauigkeit ab. Dabei können systematische Fehler, die z. B. bei wiederholten Messungen in gleichem Maße auftreten, die Validität beeinträchtigen.[436] Hinsichtlich des Validitäts-Kriterium weist die vorliegende Studie verschiedene Ansatzpunkte zur Kritik auf. Die folgende Diskussion lässt sich dabei in Kritikpunkte zur „internen" und „externen" Validität unterscheiden.[437]

Systematische Fehler, die die interne Validität einer Untersuchung beeinflussen können, stellen z. B. eine fehlerhafte Modellkonzeption oder der Einfluss von nicht berücksichtigten Störvariablen dar. Bezogen auf die vorliegende Untersuchung könnte diese Art von systematischem Fehler innerhalb der gesamten Konzeption des Hypothesenmodells auftreten (d. h. bei der Bestimmung der Konstrukte und Messmodelle, bei der Auswahl der Indikatoren und bei allen aufgestellten Zusammenhangsbeziehungen). Obwohl die Hypothesen theoretisch hergeleitet wurden, kann natürlich nicht ausgeschlossen werden, dass noch wietere bedeutsame Konstrukte und Zusammenhangsbeziehungen existieren, die im vorliegenden Modell nicht berücksichtigt wurden. Von diesem Standpunkt aus betrachtet wäre aber bei komplexeren Kausal- bzw. Strukturgleichungsmodellen die interne Validität als grundsätzlich kritisch zu beurteilen. Das Ausmaß der internen Validität, das Betrachter den Ergebnissen von Kausalmodellen beimessen, hängt stark davon ab, inwiefern sie die Gesamtkonzeption eines Modells als gültig ak-

---

Aspekt könnte auch bedingt als ein „systematischer Fehler" im Rahmen der „internen Validität" interpretiert werden.

[436] Ein klassisches Beispiel für einen systematischen Messfehler ist die Ablesung der Außentemperatur an einer Hauswand. Die Abstrahlungswärme eines Hauses kann systematisch die Messung verzerren.

[437] Vgl. Aaker, D., Kumar, V., Day, G. (2001), S. 600.

zeptieren. Vollkommen „unstrittig" sind aber Modelle meist nur dann, wenn diese eher einfache Strukturen mit theoretisch und empirisch bereits gesicherten Zusammenhangbeziehungen aufweisen. Trotz einer hohen internen Validität von solchen Modellen ist aber deren zusätzlicher wissenschaftlicher Erkenntnisgewinn als eher gering einzuschätzen. Wird daher im Rahmen einer Modellbildung „wissenschaftliches Neuland" betreten, so geht dies typischerweise einher mit einer stärkeren Kritik an der internen Validität von Modellkonstruktionen. Aus diesem Grunde ist die theoretische Fundierung der aufgestellten Zusammenhangsbeziehungen für einen Forscher der sicherste Weg, die interne Validität und wissenschaftliche Akzeptanz seines Modells sicherzustellen.

Eine weitere Quelle von systematischen Fehlern, die die interne Validität der vorliegenden Untersuchung potenziell beeinflussen kann, ergibt sich bei der Parameterschätzung durch die momentane softwaretechnische Umsetzung des PLS-Ansatzes. *Albers/Hildebrandt* zählen dazu 4 Kritikpunkte auf:[438]

- **Keine Berücksichtigung von nicht-linearen Funktionsverläufen**
  Der PLS-Ansatz unterstellt lineare Funktionsverläufe bzw. Beziehungen zwischen den verschiedenen Indikatoren und Konstrukten im Modell. Nicht-lineare Verläufe können mit den z. Zt. verfügbaren Softwareprogrammen nicht abgebildet werden.

- **Keine Berücksichtigung von Heterogenität in der Stichprobe**
  Innerhalb der betrachteten Untersuchungseinheiten (hier: Arzneimittel) können unbekannte Gruppen („latente Klassen") existieren, die auf die zu erklärenden Variablen einen unterschiedlich starken Einfluss ausüben. Die Identifikation dieser Gruppen und deren Berücksichtigung bei der Parameterschätzung ist mit den z. Zt. verfügbaren PLS-Softwareprogrammen nicht möglich.

- **Verzerrungen bei der Verwendung kategorialer Daten**
  Über die Handhabung von kategorialen Daten in PLS liegen bisher nur wenige Informationen vor. *Betzin* konnte zeigen, dass durch eine Ver-

---

[438] Vgl. Albers, S., Hildebrandt, L. (2006), S. 28.

wendung kategorialer Daten eine Verzerrung der Parameterschätzungen auftreten kann.[439] Dennoch werden in der Literatur von verschiedenen Autoren kategoriale Daten bei PLS-Schätzungen problemlos verwendet.[440]

- **Das Fehlen eines Gütekriteriums zur Beurteilung von Gesamtmodellen**
Anders als bei Kovarianzstrukturmodellen (z. B. LISREL) liegt bei PLS kein Gütemaß zu Beurteilung einer gesamten Modellstruktur vor. Diese Einschränkung stellt zwar nicht direkt einen systematischen Fehler dar, dennoch kann durch das Fehlen eines solchen Kriteriums ein u. U. ungeeignetes Gesamtmodell nicht identifiziert werden.

Die Nicht-Berücksichtigung von Heterogenität in der Datenstruktur bei der Parameterschätzung durch PLS stellt somit hohe Anforderungen an eine homogene Stichprobenauswahl. Im vorliegenden Fall wurde bei der Auswahl der Arzneimittel durch die Anwendung zahlreicher Filterkriterien versucht, eine „relative Homogenität" in der Stichprobe sicherzustellen. Hinsichtlich der Einschränkung bei der Verwendung von kategorialen Daten ist anzumerken, dass in der vorliegenden Untersuchung tatsächlich nur 4 Indikatoren (x_5, x_{20}, x_{21} und x_{29}) binär codiert sind. Für alle übrigen Indikatoren erfolgte die Messung auf mehrstufigen Skalen, für die in der Forschungspraxis ein metrisches Skalenniveau angenommen wird.[441] Weiterhin zeigen die Parameterschätzungen bezüglich dieser 4 Indikatoren mit binärer Codierung keine besonderen inhaltlichen Auffälligkeiten, die eine starke Verzerrung der Messergebnisse nahe legen.

6.6.1.3.2 Externe Validität

Der Begriff der externen Validität bezieht sich auf die Repräsentativität einer Stichprobe und auf die Generalisierbarkeit der ermittelten Ergebnisse auf eine Grundgesamtheit. Im vorliegenden Fall bezieht sich die Frage nach der Repräsentativität der Untersuchung auf die Auswahl der Arzneimittel (und nicht auf die Auswahl der befragten Ärzte, die „nur" als Messinstrument für die Arzneimittel fungieren). Insgesamt ist anzunehmen, dass die ermittelten Ergebnisse für die spe-

---

[439] Vgl. Betzin, J. (2005), S. 187-192.
[440] Vgl. Wetzels, M., Lindgreen, A., de Ruyter, K., Wouters, J. (2005), S. 231-233.
[441] Vgl. Backhaus, K., Erichson, B., Plinke, W., Weiber, R. (2006), S. 5-6.

zifizierte Arzneimittelgruppe (d. h. voll-erstattungsfähige und patentgeschützte (bzw. exklusiv angebotene) Arzneimittel) auch auf andere Produkte der gleichen Gruppe außerhalb der Stichprobe übertragbar sind. Dafür sprechen 3 Gründe:

- **Bestätigte Prognosegüte des Modells**
  In Kapitel 6.5.2.3 wurde mittels des Stone-Geisser-Tests dargestellt, dass die Parameterschätzungen des Modells eine gute Prognosegüte besitzen. So können die geschätzten Parameter nicht berücksichtigte Teile der realen Stichprobe gut rekonstruieren.

- **Nachvollziehbarkeit der Ergebnisse aus praktischer Sicht**
  Viele der theoretisch hergeleiteten Wirkungszusammenhänge konnten im Rahmen der empirischen Analyse bestätigt werden. Dabei dürfte die Identifikation der wichtigsten ermittelten Einflussfaktoren erfahrene Praktiker des Arzneimittel-Marketings kaum überraschen. Der wesentliche Erkenntnisgewinn dieser Untersuchung liegt dabei in der präzisen Bestimmung der relativen Bedeutung dieser Faktoren (im Rahmen des Vergleichs der Totaleffekte).

- **Berücksichtigung eines großen Teils der Grundgesamtheit**
  Die in Kapitel 6.2.2 beschriebenen Filterkriterien für die Auswahl von Arzneimitteln liefern eine Grundgesamtheit von 143 Arzneimitteln, von denen 102 zur Analyse ausgewählt wurden. Weiterhin wurden noch weitere 8 Spezial-Arzneimittel ausgewählt, von denen in der Summe dann 106 valide bewertet werden konnten. Betrachtet man diese 143 Arzneimittel als Grundgesamtheit, so würde rein rechnerisch bereits ein großer Teil der Grundgesamtheit in der Analyse berücksichtigt werden. Allerdings ist zu beachten, dass nur die Top-25 Indikationsgruppen und nur Arzneimittel mit einem Verordnungsvolumen von mehr als 5 Mio. DDD berücksichtigt wurden. Eine realistischere Näherung an die Grundgesamtheit bietet daher ein Blick auf die Anzahl aller in Deutschland neu zugelassenen Wirkstoffe der letzten Jahre. Der Arzneiverordnungs-Report 2005 stellt dazu eine Zeit-

reihe bis ins Jahr 1986 dar.[442] Danach wurden in diesem Zeitraum insgesamt 518 neue Wirkstoffe auf dem Arzneimittelmarkt in Deutschland eingeführt. Somit wären immerhin noch ca. 20 % der Grundgesamtheit in der Stichprobe vertreten. Zu beachten ist allerdings, dass ein Teil der 518 Wirkstoffe mittlerweile nicht mehr patentgeschützt (bzw. nicht mehr exklusiv verfügbar) sein dürfte, von der Erstattung ausgeschlossen oder u. U. schon wieder vom Markt zurückgenommen sein könnte.

Zusammenfassend lässt sich feststellen, dass verschiedene Anzeichen auf ein ausreichendes Maß an Objektivität, Reliabilität und Validität bei der Untersuchung hindeuten. Die bedeutendsten potenziellen Fehler sind dabei bei der Modellkonzeption und bei der Messung der wahrgenommenen Arzneimitteleigenschaften durch die Ärzte zu vermuten.

6.6.2 Zusammenfassung

Im Rahmen der empirischen Analyse konnten differenzierte Erkenntnisse darüber gewonnen werden, wie verschiedene objektiv gemessene und durch Ärzte wahrgenommene Arzneimitteleigenschaften die gesamte Produktwahrnehmung beeinflussen. Dabei wurden sowohl die direkten Wirkungseffekte (gemäß der formulierten Hypothesen) als auch die Totaleffekte der verschiedenen Indikatoren diskutiert. Die wichtigsten Ergebnisse dieser Analyse lauten dabei wie folgt:

- Die Gesamteinstellung gegenüber einem Arzneimittel wird am stärksten durch die wahrgenommene klinische Datenlage und die relative Wirksamkeit (im Vergleich zu anderen Wettbewerbern) bestimmt.

- Die Aufnahme von Arzneimitteln in die wichtigsten Behandlungsleitlinien (bzw. das Expertenvotum) stellt einen Schlüsselfaktor für die Akzeptanz von Arzneimitteln dar: Sie übt einen starken positiven Einfluss auf die Preiswahrnehmung, die wahrgenommene Datenlage und die Gesamteinstellung der Ärzte gegenüber Produkten aus.

---

[442] Vgl. Fricke, U., Schwabe, U. (2005), S. 38.

- Verglichen mit den übrigen einstellungsbeeinflussenden Faktoren übt die Preiswahrnehmung der Ärzte einen relativ geringen Einfluss auf die Gesamteinstellung gegenüber Arzneimitteln aus. Ein unangemessen hoher Preis kann allerdings die Sympathie mit Vermarktungsaktivitäten insgesamt stark reduzieren.

- Die einem Arzneimittel beigemessene Therapietreue der Patienten begünstigt stark die durch Ärzte wahrgenommene Vorhersagbarkeit der Therapieeffekte, den gesamten wahrgenommenen therapeutischen Nutzen eines Arzneimittels (in Relation zu Wettbewerbsprodukten) und die Gesamteinstellung gegenüber einem Produkt.

- Angemessene Kommunikationsinhalte des Herstellers, die ein der realen Leistung eines Arzneimittels entsprechendes Bild zeichnen („Kommunikations-Authentizität"), können sich bei Ärzten stark positiv auf die Vorhersagbarkeit von Therapieeffekten und auf die Sympathie mit den Vermarktungsaktivitäten ausüben.

- Der Patientenwunsch nach der Behandlung mit einem bestimmten Arzneimittel wirkt sich nur schwach auf die Einstellungsbildung von Ärzten gegenüber diesem Arzneimittel aus. Allerdings gibt es Anhaltspunkte dafür, dass dieser Faktor einen starken situativen Einfluss auf das Verordnungsverhalten bzw. auf die Verordnungsintensität ausübt.

- Der Einsatz von unsicherheitsabbauenden Kommunikationsinstrumenten wirkt sich insgesamt nur schwach auf die Einstellungsbildung der Ärzte gegenüber Arzneimitteln aus. Am ehesten begünstigt deren Einsatz die durch Ärzte empfundene Sympathie mit den Vermarktungsaktivitäten.

- Empfehlungen für bestimmte Arzneimittel auf (Fortbildungs-)veranstaltungen führen in der Wahrnehmung der Ärzte vornehmlich dazu, dass ein geringeres Ausmaß an relevanten Wettbewerbsprodukten wahrgenommen wird.

- Die Intensität von offenen Werbemaßnahmen und die Besuchshäufigkeit von Pharmaberatern üben nur einen moderaten Einfluss auf die Einstellungsbildung gegenüber Arzneimitteln aus. Diesen Instrumenten kommt jedoch die wichtige Aufgabe zu, die qualitativen Kommunikationsinhalte (z. B. Darstellung der Datenlage) entsprechend zu den Ärzten zu transportieren.

Die deskriptive Analyse der Daten zeigt zudem, dass Ärzte den Arzneimitteln im Durchschnitt eine mittlere bis gute Vorhersagbarkeit der Therapieeffekte bescheinigen. Insofern wird die Unsicherheit über die Effekte der Arzneimitteltherapie - trotz vieler theoretischer Anhaltspunkte (siehe Kapitel 4) - insgesamt als kein besonders drängendes Problem bewertet. Die Tatsache, dass nur wenige neu zugelassene Arzneimittel in der Stichprobe vertreten sind und sich die Auswahl auf mehr oder weniger etablierte Arzneimittel fokussiert, kann diese Bewertung erklären. Dennoch zeigt die Varianz der Bewertungen und der hohe Totaleffekt (0,22) von der „Zulassungsdauer" auf die „Vorhersagbarkeit der Effekte" an, dass insbesondere bei neueren Produkten das Produktmanagement geeignete Maßnahmen zur Reduzierung der Unsicherheit hinsichtlich der Therapieeffekte treffen sollte (z. B. Maßnahmen zur Verbesserung der Therapietreue und zur Steigerung der Kommunikations-Authentizität).

7. Zusammenfassende Diskussion der Ergebnisse und Ausblick

In der vorliegenden Arbeit wurden im Rahmen von 5 großen Themenblöcken (Kapitel 2 bis Kapitel 6) verschiedene Aspekte zur Wahrnehmung, Bewertung und Auswahl von patentgeschützten (bzw. exklusiv verfügbaren) Arzneimitteln durch niedergelassene Ärzte diskutiert. Die wichtigsten Erkenntnisse und Implikationen für das marktorientierte Management dieser Produkte sind in den folgenden 10 Punkten zusammengefasst.

7.1 Zunehmende Preissensitivität in wettbewerbsstarken Indikationen

Bedingt durch Festbetragsregelungen, arztgruppenspezifische Arzneimittel-Richtgrößen, die Einführung von möglichen Bonus-Malus-Systemen (§ 84 Abs. 7a SGB V) und einer regional z. T. zunehmenden Anzahl von Wirtschaftlichkeitsprüfungen ist davon auszugehen, dass sich Verordnungsentscheidungen in Indikationsgruppen mit einer Vielzahl von relativ leistungsähnlichen Wettbewerbern verstärkt an den Behandlungskosten orientieren werden (vgl. Kapitel 2.1.1.4). Auch wenn im Rahmen der empirischen Analyse gezeigt werden konnte, dass die wahrgenommene Angemessenheit des Preises nur gering die Gesamteinstellung von Ärzten gegenüber Arzneimitteln beeinflusst (vgl. Kapitel 6.5.3.1), so ist dennoch - insbesondere im Hinblick auf den Einfluss der Arzneimittel-Richtgrößen - zu vermuten, dass das tatsächliche Verordnungsverhalten stark durch den Preis beeinflusst wird (ungeachtet der Gesamteinstellung von Ärzten gegenüber einem Produkt).[443]

Implikationen:

Ärzte und Patienten sind typischerweise nur dann bereit einen höheren Produktpreis für ein Arzneimittel in Kauf zu nehmen, wenn dieses mindestens einen relevanten therapeutischen Vorteil gegenüber billigeren Wettbewerbern (z. B. Generi-

---

[443] Die arztgruppenspezifische Arzneimittel-Richtgröße kann nicht im Hypothesenmodell abgebildet werden und fließt als Residualgröße in die Bestimmung der „Verordnungsintensität" mit ein.

ka oder Analogpräparaten) aufweist. Verordnen Ärzte teurere Arzneimittel, bei denen sich der Nachweis eines therapeutischen Vorteils für die Behandlung von bestimmten Patienten als schwierig erweist und weichen sie mit dieser Verordnungspraxis auffällig von dem Verordnungsverhalten der übrigen Ärzte in der Facharztgruppe ab, so werden diese Ärzte für die Kassenärztlichen Vereinigungen „auffällig" und Wirtschaftlichkeitsprüfungen werden wahrscheinlicher. Kann kein überzeugender therapeutischer Grund hervorgebracht werden, warum ein Patient mit einem teureren statt einem billigeren Arzneimittel behandelt worden ist, so verstoßen Ärzte im Prinzip gegen den Wirtschaftlichkeitsgrundsatz[444] und machen sich mit ihrem Verordnungsverhalten u. U. rechtlich angreifbar.

Daher ist es die Aufgabe des Produktmanagements, Ärzten - idealerweise auf Basis von validen klinischen Studienergebnissen - a) überzeugende Gründe/Anreize für den Einsatz eines Arzneimittels zu liefern und b) gleichzeitig eine für die Kostenträger wissenschaftlich nicht anfechtbare Argumentationslinie bereitzustellen (Beispiel: „Der Patient X mit den Charakteristikum Y musste mit dem teureren Arzneimittel Z behandelt werden, da in einer klinischen Studie klar gezeigt werden konnte, dass solche Patienten von einer Behandlung mit Z am stärksten profitieren bzw. billigere Alternativtherapien aus diversen Gründen nicht in Frage kommen."). Diese „Rechtfertigungsgründe" können, müssen aber nicht mit der Motivation von Ärzten zum Einsatz eines teuren Arzneimittels übereinstimmen.

Mit den in Kapitel 3.2.3.3 dargestellten Instrumenten (und insbesondere mit der Wettbewerbsvorteils-Matrix) können Produkteigenschaften, die einen strategischen Wettbewerbsvorteil darstellen, identifiziert werden und Implikationen für eine Differenzierungs- bzw. Kommunikationsstrategie abgeleitet werden. Existieren keine relevanten wettbewerblichen Vorteile, so empfiehlt sich eine Überprüfung, ob strategische Wettbewerbsvorteile „kommunikativ entwickelt" werden können oder ob der wahrgenommene Nutzen eines Arzneimittels durch Produktmodifikationen (z. B. neue Dosierungs- bzw. Darreichungsform, Entwicklung eines Kombinationspräparates) gesteigert werden kann.

---

[444] Vgl. § 70 Abs. 1 Satz 2 SGB V.

Im Hinblick auf den Funktionsmechanismus von Arzneimittel-Richtgrößen spielen auch Behandlungsleitlinien (z. B. von medizinischen Fachgesellschaften) eine wichtige Rolle für die Preissensitivität bei Verordnungsentscheidungen. Je eher Behandlungsempfehlungen für ein teures Arzneimittel von Fachgesellschaften vorliegen, desto intensiver dürfte in der Erwartung eines verordnenden Arztes die Verwendung des Arzneimittels durch seine Kollegen erfolgen und desto größer dürfte der wahrgenommene Verordnungsspielraum für das Arzneimittel ausfallen („um statistisch nicht auffällig zu werden"). Weiterhin konnte auch im Rahmen der empirischen Untersuchung festgestellt werden, dass diese externen Behandlungsempfehlungen einen starken Einfluss auf die wahrgenommene Datenlage und Einstellungsbildung von Ärzten gegenüber einem Arzneimittel ausüben (siehe Kapitel 6.5.3.1). Die Berücksichtigung eines Produktes in solchen Leitlinien führt daher zu einer Vielzahl von günstigen Effekten und sollte daher durch das Produktmanagement mit geeigneten Mitteln gefördert werden (siehe dazu auch Kapitel 7.9).

7.2 Der Arzt als prinzipieller Entscheider über die Arzneimittelverordnung

Aus theoretischer Sicht ergeben sich nur wenige Anhaltspunkte dafür, dass Patienten einen bedeutsamen Einfluss auf die Verordnungsentscheidungen von Ärzten ausüben (vgl. Kapitel 3.1.1). Allenfalls in Indikationen, die für Patienten von großer persönlicher Bedeutung sind (z. B. Indikationen, die als besonders belastend wahrgenommen werden), kann ein verstärkter Partizipationseffekt vermutet werden (vgl. Kapitel 3.1.2). Im Rahmen der empirischen Überprüfung des Hypothesenmodells konnte gemessen werden, dass der Patientenwunsch nach der Verordnung eines Arzneimittels nur gering den wahrgenommenen therapeutischen Nutzen eines Arzneimittels durch Ärzte beeinflusst. Allerdings konnte ein hochsignifikanter Einfluss des Patientenwunsches auf die Verordnungsintensität festgestellt werden; dieser Befund kann allerdings nur unter Vorbehalt im Hinblick auf die kritisch zu bewertende Messung der Verordnungsintensität beurteilt werden (vgl. Kapitel 6.5.2.3 und 6.5.3.2.1).

Implikationen:

Im Bereich der verschreibungspflichtigen Arzneimittel sollte der Fokus der kommunikativen Maßnahmen weiterhin auf den verordnenden Arzt gerichtet werden. Eine indirekte Aktivierung von Patienten unter Beachtung des öffentlichen Werbeverbots nach §10 Abs. 1 HWG (z. B. mittels Kampagnenwerbung oder durch den Dialog mit Patientenorganisationen) erscheint nur selektiv für jene Indikationsgruppen geboten, die für Patienten eine große persönliche Relevanz besitzen (z. B. das Life Style Segment oder in Indikationen mit einer hohen wahrgenommenen Krankheitsbelastung (vgl. auch Kapitel 3.1.2)). In diesem Zusammenhang sei auch auf die Gefahr hingewiesen, dass bei einer zu starken Patientenaktivierung Reaktanzeffekte seitens der Ärzte gegenüber dem Hersteller und seinen Produkten auftreten können.

Sofern in der Zukunft die gesetzlichen Grundlagen für die Bewerbung von verschreibungspflichtigen Arzneimitteln auch bei dem Laienpublikum geschaffen werden sollten (ähnlich wie in den USA), so wären weitergehende Analysen darüber notwendig, für welche Art von Arzneimitteln dies sinnvoll wäre, wie Arzt-Patienten- und Arzt-Hersteller-Beziehungen beeinflusst werden würden und wie unter der Berücksichtigung des kulturellen Kontextes eine solche Laienwerbung zielführend umgesetzt werden könnte.

7.3 Die Arzneimittelwahl als dominant kognitiver Entscheidungsprozess

In Kapitel 3.2.3.1 konnte gezeigt werden, dass ärztliche Arzneimittelbewertungs- und Auswahlprozesse vorwiegend kognitiv geprägten Mustern folgen („extensive bzw. limitierte Entscheidungen"). Demnach bedienen sich Ärzte verschiedener kognitiver Programme zur Informationsverarbeitung und Entscheidungsfindung, die aber nicht notwendigerweise immer formal-logischen Prinzipien folgen müssen (subjektive Psycho-Logik, vgl. 3.2.3.4). Eine übertriebene Fokussierung auf Markenkonzepte mit einer starken emotionalen Aufladung (z. B. der Versuch einer Ansprache von unbewussten Emotionen von Ärzten) erscheint im Gegensatz dazu weniger zielführend. Aus diesem Grunde wird eine aktive Markenpolitik gemäß den Erläuterungen in Kapitel 5.4.3.3 als ein „Hygienefaktor" im Rahmen des Arzneimittel-Marketings verstanden, der gewisse Mindestanforderungen erfüllen muss.

Implikationen:

Der Fokus der Vermarktungsaktivitäten sollte auf der Beeinflussung der ärztlichen Wahrnehmung und Verarbeitung von „objektiven" Produktinformationen liegen (und nur begrenzt auf dem Versuch einer emotionalen Aufladung der Arzneimittelmarke). Der Markenname selbst dient dabei nur als Schlüsselinformation bzw. Oberbegriff, dem alle produktbezogenen Informationen gedanklich zugeordnet werden. Vereinfacht ausgedrückt müssen in kurzer, leicht verständlicher und überzeugender Weise die wichtigsten Informationen über ein Produkt in der richtigen Reihenfolge kommuniziert werden. Trotz dieses intuitiv logischen Ansatzes wird in der Praxis des Arzneimittel-Marketings immer noch häufig verkannt, dass Ärzte oftmals Kriterien für die Bewertung von Arzneimitteln ganz anders gewichten als es sich die Arzneimittelhersteller wünschen (z. B. die Wichtigkeit von bestimmten Wirksamkeitsparametern oder Nebenwirkungen). Ein Kommunikationskonzept, das an der Wahrnehmung und Informations-Verarbeitung von Ärzten vorbeizielt, kann dabei u. U. wirkungslos verpuffen und Ressourcen verschwenden. Im Rahmen von Marktforschungsstudien kann mit Hilfe der Modelle der kognitiven Algebra (insbesondere mit dem Conjoint-Ansatz, der Wettbewerbsvorteils-Matrix und der Multidimensionalen Skalierung) ein guter Einblick darüber gewonnen werden, wie Ärzte verschieden Produktmerkmale wahrnehmen und diese relativ zu anderen Wettbewerbern bewerten (vgl. Kapitel 3.2.3.3). Daraus lassen sich unmittelbar Implikationen für eine Produktpositionierung bzw. für ein Kommunikationskonzept ableiten (siehe dazu auch die Erläuterungen in Kapitel 7.4). Es wird empfohlen, die ärztliche Wahrnehmung des eigenen Produktes und des wettbewerblichen Umfelds in bestimmten Zeitabständen (z. B. bei dem Markteintritt von neuen Wettbewerbern) über den gesamten Produktlebenszyklus hinweg zu beobachten.

Sofern emotionale Mechanismen bei der Produktwahl von Ärzten aktiviert werden sollen, bietet sich weiterhin eine Strategie in Anlehnung an Patientenhistorien bzw. erfolgreich behandelte Patientenfälle an. Wie in Kapitel 4.3.3.3 gezeigt werden konnte, werden durch Ärzte u. U. einzelne, emotional stark aufgeladene Behandlungsfälle als Referenzfälle bei der Verwendung von Arzneimitteln kognitiv verankert. Die Etablierung solcher positiven Referenzfälle im Gedächtnis von Ärzten, die weit über die typischen Patienten-Kasuistiken hinausgehen, stellt eine praktisch bisher nur schwer umzusetzende Aufgabe für das Arzneimittel-Marketing und den Vertrieb dar (siehe dazu auch Kapitel 7.6).

7.4 Produktpositionierung unter Beachtung vorhandener Wissensstrukturen

Neu eintreffende Informationen werden bei Individuen im Rahmen des Informationsverarbeitungsprozesses mit bereits vorhandenem Wissen verknüpft und in entsprechende Schemata eingeordnet (vgl. Kapitel 3.2.3.5). Somit erfolgt die Verarbeitung von Produktinformationen niemals völlig unabhängig von bereits vorhandenen Wissensstrukturen.

Implikationen:

Im Rahmen der Kommunikationsplanung sollten die bereits bei Ärzten zu einem Indikationsbereich vorhandenen Wissensstrukturen analysiert werden und die Kommunikationsinhalte entsprechend darauf abgestimmt werden. Zur Abbildung dieser Strukturen empfiehlt sich die Entwicklung von semantischen Netzwerken (vgl. Kapitel 3.2.3.5.2) und eine Analyse von gedanklich vorhandenen Schemata (vgl. Kapitel 3.2.3.5.1). Mit Hilfe des erstgenannten Instrumentes lässt sich die in Wissensstrukturen abgespeicherte semantische Nähe von bestimmten Begriffen zueinander bestimmen. Auf Basis dieser Erkenntnisse können dann z. B. Aussagen über die Vorteilhaftigkeit von bestimmten Argumentationsketten oder Signalwörtern in der Herstellerkommunikation getroffen werden.

Das Wissen um gedanklich vorhandene Schemata spielt insbesondere im Hinblick auf vereinfachte Schlüsse im Rahmen der subjektiven Psycho-Logik eine wichtige Rolle: So können u. U. bereits einzelne Schlüsselinformationen für Ärzte ausreichen, um ein gesamtes Produkt einer gedanklichen Leistungskategorie von Arzneimitteln zuzuordnen (vgl. Kapitel 3.2.3.4.2). Gerade die Fülle von medizinischen Informationen lässt vermuten, dass sich Ärzte zum Zwecke der kognitiven Entlastung vereinfachter Prozesse (u. a. vereinfachter Schlüsse) der Informationsverarbeitung bedienen. Das Wissen um diese bereits gedanklich vorhandenen Strukturen kann zu deutlichen Effizienzgewinnen in der Herstellerkommunikation führen („das Nutzen einer bereits vorhandenen gedanklichen Infrastruktur statt dem Verlegen neuer Leitungen").

7.5 Maßnahmen zum Abbau von therapeutischer Unsicherheit

Wie in Kapitel 4.1 gezeigt werden konnte, treten auf fast allen Stufen der Behandlungsabfolge (von der Diagnose bis zur Kontrolle des Therapieergebnisses) Unsicherheiten bzw. Unwägbarkeiten für Ärzte auf. Entscheidungen unter Unsicherheit bzw. Risiko können durch Individuen als ein kognitiver Konflikt wahrgenommen werden und zu einer Erhöhung des Stressniveaus führen (vgl. Kapitel 4.2). Es konnte weiterhin gezeigt werden, dass die durch Ärzte einem Arzneimittel beigemessene „Vorhersagbarkeit der Effekte" deren „Gesamteinstellung" gegenüber dem Arzneimittel statistisch signifikant beeinflusst (vgl. Kapitel 6.5.2.3).

Implikationen:

Eine Vielzahl von Maßnahmen von Arzneimittelherstellern, die zu einem Abbau von wahrgenommener Unsicherheit im Rahmen von ärztlichen Entscheidungen führen, könnten prinzipiell positiv durch Ärzte bewertet werden und zu einer verbesserten Einstellung gegenüber ihren Produkten führen. Beispiele dafür sind:

- Die Entwicklung von Arzneimitteln, die grundsätzlich nur eine geringe patientenindividuelle Ergebnisvarianz aufweisen

- Informationen über zu erwartende Therapieergebnisse abhängig von bestimmten Patientencharakteristika (z. B. Alter, Geschlecht, ethnische Herkunft, Blutgruppe, Vorerkrankungen, genetische Prädisposition, etc.)

- Die Verwendung von „Biomarkern", die eine gute Effektprognose für bestimmte Patientenpopulationen erlauben (Beispiel: Die HER2+ Überexpression bei Herceptin zur Behandlung von Brustkrebs).

- Die Bereitstellung von aussagekräftigen Studiendaten (valides Studiendesign, sinnvolle „Comparators" und Patientenpopulation, Auswahl von relevanten Wirksamkeitsparametern/Endpunkten, etc.). Siehe dazu auch Kapitel 4.1.3.2.

- Die Verwendung von unsicherheitsabbauenden Kommunikationsinstrumenten und -inhalten durch Hersteller: Darstellung der Bewertungen von medizinischen Meinungsführern und Fachgesellschaften (bzw. Leitlinien – sofern existent), Verfügbarmachung von Studienpublikationen, Erläuterung des Wirkmechanismus, offene Kommunikation von Nebenwirkungsinformationen, etc. (vgl. Kapitel 4.2.2).

- Entwicklung von nebenwirkungsarmen und anwendungsfreundlichen Arzneimitteln, die zu einer verbesserten Therapietreue führen. Denkbar wären hier auch neue Wege in der Zusammenarbeit mit Zulassungsbehörden und Krankenkassen, z. B. Bonus-Programme bei nachgewiesener Arzneimitteleinnahme, elektronische Einnahme-Aufzeichnungstechniken in Verpackungen, Packungsbeileger mit grafischen Illustrationen (die über die Gefahren der Nicht-Einnahme von Arzneimitteln informieren), öffentliche Kampagnen für eine verbesserte Compliance, etc. (vgl. Kapitel 6.5.3.1). Für diese Instrumente müssten aber z. T. die gesetzlichen Grundlagen geschaffen werden.

- Kommunikation von „ehrlichen" und realistischerweise zu erwartenden Produktleistungen (keine Übertreibungen; Stichwort: „Kommunikations-Authentizität"; vgl. Kapitel 5.4.3.2).

- Empfehlungen für ein Arzneimittel bei Fortbildungsveranstaltungen, durch Pharmaberater und im Rahmen sonstiger offener Werbemaßnahmen (vgl. Kapitel 6.5.2.3)

- Eine starke kommunikative Betonung der ausführlichen Prüfung und Analyse der Sicherheits-/Nebenwirkungsaspekte bei neu zugelassenen Arzneimitteln (vgl. Kapitel 6.5.2.4.3 und 6.5.3.2.4).

- Eine starke kommunikative Betonung der praktischen klinischen Erfahrungen mit Arzneimitteln, die schon eine relativ längere Zeit auf dem Markt sind (vgl. Kapitel 6.5.3.2.4)

7.6 Ausnutzung des nicht-rationalen Bewertungs- und Entscheidungsverhaltens von Individuen in unsicheren Situationen

Für das Treffen rationaler Entscheidungen im Rahmen von unsicheren Konsequenzen stellt das Erwartungsnutzen-Konzept ein theoretisch adäquates Instrument zur Entscheidungsfindung dar. Die Verordnungsentscheidung von Ärzten kann dabei ebenfalls mit Hilfe dieses Konzeptes modelliert werden. Es konnte jedoch in Kapitel 4.3.3 gezeigt werden, dass Individuen bzw. Ärzten bei der Einschätzung von Eintritts-Wahrscheinlichkeiten und bei der Produktwahl unter Unsicherheit systematische Fehler unterlaufen können, die zu einer Abweichung vom rationalen Entscheidungskalkül führen.

Implikationen:

Arzneimittelhersteller können die Besonderheiten des menschlichen Bewertungs- und Entscheidungsverhaltens unter Unsicherheit im Rahmen der Kommunikationspolitik für ihre Zwecke nutzen (vgl. Kapitel 4.3.3). So kann die durch Ärzte subjektiv wahrgenommene Erfolgswahrscheinlichkeit einer Arzneimitteltherapie erhöht werden, wenn:

- Wirksamkeitseffekte oder Fälle von Patienten (Kasuistiken) intensiv und ausführlich (idealerweise mit emotionalem Bezug und im Rahmen von Szenarien) kommuniziert werden;

- Ärzte in ihren Therapieentscheidungen und Einstellungen psychologisch bestärkt werden („Overconfidence", „Hindsight-Bias");

328

- Ärzten suggeriert wird, dass sie mit den zur Verfügung stehenden Arznei-mitteln Erkrankungen effektiv und erfolgreich behandeln können ("Illusion of Control");

- einzelne Fälle von erfolgreichen Behandlungen als Referenzfälle kognitiv verankert werden;

- bei der Kommunikation der Wirksamkeit auf relative Chancen und bei der Kommunikation der Nebenwirkungen auf absolute Risiken (bzw. absolute Häufigkeiten) zurückgegriffen wird;

- in der Kommunikation negative "Marker" und Subgruppeninformationen vermieden werden, die als eine dramatisch erhöhte Nebenwirkungsgefahr bei bestimmten Patientengruppen missverstanden werden können ("Um-kehrung bedingter Wahrscheinlichkeiten").

Ebenso kann aus der deskriptiven Entscheidungstheorie abgeleitet werden, dass Ärzte tendenziell Arzneimittel bevorzugen, bei denen präzise Informationen über die Eintrittwahrscheinlichkeiten von Wirksamkeitseffekten und Nebenwirkungen vorliegen und bei denen Indikatoren herangezogen werden können, die zu einem frühen Zeitpunkt die Feststellung des Erfolgs oder des Misserfolgs einer Therapie erlauben. Insbesondere bei der Einführung von neuen Arzneimitteln ließe sich z. B. mit einem speziellen "Betreuungsprogramm" für "bedeutsame" Ärzte (siehe dazu Kapitel 5.4.2.1) eine Vielzahl von den oben genannten Kommunikationsan-sätzen kombinieren: So könnten z. B. die Resultate der ersten mit einem Arznei-mittel behandelten Patienten ausführlich (und anonym) mit dem Pharmareferenten und Vertretern aus der medizinisch-wissenschaftlichen Abteilung des Herstellers besprochen und analysiert werden. Aufgrund der Bedeutung dieser ersten "Re-ferenzfälle" sollte der Arzt mit der Interpretation der Behandlungsergebnisse nicht alleine gelassen werden. Rund um ein solches "Betreuungsprogramm" für Ärzte könnten auch spezielle Zusatzservices angeboten werden (z. B. telefonische Hot-lines, Einladungen zu Kongressen, spezielle Therapieratgeber und -tagebücher für Ärzte und Patienten, etc.), die zu einer verstärkten Aufmerksamkeit für ein Pro-

dukt und zu einer verbesserten Bindung des Arztes an den Hersteller führen
können.

7.7 Nutzenbasierte und dynamische Preisgestaltung

Der Produktpreis ist für den betriebswirtschaftlichen Erfolg eines Arzneimittels
von zentraler Bedeutung. Ist er zu niedrig, so wird die Produzentenrente nicht
vollständig abgeschöpft und der Umsatz bleibt suboptimal („money left on the
table"). Ist er zu hoch, so kann das mit ihm verbundene niedrigere Verordnungsvolumen nicht kompensieren werden und das maximale Umsatzpotenzial wird
ebenfalls nicht ausgeschöpft. In diesem Zusammenhang wird auf die bereits schon
mehrfach thematisierte Preissensitivität von Ärzten in wettbewerbsintensiven Indikationen hingewiesen (vgl. Kapitel 7.1). Somit existiert typischerweise ein umsatzoptimaler Preisbereich für ein Arzneimittel, der sich aber im Ablauf des Produktlebenszyklus verändern kann (z. B. durch den Markteintritt von neuen und
leistungsstärkeren Wettbewerbern). Ein solcher umsatzoptimaler Preisbereich
kann für ein Arzneimittel mit Hilfe einer Preis-Absatz-Funktion hergeleitet
werden, die sich idealerweise aus nutzenbasierten Ärztebefragung mit indirekten
Befragungstechniken (z. B. Conjoint-Analyse) ergibt (vgl. auch Kapitel 3.2.3.3.4
und 5.2).

Implikationen:

Die nutzenbasierte Preissetzung für Arzneimittel sollte dynamisch erfolgen. Dies
bedeutet, dass bei dem Auftreten von neuen, marktrelevanten Ereignissen (z. B.
das Auftreten von neuen Wettbewerbern oder neuen, bedeutenden klinischen Studiendaten) der Preis des Arzneimittels entsprechend dem relativen wahrgenommenen Nutzen durch die Ärzte angepasst werden sollte. Nur so kann sichergestellt
werden, dass sich der Produktpreis stets im umsatzoptimalen Bereich bewegt.
Eine besondere Herausforderung an die Preisstrategie ergibt sich nach dem Ablauf des Patentschutzes für ein Arzneimittel. Für diesen Fall stehen verschiedene
Strategien zu Auswahl (z. B. von der Konstanthaltung des Preises bis hin zum
Verkauf der Markenrechte an dem Arzneimittel), die produkt- und indikations-
spezifisch gewählt werden sollten. In jedem Fall sind auch die Auswirkungen der

nationalen Preisstrategie auf die Produktpreise in anderen Ländern zu beachten (aufgrund von Preisreferenzierungseffekten) und die Entwicklung möglicher Anreize zu Parallelimporten innerhalb der Europäischen Union im Auge zu behalten. Aufgrund der hohen Komplexität und der großen finanziellen Bedeutung dieses Themas sollte daher der Preispolitik ein organisatorisch hoher Stellenwert in zentralen Unternehmensbereichen eingeräumt werden. Von dort aus können dann Handlungsspielräume bzw. Preiskorridore für die einzelnen nationalen Preisstrategien vorgegeben werden.

7.8 Effizienz und Steuerung der operativen Kommunikationsinstrumente

Im Rahmen der Vermarktung von patentgeschützten Arzneimitteln werden durch Arzneimittelhersteller z. T. immense Ressourcen für kommunikationspolitische Maßnahmen bereitgestellt. Insbesondere die persönliche Kommunikation durch Pharmaberater weist bei stark erklärungsbedürftigen Produkten (wie neu eingeführten Arzneimitteln) eine Vielzahl von Vorzügen auf (vgl. Kapitel 2.2.1.3 und 5.4.3.1). Die übrigen offenen Werbemaßnahmen tragen weiterhin auf eine effektive Weise zu einer Vergrößerung des Bekanntheitsgrades der Arzneimittelmarke bei (vgl. Kapitel 5.4.3.2). Auch die für Ärzte vorgeschriebenen Fortbildungsmaßnahmen werden in zunehmendem Maße von Arzneimittelherstellern als Kommunikationsplattform (im Rahmen der gesetzlichen Einschränkungen) erschlossen (vgl. Kapitel 5.4.4.1). Aus quantitativ-kommunikativer Sicht sind daher bei den auf Ärzte gerichteten Instrumenten kaum Verbesserungspotenziale identifizierbar.

Implikationen:

Ungeachtet der Intensität kann jedoch in vielen Fällen die Kommunikationseffizienz (d. h. das Kommunikationsergebnis[445] unter Berücksichtigung des Mitteleinsatzes) häufig bei vielen Kommunikationsaktivitäten noch verbessert werden. Es stellt sich also die Frage, wie ggf. auch mit einem geringeren Mitteleinsatz

---

[445] Dies umfasst z. B. den Markenerinnerungsgrad, den Anteil von neu (durch Kommunikationsmaßnahmen) gewonnenen Verordnern, die Erhöhung der Verschreibungsintensität, etc.

eine ähnlich hohe oder sogar höhere Kommunikationswirkung erzielt werden kann. Dazu bieten sich insbesondere 2 Ansätze an:

- **Eine verbesserte Selektion von Ärzten und Kommunikationsmedien**
  Durch die Fokussierung von arztindividuellen Marketing- und Vertriebsaktivitäten (insbesondere der Einsatz von Pharmaberatern) auf „attraktive Ärzte" können Ressourcen gezielter für jene Ärzte eingesetzt werden, die in höherem Maße als andere dazu geeignet sind, einen Beitrag zur Erreichung der Ziele des Herstellers zu leisten (Steigerung der Verordnungsintensität, Marktanteil, Umsatz, etc.). Für die Identifikation von „attraktiven Ärzten" (bzw. die Segmentierung von Ärzten) und die Ableitung von spezifischen Kommunikationsstrategien empfiehlt sich insbesondere der Portfolio-Ansatz, der in Kapitel 5.4.2.1.6 beschrieben wurde. Hinsichtlich der Effizienzsteigerung bei „allgemeinen" (nicht-arztindividuellen) Kommunikationsmaßnahmen (z. B. Werbeanzeigen in Fachzeitschriften) empfiehlt sich die Fokussierung auf jene Medien, die die größten Teile der Ärztezielgruppe zu den geringsten Kosten erreicht (z. B. gemessen mittels des „Tausender-Kontakt-Preises").

- **Verbesserung der qualitativen Kommunikationsinhalte**
  Die Kommunikationseffizienz lässt sich auch weiterhin durch eine Verbesserung der qualitativen Kommunikationsinhalte erreichen. Werden in der Kommunikation auf qualitative Weise wichtige Produktmerkmale überzeugend dargestellt (z. B. die relative Überlegenheit eines Arzneimittels gegenüber einem Wettbewerber in einem für den Arzt bedeutsamen Leistungsmerkmal; siehe dazu auch Kapitel 3.2.3.3.6), so kann sich dies hinsichtlich der ausgelösten Verordnungsvolumina durch Ärzte als weitaus effizienter erweisen als die mehrmalige Kontaktierung von Ärzten mit inhaltlich wenig überzeugenden Verordnungsargumenten. In diesem Zusammenhang sei insbesondere vor dem in der Praxis häufig anzutreffenden „Actio/ Reactio" Verständnis von Kommunikationsmaßnahmen (wie z. B. den Besuchen von Pharmaberatern) gewarnt. Diesem Verständnis nach wird die Gewinnung eines Arztes als Verordner für ein beworbenes Produkt nur als ein quantitativ-logistisches Problem betrachtet, das sich bei einer aus-

reichend hohen Frequenz von Außendienstbesuchen von selber löst. Insbesondere im Hinblick auf den zunehmenden Kostendruck und die Preissensitivität von Ärzten in wettbewerbsintensiven Indikationen reicht ein solcher Kommunikationsansatz in der Zukunft nicht mehr aus. Es wird zunehmend entscheidend werden, Ärzten stichhaltige und überzeugende Gründe zu liefern, warum ein teureres Arzneimittel auch tatsächlich besser ist als alle übrigen Wettbewerber (siehe auch Kapitel 7.1). Die Übermittlung von inhaltlich überzeugenden Produktinformationen stellt somit den Schlüssel für eine effiziente Kommunikationspolitik dar (siehe dazu auch die Kapitel 7.1, 7.3 und 7.4). Auch können empathischen Fähigkeiten von Pharmaberatern im Rahmen der Gesprächsführung mit Ärzten (siehe Kapitel 5.4.2.2) einen wichtigen Beitrag zu einer überzeugenden Übermittlung der Produktinformationen (und somit auch zum Kommunikationserfolg) leisten.

7.9   Bedeutung des Beziehungsmanagements

Anders als in anderen Wirtschaftsbereichen wird der ökonomische Erfolg eines Produktes im Arzneimittelmarkt bedeutend von externen Institutionen und Gruppen beeinflusst, auf die Hersteller über normale Marktmechanismen keinen Einfluss ausüben können (z. B. mittels Allianzen oder horizontaler/vertikaler Integration). Zu diesen Gruppen gehören z. B. die Zulassungsbehörden, der Gemeinsame Bundesausschuss und auch das IQWiG, die über die Zulassung, die Erstattungsfähigkeit und über die Nutzenbewertung eines Produktes entscheiden. Auf der operativeren Ebene sind zusätzlich die medizinischen Fachgesellschaften zu nennen, deren Behandlungsempfehlungen bzw. Leitlinien maßgeblich das Verordnungsverhalten von vielen Ärzten beeinflussen (siehe dazu auch die Ergebnisse von der Überprüfung des Hypothesenmodells in Kapitel 6.5.2.4 sowie Kapitel 7.1).

__Implikationen:__

Ein kooperatives und langfristig angelegtes Beziehungsmanagement zu diesen wichtigen Gruppen und Institutionen wird dringend empfohlen. Auf diese Weise können Hersteller z. B. gegenüber der Gemeinsamen Selbstverwaltung ihre Positionen darstellen, ggf. frühzeitig Informationen über Arzneimittelbewertungen und geplante Regulierungsmaßnahmen erhalten und die Entwicklung von günstigen regulatorischen bzw. gesetzlichen Maßnahmen beschleunigen. Unter Umständen kann sich dabei die Akzeptanz einer für einen Hersteller nachteiligen Regulierungsmaßnahme (z. B. ohne umfassende juristische Gegenmaßnahmen) auf langfristige Sicht auszahlen, wenn dafür die Aussicht besteht, dass der Hersteller bei zukünftigen Regulierungsmaßnahmen weniger (oder gar keine) Nachteile erfährt. Bei einer Verhärtung der Fronten kann am Ende meist nur der Arzneimittelhersteller als Verlierer aus einer Konfrontation mit diesen (halb-)staatlichen Institutionen hervorgehen. Kooperatives Beziehungsmanagement kann z. B. durch das Arrangieren von gemeinsamen Meetings, informelle Treffen und durch die allgemeine Pflege von individuellen Netzwerken konkretisiert werden. Dabei sind aus personalpolitischer Sicht insbesondere jene Personen interessant, die nach einer Tätigkeit in den betreffenden Institutionen einen neuen Tätigkeitsbereich in der Industrie suchen.

Im Hinblick auf das Beziehungsmanagement zu medizinischen Fachgesellschaften kann prinzipiell ein breites Spektrum an Kommunikationsinstrumenten eingesetzt werden. Allerdings zeichnen sich oft einflussreiche Gesellschaften durch eine kritische Distanz zu Arzneimittelherstellern aus. Aus diesem Grunde wird auch hier eine relativ zurückhaltende Beziehungspflege empfohlen, die sich durch einen wissenschaftlichen Kommunikations- bzw. Beratungsansatz und die Bereitstellung von umfassenden Produktinformationen seitens des Herstellers auszeichnet. Der Versuch der Einflussnahme durch Zuwendungen oder durch die Gewährung sonstiger Vorteile an die Entscheider in den Fachgesellschaften ist hingegen abzulehnen, da dies u. U. rechtlich angreifbar sein kann und es das Ansehen von allen beteiligten Parteien stark beschädigen kann. Nur die Empfehlungen von Fachgesellschaften und medizinische Meinungsführern, die in der Wahrnehmung der Ärzteschaft unabhängig von den Interessen der pharmazeutischen Hersteller agieren, werden als ein tatsächliches Qualitätssignal für Arzneimittel gewertet (vgl. Kapitel 5.2 und auch die Heuristik zur Bewertung von Arzneimittelinformationen in Kapitel 4.1.3.2).

7.10 Schlüsselfaktoren für die Einstellungsbildung gegenüber Arzneimitteln

Im Rahmen der empirischen Überprüfung des Hypothesenmodells konnte gezeigt werden, dass die „Gesamteinstellung" von Ärzten gegenüber Arzneimitteln statistisch signifikant deren „Verordnungsintensität" bzw. die Verordnungsabsichten von Ärzten beeinflusst (vgl. Kapitel 6.5.2.3). Hinsichtlich der auf die „Gesamteinstellung" wirkenden Einflussfaktoren konnten dabei die durch die Ärzte wahrgenommene „Datenlage" und die „relative Wirksamkeit" von Arzneimitteln als die bedeutendsten Totaleffekte identifiziert werden (vgl.Kapitel 6.5.3.1). Die Wahrnehmungskonstrukte „Leitlinien-Empfehlungen" (z. B. durch medizinische Fachgesellschaften), die „Therapietreue" (von Patienten mit einem verschriebenen Arzneimittel), die „Sympathie mit den Vermarktungsaktivitäten", die „Kommunikations-Authentizität" (Richtigkeit der Leistungsversprechen zu einem Arzneimittel) und die „Vorhersagbarkeit der zu erwarteten Wirksamkeit" beeinflussen die Gesamteinstellung von Ärzten gegenüber einem Arzneimittel immerhin noch in etwa halb so stark wie die wahrgenommene „Datenlage" und die „relative Wirksamkeit". Erst hinter diesen genannten Faktoren, auf Rang 8 und 9 hinsichtlich der stärksten positiv gerichteten Einflussfaktoren auf die Gesamteinstellung, finden sich die „Häufigkeit der Besuchswünsche von Pharmaberatern" und die „Intensität der (sonstigen) offenen Werbemaßnahmen". Als die bedeutendsten Faktoren mit einem negativen Einfluss auf die Gesamteinstellungen gegenüber einem Arzneimittel konnten das wahrgenommene „relative Ausmaß der Nebenwirkungen eines Arzneimittels" sowie die wahrgenommene „Verfügbarkeit von relevanten Wettbewerbsprodukten" gemessen werden.

Implikationen:

Aus den genannten empirischen Ergebnissen lassen sich unmittelbar Handlungs- und Priorisierungsempfehlungen für das marktorientierte Management von Arzneimittel ableiten. Für eine Verbesserung der Gesamteinstellung gegenüber einem Arzneimittelprodukt ist demnach in erster Linie an der Wahrnehmung zur relativen Wirksamkeit und Datenlage zu arbeiten. Das Wirksamkeitsempfinden kann dabei effektiv durch eine kommunikative Fokussierung auf die für Ärzte wichtigsten Wirksamkeitsparameter und durch eine wirksamkeitsbezogene Differenzierung zu Wettbewerbsprodukten beeinflusst werden. In diesem Zusammenhang sei auf das Instrument der Wettbewerbsvorteils-Matrix zur Identifikation von strategischen Wettbewerbvorteilen verwiesen (siehe Kapitel 3.2.3.3.6). Die Wichtigkeit und Notwendigkeit einer differenzierten Positionierung gegenüber Wettbewerbern wird auch durch den stark negativ gemessenen Einfluss der wahrgenommenen „Verfügbarkeit von relevanten Wettbewerbsprodukten" auf die Gesamteinstellung gegenüber Arzneimitteln bekräftigt.

Auch bei der Interpretation der Datenlage für ein Arzneimittel können Ärzte wirkungsvoll unterstützt werden: So sollten in der Herstellerkommunikation - auf wissenschaftlich zulässige Weise und unter Beachtung der „Kommunikations-Authentizität" (vgl. Kapitel 5.2 und 6.5.3.2) - die bedeutendsten Stärken und Schwächen des Studienumfelds in der Indikation zugunsten des beworbenen Produktes herausgearbeitet werden - und das idealerweise in einer kurzen und leicht kommunizierbaren Form. Insbesondere Pharmaberatern kommt dabei die zunehmend herausfordernde Aufgabe zu, in den meist nur kurzen Gesprächen mit Ärzten u. a. Denkanstöße für eine „gedankliche Überarbeitung" der Datenlage zu liefern, die am Ende der Argumentationskette günstig für das beworbene Produkt ausfällt (vgl. dazu auch Kapitel 7.4: „Nutzung von vorhandenen Wissensstrukturen"). Situationsspezifisch müssen dabei in den Gesprächen mit Ärzten Einwände ausgeräumt werden. Die Notwendigkeit einer profunden Kenntnis der Datenlage und die Wichtigkeit von Schulungsmaßnahmen für Pharmaberater ist dabei evident. Im manchen Fällen kann auch die Interpretation der Datenlage durch externe Meinungsbildner bzw. medizinische Fachgesellschaften erfolgen, die - im günstigen Fall - die Kommunikationsbemühungen von Herstellern wirkungsvoll unterstützen (vgl. Kapitel 7.9).

Die große Bedeutung von Behandlungsleitlinien/Empfehlungen von medizinischen Experten bzw. Fachgesellschaften hinsichtlich der Wahrnehmung der Datenlage, der wahrgenommenen Angemessenheit des Preises und dem wahrgenommenen Richtgrößenspielraum wurde bereits an verschiedenen Stellen erörtert und wird hier nicht weiter vertieft (vgl. Kapitel 6.5.2.3 und 7.1). Als interessanter empirischer Befund bleibt allerdings festzuhalten, dass Behandlungsleitlinien/ Emp-

fehlungen den wahrgenommenen „relativen therapeutischen Nutzen" und die
„Vorhersagbarkeit von Effekten" von Arzneimitteln kaum beeinflussen und stattdessen einen sehr starken direkten Effekt auf die Wahrnehmung der Datenlage
ausüben. Umgekehrt verhält es sich hingegen mit der mit einem Arzneimittel assoziierten „Therapietreue": Sie beeinflusst stark den wahrgenommenen „relativen
therapeutischen Nutzen" und die „Vorhersagbarkeit von Effekten" bei der Verwendung von Arzneimitteln. Hersteller können demnach den wahrgenommenen
Nutzen Ihrer Produkte steigern, wenn umfassende Maßnahmen zur Förderung der
Patienten-Compliance getroffen werden (siehe dazu im Detail Kapitel 6.5.3.1 und
7.5).

Die Richtigkeit von kommunizierten Arzneimittelleistungen („Kommunikations-
Authentizität") und die „Sympathie mit den Vermarktungsaktivitäten" wurden
weiterhin als bedeutsame Einflussfaktoren auf die Gesamteinstellung gegenüber
einem Arzneimittel identifiziert. Dabei wird die „Vermarktungs-Sympathie" statistisch signifikant durch die wahrgenommene „Angemessenheit des Preises",
durch die Verwendung von „unsicherheitsabbauenden Kommunikationsmaßnahmen" und durch die wahrgenommene Richtigkeit von kommunizierten Arzneimittelleistungen beeinflusst (vgl. Kapitel 6.5.2.3). Auch im Hinblick auf die als
„kritisch" zu beurteilenden Ergebnisse im Rahmen einer Literaturdurchsicht zur
Präzision, Wahrnehmung und Glaubwürdigkeit von Studienpublikationen und
Werbemaßnahmen durch Ärzte lässt sich die Erkenntnis ableiten, dass die Einstellung von Ärzten gegenüber einem Arzneimittel verbessert werden kann, wenn
keine übertriebenen bzw. falschen Leistungsversprechen kommuniziert werden
(vgl. Kapitel 5.2 und 5.4). Dennoch müssen in der Herstellerkommunikation natürlich Anreize/Gründe für die Verordnung eines Arzneimittels geliefert werden
(auf der Basis wissenschaftlicher Erkenntnisse). Weiterhin trägt eine Preisfest-
setzung, die von Ärzten im Verhältnis zum therapeutischen Nutzen als „angemessen" empfunden wird sowie die Verwendung von nutzenstiftenden (bzw. unsicherheitsabbauenden) Kommunikationsmaßnahmen effektiv zu einer sympa-
thischeren Wahrnehmung der Vermarktungsaktivitäten bei, die ihrerseits wiederum zu einer insgesamt vorteilhafteren Bewertung eines Produktes führen kann.

Der als relativ gering gemessene Einfluss der Kommunikations-Intensität (d. h.
die wahrgenommene Intensität von Besuchen durch Pharmaberatern und sonstigen offenen Werbemaßnahmen) auf die Gesamteinstellung von Ärzten gegenüber Arzneimitteln im Vergleich zu qualitativen Kommunikationsaspekten (z. B.
Faktoren wie die „Kommunikations-Authentizität" oder Behandlungsleitli-
nien/Empfehlungen) bestätigt teilweise die schon in Kapitel 7.8 geäußerte Skepsis
hinsichtlich einer zu quantitativ-mechanischen Sichtweise bei der Planung der
operativen Kommunikationspolitik. Die inhaltliche Qualität von Werbebot-
schaften und deren Akzeptanz seitens der Ärzte - insbesondere vor dem Hintergrund einer zunehmenden Informationsüberflutung im medizinischen Bereich -
wird in der Zukunft ein zunehmend wichtiger Erfolgsfaktor für den gesamten betriebswirtschaftlichen Erfolg eines Arzneimittels werden. Dennoch werden auch
in der Zukunft weiterhin Pharmaberater und sonstige offene Werbemaßnahmen
als Trägermedien für wichtige Kommunikationsbotschaften unverzichtbar bleiben
- wenn auch ggf. in reduziertem Umfang.

7.11 Ausblick

Die finanziell bedeutsamsten Herausforderungen im Rahmen des marktorientierten Managements von Arzneimitteln werden in den kommenden Jahren in der
Sicherung der Erstattungsfähigkeit und der freien Preissetzung von Arzneimitteln
liegen. Aufgrund der demografischen Entwicklung und des allgemeinen Kosten-
drucks im Gesundheitswesen ist davon auszugehen, dass auch in den kommenden
Jahren weitere Maßnahmen durch den Gesetzgeber zur Ausgabendämpfung eingeleitet werden. Insbesondere hochpreisige Arzneimittel im Bereich der Onkolo-
gika, Immunmodulatoren und HI-Virostatika, die bereits heute einen bedeutenden
Anteil der Arzneimittelausgaben darstellen, könnten davon verstärkt betroffen
sein. Da diese Arzneimittel zur Behandlung schwerer Krankheitsbilder dienen,
wird - möglicherweise auch aus politischen Gründen - z. Zt. noch von verschärf-
ten regulatorischen Maßnahmen abgesehen. Umso stärker wird daher momentan
in Indikationen, in denen günstige und relativ zufrieden stellende Behandlungsmöglichkeiten existieren (z. B. Diabetes, Hypertonie, etc.), durch entsprechende
Mechanismen (Therapiehinweise, Richtgrößen, Festbeträge) „Jagd" auf (schein-

bar) unwirtschaftliche Therapien ohne therapeutischen Zusatznutzen gemacht. Einen denkbaren, für die Arzneimittelindustrie relativ ungünstigen Entwicklungsweg für die Zukunft der deutschen Arzneimittelversorgung zeigt ein Blick nach Großbritannien auf: Dort entscheidet das „National Institute for Health and Clinical Excellence" (NICE) über die Kosten-Effektivität von bestimmten Therapien und schließt mit seinen Analyseurteilen z. B. kurzerhand eine Vielzahl von modernen und teuren Krebstherapien von der Kostenerstattung durch das nationale Gesundheitssystem aus. Es bleibt abzuwarten, ob das IQWiG in der Zukunft eine ähnliche Funktion in Deutschland übernehmen wird.

Die beste Verteidigungsstrategie für Hersteller liegt im Hinblick auf dieses Szenario in der Entwicklung von Arzneimitteln, die in der Wahrnehmung von Ärzten, Patienten und Krankenkassen einen bedeutsamen therapeutischen Zusatznutzen liefern. Stark vereinfacht und salopp formuliert wird sich fast immer ein Nachfrager und Kostenträger für ein Arzneimittel finden, wenn nur von dem wahrgenommenen therapeutischen Nutzen des Arzneimittels eine ausreichend große Sogwirkung/Nachfragewirkung ausgeht (notfalls am Ende der Patient selbst). Dabei muss hinsichtlich der Erzeugung eines wahrgenommenen Zusatznutzens offen eingestanden werden, dass auch umfassende Kommunikationsmaßnahmen und Produktmodifikationen (wie z. B. variierende Dosierungs- und Darreichungsformen, Kombinationspräparate) relativ leistungsschwache Wirksubstanzen nicht in jedem Fall zu einem ökonomischen Erfolg führen können. Umso wichtiger erscheint in diesem Zusammenhang die Bedeutung der klinischen Entwicklung und die frühzeitige Aufgabe/Aussortierung von ökonomisch nicht tragfähigen Substanzentwicklungen. Wie und mit welchen Instrumenten der wahrgenommene therapeutische Nutzen von Arzneimitteln beeinflusst werden kann, wurde ausführlich in dieser Arbeit beschrieben.

Als Stoßrichtung für die weitere wissenschaftliche Forschung an der Schnittstelle zwischen Betriebswirtschaft und Medizin/Pharmazie bietet sich die Entwicklung von Szenarien an, die Prognosen darüber erlauben, mit welchen Marktumwälzungen und Konsequenzen bei zukünftigen (und gelegentlich bereits schon diskutierten) Eingriffen durch den Gesetzgeber zu rechnen ist (z. B. hinsichtlich einer Aufhebung der freien Preisbildung, der Einführung von Positivlisten, etc.). Weitere mögliche Forschungsfelder sind Optimierungsmodelle für europaweite Preisstrategien von Arzneimitteln (vgl. Kapitel 5.3) und Analysen über mögliche Entwicklungen im Falle von bestimmten Gesetzes-Liberalisierungen (z. B. die Aufhebung des Werbeverbots von verschreibungspflichtigen Arzneimitteln bei Nicht-Fachkreisen (vgl. Kapitel 2.2.1.3) und die Zulassung innovativer Preismodelle im niedergelassenen Bereich (vgl. Kapitel 5.3)).

Anhang

Untersuchte Arzneimittel

Die nachstehend aufgelisteten 106 Arzneimittel wurden in die empirische Analyse einbezogen (Stand der Informationen: Oktober 2005).

Notationshinweise bezüglich des Tabellenkopfes:

(1) Klassifikationsschema nach Roter Liste

(2) Erstmaliges Ausbietungsdatum des Produkts (erste Dosierung und Darreichungsform) nach DIMDI Datenbank

(3) Zu Lasten der GKV im Jahre 2004 verordnete DDD („defined daily doses") in Mio.

(4) Facharztgruppe, die das Arzneimittel im Rahmen der Befragung bewertete

(5) Anzahl der Ärzte, die das Arzneimittel bewerteten (gemittelt über alle 20 Fragen des Fragebogens hinweg, da nicht jeder Arzt jede Frage beantwortete)

Produkt	Wirk-stoff(e)	Indika-tions-gruppe (1)	Betrachtete Indikation	Hersteller	Zulas-sung (2)	Mio. DDD in 2004 (3)	Bewer-tende Fach-arzt-gruppe (4)	An-zahl Be-wer-tun-gen (5)	Kommentar
Actonel	Risedron-säure	Osteo-porose-mittel	Behandlung der postmenopausalen Osteoporose	PROCTER & GAMBLE, AVENTIS	5/2000	43	Gynä-kologen	9	
Actos	Pioglita-zon	Anti-dia-betika	Typ-2-Diabetes mellitus in Kombi-nation mit Metfor-min oder Sulfonyl-harnstoffen (wenn deren Monotherapie unzureichend ist)	TAKEDA	11/2000	17,9	Inter-nisten	12	
Advantan	Methyl-predni-solonace-ponat	Derma-tika	Endogenes Ekzem	INTENDIS DERMA-TOLOGIE	10/1994	17,2	Haut-ärzte	13	Wirkstoff ist generisch für systemische Behandlung, aber die äußer-liche Anwen-dung ist nur mit Advantan möglich.
Aerius	Deslora-tadin	Anti-allergi-ka	Allergische Rhinitis	ESSEX PHARMA	2/2001	24,2	Allge-mein-medizi-ner	14	
Aggrenox retard	Dipyrida-mol, Acetylsa-licylsäure	Throm-bozy-tenag-grega-tions-hem-mer	Sekundärprävention von ischämischen Schlaganfällen/ Attacken	BOEH-RINGER INGEL-HEIM	4/2002	7,4	Allge-mein-medizi-ner	13	Dipyridamol ist der exklusiv verfügbare Wirkstoff.

Produkt	Wirk-stoff(e)	Indika-tions-gruppe (1)	Betrachtete Indikation	Hersteller	Zulas-sung (2)	Mio. DDD in 2004 (3)	Bewer-tende Fach-arzt-gruppe (4)	An-zahl Be-wer-tun-gen (5)	Kommentar
Agopton	Lansopra-zol	Magen-Darm-Mittel	Langzeittherpie zur Rezidivprophylaxe der Refluxösopha-gitis	TAKEDA	6/1993	17	Allge-mein-medizi-ner	15	Mittlerweile generisch seit 12/2005.
Alk 7 Früh-blüher-mischung	Allergen-extrakte aus Bir-ken-, Er-len- und Haselstr. pollen	Anti-allergi-ka	Hyposensibilisie-rung bei Conjuncti-vitis/Rhinitis aller-gica sowie Asthma	ALK-SCHERAX	7/1994	8,6	Haut-ärzte	11	
Alk-depot SQ Gräser+ Roggen	Allergene aus Grä-ser- und Roggen-pollen	Anti-allergi-ka	Hyposensibilisie-rung bei Allergien vom Soforttyp (IgE)	ALK-SCHERAX	n/a	10,2	Haut-ärzte	16	
Alk-depot SQ Milbe	Allergene aus Milben	Anti-allergi-ka	Hyposensibilisie-rung bei Allergien vom Soforttyp (IgE)	ALK-SCHERAX	n/a	7,2	Haut-ärzte	11	
Allergo-spasmin Aerosol	Reprote-rol, Cro-mogli-cinsäure	Bron-cholyti-ka/An-tiasth-matika	Verhütung und Behandlung von Atemnot bei Asthma	MEDA, VIATRIS	1/2000	19,4	Inter-nisten	14	Co-Marketing mit Sanofi-Aventis (als Aarane). Reproterol ist der exklusive Wirkstoff.
Alphagan	Brimoni-din	Oph-thal-mika	Erhöhter Augen-innendruck bei Offenwinkel-glaukom (als Zusatztherapie)	PHARM-ALLER-GAN	2/1998	17,5	Augen-ärzte	13	
Amaryl	Glimepi-rid	Anti-dia-betika	Erwachsenen-Diabetes (NIDDM, Typ II-Diabetes)	SANOFI-AVENTIS	12/1996	239	Allge-mein-medizi-ner	16	Mittlerweile generisch seit 10/2005.
Aprovel	Irbesartan	Beta-, Ca-Block-er, An-gioten-sin-Hemm-stoffe	Essentielle Hypertonie	SANOFI-AVENTIS	9/1997	42,8	Allge-mein-medizi-ner	16	Co-Marketing mit BMS (als Karvea).
Aranesp	Darbe-poetin alfa	Anti-anämi-ka	Anämie bei chronischer Niereninsuffizienz ab 11 Jahren	AMGEN	6/2001	7,8	Inter-nisten	12	
Arava	Lefluno-mid	Analge-tika/ Anti-rheu-matika	Aktive rheumatoide Arthritis bei Erwachsenen	SANOFI-AVENTIS	9/1999	7	Inter-nisten	9	
Arimidex	Anastro-zol	Zyto-statika	Adjuvante Behand-lung bei Östrogen-rezeptor-positivem Mamma-Ca (post-menopausal, wenn Tamoxifen nicht angezeigt ist)	ASTRA-ZENECA	7/1996	10,8	Gynäko logen	15	

Produkt	Wirk-stoff(e)	Indika-tions-gruppe (1)	Betrachtete Indikation	Hersteller	Zulas-sung (2)	Mio. DDD in 2004 (3)	Bewer-tende Fach-arzt-gruppe (4)	An-zahl Be-wer-tun-gen (5)	Kommentar
Arthotec	Misopros-tol, Diclofe-nac	Analge-tika/ Anti-rheu-matika	Chronische Polyarthiritis	PFIZER	9/1995	14,3	Allge-mein-medizi-ner	19	Misoprostol ist der exklusiv verfügbare Wirkstoff.
Atacand	Cande-sartan	Beta-, Ca-Block-er, An-gioten-sin-Hemm-stoffe	Essentielle Hypertonie	ASTRA-ZENECA	11/1997	87,1	Allge-mein-medizi-ner	16	Co-Marketing mit Takeda (als Blopress).
Atacand Plus	Cande-sartan, Hydro-chloro-thiazid	Anti-hyper-tonika	Essentielle Hyper-tonie (wenn Mono-therapie unzureich-end)	ASTRA-ZENECA	5/2000	56,3	Inter-nisten	15	Co-Marketing mit Takeda (als Blopress Plus). Candesartan ist der exklusive Wirkstoff.
Atrovent	Ipratro-piumbro-mid	Bron-cholyti-ka/An-tiasth-matika	Chronisch obstruktive Bronchitis	BOEH-RINGER INGEL-HEIM	12/1977	29	Allge-mein-medizi-ner	20	
Avalox	Moxi-floxacin	Anti-biotika/ Antiin-fektiva	Akute Exazerbation der chronischen Bronchitis	BAYER	9/1999	5,9	Inter-nisten	16	Co-Marketing mit Sankyo (als Actimax).
Avandia	Rosiglita-zon	Anti-dia-betika	Typ-2-Diabetes mellitus in Kombi-nation mit Metfor-min oder Sulfonyl-harnstoffen (wenn deren Monotherapie unzureichend ist)	GLAXO-SMITH-KLINE	7/2000	12,9	Inter-nisten	14	
Azopt	Brinzola-mid	Oph-thal-mika	Erhöhter Augen-innendruck bei Offenwinkelglau-kom (wenn die Monotherapie mit ß-Blockern unzu-reichend ist)	ALCON	4/2000	31,5	Augen-ärzte	13	
Berodual/ N	Fenoterol, Ipratro-piumbro-mid	Bron-cholyti-ka/An-tiasth-matika	Asthma bronchiale	BOEH-RINGER INGEL-HEIM	5/1989	127	Allge-mein-medizi-ner	15	
Berotec/N	Fenoterol	Bron-cholyti-ka/An-tiasth-matika	Behandlung von akuten Asthma-Anfällen	BOEH-RINGER INGEL-HEIM	5/1989	41	Inter-nisten	14	

Produkt	Wirk-stoff(e)	Indika-tions-gruppe (1)	Betrachtete Indikation	Hersteller	Zulas-sung (2)	Mio. DDD in 2004 (3)	Bewer-tende Fach-arzt-gruppe (4)	An-zahl Be-wer-tun-gen (5)	Kommentar
Betaferon	Interferon beta-1b	Immun-modu-latoren	Schubweiser Ver-lauf der multiplen Sklerose (mindes-tens 2 Schübe in den letzten 2 Jahr-en) bei gefähigen Patienten	SCHERING	1/1996	3,4	Ner-ven-ärzte	10	
Cabaseril	Cabergo-lin	Parkin-sonmit-tel	Morbus Parkinson (als Monotherapie in der Frühphase)	PFIZER	5/1997	8,8	Ner-ven-ärzte	10	
Carmen	Lercani-dipin	Anti-hyper-tonika	Leichte/mittel-schwere essentielle Hypertonie	BERLIN-CHEMIE	10/2000	101	Allge-mein-medizi-ner	14	Co-Marketing mit UCB (als Corifeo).
Celebrex	Celecoxib	Analge-tika/ Anti-rheu-matika	Rheumatoide Arthritis	PFIZER	6/2000	30,6	Allge-mein-medizi-ner	18	
Cipralex	Escitalo-pram	Psycho-phar-maka	Episoden einer Major Depression	LUND-BECK	9/2003	14,9	Ner-ven-ärzte	14	
Clexane	Enoxapa-rin	Anti-koagu-lantia	Peri- und post-operative Primär-prophylaxe tiefer Venenthrombosen	SANOFI-AVENTIS	3/1989	25,9	Inter-nisten	12	
Climopax	Konju-gierte Estro-gene, Medroxy-progeste-ronacetat	Sexual-hormo-ne	Hormonsubstitu-tionstherapie bei Estrogenmangel-symptomen (post-menopausal)	WYETH	12/1997	17	Gynä-kologen	15	Beide Wirkstoffe sind generisch, aber die Kombination gibt es nur exklusiv bei Climopax.
Codiovan	Valsartan, Hydro-chloro-thiazid	Anti-hyper-tonika	Essentielle Hypertonie (wenn Monotherapie unzureichend ist)	NOVARTIS	10/1997	79,2	Inter-nisten	13	Co-Marketing mit Schwarz Pharma (als Provas comp) und AWD. Pharma (als Cordinate plus). Valsar-tan ist der exklusiv verfügbare Wirkstoff.
Combivir	Lamivu-din, Zidovudin	Anti-biotika/ Antiin-fektiva	HIV-Behandlung ab 12 Jahren (in Kombinations-therapie)	GLAXO-SMITH-KLINE	4/1998	2,5	Inter-nisten	9	
Corda-num	Talinolol	Beta-, Ca-Block-er, An-gioten-sin-Hemm-stoffe	Arterielle Hypertonie	AWD. PHARMA	2/1994	24	Inter-nisten	12	

Produkt	Wirk-stoff(e)	Indika-tions-gruppe (1)	Betrachtete Indikation	Hersteller	Zulas-sung (2)	Mio. DDD in 2004 (3)	Bewer-tende Fach-arzt-gruppe (4)	An-zahl Be-wer-tun-gen (5)	Kommentar
Cosopt	Dorzola-mid, Timolol	Oph-thal-mika	Erhöhter Augen-innendruck bei Offenwinkelglau-kom (wenn Mono-therapie mit ß-Blocker unzu-reichend ist)	MSD	11/1998	30,5	Augen-ärzte	13	Dorzolamid ist der exklusiv verfügbare Wirkstoff.
Coversum Combi	Perindo-pril, Indapa-mid	Anti-hyper-tonika	Essentielle Hyper-tonie (wenn Mono-therapie mit Perindopril unzureichend ist)	SERVIER	10/2000	16	Inter-nisten	10	Perindopril ist der exklusiv verfügbare Wirkstoff.
Dehydro sanol tri	Bemeti-zid, Tri-amteren	Diure-tika	Venös bedingte Gewebswasser-Stauungsbeschwerd en in den Beinen	SANOL	5/1964	14,8	Inter-nisten	13	Auch als Diucomb von Schwarz Pharma erhältlich. Bemetizid ist der exklusiv verfügbare Wirkstoff.
Delmuno	Ramipril, Felodipin	Anti-hyper-tonika	Essentielle Hyper-tonie (wenn Mono-therapie unzu-reichend ist)	SANOFI-AVENTIS	11/1998	26,3	Inter-nisten	10	Co-Marketing mit AstraZeneca (als Unimax). Beide Wirk-stoffe sind generisch, als Kombination gibt es sie nur bei Delmuno und Unimax.
Detrusitol	Tolterodin	Uro-logika	Dranginkontinenz, Pollakisurie und imperativer Harn-drang (bei über-aktiver Blase)	PFIZER	3/1998	22	Urolo-gen	12	
Differin	Adapalen	Derma-tika	Akne vulgaris im Gesicht	GALDER-MA	3/1996	6,6	Haut-ärzte	13	
Diovan	Valsartan	Beta-, Ca-Block-er, Angio-tensin-Hemm-stoffe	Essentielle Hypertonie	NOVARTIS	5/2001	77	Allge-mein-medizi-ner	18	Co-Marketing mit Schwarz Pharma (als Provas) und AWD.Pharma (als Cordi-nate).
Ebrantil	Urapidil	Anti-hyper-tonika	Hypertonie	ALTANA	10/1981	12,8	Allge-mein-medizi-ner	18	Als intrave-nöse Form mittlerweile generisch (andere Indi-kation), als Tablette exklusiv verfügbar.

Produkt	Wirk-stoff(e)	Indika-tions-gruppe (1)	Betrachtete Indikation	Hersteller	Zulas-sung (2)	Mio. DDD in 2004 (3)	Bewer-tende Fach-arzt-gruppe (4)	An-zahl Be-wer-tun-gen (5)	Kommentar
Enbrel	Etaner-cept	Analge-tika/ Anti-rheu-matika	Aktive rheumatoide Arthritis bei er-wachsenen Patien-ten mit zuvor unzu-reichendem An-sprechen auf eine Basistherapie	WYETH	6/2000	1,9	Inter-nisten	15	
Erypo	Epoetin alfa	Anti-anämi-ka	Anämie bei Dia-lysepatienten mit chronischem Nierenversagen	JANSSEN-CILAG	12/1988	8,1	Inter-nisten	10	
Evista	Raloxifen	Sexual-hormo-ne	Behandlung und Prävention der postmenopausalen Osteoporose	LILLY	9/1998	11,1	Gynä-kologen	12	
Ezetrol	Ezetimib	Lipid-senker	Primäre Hyper-cholesterinämie in Kombinations-therapie mit einem Statin (wenn die Statin-Therapie alleine unzureich-end ist)	MSD, ESSEX PHARMA	11/2002	25,8	Allge-mein-medizi-ner	14	
Femoston Conti	Dydro-gesteron, Estradiol	Sexual-hormo-ne	Hormonsubstitu-tionstherapie bei Estrogenmangel-symptomen (post-menopausal, > 1 Jahr)	SOLVAY	1/2001	11,7	Gynä-kologen	14	Dydrogesteron ist der exklusive Wirkstoff.
Fosinorm	Fosinopril	Beta-, Ca-Block-er, An-gioten-sin-Hemm-stoffe	Essentielle Hypertonie	BRISTOL-MYERS SQUIBB	8/1992	21,9	Allge-mein-medizi-ner	14	Mittlerweile generisch seit 10/2005.
Fraxiparin	Nadropa-rin	Anti-koagu-lantia	Peri- und post-operative Primär-prophylaxe tiefer Venenthrombosen	GLAXO-SMITH-KLINE	2/1996	11	Allge-mein-medizi-ner	17	
Fucidine	Fusidin-säure	Derma-tika	Infizierte Hauter-krankungen durch fusidinsäure-empfindliche Bakterien	LEO PHARMA	12/1964	7,6	Haut-ärzte	17	
Glucobay	Acarbose	Anti-diabeti-ka	Diabetes mellitus	BAYER	10/1990	26,8	Inter-nisten	16	
Gynodian Depot	Prasteron-enantat, Estradiol-valerat	Sexual-hormo-ne	Hormonsubstitu-tionstherapie bei Estrogenmangel-symptomen (peri- und postmenopau-sal)	SCHERING	4/1975	20,5	Gynä-kologen	14	Prasteron-enantat ist der exklusiv verfügbare Wirkstoff.
Humalog	Insulin lispro	Anti-diabe-tika	Diabetes mellitus	LILLY	5/1996	64,4	Allge-mein-medizi-ner	18	Co-Marketing mit Berlin Chemie (als Liprolog).

Produkt	Wirk-stoff(e)	Indika-tions-gruppe (1)	Betrachtete Indikation	Hersteller	Zulas-sung (2)	Mio. DDD in 2004 (3)	Bewer-tende Fach-arzt-gruppe (4)	An-zahl Be-wer-tun-gen (5)	Kommentar
Inegy	Ezetimib, Simvasta-tin	Lipid-senker	Hypercholesterin-ämie bei angezeig-ter Kombinations-therapie	MSD, ESSEX PHARMA	5/2004	12,3	Allge-mein-medizi-ner	15	Ezetimib ist der exklusiv verfügbare Wirkstoff.
Kaban (-imat)	Clocorto-lon	Derma-tika	Ekzeme, z. B. bei entzündlichen und allergischen Hauterkrankungen	ASCHE CHIESI	1/1968	5,6	Haut-ärzte	14	
Karvezide	Irbesar-tan, Hydro-chloro-thiazid	Anti-hyper-tonika	Essentielle Hyper-tonie (wenn Monotherapie unzureichend ist)	BRISTOL-MYERS SQUIBB	12/1998	29,5	Allge-mein-medizi-ner	15	Co-Marketing mit Sanofi-Aventis (als CoAprovel). Irbesartan ist der exklusiv verfügbare Wirkstoff.
Keppra	Levetir-acetam	Anti-epilep-tika	Epilepsie, als Zusatzbehandlung von partiellen Anfällen mit oder ohne sekundundäre Generalisierung	UCB	11/2000	7,7	Ner-ven-ärzte	10	
Lantus	Insulin glargin	Anti-diabe-tika	Diabetes mellitus	SANOFI-AVENTIS	6/2000	57,8	Allge-mein-medizi-ner	20	
Locol	Fluvasta-tin	Lipid-senker	Senkung erhöhter Gesamt- und LDL-Cholesterin-Spiegel bei primärer Hyper-cholesterinämie	NOVARTIS	9/1994	56,9	Inter-nisten	13	Co-Marketing mit Astellas (als Cranoc).
Lorzaar	Losartan	Beta-, Ca-Block-er, Angio-tensin-Hemm-stoffe	Essentielle, nicht organbedingte Hypertonie	MSD	10/1995	52,9	Allge-mein-medizi-ner	20	
Lorzaar plus	Losartan, Hydro-chloro-thiazid	Anti-hyper-tonika	Essentielle Hypertonie (wenn Monotherapie unzureichend ist)	MSD	4/1997	58,9	Allge-mein-medizi-ner	19	Losartan ist der exklusiv verfügbare Wirkstoff.
Micardis	Telmi-sartan	Anti-hyper-tonika	Essentielle Hypertonie	BOEH-RINGER INGEL-HEIM	1/1999	45	Inter-nisten	11	Co-Marketing mit Bayer (als Kinzalmono).
Micardis plus	Telmi-sartan, Hydro-chloro-thiazid	Anti-hyper-tonika	Essentielle Hypertonie (wenn Monotherapie unzureichend ist)	BOEH-RINGER INGEL-HEIM	5/2002	20,1	Allge-mein-medizi-ner	17	Co-Marketing mit Bayer (als Kinzalcomb). Telmisartan ist der exklusiv verfügbare Wirkstoff.
Mobec	Meloxi-cam	Analge-tika/ Anti-rheu-matika	Rheumatoide Arthritis	BOEH-RINGER INGEL-HEIM	5/1996	11,6	Allge-mein-medizi-ner	14	Mittlerweile generisch seit 09/2005.

Produkt	Wirk-stoff(e)	Indikations-gruppe (1)	Betrachtete Indikation	Hersteller	Zulas-sung (2)	Mio. DDD in 2004 (3)	Bewer-tende Fach-arzt-gruppe (4)	An-zahl Be-wer-tun-gen (5)	Kommentar
Mobloc	Felodipin, Metopro-lol	Anti-hyper-tonika	Essentielle Hyper-tonie (wenn Mono-therapie unzureich-end ist)	ASTRA-ZENECA	1/1997	20,9	Inter-nisten	12	Beide Wirk-stoffe sind generisch, aber die Kombi-nation gibt es nur exklusiv bei Mobloc.
Mono Embolex	Certo-parin	Anti-koagu-lantia	Verhütung von Gefäßverschlüssen durch Blutgerinnsel nach OPs	NOVARTIS	9/1990	6,2	Allge-mein-medizi-ner	15	
Nebilet	Nebivolol	Anti-hyper-tonika	Essentielle Hypertonie	BERLIN-CHEMIE	1/1997	89,1	Inter-nisten	10	
NeoRe-cormon	Epoetin beta	Anti-anämi-ka	Renale Anämie bei Dialysepatienten	ROCHE	8/1997	8,7	Inter-nisten	12	
Nexium Mups	Esome-prazol	Magen-Darm-Mittel	Langzeitbehandlung zur Rezidivprophy-laxe bei geheilter Ösophagitis	ASTRA-ZENECA	10/2000	122	Inter-nisten	12	
Novo Rapid	Insulin aspart	Anti-diabeti-ka	Diabetes mellitus	NOVO NORDISK	10/1999	51,4	Allge-mein-medizi-ner	17	
Novo-Norm	Repagli-nid	Anti-diabe-tika	Typ 2-Diabetes	NOVO NORDISK	10/1998	26,1	Inter-nisten	15	
Omnic	Tamsu-losin	Uro-logika	Symptomatische Behandlung der benignen Prostata-Hyperplasie	ASTELLAS	8/1996	58,3	Urolo-gen	12	Mittlerweile generisch seit 02/2006.
Oxygesic	Oxycodon	Analge-tika/ Anti-rheu-matika	Starke bis sehr starke Schmerzen	MUNDI-PHARMA	8/1998	11,3	Allge-mein-medizi-ner	15	
Palladon retard	Hydro-morphon	Analge-tika/ Anti-rheu-matika	Starke und stärkste Schmerzen	MUNDI-PHARMA	8/1999	5,1	Inter-nisten	11	Co-Marketing mit Abbott (als Dilaudid).
Pantozol	Pantopra-zol	Magen-Darm-Mittel	Langzeittherapie und Prävention von Rezidiven bei der Refluxösophagitis	ALTANA	6/1998	101	Allge-mein-medizi-ner	17	Co-Marketing mit Schwarz Pharma (als Rifun).
Plavix	Clopido-grel	Throm-bozy-tenag-grega-tions-hem-mer	Prävention athero-thrombotischer Ereignisse nach Herzinfarkt oder ischämischem Schlaganfall	SANOFI-AVENTIS	7/1998	71,4	Inter-nisten	10	Co-Marketing mit BMS (als Iscover).
Presomen comp.	Konju-gierte Estro-gene, Medro-geston	Sexual-hormo-ne	Hormonsubstitu-tionstherapie bei Estrogenmangel-symptomen (post-menopausal)	SOLVAY	5/1985	38,3	Gynäko-logen	16	Medrogeston ist der exklusiv verfügbare Wirkstoff.

Produkt	Wirk-stoff(e)	Indika-tions-gruppe (1)	Betrachtete Indikation	Hersteller	Zulas-sung (2)	Mio. DDD in 2004 (3)	Bewer-tende Fach-arzt-gruppe (4)	An-zahl Be-wer-tun-gen (5)	Kommentar
Profact	Buserelin	Zyto-statika	Fortgeschrittenes, hormonempfind-liches Prostata-karzinom	SANOFI-AVENTIS	8/1995	6,9	Uro-logen	11	
Proscar	Finasterid	Uro-logika	Benigne Prostata-Hyperplasie	MSD	11/1994	13,1	Uro-logen	12	
Psorcutan	Calcipot-riol	Derma-tika	Leichte bis mittel-schwere Psoriasis vom Plaque-Typ	INTENDIS DERMA-TOLOGIE	9/1992	10,5	Haut-ärzte	17	Co-Marketing mit Leo Phar-ma (Daivo-nex).
Rebif	Interferon beta-1a	Immun-modu-latoren	Multiple Sklerose (mindestens 2 Schübe in den letzten 2 Jahren)	SERONO	6/1998	2,4	Ner-ven-ärzte	11	Co-Marketing mit Biogen (als Avonex).
Remicade	Infliximab	Analge-tika/ Anti-rheu-matika	Rheumatoide Arthritis (in Kombi-nation mit Metho-trexat bei Patienten mit zuvor unzu-reichendem An-sprechen)	ESSEX PHARMA	9/1999	2,2	Inter-nisten	19	
Risperdal	Risperi-don	Psycho-phar-maka	Chronisch schizophrene Psychosen, auch zur Rezidivprophylaxe	JANSSEN-CILAG	4/1994	21,8	Ner-ven-ärzte	13	
Seroquel	Quetiapin	Psycho-phar-maka	Schizophrenie	ASTRA-ZENECA	3/2000	9,3	Ner-ven-ärzte	14	
Sifrol	Prami-pexol	Parkin-sonmit-tel	Idiopathische Morbus Parkinson (als Monotherapie in der Frühphase)	BOEH-RINGER INGEL-HEIM	10/1997	6	Ner-ven-ärzte	13	
Singulair	Montelu-kast	Bron-cholyti-ka/An-tiasth-matika	Zusatzbehandlung für Patienten mit leicht- bis mittel-gradigem chron-isches Asthma, wenn Kortikoide und ß-Sympathika unzureichend sind	MSD	4/1998	26,2	Allge-mein-medizi-ner	17	
Spasmex Tabl.	Trospium-chlorid	Uro-logika	Neurologische oder idiopathische De-trusor-Überaktivität mit den Symptomen Pollakisurie, im-perativem Harn-drang und Drang-inkontinenz	PFLEGER	4/1990	20	Urolo-gen	12	Co-Marketing mit Madaus (als Spasmo-lyt) und Medac (als Trospi).
Spiriva	Tiotropi-umbromid	Bron-cholyti-ka/An-tiasth-matika	Dauerbehandlung der chronisch ob-struktiven Lungen-erkrankung (COPD)	BOEH-RINGER INGEL-HEIM, PFIZER	6/2002	53,1	Allge-mein-medizi-ner	18	
Starlix	Nateglinid	Anti-dia-betika	Typ-2-Diabetes in Kombination mit Metformin (wenn Monotherapie alleine unzureich-end ist)	NOVAR-TIS, MERCK	5/2001	7,2	Inter-nisten	11	

Produkt	Wirkstoff(e)	Indikationsgruppe (1)	Betrachtete Indikation	Hersteller	Zulassung (2)	Mio. DDD in 2004 (3)	Bewertende Facharztgruppe (4)	Anzahl Bewertungen (5)	Kommentar
Symbicort	Budesonid, Formoterol	Broncholytika/Antiasthmatika	Regelmäßige Behandlung von Asthma bei Patienten, bei denen eine Kombinationstherapie angezeigt ist	ASTRAZENECA	4/2001	71,6	Allgemeinmediziner	16	Beide Wirkstoffe sind generisch, in Kombination aber nur exklusiv bei Symbicort.
Telfast	Fexofenadin	Antiallergika	Saisonale allergische Rhinitis	SANOFIAVENTIS	12/1997	20,7	Hautärzte	16	
Transtec	Buprenorphin	Analgetika/ Antirheumatika	Starke (Tumor-) Schmerzen bei ungenügender Wirksamkeit von nicht-opioiden Schmerzmitteln	GRÜNENTHAL	9/2001	10,2	Allgemeinmediziner	14	Wirkstoff-Kooperation mit Essex Pharma.
Travatan	Travoprost	Ophthalmika	Erhöhter Augeninnendruck bei Offenwinkelglaukom	ALCON	11/2001	17,2	Augenärzte	13	
Trenantone	Leuprorelin	Zytostatika	Mammakarzinom (prä- und perimenopausal) bei angezeigter endokriner Behandlung	TAKEDA	8/1996	12,5	Gynäkologen	10	
Trevilor	Venlafaxin	Psychopharmaka	Depressive Erkrankungen, auch mit begleitenden Angstzuständen	WYETH	4/1996	35,9	Nervenärzte	13	
Trileptal	Oxcarbazepin	Antiepileptika	Fokale Anfälle mit oder ohne sekundär generalisierten tonisch-klonischen Anfällen	NOVARTIS	3/2000	6,6	Nervenärzte	12	Co-Marketing mit Desitin (als Timox).
Uroxatral	Alfuzosin	Urologika	Symptomatische Behandlung der benignen Prostata-Hyperplasie	SANOFIAVENTIS	1/1995	29,5	Urologen	12	Mittlerweile generisch seit 03/2006.
Viani	Salmeterol, Fluticason	Broncholytika/Antiasthmatika	Regelmäßige Behandlung von Asthma bronchiale, falls eine Kombinationstherapie angezeigt ist	GLAXOSMITHKLINE	4/1999	661	Internisten	11	Co-Marketing mit Schwarz Pharma (als Atmadisc).
Votum	Olmesartan	Antihypertonika	Essentielle Hypertonie	BERLINCHEMIE	10/2002	31,1	Internisten	9	Co-Marketing mit Sankyo (als Olmetec).
Xalatan	Latanoprost	Ophthalmika	Erhöhter Augeninnendruck bei Offenwinkelglaukom	PFIZER	8/2002	56,1	Augenärzte	13	
Xeloda	Capecitabin	Zytostatika	1st-line Monotherapie des metastasierten Kolorektalkarzinoms	ROCHE	3/2001	0,8	Internisten	10	
Xusal	Levocetirizin	Antiallergika	Saisonale allergische Rhinitis	UCB	2/2001	29,4	Allgemeinmediziner	13	

Produkt	Wirk-stoff(e)	Indika-tions-gruppe (1)	Betrachtete Indikation	Hersteller	Zulas-sung (2)	Mio. DDD in 2004 (3)	Bewer-tende Fach-arzt-gruppe (4)	An-zahl Be-wer-tun-gen (5)	Kommentar
Zithro-max	Azi-thromycin	Anti-biotika/ Antiin-fektiva	Infektionen durch Azithromycin-empfindliche Erreger (z. B. der oberen Atemwege)	PFIZER	4/1993	7,7	Allge-mein-medizi-ner	20	Mittlerweile generisch seit 04/2006.
Zoloft	Sertralin	Psycho-phar-maka	Behandlung depres-siver Erkrankungen (Episoden einer Major Depression) und Rezidivpro-phylaxe	PFIZER	2/1997	40,8	Ner-ven-ärzte	13	Mittlerweile generisch seit 11/2006.
Zyprexa	Olanzapin	Psycho-phar-maka	Schizophrenie	LILLY	11/1996	26,1	Ner-ven-ärzte	14	

Internet-Fragebogen

Im Folgenden bitten wir Sie, jeweils immer 6 identische Arzneimittel hinsichtlich einer Fragestellung zu bewerten.

Bitte beachten Sie:

- Es wird immer nur eine zugelassene Indikation eines Arzneimittels betrachtet. Diese ist in der Frage mit angegeben.
- Diese offizielle Indikation wird meist nur abgekürzt in der Frage dargestellt.
- Bitte gehen Sie bei der Beantwortung von typischen Patienten in der Indikation aus (z. B. bzgl. Alter, typische Multimorbidität, etc.).
- Bitte gehen Sie von der üblichsten/gebräuchlichsten Dosierung und Darreichungsform bei der Verwendung der Arzneimittel aus.
- Sofern Sie eines der Arzneimittel nicht kennen bzw. bisher noch keine Erfahrungen mit einem bestimmten Arzneimittel in der Indikation gesammelt haben, klicken Sie bitte jeweils die „Weiß nicht" Antwort-Option an.

1. Gesamtzufriedenheit

Wenn Sie alle für Sie relevanten klinischen Arzneimittel-Eigenschaften betrachten (Wirksamkeit & Nebenwirkungen, Anwendungsfreundlichkeit, Datenlage, Preis, etc.), wie zufrieden sind Sie insgesamt mit jedem einzelnen Arzneimittel zur Verwendung in der angegebenen Indikation?
Bitte klicken Sie Ihre Antwort auf der Skala von „(1) sehr unzufrieden" bis „(5) sehr zufrieden" an und drücken Sie danach auf den „Weiter"-Button auf der Seite unten rechts. Mit den Zwischenwerten (2), (3) und (4) stufen Sie Ihre Zufriedenheitsbewertung ab.

Arzneimittel	Indikation	Insgesamt bin ich mit dem Arzneimittel zur Verwendung in der Indikation...		
		sehr unzufrieden	sehr zufrieden	Weiß nicht
Arzneimittelmarke 1 (Arzneimittelwirkstoff) Herstellername	Indikation X	(1)---------(2)---------(3)---------(4)---------(5)		(0)
Arzneimittelmarke 2 ...	...	...		...

2. Klinische Datenlage

Wie beurteilen Sie insgesamt die klinische Datenlage für den Einsatz der Arzneimittel in den jeweiligen Indikationen? Bitte berücksichtigen Sie bei Ihrer Bewertung neben den Ihnen bekannten klinischen Ergebnissen als auch die Qualität* der vorliegenden Studien.
*z. B. Studien gegen Placebo oder gegen Wettbewerbsarzneimittel, Merkmale der in Studien teilnehmenden Patienten, Art der verwendeten Endpunkte, Anzahl der getesteten Patienten, Verblindungsdesign, etc.

Arzneimittel	Indikation	Die klinische Datenlage zur Verwendung des Arzneimittels in der Indikation bewerte ich insgesamt als...		
		sehr schwach	exzellent	Weiß nicht
Arzneimittelmarke (Arzneimittelwirkstoff)	Indikation X	(1)---------(2)---------(3)---------(4)---------(5)		(0)

3. Patientenwunsch

Wie häufig fragen Patienten in den jeweiligen Indikationen gezielt die Behandlung mit den untenstehenden Arzneimitteln nach (z. B. auch nachdem Sie ihnen verschiedene Therapieoptionen geschildert haben)?

Arzneimittel	Indikation	Patienten in der Indikation fragen eine Behandlung mit dem angegebenen Arzneimittel...	
		sehr selten/ gar nicht nach ___ sehr häufig nach	Weiß nicht
Arzneimittelmarke (Arzneimittelwirkstoff)	Indikation X	(1)---------(2)---------(3)---------(4)---------(5)	(0)

4. Beobachtete Wirksamkeit

Bitte denken Sie nun bei den angegebenen Arzneimitteln und deren Indikationen an die wichtigsten alternativen therapeutischen Möglichkeiten (z. B. andere Arzneimittel oder Methoden), die Ihnen für eine Behandlung zur Verfügung stehen. Wie beurteilen Sie allgemein die von Ihnen beobachtete (bzw. durch Patienten an Sie berichtete) Wirksamkeit der Arzneimittel im Vergleich zu den wichtigsten alternativen Behandlungsmöglichkeiten in den jeweiligen Indikationen?

Bitte gehen Sie für die Bewertung der Wirksamkeit von den für Sie wichtigsten Endpunkten/Leistungskriterien aus und unterstellen Sie die Behandlung von typischen Patienten in der Indikation.

Arzneimittel	Indikation	Verglichen mit den wichtigsten alternativen Möglichkeiten zur Behandlung von Patienten in der Indikation bewerte ich die Wirksamkeit des Arzneimittels als...	
		sehr gering ___ sehr hoch	Weiß nicht
Arzneimittelmarke (Arzneimittelwirkstoff)	Indikation X	(1)---------(2)---------(3)---------(4)---------(5)	(0)

5. Beobachtetes Ausmaß der Nebenwirkungen

Wie beurteilen Sie allgemein das durch Sie beobachtete (bzw. durch Patienten berichtete) Ausmaß an Nebenwirkungen der Arzneimittel (bzgl. Häufigkeit und Schwere) im Vergleich zu den wichtigsten alternativen Behandlungsmöglichkeiten in den jeweiligen Indikationen?

Bitte gehen Sie für die Bewertung von den bedeutsamsten Nebenwirkungen aus und unterstellen Sie die Behandlung von typischen Patienten in der Indikation.

Arzneimittel	Indikation	Verglichen mit den wichtigsten alternativen Möglichkeiten zur Behandlung von Patienten in der Indikation bewerte ich das Ausmaß an Nebenwirkungen des Arzneimittels als...	
		sehr gering ___ sehr schwerwiegend	Weiß nicht
Arzneimittelmarke (Arzneimittelwirkstoff)	Indikation X	(1)---------(2)---------(3)---------(4)---------(5)	(0)

6. Anwendungsfreundlichkeit

Wie beurteilen Sie allgemein die Anwendungsfreundlichkeit der Arzneimittel für Patienten (hinsichtlich Darreichungsform, Häufigkeit der Einnahme, etc.) im Vergleich zu den wichtigsten alternativen Behandlungsmöglichkeiten in den jeweiligen Indikationen?
Bitte gehen Sie für die Bewertung von den für die Patienten bedeutsamsten Anwendungsaspekten aus und unterstellen Sie die Behandlung von typischen Patienten in der Indikation.

Arzneimittel	Indikation	Verglichen mit den wichtigsten alternativen Möglichkeiten zur Behandlung von Patienten in der Indikation bewerte ich die Anwendungsfreundlichkeit des Arzneimittels als...	
		sehr gering sehr schwerwiegend	Weiß nicht
Arzneimittelmarke (Arzneimittelwirkstoff)	Indikation X	(1)---------(2)---------(3)---------(4)---------(5)	(0)

7. Klinischer Nutzen und Kosten

Bitte denken Sie nun an den gesamten klinischen Nutzen (z. B. hinsichtlich Wirksamkeit, Nebenwirkungen, Anwendungsfreundlichkeit, etc.), den die Arzneimittel aus Ihrer Sicht zur Behandlung von Patienten in der jeweiligen Indikation erbringen. Wie bewerten Sie insgesamt das Verhältnis von dem klinischen Nutzen zu den Kosten dieser Arzneimittel?
Hinweis: Es sind keine detaillierten Kostenkenntnisse zum Beantworten dieser Frage notwendig. Eine tendenzielle Antwort genügt! *Kosten pro „defined daily dose" (DDD = Tagesdosis für einen Erwachsenen gemäß WHO). Quelle: Arzneiverordnungs-Report 2005

Arzneimittel	Indikation	Verglichen mit dem gesamten klinischen Nutzen des Arzneimittels in der jeweiligen Indikation bewerte ich die Kosten des Arzneimittels als...	
		viel zu hoch ange- messen	Weiß nicht
Arzneimittelmarke (Arzneimittelwirkstoff)	Indikation X Kosten pro DDD*	(1)---------(2)---------(3)---------(4)---------(5)	(0)

8. Konkurrierende Arzneimittel

Wie bewerten Sie insgesamt die Verfügbarkeit von Alternativen /Konkurrenzpräparaten zur Behandlung der meisten Patienten in den untenstehenden Indikationen, die eine äquivalente oder überlegene Gesamtleistung* in Bezug auf das betreffende Arzneimittel aufweisen?
* hinsichtlich Wirksamkeit, Nebenwirkungen, Einfachheit der Anwendung, etc.

Arzneimittel	Indikation	In Bezug auf das betreffende Arzneimittel existieren leistungsäquivalente oder überlegene Alternativen zur Behandlung der meisten Patienten in der Indikation...	
		kaum/ so gut wie gar nicht in großem Umfang	Weiß nicht
Arzneimittelmarke (Arzneimittelwirkstoff)	Indikation X	(1)---------(2)---------(3)---------(4)---------(5)	(0)

9. Patienten-Compliance

Wie beurteilen Sie insgesamt die Compliance („Therapietreue") Ihrer meisten Patienten bei der Verwendung der Arzneimittel in den jeweiligen Indikationen?

Arzneimittel	Indikation	Die Compliance/Therapietreue der meisten meiner Patienten, die das Arzneimittel in der Indikation erhalten, beurteile ich als...		
		sehr schlecht	sehr gut	Weiß nicht
Arzneimittelmarke (Arzneimittelwirkstoff)	Indikation X	(1)---------(2)----------(3)---------(4)---------(5)		(0)

10. Vorhersagbarkeit der Wirksamkeit

Wie würden Sie insgesamt die Vorhersagbarkeit der zu erwartenden Wirksamkeit (hinsichtlich der für Sie wichtigsten Endpunkte/ Leitungskriterien) der jeweiligen Arzneimittel bei dem nächsten typischen Patienten in der Indikation beurteilen?
Hinweis: Bei dieser Frage geht es um die Verlässlichkeit der Wirksamkeit. Einige Arzneimitteln entfalten z. B. stets sehr sicher ihre Wirkung, bei anderen könnte die eintretende Wirksamkeit bei einem konkreten Patienten oftmals „rein zufällig" erscheinen.

Arzneimittel	Indikation	Das zu erwartende Ausmaß der Wirksamkeit des Arzneimittels wäre bei meinem nächsten zu behandelnden typischen Patienten in der Indikation relativ...		
		ungenau vorhersagbar („mal wirkt es, mal nicht")	präzise vorhersagbar („wirkt immer")	Weiß nicht
Arzneimittelmarke (Arzneimittelwirkstoff)	Indikation X	(1)---------(2)----------(3)---------(4)---------(5)		(0)

11. Vorhersagbarkeit der Nebenwirkungen

Wie würden Sie insgesamt die Vorhersagbarkeit der zu erwartenden Nebenwirkungen (hinsichtlich der Häufigkeit und Schwere der Nebenwirkungen) der jeweiligen Arzneimittel bei dem nächsten typischen Patienten in der Indikation beurteilen?

Arzneimittel	Indikation	Das zu erwartende Ausmaß der Nebenwirkungen des Arzneimittels wäre bei meinem nächsten zu behandelnden typischen Patienten in der Indikation...		
		relativ ungenau vorhersagbar	relativ präzise vorhersagbar	Weiß nicht
Arzneimittelmarke (Arzneimittelwirkstoff)	Indikation X	(1)---------(2)----------(3)---------(4)---------(5)		(0)

12. Weiterempfehlungsbereitschaft

Wenn Sie alle für Sie relevanten Eigenschaften der untenstehenden Arzneimittel betrachten, würden Sie prinzipiell das jeweilige Arzneimittel zur Verwendung in der angegebenen Indikation an Ihre Arzt-Kollegen weiterempfehlen?

Annahme: Es würde Arzt-Kollegen von Ihnen geben, die noch keine Erfahrungen mit den Arzneimitteln gesammelt haben.

Arzneimittel	Indikation	Das Arzneimittel zur Verwendung in der angegebenen Indikation würde ich an meine Arzt-Kollegen...		
		auf keinen Fall weiter-empfehlen	ausdrücklich weiter-empfehlen	Weiß nicht
Arzneimittelmarke (Arzneimittelwirkstoff)	Indikation X	(1)---------(2)---------(3)---------(4)---------(5)		(0)

13. Behandlung der nächsten 10 Patienten

Bitte stellen Sie sich nun für die Indikationen der untenstehenden Arzneimittel die nächsten 10 von Ihnen zu behandelnden typischen Patienten vor.

Annahme: Bei allen 10 Patienten je Indikation halten Sie eine medikamentöse Therapie für erforderlich. Sie alleine würden die Therapieentscheidung treffen, d.h. bereits medikamentös eingestellte (z. B. überwiesene) Patienten werden nicht berücksichtigt.

Für wie viele dieser 10 Patienten je Indikation würden Sie das betreffende Arzneimittel verschreiben/verwenden? Eine tendenzielle Antwort genügt!

Arzneimittel	Indikation	Anzahl der nächsten typischen 10 Patienten in der Indikation, für die Sie das Arzneimittel verschreiben würden:	Weiß nicht
Arzneimittelmarke (Arzneimittelwirkstoff)	Indikation X	(0)--(1)--(2)--(3)--(4)--(5)--(6)--(7)--(8)--(9)--(10)	(-99)

14. Verwendungsempfehlungen in Leitlinien

Wie beurteilen Sie insgesamt die in den (Ihrer Meinung nach) wichtigsten Behandlungsleitlinien (z. B. von medizinischen Fachgesellschaften oder ärztlichen Berufsverbänden) geäußerten Empfehlungen zur Verwendung der Arzneimittel bei den meisten typischen Patienten in den jeweiligen Indikationen?

Hinweis: Bei dieser Frage reicht die Skala von „(-2) = gegen eine Verwendungsempfehlung" über „(0) = unklare Empfehlungstendenz" bis hin zu „(+2) = für eine Verwendungsempfehlung".

Arzneimittel	Indikation	Insgesamt tendieren die in den wichtigsten Leitlinien geäußerten Empfehlungen zur Verwendung des Arzneimittels bei den meisten typischen Patienten in der Indikation...		
		gegen eine Verwendung	[unklar] für eine Verwendung	Weiß nicht
Arzneimittelmarke (Arzneimittelwirkstoff)	Indikation X	(-2)---------(-1)---------(0)---------(+1)---------(+2)		(0)

15. Verwendungsempfehlungen bei Fortbildungsmaßnahmen und Kongressen
Wie beurteilen Sie insgesamt die bei den (Ihrer Meinung nach) wichtigsten Fortbildungsveranstaltungen für Ärzte und medizinischen Kongressen geäußerten Empfehlungen zur Verwendung der Arzneimittel bei den meisten typischen Patienten in den jeweiligen Indikationen?

Arzneimittel	Indikation	Insgesamt tendieren die bei den wichtigsten Fortbildungsveranstaltungen/Kongressen geäußerten Empfehlungen zur Verwendung des Arzneimittels bei den meisten typischen Patienten in der Indikation...	
		gegen eine Verwendung [unklar] für eine Verwendung	Weiß nicht
Arzneimittelmarke (Arzneimittelwirkstoff)	Indikation X	(-2)---------(-1)---------(0)---------(+1)---------(+2)	(0)

16. Sympathie mit der Vermarktungspolitik
Wie „sympathisch" ist Ihnen insgesamt die Politik und Vorgehensweise der jeweiligen Hersteller zur Vermarktung der untenstehenden Arzneimittel? Zur Beantwortung der Frage könnten Sie z. B. die folgenden Aspekte in Betracht ziehen:
Intensität, Angemessenheit und medizinischer Nutzwert der Werbemaßnahmen
Informationspolitik des Herstellers (z. B. bei Sicherheitsproblemen oder bei dem Zurückhalten von Studienergebnissen) etc.

Arzneimittel	Hersteller	Insgesamt bewerte ich die Politik und Vorgehensweise des Herstellers zur Vermarktung des Arzneimittels als...	
		sehr unsympathisch sehr sympathisch	Weiß nicht
Arzneimittelmarke (Arzneimittelwirkstoff)	Herstellername	(1)---------(2)---------(3)---------(4)---------(5)	(0)

17. Kommunikations-Authentizität
Bitte vergleichen Sie nun gedanklich die folgenden zwei Punkte:
a) Die Leistung des Arzneimittels in der Indikation, wie sie durch den Hersteller und ggf. durch mit ihm involvierte „medizinischen Meinungsführer" postuliert /dargestellt wird - und -
b) die von Ihnen persönlich gesammelten Erfahrungen mit dem Arzneimittel bei Ihren meisten typischen Patienten in der Indikation (bzgl. Wirksamkeit und Nebenwirkungen).
Sind Ihre Erfahrungen mit dem Arzneimittel im Vergleich dazu besser, schlechter oder in etwa identisch?

Arzneimittel	Indikation	Verglichen mit der vom Hersteller und med. Meinungsführern dargestellten Leistung sind die von mir gemachten Erfahrungen mit dem Arzneimittel insgesamt...	
		viel schlechter in etwa identisch viel besser	Weiß nicht
Arzneimittelmarke (Arzneimittelwirkstoff) Herstellername	Indikation X	(-2)---------(-1)---------(0)---------(+1)---------(+2)	(0)

18. Häufigkeit der Besuche/Besuchswünsche von Pharmareferenten

Wie beurteilen Sie insgesamt die Häufigkeit der Besuche (bzw. Besuchswünsche) von Pharmareferenten/Verkaufsrepräsentanten der jeweiligen Hersteller zur persönlichen Vorstellung und Diskussion der untenstehenden Arzneimittel mit Ihnen?

Arzneimittel	Hersteller	Die Häufigkeit der Besuche/ Besuchswünsche von Pharmareferenten der jeweiligen Hersteller zur Diskussion der Arzneimittel mit mir beurteile ich als...	
		sehr gering	sehr hoch	Weiß nicht
Arzneimittelmarke (Arzneimittelwirkstoff)	Herstellername	(1)---------(2)---------(3)---------(4)---------(5)	(0)

19. Intensität der offenen Werbemaßnahmen

Wie beurteilen Sie insgesamt die Intensität der offenen Werbemaßnahmen (d. h. Werbeanzeigen in Fachzeitschriften, Werbegeschenke, Info-Post, etc.) des jeweiligen Herstellers zur Bekanntmachung seines Arzneimittels?

Hinweis: Bitte beachten Sie für die Beantwortung dieser Frage nicht den Besuch und die persönlichen Werbemaßnahmen von Pharmareferenten/Verkaufsrepräsentanten der jeweiligen Hersteller.

Arzneimittel	Hersteller	Die Intensität der offenen Werbemaßnahmen (z. B. Werbeanzeigen , Werbegeschenke, etc.) durch den Hersteller zur Bekanntmachung des Arzneimittels beurteile ich als...	
		sehr gering	sehr hoch	Weiß nicht
Arzneimittelmarke (Arzneimittelwirkstoff)	Herstellername	(1)---------(2)---------(3)---------(4)---------(5)	(0)

20. Intensität des Angebots/Einsatzes von Arzneimittelmustern

Wie beurteilen Sie insgesamt die Intensität des Angebots bzw. den Einsatz von Arzneimittelmuster/Proben durch den jeweiligen Hersteller bzw. Pharmareferenten?

Arzneimittel	Hersteller	Das Anbieten/der Einsatz von Arzneimittel- muster durch den jeweiligen Hersteller bzw. Pharmareferenten erfolgt...	
		nur sehr eingeschränkt/ gar nicht	in ausgiebigem Umfang	Weiß nicht
Arzneimittelmarke (Arzneimittelwirkstoff)	Herstellername	(1)---------(2)---------(3)---------(4)---------(5)	(0)

Literaturverzeichnis

Aaker, D., Kumar, V., Day, G. (2001)
Marketing Research, 7. Auflage, New York.

Adair, R., Holmgren, L. (2005),
Do drug samples influence resident prescribing behavior? A randomized trial, in: The American Journal of Medicine, 118, 8, S. 881 - 884.

Ahlbrecht, M., Weber, M. (1996)
The resolution of uncertainty: An experimental study, in: Journal of Institutional and Theoretical Economics, 152, S. 593 - 607.

Albers, S., Hildebrandt, L. (2006)
Methodische Probleme bei der Erfolgsfaktorenforschung - Messfehler, formative versus reflektive Indikatoren und die Wahl des Strukturgleichungs-Modells, in: Schmalenbachs Zeitschrift für betriebswirtschaftliche Forschung, 58, 2, S. 2 - 33.

Als-Nielsen, B., Chen, W., Gluud, C., Kjaergard, L. (2003)
Association of funding and conclusions in randomized drug trials: a reflection of treatment effect or adverse events?, in: The journal of the American Medical Association, 290, 7, S. 921 - 928.

AOK-Bundesverband (2006)
AOK-Lexikon, URL: http://www.aok-bv.de/lexikon/r/index_02382.html
[Stand: 12.07.2006].

Arzneimittelkommission der deutschen Ärzteschaft (2006)
Kategorien „Wir über uns" und „Arzneimittelrisiken", URL: http://www.akdae.de/
[Stand: 03.09.2006].
Arzneimittelpreisverordnung, gültig ab 1. Januar 2004
Vom 14. November 1980 (BGBl. I S. 2147), zuletzt geändert durch das Gesetz zur Modernisierung der Gesetzlichen Krankenversicherung (GMG) vom 14. November 2003.

Ärztekammer Nordrhein (2006)
Anträge, Hinweise und Evaluationsbogen zum Anerkennungsverfahren, URL: http://www.aekno.de/htmljava/f/zert2.htm [Stand: 12.09.2006].

Ärztezeitung-Online (2006)
Viele Kollegen setzen auf das grüne Rezept, Schlagzeilen vom 23.08.06, URL: http://www2.aerztezeitung.de/docs/2006/08/23/147a0104.asp?cat=/news
[Stand: 01.09.06].

Backhaus, K., Erichson, B., Plinke, W., Weiber, R. (2003)
Multivariate Analysemethoden: Eine anwendungsorientierte Einführung, 10. Auflage, Berlin.

Backhaus, K., Erichson, B., Plinke, W., Weiber, R. (2006)
Multivariate Analysemethoden: Eine anwendungsorientierte Einführung, 11. Auflage, Berlin.

Bastian, H. (2005)
Targeting im Außendienst, in: Pharma-Marketing Journal, 2, S. 42 - 45.

Bayes, T., (1958)
An essay towards solving a problem in the doctrine of chances, in: Biometrica, 45, S. 296 - 315.

Bell, D. (1985)
Disappointment in decision making under uncertainty, in: Operations
Research, 33, S. 1 - 27.

Beresford, E. (1991)
Uncertainty and the shaping of medical decisions, in: The Hastings Center Report, 21, 4, S. 6 - 11.

Bero, L., Galbraith, A., Rennie, D. (1992)
The publication of sponsored symposiums in medical journals, in: The New England Journal of Medicine, 327, 16, S. 1135 - 1140.

Betzin, J. (2005)
PLS-Pfadmodellierung mit kategorialen Daten, in: Bliemel, F., Eggert, A., Fassott, G., Henseler, J. (Hrsg.), Handbuch PLS-Pfadmodellierung, Stuttgart, S. 181 - 192.

Betzin, J., Henseler, J. (2005)
Einführung in die Funktionsweise des PLS-Algorithmus, in: Bliemel, F., Eggert, A., Fassott, G., Henseler, J. (Hrsg.), Handbuch PLS-Pfadmodellierung, Stuttgart, S. 49 - 69.

Bliemel, F., Eggert, A., Fassott, G., Henseler, J. (2005)
Die PLS-Pfadmodellierung: Mehr als eine Alternative zur Kovarianzstrukturanalyse, in: Bliemel, F., Eggert, A., Fassott, G., Henseler, J. (Hrsg.), Handbuch PLS-Pfadmodellierung, Stuttgart, S. 9 - 16.

360

Bliemel, F., Eggert, A., Fassott, G., Henseler, J. (2005)
  Handbuch PLS-Pfadmodellierung, Stuttgart.
Böger, R., Schmidt, G. (2005)
  Antirheumatika und Antiphlogistika, in: Schwabe, U., Paffrath, D. (Hrsg.), Arzneiverordnungs-Report 2005, Berlin u. a., S. 460 - 480.
Bollen, K., Lennox, R. (1991)
  Conventional Wisdom on Measurement: A Structural Equation Perspective, in: Psychological Bulletin, 1991, 110, 2, S. 305 - 314.
Bouncken, R., Koch, M. (2005)
  Kooperationen von Biotechnologieunternehmen, in: Bliemel, F., Eggert, A., Fassott, G., Henseler, J. (Hrsg.), Handbuch PLS-Pfadmodellierung, Stuttgart, S. 291 - 305.
Breyer, F., Zweifel, P., Kifmann, M. (2003)
  Gesundheitsökonomie, 4. Auflage, Berlin.
Bruhn, M., Homburg, C. (2005)
  Handbuch Kundenbindungsmanagement, Wiesbaden.
Bundesinstitut für Arzneimittel und Medizinprodukte (2006)
  Pharmakovigilanz - Risikoverfahren, Stufenpläne - Das nationale Stufenplanverfahren, URL: http://www.bfarm.de/cln_042/nn_424346/DE/Pharmakovigilanz/ risikobew/Stufenplan/stufenplan.html [Stand: 03.09.2006].
Bundesregierung (2006)
  Eckpunkte zu einer Gesundheitsreform 2006 (vom 4. Juli 2004), URL: http://www.die- gesundheitsreform.de/gesundheitspolitik/pdf/eckpunkte_gesundheitsreform_2006.pdf [Stand: 01.08.2006].
Bundesverband der Pharmazeutischen Industrie (2005)
  Pharma-Daten 2005, 35. Auflage, Berlin.
Bundesverband der Pharmazeutischen Industrie (2006)
  Daten und Fakten - Branchen-Daten - Strukturdaten - Entwicklung der Arzneimittelsegmente nach Zusatzklassen 2004 bis 2005, URL: http://www.bpi.de/internet/frame.aspx?p=421000&bm=3_1 [Stand: 26.07.2006].
Bundesverband des pharmazeutischen Großhandels (2006)
  Statistik, URL: http://www.phagro.de [Stand: 17.07.2006].
Bundesvereinigung deutscher Apothekerverbände (2005)
  Jahresbericht 2004/2005, Eschborn.
Bundesvereinigung deutscher Apothekerverbände (2006)
  Publikationen - Zahlen, Daten, Fakten, URL: http://www.abda.de/publikationen.html [Stand: 17.07.2006].
Caudill, T., Johnson, M., Rich, E., McKinney, W. (1996),
  Physicians, pharmaceutical sales representatives, and the cost of prescribing, in: Archives of Family Medicine, 5, 4, S. 201 - 206.
Chalmers, I. (2004)
  Well informed uncertainties about the effects of treatments, in: British Medical Journal, 328, S. 475 - 476.
Chin, W. (2000)
  Frequently Asked Questions – Partial Least Squares & PLS-Graph, URL: http://disc-nt.cba.uh.edu/chin/plsfaq/plsfaq.htm [Stand: 01.08.2005].
Churchill, G., Surprenant, C. (1982)
  An investigation into the determinants of customer satisfaction, in: Journal of Marketing Research, 19, 4, S. 491 - 504.
Clarke, J. (1987)
  The application of decision analysis to clinical medicine, in: Interfaces, 17, S. 27 - 34.
Cooper, R., Schriger, D., Wallace, R., Mikulich, V., Wilkes, M. (2003)
  The quantity and quality of scientific graphs in pharmaceutical advertisements, in: Journal of General Internal Medicine, 18, 4, S. 294 - 297.
Dambacher, E., Schöffski, O. (2002)
  Vertriebswege und Vertriebswegeentscheidung, in: Schöffski, O., Fricke, F., Guminski, W., Hartmann, W. (Hrsg.), Pharma-Betriebslehre, Berlin u. a., S. 243 - 255.
Dawes, R. (1988)
  Rational choice in an uncertain world, Harcourt.
Deutsche Gesellschaft für Allergologie und klinische Immunologie (2006)
  Die spezifische Immuntherapie (Hyposensibilisierung) bei IgE-vermittelten allergischen Erkrankungen, in: AWMF-Leitlinien-Register, Nr. 061/004, URL: http://leitlinien.net [Stand: 24.09.2006].

Deutsches Netzwerk Evidenzbasierte Medizin e.V. (2006)
    EBM-Grundlagen.- Definitionen, URL: http://www.ebmnetzwerk.de/grundlagen/ grundlagen/definitionen
    [Stand: 02.09.2006].
Diller, H. (2004)
    Das süße Gift der Kausalanalyse, in: Marketing - Zeitschrift für Forschung und Praxis, 26, 3, S. 177.
DIMDI (2006)
    Deutsches Institut für Medizinische Dokumentation und Information - Arzneimittel - DIMDI
    PharmSearch, URL: http://www.dimdi.de/static/de/amg/pharmsearch.htm [Stand: 26.07.2006].
DocCheck (2006)
    CME-Scout - FAQ, URL: http://cme.doccheck.com/fragen [Stand: 13.09.2006].
Doepp, M., Edelmann, G. (2002)
    Medizinische Entscheidungen: Defizite bezüglich Objektivierbarkeit und Individualisierung, in:
    Erfahrungsheilkunde, 51. Jg, 12, S. 845 - 848.
Donner-Banzhoff, N. (2005)
    Ärztliche Entscheidungsfindung - Überleben im Zeitalter der Information, in: Berliner Ärzte, 42, 7,
    S. 12 - 16.
DRG-Institut (2006)
    Systemgrundlagen, URL: http://www.g-drg.de [Stand: 18.07.2006].
EAEPC (2006)
    European Association of Euro-Pharmaceutical Companies - Parallel Trade - How widespread is it? URL:
    http://www.eaepc.org/parallel_trade/how_widespread.php?n=2 [Stand: 31.10.2006].
Eggert, A., Fassott, G., Helm, S. (2005)
    Identifizierung und Quantifizierung mediierender und moderierender Effekte in komplexen Kausalstruk-
    turen, in: Bliemel, F., Eggert, A., Fassott, G., Henseler, J. (Hrsg.), Handbuch PLS-Pfadmodellierung,
    Stuttgart, S. 101 - 116.
Ehrenberg, A. (1965)
    An Appraisal of Markov Brand-Switching Models, in: Journal of Marketing Research, 2, S. 347 - 362.
Ehrhardt, P. (2005)
    Pricing Check - Determinanten der Preisstrategie, in: Pharma-Marketing Journal, 3, S. 88 - 92.
Eisenführ, F., Weber, M. (2003)
    Rationales Entscheiden, 4. Auflage, Berlin.
Ellsberg, D. (1961)
    Risk, ambiguity, and the Savage axioms, in: Quarterly Journal of Economics, 75, S. 643 - 669.
Farley, J., Ring, L. (1970)
    An Empirical Test of the Howard-Sheth-Model of Buyer Behavior, in: Journal of Marketing Research, 7,
    4, S. 427 - 438.
Fassott, G. (2005)
    Die PLS-Pfadmodellierung: Entwicklungsrichtungen, Möglichkeiten, Grenzen, in: Bliemel, F., Eggert, A.,
    Fassott, G., Henseler, J. (Hrsg.), Handbuch PLS-Pfadmodellierung, Stuttgart, S. 19 - 29.
Fassott, G., Eggert, A. (2005)
    Zur Verwendung formativer und reflektiver Indikatoren in Strukturgleichungsmodellen:
    Bestandsaufnahme und Anwendungsempfehlungen, in: Bliemel, F., Eggert, A., Fassott, G., Henseler, J.
    (Hrsg.), Handbuch PLS-Pfadmodellierung, Stuttgart, S. 31 - 47.
Fijn, R., De Vries, C., Brouwers, J., De Jong-Van den Berg, L. (2000)
    Die Bedeutung von Arzneimittellisten im Krankenhaus, in Krankenhauspharmazie, 21. Jahrgang, 4,
    S. 133 - 138.
Fink, D. (2004)
    Management Consulting Fieldbook: Die Ansätze der großen Unternehmensberater, 2. Auflage, München.
Fischhoff, B. (1975)
    Hindsight is not equal to foresight: The effect of outcome knowledge on judgement under uncertainty, in:
    Journal of Experimental Psychology: Human Perception and Performance, 1, S. 288 - 299.
Fischhoff, B., Lichtenstein, S., Slovic, P., Derby, S., Keeney, R. (1981)
    Acceptable Risk, Cambridge.
Fischhoff, B., Slovic, P., Lichtenstein, S., (1978)
    Fault trees: Sensitivity of estimated failure probabilities to problem representation, in: Journal of
    Experimental Psychology - Human Perception and Performance, 4, S. 330 - 334.
Freiwillige Selbstkontrolle für die Arzneimittelindustrie e.V. (2005)
    Kodex der Mitglieder des Vereins („FS Arzneimittelindustrie"-Kodex) vom 16.02.2004 (bekannt gemacht
    im Bundesanzeiger vom 22.04.2004, BAnz. Nr. 76, S. 8732); geändert am 02.12.2005 (bekannt gemacht
    im Bundesanzeiger vom 29.03.2006, BAnz. Nr. 62, S. 2220).

362

Fricke, F., Schöffski, O. (2002)
Evaluationsforschung, in: Schöffski, O., Fricke, F., Guminski, W., Hartmann, W. (Hrsg.), Pharma-Betriebslehre, Berlin u. a., S. 101 - 115.

Fricke, U., Schwabe, U. (2005)
Neue Arzneimittel, in: Schwabe, U., Paffrath, D. (Hrsg.), Arzneiverordnungs-Report 2005, Berlin u. a., S. 37 - 107.

Friedberg, M., Saffran, B., Stinson, T., Nelson, W., Bennett, C. (1999)
Evaluation of conflict of interest in economic analyses of new drugs used in oncology, in: The Journal of the American Medical Association, 282, 15, S. 1453 - 1457.

Fritz, W., Möllenberg, A., Dees, H. (2005)
Erfolgsfaktoren von Internet-Auktionen: Eine empirische Analyse mit PLS, in: Bliemel, F., Eggert, A., Fassott, G., Henseler, J. (Hrsg.), Handbuch PLS-Pfadmodellierung, Stuttgart, S. 255 - 274.

Gautschi, O. (2002)
Medizinische Unsicherheit - wie damit umgehen?, in: Schweizer Krebs Bulletin, 23, 1, S. 51.

Gemeinsamer Bundesausschuss (2006)
Pressemitteilung vom 18.07.06: Medizinische Versorgung von Diabetes-Typ-2-Patienten gesichert: G-BA schützt Solidargemeinschaft vor überteuerten Pharmapreisen, URL: http://www.g-ba.de/cms/upload/pdf/abs5/pm/2006-07-18_PM-Insulinanaloga.pdf [Stand 25.07.2006].

Gesetz über das Apothekenwesen (Apothekengesetz - ApoG) (2005)
in der Fassung der Bekanntmachung vom 15. Oktober 1980 (BGBl. I S. 1993), zuletzt geändert durch Artikel 2a des Gesetzes vom 29. August 2005 (BGBl. I S.2570).

Gesetz über den Verkehr von Arzneimitteln (Arzneimittelgesetz - AMG) (2005)
in der Fassung der Bekanntmachung vom 11. Dezember 1998 (BGBl. I S. 3586), zuletzt geändert durch Art. 2 § 3 Abs. 7 des Gesetzes vom 1. September 2005 (BGBl. I S. 2618).

Gesetz zur Verbesserung der Wirtschaftlichkeit in der Arzneimittelversorgung (Arzneimittelversorgungs-Wirtschaftlichkeitsgesetz - AVWG) (2006) vom 26. April 2006 (BGBl. I S. 984) in Ergänzung zum Fünften Buch des Sozialgesetzbuchs in der Bekanntmachung vom 22. Dezember 2005 (BGBl. I S. 3686).

Gesetz zur wirtschaftlichen Sicherung der Krankenhäuser und zur Regelung der Krankenhauspflegesätze (Krankenhausfinanzierungsgesetz - KHG) (2000) in der Fassung der Bekanntmachung vom 26. September 1994 (BGBl. I S. 2750), zuletzt geändert durch das Gesetz zur Reform der gesetzlichen Krankenversicherung ab dem Jahr 2000 vom 22.12.1999 (GKV-Gesundheitsreformgesetz 2000) (BGBl. I S. 2626).

Giering, A. (2000)
Der Zusammenhang zwischen Kundenzufriedenheit und Kundenloyalität: Eine Untersuchung moderierender Effekte, Wiesbaden.

Gorbauch, T., de la Haye, R. (2002)
Die Entwicklung eines Arzneimittels, in: Schöffski, O., Fricke, F., Guminski, W., Hartmann, W. (Hrsg.), Pharma-Betriebslehre, Berlin u. a., S. 165 -177.

Gruppe Nymphenburg (2006)
Limbic - innovatives Tool für angewandtes Neuromarketing, URL: http://www.nymphenburg.de/limbic.html [Stand: 22.12.2006].

Guminski, W., Rauland, M. (2002)
Produktlebenszyklus und die Möglichkeiten seiner Gestaltung, in: Schöffski, O., Fricke, F., Guminski, W., Hartmann, W. (Hrsg.), Pharma-Betriebslehre, Berlin u. a., S. 229 -242.

Hall, K. (2002)
Reviewing intuitive decision-making and uncertainty: the implications for medical education, in: Medical Education, 36, 3, S. 216 - 224.

Halperin, E., Hutchison, P., Barrier, R. (2004)
A population-based study of the prevalence and influence of gifts to radiation oncologists from pharmaceutical companies and medical equipment manufacturers, in: International Journal of Radiation Oncology, Biology, Physics, 59, 5, S. 1477 - 1483.

Halstead, D., Hartman, D., Schmidt, S. (1994)
Multisource Effects on the Satisfaction Formation Process, in: Journal of the Academy of Marketing Science, 22, 2, S. 114 - 129.

Hartmann, W. (2002)
Aufgaben und Ziele der quantitativen Marktforschung, in: Schöffski, O., Fricke, F., Guminski, W., Hartmann, W. (Hrsg.), Pharma-Betriebslehre, Berlin u. a., S. 211 - 227.

Helm, S. (2005)
    Entwicklung eines formativen Messmodells für das Konstrukt Unternehmensreputation, in: Bliemel, F., Eggert, A., Fassott, G., Henseler, J. (Hrsg.), Handbuch PLS-Pfadmodellierung, Stuttgart, S. 241 - 254.
Hennig-Thurau, T., Henning, V. (2005)
    Zum Zusammenhang von Qualität, Marketing und Markterfolg bei Spielfilmen, in: Bliemel, F., Eggert, A., Fassott, G., Henseler, J. (Hrsg.), Handbuch PLS-Pfadmodellierung, Stuttgart, S. 211 - 223.
Herrmann, A., Huber, F., Kressmann, F. (2006)
    Varianz- und kovarianzbasierte Strukturgleichungsmodelle - Ein Leitfaden zu deren Spezifikation, Schätzung und Beurteilung, in: Schmalenbachs Zeitschrift für betriebswirtschaftliche Forschung, 58, 2, S. 34 - 66.
Hodges, B. (1995)
    Interactions with the pharmaceutical industry: experiences and attitudes of psychiatry residents, interns and clerks, in: Canadian Medical Association Journal, 153, 5, S. 553 - 559.
Hoitsch, H. (1997)
    Kosten- und Erlösrechnung: Eine controllingorientierte Einführung, 2. Auflage, Berlin u. a.
Holmström, B. (1979)
    Moral Hazard and Observability, in: Bell Journal of Economics, 10, 1, S. 74 - 91.
Homburg, C. (2000)
    Quantitative Betriebswirtschaftslehre, 3., überarb. Aufl., Wiesbaden.
Homburg, C. (2001)
    Kundenzufriedenheit: Konzepte, Methoden und Erfahrungen, 4. Auflage, Wiesbaden.
Homburg, C., Dietz, B. (2005)
    Der mündige Patient: eine Standortbestimmung, in: Pharma-Marketing Journal, 5, S. 150 - 153.
Homburg, C., Dobratz, A. (1998)
    Iterative Modellselektion in der Kausalanalyse, in: Hildebrandt, L., Homburg, C. (Hrsg.), Die Kausalanalyse: Instrument der empirischen betriebswirtschaftlichen Forschung, Stuttgart, S. 447 - 474.
Homburg, C., Krohmer, H. (2003)
    Marketingmanagement: Strategie - Instrumente - Umsetzung - Unternehmensführung, Wiesbaden.
Homburg, C., Schnurr, P. (1999)
    Was ist Kundenwert?, Institut für Marktorientierte Unternehmensführung, Management Know-How Nr. M41, Mannheim.
Howard, J., Sheth, J. (1969)
    The Theory of Buyer Behavior, New York u. a.
IMP Group (1999)
    An Interaction Approach, in: Wilson, D. (Hrsg.), Organizational Marketing - Advanced Marketing Series, London, S. 214 - 237.
Izard, C. (1999)
    Die Emotionen des Menschen: Eine Einführung in die Grundlagen der Emotionspsychologie, 9. Auflage, Weinheim u. a.
Jöreskog, K. (1970)
    A General Method for Analysis of Covariance Structures, in: Biometrika, 57, S. 239 - 251.
Joost, H., Mengel, K. (2005)
    Antidiabetika, in: Schwabe, U., Paffrath, D. (Hrsg.), Arzneiverordnungs-Report 2005, Berlin u. a., S. 369 - 387.
Kahneman, D., Tversky, A. (1984)
    Choices, values, and frames, in: American Psychologist, 39, S. 341 - 350.
Kalia, N., Miller, L., Nasir, K., Blumenthal, R., Agrawal, N., Budoff, M. (2006)
    Visualizing coronary calcium is associated with improvements in adherence to statin therapy, in: Atherosclerosis, 185, 2, S. 394 - 399.
Kassenärztliche Bundesvereinigung (2006)
    Grunddaten zur Vertragsärztlichen Versorgung in Deutschland (Einzeldokumente), URL: http://www.kbv.de/publikationen/125.html [Stand:19.07.2006].
Kelley, H. (1973)
    The process of causal attribution, in: American Psychologist, 28, S. 107 - 128.
Köhler, R. (2005)
    Kundenorientiertes Rechnungswesen als Voraussetzung des Kundenbindungsmanagements, in: Bruhn, M., Homburg, C. (Hrsg.), Handbuch Kundenbindungsmanagement, Wiesbaden, S. 401 - 433.

364

Krafft, M., Götz, O., Liehr-Gobbers, K. (2005)
   Die Validierung von Strukturgleichungsmodellen mit Hilfe des Partial-Least Squares (PLS)-Ansatzes, in: Bliemel, F., Eggert, A., Fassott, G., Henseler, J. (Hrsg.), Handbuch PLS-Pfadmodellierung, Stuttgart, S. 71 - 86.
Krankenhausgesetz des Landes Nordrhein-Westfalen (KHG NRW) (2000)
   in der Fassung vom 16. Dezember 1998 (GV. NRW. S. 696), geändert durch das Gesetz vom 9. Mai 2000 (GV. NRW. S. 403).
Kroeber-Riel, W., Weinberg, P. (2003)
   Konsumentenverhalten, 8. Auflage, München.
Kucher, E., Kars, D. (2005)
   What payers want, in: Scrip Magazine, 9, S. 26 - 31.
Langer, E. (1975)
   The illusion of control, in: Journal of Personality and Social Psychology, 32, S. 311 - 328.
Lemmer, B. (2005)
   Bronchospasmolytika und Antiasthmatika, in: Schwabe, U., Paffrath, D. (Hrsg.), Arzneiverordnungs-Report 2005, Berlin u. a., S. 515 - 533.
Lexchin, J. (1993)
   Interactions between physicians and the pharmaceutical industry: what does the literature say?, in: Canadian Medical Association Journal, 149, 10, S. 1401 - 1407.
Lexchin, J. (1997)
   What information do physicians receive from pharmaceutical representatives?, in: Canadian Family Physician, 43, S. 941 - 945.
Lexchin, J. (2001)
   Interactions between doctors and pharmaceutical sales representatives, in: The Canadian Journal of Clinical Pharmacology, 8, 2, S. 64 - 65.
Lexchin, J., Bero, L., Djulbegovic, B, Clark, O. (2003)
   Pharmaceutical industry sponsorship and research outcome and quality: systematic review, in: British Medical Journal, 326, S. 1167 - 1170.
Loomes, G., Sugden, R. (1982)
   Regret theory: An alternative theroy of rational choice under uncertainty, in Econimic Journal, 92, S. 805 - 824.
MacKenzie, S., Lutz, R. (1989)
   An empirical examination of the structural antecedents of attitude towards the ad in an advertising pretest context, in: Journal of Marketing, 53, S. 48 - 65.
Madhavan, S., Amonkar, M., Elliott, D., Burke, K., Gore, P. (1997)
   The gift relationship between pharmaceutical companies and physicians: an exploratory survey of physicians, in: Journal of Clinical Pharmacy and Therapeutics, 22, 3, S. 207 - 215.
Manager Magazin (2006)
   Interview mit Jean-Pierre Garnier, CEO von GlaxoSmithKline, in: Manager Magazin, 9, S. 115 - 119.
Neukirchen, H. (2005)
   Der Pharma Report - Das große Geschäft mit unserer Gesundheit, München.
Nink, K., Schröder, H. (2005a)
   Ökonomische Aspekte des deutschen Arzneimittelmarktes 2004, in: Schwabe, U., Paffrath, D. (Hrsg.), Arzneiverordnungs-Report 2005, Berlin u. a., S. 191 - 243.
Nink, K., Schröder, H. (2005b)
   Überblick über die Arzneiverordnungen nach Arztgruppen, in: Schwabe, U., Paffrath, D. (Hrsg.), Arzneiverordnungs-Report 2005, Berlin u. a., S. 969 - 979.
Nink, K., Schröder, H. (2006a)
   Ergänzende Statistische Übersicht, in: Schwabe, U., Paffrath, D. (Hrsg.), Arzneiverordnungs-Report 2006, Berlin u. a., S. 981 - 1082.
Nink, K., Schröder, H. (2006b)
   Ökonomische Aspekte des deutschen Arzneimittelmarktes 2005, in: Schwabe, U., Paffrath, D. (Hrsg.), Arzneiverordnungs-Report 2006, Berlin u. a., S. 182 - 244.
Oberparleiter, K. (1955)
   Funktionen und Risiken des Warenhandels, 2. Aufl., Wien.
Odean, T. (1998)
   Are investors reluctant to realize their losses?, in: Journal of Finance, 53, S. 1775 - 1798.
Orlowski J., Wateska, L. (1992)
   The effects of pharmaceutical firm enticements on physician prescribing patterns. There's no such thing as a free lunch, in: Chest, 102, 1, S. 270 - 273.

Queitsch, M., Baier, D. (2005a)
    E-Detailing in der Pharma-Industrie, in: Pharma-Marketing Journal, 4, S. 134 - 138.
Queitsch, M., Baier, D. (2005b)
    Akzeptanz von e-Detailing Anwendungen, in: Pharma-Marketing Journal, 5, S. 177 - 178.
Ringle, C. (2004)
    Gütemaße für den Partial Least Squares-Ansatz zur Bestimmung von Kausalmodellen, Arbeitspapier Nr. 16, Universität Hamburg - Institut für Industriebetriebslehre und Organisation.
Ringle, C. (2005)
    Erfolgswirkungen strategischer Allianzen aus Sicht der Kooperationspartner, in: Bliemel, F., Eggert, A., Fassott, G., Henseler, J. (Hrsg.), Handbuch PLS-Pfadmodellierung, Stuttgart, S. 307 - 320.
Robbers, J., Stapf-Finé, H. (2002)
    Organisation der stationären Leistungserbringung, in: Schöffski, O., Fricke, F., Guminski, W., Hartmann, W. (Hrsg.), Pharma-Betriebslehre, Berlin u. a., S. 43 - 65.
Robinson, A., Thomson, R. (2000)
    The potential use of decision analysis to support shared decision making in the face of uncertainty: the example of atrial fibrillation and warfarin anticoagulation, in: Quality and Safety in Health Care, 9, S. 238 - 244.
Robinson, P., Faris, C., Wind, Y. (1967)
    Industrial Buying and Creative Marketing, Allyn & Bacon Inc. & Marketing Science Institute, Boston, S. 13 - 18.
Roche Medizin Lexikon (2006)
    Nachschlagewerk, 5. Auflage, URL: http://www.gesundheit.de/roche [Stand: 02.09.2006].
Rochon, P., Gurwitz, J., Simms, R., Fortin, P., Felson, D., et al. (1994)
    A study of manufacturer-supported trials of nonsteroidal anti-inflammatory drugs in the treatment of arthritis, in: Archives of Internal Medicine, 154, 2, S. 157 - 163.
Scheibler, F., Janßen, C., Pfaff, H. (2003)
    Shared decision making: ein Überblicksartikel über die internationale Forschungsliteratur, in: Sozial und Präventivmedizin, 48, S. 11 - 23.
Scholderer, J., Balderjahn, I. (2005)
    PLS versus LISREL: Ein Methodenvergleich, in: Bliemel, F., Eggert, A., Fassott, G., Henseler, J. (Hrsg.), Handbuch PLS-Pfadmodellierung, Stuttgart, S. 87 - 98.
Schöffski, O. (2002)
    System der Krankenversicherung, in: Schöffski, O., Fricke, F., Guminski, W., Hartmann, W. (Hrsg.), Pharma-Betriebslehre, Berlin u. a., S. 4 - 21.
Schöffski, O., Fricke, F., Guminski, W., Hartmann, W. (2002)
    Pharma-Betriebslehre, Berlin u. a.
Scholl, M., Heinzer, M. (2005)
    Systematische Kundenbewertung als Methode zur Optimierung der Marktbearbeitung im Pharmamarkt, in: Bruhn, M., Homburg, C. (Hrsg.), Handbuch Kundenbindungsmanagement, Wiesbaden, S. 797 - 818.
Schuler, C. (2006)
    Innovatives Pricing, in: Pharma-Marketing Journal, 4, S. 130 - 132.
Schuler, C., Dilger, M. (2004)
    Festbeträge für patentgeschützte Arzneimittel in Deutschland, in: PharmInd - Die pharmazeutische Industrie, 6, S. 710 - 714 (Teil 1) und 7, S. 843 - 847 (Teil 2).
Schuler, C., Grubert, M. (2005)
    Follow-on products as a defense against generics competition, in: Spectrum, 12, S. 1 - 17. URL: http://www.decisionresources.com/stellent/groups/public/ documents/abstract/dr_010269.hcsp [Stand: 08.09.2006].
Schwabe, U. (2005)
    Arzneiverordnungen 2004 im Überblick, in: Schwabe, U., Paffrath, D. (Hrsg.), Arzneiverordnungs-Report 2005, Berlin u. a., S. 1 - 36.
Schwabe, U. (2006)
    Arzneiverordnungen 2005 im Überblick, in: Schwabe, U., Paffrath, D. (Hrsg.), Arzneiverordnungs-Report 2006, Berlin u. a., S. 3 - 46.
Schwabe, U., Paffrath, D. (2005)
    Arzneiverordnungs-Report 2005, Berlin u. a.
Schwabe, U., Paffrath, D. (2006)
    Arzneiverordnungs-Report 2006, Berlin u. a.

Schwartz, T., Kuhles, D., Wade, M., Masand, P. (2001)
    Newly admitted psychiatric patient prescriptions and pharmaceutical sales visits, in: Annals of Clinical Psychiatry, 13, 3, S. 159 - 162.
Sheth, J. (1973)
    A Model of Industrial Buyer Behavior, in: Journal of Marketing, 34, 4, S. 50 - 56.
Simon-Kucher & Partners (2006)
    Pharmaceuticals - Development of Competitive Strategies, URL:
    http://www.simon-kucher.com/deu04/271_branchen_phramazeutika_cs.html [Stand:15.11.2006].
Sozialgesetzbuch (2006)
    Fünftes Buch vom 20. Dezember 1988 (BGBl. I S. 2477) in der Fassung der Bekanntmachung vom 22. Dezember 2005 (BGBl. I S. 3686).
Statistisches Bundesamt (2005)
    Gesundheitswesen - Grunddaten der Krankenhäuser, Fachserie 12, Reihe 6.1.1, URL:
    http://www-ec.destatis.de/csp/shop [Stand: 12.07.2006].
Statistisches Bundesamt (2006)
    Kostennachweis der Krankenhäuser, Fachserie 12, Reihe 6.3 - 2004, URL:
    http://www-ec.destatis.de/csp/shop [Stand: 12.07.2006].
Svenson, O. (1981)
    Are we all less risky and more skillful than our fellow drivers?, in: Acta Psychologica, 47, S. 143 - 148.
Temme, D., Kreis, H. (2005)
    Der PLS-Ansatz zur Schätzung von Strukturgleichungsmodellen mit latenten Variablen: Ein Software-überblick, in: Bliemel, F., Eggert, A., Fassott, G., Henseler, J. (Hrsg.), Handbuch PLS-Pfadmodellierung, Stuttgart, S. 193 - 208.
Tversky, A., Kahneman, D. (1971)
    Belief in the law of small numbers, in: Psychological Bulletin, 76, S. 105 - 110.
Tversky, A., Kahneman, D. (1973)
    Availability: A heuristic for judging frequency and probability, in: Cognitive Psychology, 5, S. 207 - 232.
Tversky, A., Kahneman, D. (1981)
    The framing of decisions and the psychology of choice, in: Science, 211, S. 453 - 458.
Ulrich, V. (2002)
    Nachfragestruktur und Nachfrageverhalten, in: Schöffski, O., Fricke, F., Guminski, W., Hartmann, W. (Hrsg.), Pharma-Betriebslehre, Berlin u. a., S. 67 - 82.
Verordnung über den Betrieb von Apotheken (Apothekenbetriebsordnung - ApBetrO) (2005)
    in der Fassung vom 26. September 1995 (BGBl. I S. 1195), zuletzt geändert durch Artikel 2 des Gesetzes vom 15. Juni 2005 (BGBl. I S. 1642).
Verordnung zur Regelung der Krankenhauspflegesätze (Bundespflegesatzverordnung - BPflV)
    vom 26. September 1994 (BGBl. I S. 2750), zuletzt geändert durch das Gesetz zur Reform der gesetzlichen Krankenversicherung ab dem Jahr 2000 vom 22.12.1999 (GKV-Gesundheitsreformgesetz 2000) (BGBl. I Nr. 59 S. 2626).
Viatris Homepage (2006)
    Wissenswertes über Allergospasmin, URL:
    http://www.viatris-med.de/de/fachkreis/asthma/allergospasmin/kombination.htm [Stand: 08.09.2006].
Villanueva, P., Peiró, S., Librero, J., Pereiró I. (2003)
    Accuracy of pharmaceutical advertisements in medical journals, in: Lancet, 361, 9351, S. 27 - 32.
Volk, W. (2002)
    Rechtliche Aspekte des gemeinsamen Marketings, in: Schöffski, O., Fricke, F., Guminski, W., Hartmann, W. (Hrsg.), Pharma-Betriebslehre, Berlin u. a., S. 339 - 347.
von Neumann, J., Morgenstern, O. (1947)
    Theory of games and economic behaviour, 2. Auflage, Princeton.
von Nitzsch, R., Weber, M. (1991)
    Bandbreiten-Effekt bei der Bestimmung von Zielgewichten, in: Zeitschrift für Betriebswirtschaftliche Forschung, Jg. 43, S. 971 - 986.
Watkins C., Moore L., Harvey I., Carthy P., Robinson E., Brawn R. (2003)
    Characteristics of general practitioners who frequently see drug industry representatives: national cross sectional study, in: British Medical Journal, 326, S. 1178 - 1179.
Wazana, A. (2000)
    Physicians and the pharmaceutical industry: is a gift ever just a gift?, in: The Journal of the American Medical Association, 283, 3, S. 373 - 380.
Webster, F., Wind, Y. (1972)
    A General Model of Organizational Buying Behavior, in: Journal of Marketing, 36, 2, S. 12 - 19.

Weiber, R., Adler, J. (2002)
Hemmnisfaktoren im Electronic Business - Ansatzpunkte einer theoretischen Systematisierung und empirische Evidenzen, in: Marketing-Zeitschrift für Forschung und Praxis, 24 (Spezialausgabe „E-Marketing"), S. 5 - 17.

West, A., West, R. (2002)
Clinical decision-making: coping with uncertainty, in: Postgraduate Medical Journal, 78, S. 319 - 320.

Westbrook, R., Reilly, M. (1983)
Value-percept disparity: An alternative to the disconfirmation of expectations theory of customer satisfaction, in: Advances in Consumer Research, 10, S. 256 - 261.

Wetzels, M., Lindgreen, A., de Ruyter, K., Wouters, J. (2005)
The Effect of Corporate Image and Service Delivery on Customer Evaluative Judgments in Service Organizations: Analyzing an Experimental Study Using Partial Least Squares, in: Bliemel, F., Eggert, A., Fassott, G., Henseler, J. (Hrsg.), Handbuch PLS-Pfadmodellierung, Stuttgart, S. 225 - 239.

Wilkes, M., Doblin, B., Shapiro, M. (1992)
Pharmaceutical advertisements in leading medical journals: experts' assessments, in: Annals of Internal Medicine, 116, 11, S. 912 - 919.

Willburger, R., Müller, K., Knorth, H. (2006)
Pharmakologische Therapie der rheumatoiden Arthritis, in: Deutsches Ärzteblatt, 103, 1-2, S. 48 - 57.

Wilson, D. (1999)
Organizational Marketing - Advanced Marketing Series, London.

Wind, Y. (1982)
Product Policy: Concepts, Methods, and Strategy, Reading u. a.

Wold, H. (1966)
Nonlinear Estimation by Partial Least Squares Procedures, in: David, F. (Hrsg.): Research Papers in Statistics: Festschrift for J. Neyman, New York, S. 411 - 444.

Schriften zur Gesundheitsökonomie

HERZ

Health Economics Research Zentrum
Buchweizenfeld 27
31303 Burgdorf
Fax: +49(0)5136/976187
email: herz@schoeffski.de

Bisher erschienen:

Band 1   *Steininger-Niederleitner, M., Sohn, S., Schöffski, O. (2003)*
Managed Care in der Schweiz und Übertragungsmöglichkeiten nach
Deutschland
ISBN 3-936863-00-8, 172 S., 18 Abb., Geb. EUR 19,90

Band 2   *Esslinger, A. S. (2003)*
Qualitätsorientierte strategische Planung und Steuerung in einem
sozialen Dienstleistungsunternehmen mit Hilfe der Balanced Scorecard
ISBN 3-936863-01-6, 276 S., 36 Abb., 50 Tab., Geb. EUR 29,90

Band 3   *Lindenthal, J., Sohn, S., Schöffski, O. (2004)*
Praxisnetze der nächsten Generation: Ziele, Mittelverteilung und
Steuerungsmechanismen
ISBN 3-936863-02-4, 216 S., 16 Abb., 19 Tab., Geb. EUR 24,90

Band 4   *Steinbach, H., Sohn, S., Schöffski, O. (2004)*
Möglichkeiten der Kalkulation von sektorenübergreifenden
Kopfpauschalen (Capitation)
ISBN 3-936863-03-2, 312 S., 22 Abb., 28 Tab., Geb. EUR 29,90

Band 5   *Glock, G., Sohn, S., Schöffski, O. (2004)*
IT-Unterstützung für den medizinischen Prozess in der integrierten
Versorgung
ISBN 3-936863-04-0, 208 S., 22 Abb., Geb. EUR 24,90

Band 6   *Hagn, D., Schöffski, O. (2005)*
Orphan Drugs. A Challenge for the Pharmaceutical Industry in Europe
ISBN 3-936863-05-9, 160 S., 37 Abb., 20 Tab., Geb. EUR 19,90

Band 7   *Pelleter, J., Sohn, S., Schöffski, O. (2004)*
Medizinische Versorgungszentren. Grundlagen, Chancen und Risiken einer neuen Versorgungsform
ISBN 3-936863-06-7, 196 S., 18 Abb., Geb. EUR 24,90

Band 8   *Sohn, S. (2006)*
Integration und Effizienz im Gesundheitswesen. Instrumente und ihre Evidenz für die integrierte Versorgung
ISBN 3-936863-07-5, 288 S., 26 Abb., 28 Tab., Geb. EUR 29,90

Band 9   *Hämmerle, P., Estelmann, A., Schwandt, M., Schöffski, O. (2006)*
Moderne Verfahren der Qualitätsberichterstattung im Krankenhaus
ISBN 3-936863-08-3, 140 S., 33 Abb., Geb. EUR 19,90

Band 10 *Marschall, D. (2007)*
Positionierung einer erfolgreichen Arzneimittelmarke
ISBN 978-3-936863-09-3, 244 S., 54 Abb., 24 Tab., Geb. EUR 24,90

Band 11 *Haarländer, S., Bühner, A., Schwandt, M., Schöffski, O. (2007)*
Public Private Partnership (PPP) im Krankenhausbereich
ISBN 978-3-936863-10-9, 192 S., 32 Abb., 3 Tab., Geb. EUR 24,90

Band 12 *Schmitt-Rüth, S., Esslinger, A. S., Schöffski, O. (2007)*
Der Markt für Medizintechnik – Analyse der Entwicklungen im Wandel der Zeit
ISBN 978-3-936863-11-6, 172 S., 20 Abb., 6 Tab., Geb. EUR 19,90

Band 13 *Sauer, F. (2007)*
Erfolgsfaktoren für das marktorientierte Management patentgeschützter Arzneimittel
ISBN 978-3-936863-12-3, 388 S., 54 Abb., 29 Tab., Geb. EUR 34,90

www.ingramcontent.com/pod-product-compliance
Lightning Source LLC
Chambersburg PA
CBHW061617220326
41598CB00026BA/3794